A*t*V

WOLFGANG KIESSLING, geboren 1929 in Beierfeld im Erzgebirge, em. Professor für Geschichte, lebt in Berlin. Nach dem Abitur Neulehrer, 1954 Diplom als Fachlehrer für Geschichte. 1964 Übersiedlung nach Berlin, Redakteur der »Beiträge zur Geschichte der Arbeiterbewegung«. Promotion 1968 zum Dr. phil. und 1979 zum Dr. phil. sc. mit Arbeiten über das deutsche Exil nach 1933. Daraus entstanden »Alemania Libre in Mexiko« (1974) und der Band »Exil in Lateinamerika« (1980). Im Sommer 1989 erschien »Brücken nach Mexiko« (über Deutsche in Mexiko im 19. und 20. Jahrhundert). Seit 1990 befaßt sich Kießling mit dem Schicksal kommunistischer Heimkehrer aus der westlichen Emigration in die sowjetische Besatzungszone bzw. in die DDR. Dazu weitere Publikationen u. a.: »Der Fall Baender« (1991), »Partner im ›Narrenparadies‹. Der Freundeskreis um Noel Field und Paul Merker« (1994), »Paul Merker. In den Fängen der Sicherheitsorgane Stalins und Ulbrichts« (1995), »Heinrich Mann, Paul Merker und die SED« (1996); »Paul Merkers ›Unverständnis‹ für den Hitler-Stalin-Pakt" (Jahrbuch für Historische Kommunismusforschung 1993); »Nachgedachtes zum Brüsseler Protokoll« (Beiträge zur Geschichte der Arbeiterbewegung, 1/1998). Mehrere Features für Deutschlandradio Berlin.

Es geschah am Freitag, dem 25. August 1950, gegen 9 Uhr morgens. Vor dem großen Eckhaus Lothringer Straße 1 in Ostberlin verabschiedete sich der Reichsbahnchef Willi Kreikemeyer von seiner Frau Marthe mit den Worten, er werde spätestens am Abend wieder zu Hause sein. Dann ging er durch die Tür und blieb von nun an für Marthe verschwunden. War er tot oder lebte er irgendwo? Es gab keine Leiche und folglich auch kein Grab. Jahrelang wurde Marthe Kreikemeyer in dem Glauben gelassen, sie werde Willi wiedersehen.

Die Dramatik der Kriminalstory Kreikemeyer ist unerfindbar. Die Realität von Leben und Tod erweist sich facettenreicher als die menschliche Phantasie. Mußte Kreikemeyer verschwinden, weil Erich Mielke fürchtete, dessen Wissen über ihn sei ein Stolperstein auf seinem Weg zur Macht? Die globale Bühne bot hinter den Kulissen gespenstische Möglichkeiten für ein persönliches Aufstiegsspiel der besonderen Art.

Wolfgang Kießling

# »Leistner ist Mielke«

Schatten einer gefälschten Biographie

Aufbau Taschenbuch Verlag

Mit 16 Abbildungen

ISBN 3-7466-8036-0

1. Auflage 1998
Aufbau Taschenbuch Verlag GmbH, Berlin
© Aufbau Taschenbuch Verlag GmbH, Berlin 1998
Umschlaggestaltung Preuße & Hülpüsch Grafik-Design
Druck Elsnerdruck GmbH, Berlin
Printed in Germany

# Inhalt

| | |
|---|---|
| Ein Wort zuvor | 7 |
| Willi und Marthe | 12 |
| Begegnung in Albacete | 20 |
| Grenzarbeit | 24 |
| Im französischen Debakel | 32 |
| Treffpunkt Toulouse | 37 |
| Notausgang Marseille | 42 |
| Namen auf Listen | 48 |
| Mechaniker Hebel | 58 |
| Das Jahr mit Noel Field | 68 |
| Wiedersehen in Berlin | 83 |
| Bahnchef im Kalten Krieg | 90 |
| Die große Inszenierung | 95 |
| Deutsches Vorspiel | 103 |
| Karenzzeit | 110 |
| Eifernde Ausforscher | 114 |
| Leistner ist Mielke | 120 |
| Detaillücke Heiligensee | 130 |
| Der besondere Sechste | 136 |
| Beginn des Mysteriösen | 145 |
| Geheimnishütung als Karrierehilfe | 151 |
| Schuldbekenntnis für den Herrn Staatssekretär | 155 |
| Mordopfer | 171 |
| Die Propagandalüge | 176 |
| Draufschläge | 179 |
| Abnahme eines Paketchens | 188 |
| Versteckspiel an unsichtbarer Front | 197 |
| Wo ist mein Mann? | 204 |
| Attacken gegen das Schweigen | 214 |
| Erlogenes Urteil | 224 |
| Drei Taschentücher | 229 |
| Die Austreibung | 242 |
| Böcke als Gärtner | 254 |

| | |
|---|---:|
| Ultimatum an Grotewohl | 261 |
| Französische Interpellation | 273 |
| Der Schamlosigkeit letzter Akt | 280 |
| | |
| Zu dieser Ausgabe | 287 |
| Anmerkungen | 289 |
| Personenregister | 296 |
| Bildnachweis | 302 |

# Ein Wort zuvor

Geschichten über verschwundene Menschen gibt es viele. Sprichwörtlich ist die Story von dem Mann, der nur mal schnell Zigaretten holen wollte und dann nie wiederkam. Seine Frau hatte ihn zuletzt gesehen, als er die Tür hinter sich zumachte. Wen sie auch fragte, ob Bekannte, Nachbarn oder die Polizei, niemand hatte ihn bemerkt, keiner fand eine Spur von ihm. Es gab keine Leiche und folglich auch kein Grab. Die Ungewißheit wurde zur ewigen Wunde derjenigen, die ihn vermißten.

Auf dem simplen Grundmuster beruhen viele Varianten. Sie reichen vom Privaten bis in die Sphären politischer Machenschaften. Marthe Kreikemeyer sah ihren Mann zum letzten Male, als er am Freitag, dem 25. August 1950, in Berlin hinter der Eingangstür des großen Eckhauses Lothringer Straße 1 verschwand. Jahrelang wurde sie in dem Glauben gehalten, sie werde Willi wiedersehen. Schließlich bewirkte ihr beharrliches Drängen die Nachricht, er habe sich wenige Tage nach ihrem Abschied das Leben genommen. Man habe lediglich verabsäumt, seinen Tod in das Sterberegister einzutragen. Somit sei verständlich, daß es auch keine Grabstätte gäbe.

Die Dramatik der Kriminalstory Kreikemeyer ist unerfindbar. Die Realität von Leben und Tod erweist sich facettenreicher als die menschliche Phantasie. Willi Kreikemeyer war einer der großen Fälle des Erich Mielke, vielleicht sein persönlichster. In der bisher erschienenen Literatur über den einstigen Chef der Staatssicherheit sucht man ihn vergeblich. Die Konstellation Mielke contra Kreikemeyer ergab sich aus der weltpolitischen Dimension der Ost-West-Konfrontation. Die globale Bühne bot hinter den Kulissen vielfältige Möglichkeiten für persönliche Machtkämpfe, für Karriere- und Aufstiegsspiele der besonderen Art.

Auf dem Ostdiwan plagte Stalin die Furcht vor dem Zerfall des Sowjetimperiums nach dem Abfall Jugoslawiens. Diese Angst wurde seine Triebkraft. Sie führte zum Export der Moskauer Schauprozesse aus der Vorkriegszeit in die kalte Nachkriegszeit.

Die Praxis, Kommunisten vernichten Kommunisten, hatte Stalin zum Alleinherrscher der Sowjetunion gemacht. Nun sollte sie prophylaktisch garantieren, daß die ihm hörigen Partei- und Regierungssysteme in Mittel- und Osteuropa allzeit unterwürfig blieben. Eine national begründete kommunistische Eigenständigkeit hatte im großrussischen Anspruch keinen Platz. Der proletarische Internationalismus war zur Farce geworden.

Der erste große Schauprozeß außerhalb der Sowjetunion, von Kommunisten gegen Kommunisten inszeniert, fand 1949 in Budapest statt. Analoge Strafgerichte sollten folgen, in Sofia, Prag, Warschau und Ostberlin. Wer in der DDR zu diesem Zweck zu verhaften war, hatte nicht Mielke zu entscheiden. Dies lag in der Kompetenz der »Freunde« vom KGB in Absprache mit Walter Ulbricht und Hermann Matern. Mielkes Kopf- und Handarbeit begann erst, wenn er und seine Mannen die von anderen ausgesuchten Leute in ihre Gewalt bekommen hatten. Der Bundestagsabgeordnete der KPD Kurt Müller war der erste, den Mielke unter seine Fittiche nahm. Es folgten Leo Bauer, Bruno Goldhammer, Willi Kreikemeyer, Hans Schrecker, Paul Merker, Fritz Sperling ... Sie alle wußten, wer Mielke war, aber Kreikemeyer kannte seinen Kerkermeister besser als alle anderen.

Der für Sozialarbeit in der Marseiller Regionalleitung der KPD zuständige Willi Kreikemeyer hatte ihn in Not erlebt und finanziell und materiell aus USA-Quellen unterstützt. Mielke hatte verzweifelt und in Existenzangst vor ihm gestanden, den Strohhalm ergreifend, den ihm Kreikemeyer in Aussicht stellte, aber wegen des fortschreitenden Krieges nicht mehr beschaffen konnte: die Flucht über den Atlantik nach Mexiko. Das war damals in Frankreich, 1941/42, als der einstige scharfe Schütze vom Berliner Bülowplatz und später aus Moskau nach Spanien geschickte Kämpfer ohne jede Verbindung war und in der Furcht lebte, von den französischen Behörden den Nazis überstellt zu werden. Sich deutschen Genossen in der französischen Résistance anzuschließen, schien dem in der Sowjetunion militärisch ausgebildeten und in Spanien zum Offizier beförderten Mielke absurd zu erscheinen. Hätte er über sich selbst – wie später über andere –

zu urteilen gehabt, wäre Feigheit vor dem Feind das richtige Wort gewesen.

Vier Wochen vor Kreikemeyers Verhaftung wurde Mielke auf dem III. Parteitag der SED zum Mitglied des Zentralkomitees vorgeschlagen. Die Wahlkommission sagte den Delegierten: »Genosse Erich Mielke ist Staatssekretär im Ministerium für Staatssicherheit. Er ist von Beruf Expedient gewesen. Seine politische Entwicklung: seit 1921 Mitglied des Kommunistischen Jugendverbandes Deutschlands, seit 1927 Mitglied der KPD und dann der SED. Politischer Leiter einer Zelle, dann politischer Instrukteur für einen Betrieb, Reporter in der 'Roten Fahne'. 1936 ging er nach Spanien. Zuerst war er als Ausbilder tätig und später an den Kämpfen am Ebro beteiligt. Ab 1939 war er in Belgien, ab 1940 in Frankreich interniert und in einer Arbeiterkompanie tätig. Er kehrte 1945 nach Berlin zurück.«[1] Diese Angaben zur Biographie im ersten Jahr der DDR kamen der Wahrheit am nächsten. Sie wurden nie wiederholt. »In einer Arbeiterkompanie tätig« war zweifellos geschönt. Tatsächlich gehörte er ab 1944 zu einer Einheit der Organisation Todt. Die O.T. wurde 1940 nach der Ernennung ihres Leiters, des SA-Obergruppenführers Fritz Todt, zum Reichsminister für Bewaffnung und Munition zur großen militärischen Bautruppe in den eroberten Gebieten. In Frankreich arbeitete sie vorwiegend am Ausbau des Atlantikwalls.

Mielke hatte sich zwischen dem Untergrund, dem Anschluß an die Widerstandsbewegung, oder dem Legalisieren bei den französischen Behörden mit zu erwartender Verpflichtung für die deutsche Besatzungsmacht entscheiden müssen. Er setzte auf die größere Überlebenschance. Als Angehöriger der O.T. überschritt er im Dezember 1944 mit der zurückflutenden deutschen Wehrmacht den Rhein und gelangte im Juni 1945 aus der französischen und amerikanischen Besatzungszone nach Berlin.

Je mehr diese Zeit Vergangenheit wurde und Mielke an Macht und Einfluß gewann, um so stärker arbeitete er an seinem eigenen Bild. Mit der Ernennung zum Minister im Jahre 1957 – Kreikemeyer war längst verschwunden – fielen die letzten Hemmungen. Was über ihn in die Öffentlichkeit kam, bestimmte er selbst.

Der Verantwortliche für die unsichtbare Front veränderte seine Vita ins Heldische. Er war nicht mehr der, der er einst gewesen war, sondern wie er sich gesehen wissen wollte. Sein Eintritt in die KPD wurde von 1927 auf das Jahr 1925 rückdatiert. Somit war er von Anfang an dabei, als Thälmann die Führung der Partei übernommen hatte. Ulbricht würdigte Mielke 1967: »Getreu Deiner kommunistischen Gesinnung führtest Du nach der Beendigung der Kämpfe in Spanien unter den Bedingungen der Illegalität in der Emigration mutig und standhaft, oftmals auf Dich allein gestellt, den Kampf fort. Dabei hast Du unter den schwierigsten Bedingungen immer die Dir von der Partei übertragenen Aufgaben in Ehren erfüllt.«[2]

Zehn Jahre später, von Honecker gefeiert, war Namensbruder Erich nach dem Spanienkrieg »unmittelbar an der Organisierung des Widerstandskampfes und an wichtigen Aktionen gegen den Hitlerfaschismus in Deutschland und den von ihm besetzten Gebieten beteiligt. Von Dir wurden, selbst in schwierigsten Situationen, verantwortungsvolle Aufgaben mit Umsicht und Mut erfüllt. In unwandelbarer Treue zur Sowjetunion und als glühender Internationalist nahmst Du im Großen Vaterländischen Krieg an der Verteidigung des ersten sozialistischen Staates der Welt und an der Zerschlagung des Faschismus teil.«[3] Die geographische Verpflanzung der Mielkeschen Emigration von West nach Ost, von Frankreich in die Sowjetunion – ein Partei- und Staatsgeheimnis bis zum Ende der DDR – wurde 1987 bekräftigt: »Unvergessen sind Dein Mut und Dein selbstloser Einsatz an der Seite der sowjetischen Klassengenossen im Großen Vaterländischen Krieg. Stets bist Du Deiner Lebensmaxime treu geblieben, sich dort zu bewähren, wo der Kampf am schwierigsten ist und wo er den Einsatz der ganzen Person erfordert.«[4]

Wer es anders wußte, schwieg. Kreikemeyer hätte sich als freier Mann kaum anders verhalten. Doch Mielke in die Hand gegeben, damit ihm zur Vorbereitung auf einen Schauprozeß falsche Geständnisse über das Exil in Frankreich abgepreßt werden, machte Kreikemeyer unberechenbar. Mielke mußte befürchten, daß der Häftling sich dazu hinreißen ließ, den von sowjetischen

»Freunden« geleiteten und kontrollierten Vernehmern des MfS Aussagen zu machen, die ihn selbst betreffen.

Kreikemeyer und Mielke kannten sich seit 1937. Sie begegneten sich als Kriegskameraden im spanischen Albacete. Willi Kreikemeyer stand damals im dreiundvierzigsten Lebensjahr. Fritz Leisner oder Leistner, wie sich Mielke damals nannte, war ein junger Mann von dreißig Jahren. Ihr nachweisbar letztes Gespräch führten die beiden am Freitagabend oder in der Nacht zum Sonnabend, dem 26. August 1950, in der Zelle 2 der Untersuchungshaftanstalt Schumann-/Ecke Albrechtstraße in Ostberlin. Der noch keine vierundzwanzig Stunden im Gefängnis einsitzende Kreikemeyer war vom Staatssekretär im MfS besucht worden. Wie lange der für das Wachpersonal anonymisierte Gefangene Nr. 2 danach noch zu leben hatte, ist unbekannt. Waren es Tage, Monate oder Jahre? Alle Angaben über seinen Tod sind erlogen oder Spekulation. Bis heute ist nicht feststellbar, wann, wo und wie Kreikemeyer starb, auf keinen Fall eines natürlichen Todes.

Die nachweisbar letzte Lebensäußerung von ihm ist ein Brief, geschrieben in der Gefängniszelle. Er trägt das Datum 27. August 1950 und war gerichtet an den Herrn Staatssekretär Leistner. Nach diesem Brief gibt es von Kreikemeyer nichts mehr. Keine von ihm unterschriebenen Vernehmungsprotokolle, auch keinen Hinweis darauf, daß er, wie damals nicht ungewöhnlich, sowjetischen Stellen übergeben wurde. Vier Jahre lang erhielt Marthe Kreikemeyer von der Verfolgungsbehörde die Auskunft, daß ihr Mann lebe. Es wurde auch ein Päckchen für ihn bei ihr abgeholt. Schließlich wurde sie, im Elsaß geboren, aus ihrer Wahlheimat DDR vertrieben. Von Frankreich aus forderte sie Ministerpräsident Otto Grotewohl auf, ihr nun endlich Auskunft darüber zukommen zu lassen, was mit ihrem Mann gemacht worden war. Die Antwort des Berliner Stadtbezirksgerichts Prenzlauer Berg von 1957 empfand sie als einen »Gipfel des Zynismus«. Marthe Kreikemeyer starb 1986. Bis zuletzt blieb sie im ungewissen über das Schicksal ihres Mannes. Es bleibt ein Rätsel bis heute, trotz geöffneter Geheimarchive und einer Fülle an

Aktenmaterial. Wo ist die Lösung? Der Weg dorthin führt über die drei Worte des Willi Kreikemeyer: »Leistner ist Mielke.«

## Willi und Marthe

Als Kreikemeyer in die Mühlen Stalinscher Politik geriet, hatte er den Gipfel einer beruflichen Laufbahn erreicht. Seit dem 20. Januar 1949 leitete er den größten Betrieb in der sowjetischen Besatzungszone, aus der wenige Monate später, nach der Gründung der BRD, die DDR hervorging. Er war Generaldirektor der Deutschen Reichsbahn, faktisch jedoch nicht ihr höchster Chef. Über ihm stand der sowjetische General Wojewudskij, der dem deutschen Genossen alles abverlangte. Kreikemeyer war dafür verantwortlich, daß die Eisenbahntransporte auf den durch Demontagen reduzierten Schienenstrecken mit Reparationsgütern aus allen Landesteilen der DDR und mit dem Uranerz aus den im Süden der Republik gelegenen Schächten der sowjetischen Aktiengesellschaft Wismut ohne Halt in Richtung Osten rollten. Diesen Auftrag mit den Plänen des eigenen Güter- und Personenverkehrs einigermaßen in Einklang zu bringen und diese Aufgaben trotz des überalterten und reparaturanfälligen Lokomotiv- und Waggonbestandes zu erfüllen, erforderte die Durchsetzungskraft und Nervenstärke des gelernten Maschinenschlossers. Sein Denken war auf Praxis und Organisation gerichtet. Hierbei bewies er eine Vielfalt an Fähigkeiten. Den Posten des Generaldirektors der DDR-Bahnen, dem seine Tätigkeit als Präsident der Reichsbahndirektion Berlin vorausgegangen war, verdankte er seiner Treue als Mitglied der KPD seit 1919 und der Bewährung in vielen mittleren Parteifunktionen im Deutschland vor Hitler und im antifaschistischen Kampf in Spanien und Frankreich.

Willi Kreikemeyer stammte aus Magdeburg, geboren am 11. Januar 1894 als Sohn des Schlossers Karl und der früheren Landarbeiterin Luise Kreikemeyer. Die Stadt an der Elbe war ein prosperierendes Industriezentrum. Eisengießereien, Maschinen- und Metallröhrenfabriken, darunter das Krupp-Grusonwerk mit der

Produktion von Panzerplatten und Geschossen aus Hartguß, von Unterbauten zu Panzertürmen, von Kränen und hydraulischen Hebevorrichtungen machten Magdeburg weithin bekannt. Die Industriearbeiterschaft prägte morgens und abends das Bild der Stadt. Vater Karl Kreikemeyer war Sozialdemokrat und hatte sich, wie Sohn Willi und dessen Geschwister, zwei Mädchen und zwei Jungen, von ihren Eltern erzählt bekamen, schon in der Zeit des Sozialistengesetzes für die Sozialdemokratie betätigt. Der spätere Riß in der Arbeiterbewegung ging auch durch diese Familie. Die Eltern verließen 1926 die SPD, weil sie mit der KPD sympathisierten. Willi, eine Schwester und ein Bruder hatten sich den Kommunisten angeschlossen. Eine Schwester blieb Sozialdemokratin, der zweite Bruder parteilos.

Nach der Volksschule, 1908, bekam Willi eine Lehrstelle als Dreher bei Krupp-Gruson in Magdeburg-Buckau. Er betätigte sich ab 1910 gewerkschaftlich in der Metallarbeiterjugend. 1912 verließ er erstmals seine Heimatstadt und arbeitete in Düsseldorf und Kiel. Nach Magdeburg zurückgekehrt, wurde er 1913 zur Marine einberufen. Sein Kriegseinsatz auf einem Torpedoboot führte ihn bis an die Küsten Kleinasiens. 1918 war er Obermatrose, ausgezeichnet mit dem Eisernen Kreuz und dem türkischen Roten Halbmond. Er schloß sich zunächst der USPD an und wurde, nach eigenen Angaben, Ende 1919 in Magdeburg Mitglied der KPD. Seit dem 13. Dezember 1918 arbeitete er als Dreher bei der Reichsbahn und war Betriebsrat im Ausbesserungswerk Magdeburg-Buckau. 1922 besuchte er in Berlin die Zentrale Parteischule der KPD, gehörte danach der Bezirksleitung Magdeburg an und wurde 1923 Sekretär des der KPD nahestehenden Freien Eisenbahnerverbandes. Anfang 1924, die Partei war verboten, befand er sich unter dem Decknamen Willi Niran als hauptamtlicher Politischer Sekretär in Nordbayern. Die Polizei suchte Niran, einen Mann, etwa 1,80 Meter groß, von kräftiger Statur und mit kleiner Glatze. Im Mai 1924, während einer Sitzung verhaftet, wurde er zu sechs Monaten Gefängnis verurteilt und wenige Wochen später aus Bayern ausgewiesen. Nun begannen für ihn acht Jahre, die ihn, von der KPD bezahlt, kreuz und quer durch Deutschland führten. Zunächst begab er sich als Pol.-Sekretär für Mecklenburg nach Rostock. 1925 wurde er Sekretär in Niedersachsen (Hannover), anschließend in Danzig. Von 1926 bis Anfang 1933 arbeitete er für die von Willi Münzenberg gegründeten und geleiteten Buch- und Zeitungsunternehmen, besonders für den Neuen Deutschen Verlag (NDV) und die »Arbeiter-Illustrierte Zeitung« (AIZ). Der »rote Millionär«, wie Münzenberg von seinen Gegnern unzutreffend und zugleich mit Achtung vor seiner Leistung genannt wurde, hatte in Kreikemeyer einen Mitarbeiter gefunden, der es bestens verstand, Literatur und Zeitungen unters Volk zu bringen. »Wir reisten von Bezirk zu Bezirk, verhandelten mit den Bezirksleitungen der Partei, saßen in rauchigen Parteilokalen mit Kolporteuren und schufen langsam ein Netz von eigenen Vertriebsstellen, die ihre festen Abnehmer durch eigene Austräger belieferten«, erinnerte sich, ohne Namen zu nennen, Babette Gross, Münzenbergs Mitarbeiterin und Lebensgefährtin. »In allen deutschsprachigen Gebieten, in der Schweiz, in Österreich und in der Tschechoslowakei, gab es bald Filialen des Verlages der ›Arbeiter-Illustrierten Zeitung‹.«[5] Die Zeitung, viele ihrer Titelseiten waren Fotomontagen von John Heartfield, erreichte eine Auflagenhöhe von 300 000 Exemplaren wöchentlich. Kreikemeyer war von 1928 bis Anfang 1933 Münzenbergs regionaler Geschäftsführer in Mannheim, dann in Stuttgart, in Chemnitz, Hamburg und Berlin. In jeder Stadt gehörte er den KPD-Bezirksleitungen an oder galt als deren Mitarbeiter und wurde als Kursuslehrer und Referent des Zentralkomitees eingesetzt. Zuletzt wohnte er in Berlin, Reinickendorf West. Im Februar 1933 ging er im Auftrag des NDV in die Schweiz, um illegale Druckmöglichkeiten zu schaffen. Er wurde nach einigen Monaten verhaftet und im Herbst ausgewiesen. Er begab sich nach Saarbrücken und leitete im Saargebiet wie vorher in der Schweiz den Vertrieb der AIZ. »Während die anderen ›ausgewanderten‹ Zeitungen und Zeitschriften der Weimarer Republik gezwungen waren, sich den neuen Verhältnissen anzupassen, konnte die AIZ aufgrund ihres internationalen Status und Selbstverständnisses bleiben, was sie auch vor

*Willi Kreikemeyer, etwa 1948 (Paßbild vom Personalbogen der Deutschen Reichsbahn)*

1933 war. Jedenfalls gibt es in der ersten Etappe des Exils kaum eine andere Publikation mit einer vergleichbaren journalistischen Selbstverständlichkeit und Vitalität«, schreibt Lieselotte Maas, die exzellente Kennerin der deutschen Exilpresse zwischen 1933 und 1945. »Trotz eines Auflagensturzes auf gerade noch 12 000 Exemplare verlor die AIZ keineswegs den Charakter einer volkstümlichen Arbeiterzeitung. Auch konnte sie ... nach einigen improvisierten Interimsausgaben das gewohnte Tiefdruck-Herstellungsverfahren bereits im Mai 1933 wieder aufnehmen.«[6]

Der Neue Deutsche Verlag existierte nicht mehr. Münzenberg hatte zunächst im französischen Exil von Pierre Levi, einem Schweizer Verleger in Paris, dessen Räume in einem Gartenhaus am Boulevard St. Germain und den Verlagsnamen Editions du Carrefour zur Verfügung gestellt bekommen. »Wir konnten mit der Buchproduktion beginnen. Der Verlag (Editions du Carrefour) wurde später förmlich unter Decknamen auf den neuen Inhaber übertragen«.[7] Mit Braun- und Weißbüchern über den Reichstagsbrand, über Terror, Christenverfolgung, Antisemitismus und Kriegsvorbereitungen in Hitlerdeutschland, mit dem Erlebnisbericht »Schutzhäftling 880. Aus einem deutschen Konzentrationslager« von Karl Billinger, dem Roman »Im Kreuzfeuer« von Gustav Regler, mit Münzenbergs eigenem Buch »Propaganda als Waffe« und anderen Publikationen, vor allem auch mit der Wochenzeitung »Der Gegen-Angriff«, wandte sich der Exilverlag an Leser in Europa und Amerika.[8] Willi Kreikemeyer war bis Ende 1936 der rastlose Werbevertreter und Handlungsreisende eines Verlages, der mit seiner Produktion die von Deutschland ausgehenden Gefahren verdeutlichen und den Zusammenschluß der antinazistischen Kräfte in aller Welt fördern wollte. Doch schon bei der Saarabstimmung am 13. Januar 1935 erwiesen sich selbst die Losungen der in einer Einheitsfront handelnden Sozialdemokraten und Kommunisten als wirkungslos. Der »Heim ins Reich«-Parole der Hitleranhänger folgten über 90 Prozent der Stimmen. Nur 8,8 Prozent der Abstimmenden entschieden sich für die Beibehaltung des Saarstatuts. Ehe Hitler am 1. März triumphierend in Saarbrücken einzog, hatte Kreikemeyer die zu seinem

*Marthe Kreikemeyer, Mitte der dreißiger Jahre*

Wohnsitz gewordene Stadt verlassen müssen. Aus der verlorenen Schlacht kam er nach Paris und meldete sich zum weiteren Einsatz bei seinem, dem ZK der KPD angehörenden Chef. Münzenberg gönnte ihm eine Pause von etwa acht Wochen und beschäftigte ihn in dieser Zeit im Verlagsbüro. Dann schickte er ihn mit alten und neuen Aufgaben in ein anderes Land.

Diese Februar- und Märzwochen des Jahres 1935 in Paris waren für Willi Kreikemeyer bestimmend für sein ferneres Schicksal. Er verliebte sich in Marthe Fels, eine deutschsprachige Französin aus dem Elsaß. Marthe, sechzehn Jahre jünger als er, wurde vier Jahre später seine Frau und dann seine Partnerin in allem, was der Zweite Weltkrieg ihm auferlegte. Ohne sie hätte es all das nicht gegeben, was 1950 zum Anlaß seiner Verhaftung und zu seinem Verschwinden führte. Noch war es ein langer Weg dorthin und sie selbst vermochten nicht zu ahnen, wie es mit ihnen weitergehen würde. Die aufgeflammte Liebe war noch ohne geprüfte Beständigkeit und hätte ein Flirt mit etwas mehr bleiben können. Am Anfang genossen sie das Glück des Sichfindens, eine kurze Zeit der Nähe. Willi und Marthe sahen sich zuerst im Büro von Editions du Carrefour. Sie war die Sekretärin des Verlages. Er sollte der Buchhalterin Lore, einer jüdischen Emigrantin aus Deutschland, bei der Arbeit behilflich sein. Marthe interessierte ihn mehr als die ihm am Schreibtisch zugewiesene Arbeit. Sie erlebten gemeinsam Paris. Sie gingen durch die Straßen, sie sahen das Schloß von Versailles, sie waren auf dem Eiffelturm, sie aßen in Bistros und schliefen im Hotel. Sie erzählten einander, woher sie kamen, von ihren Eltern und Geschwistern..

Marthe stammte aus Graffenstaden, am südlichen Rand von Strasbourg, geboren am 19. März 1908. Sie war das jüngste von vier Kindern und das einzige Mädchen des Schlossers und Feinmechaniker Charles Fels, Jahrgang 1862, und seiner Frau Salome, geboren 1865. Der Vater arbeitete seit fünfzig Jahren in der gleichen Fabrik. Er und die Mutter waren seit jeher Sozialisten. Marthes ältester Bruder starb während des Ersten Weltkrieges, ihr zweiter Bruder kam 1917 an die Front. Der jüngste Bruder war Metallarbeiter. Marthe hatte von 1914 bis 1922 die Volksschule in Graffenstaden und anschließend die Handelsschule in Strasbourg besucht. Danach arbeitete sie als Stenotypistin. Mit einundzwanzig Jahren erkrankte sie an Tbc und kam für sechs Monate in ein Sanatorium. Anfang 1931 ging sie als Sekretariatsvolontärin des Arztes Dr. Mayer in eine Klinik nach Guebwiller (Gebweiler) in den Vogesen bei Colmar. Sie hoffte, in der Gebirgsluft vollends zu genesen. Doch 1933 mußte sie wegen ihres Lungenleidens nochmals für neun Monate in ein Sanatorium, diesmal im elsässischen Aubure. Im Frühjahr 1934 machte sie eine Kur in der Schweiz, wo sie sich gut erholte. Danach arbeitete sie aushilfsweise wieder bei Dr. Mayer in Guebwiller. Sie dachte an einen künftigen Arbeitsplatz. Im Herbst 1934 schickte sie ein Klinikpatient zu Lucien Mink. Er war Herausgeber der halb deutsch, halb französisch geschriebenen linksbürgerlichen Tageszeitung »La République« und Besitzer der Druckerei Imprimerie Française am Rabenplatz in Strasbourg. Mink verwies sie an Münzenberg, der bei ihm den »Gegen-Angriff«, Zeitschriften und Bücher drucken ließ, und meinte, er sei, wie er wisse, daran interessiert, eine Mitarbeiterin zu bekommen, die gleichermaßen deutsch und französisch sprach und schrieb. Marthe Fels fuhr nach Paris und wurde im Oktober 1934 von Babette Gross als Sekretärin des Verlages Editions du Carrefour eingestellt. Sie betreute die Post und schrieb Rechnungen. Arbeitskontakte hatte sie zu Willi Münzenberg, zu dessen Sekretär Hans Schulz, zu Münzenbergs Sekretärin Herta Jurr, zu Sonja Zörgiebel, zur Buchhalterin Lore, zum Versandleiter Josef Füllenbach, zu Fritz Granzow, dem Vertreter von Babette Gross, sowie zu Magda Stern, die nur kurze Zeit beim Verlag tätig war und mit der sie 1942 in Marseille erneut zusammentreffen und ihr behilflich werden sollte, auf das rettende Schiff nach Mexiko zu gelangen. Marthe begegnete im Verlag Otto Katz, der sich später André Simone nannte, Anna Seghers, Bodo Uhse und anderen Autoren.

Den Wochen erster Gemeinsamkeit von Willi und Marthe folgte eine lange Trennungszeit. Im April 1935 schickte ihn Münzenberg als Vertriebsleiter der AIZ nach Prag. In der Moldaumetropole erhielt Kreikemeyer weitere Aufträge. Er leitete zwei Emigrantenheime und war danach Sekretär der Organisation der in die CSR emigrierten deutschen Kommunisten. Marthe und er beteuerten und bewahrten ihre Liebe in Briefen. Als im Sommer 1936 der Krieg in Spanien begann, meldeten sich viele der von Kreikemeyer betreuten Emigranten freiwillig zu den Internationalen Brigaden. Er wollte sich ihnen anschließen. Bis Jahresende mußte er wegen seiner Aufgaben in Prag bleiben. Münzenberg und die KPD-Leitung suchten Ersatz für ihn.

## Begegnung in Albacete

Im Januar 1937 kam Kreikemeyer für einige Tage nach Paris. Sein Wiedersehen mit Marthe war der Beginn ihrer Beziehung für immer. Ehe er in den Krieg zog, versprachen sie sich, nach seiner Rückkehr nie mehr voneinander getrennt bleiben zu wollen.

Viele Interbrigadisten waren mit Elan, aber ohne jede militärische Erfahrung nach Spanien gekommen. Kreikemeyer, der sechs Jahre als deutscher Soldat gedient hatte, stieg rasch zum Offizier auf. Zuletzt war er Kapitän (Hauptmann). Anfangs gehörte er zur ersten Kompanie des ersten Bataillons der von Oberstleutnant Hans Kahle befehligten XI. Internationalen Brigade. In der umfangreichen Spanienliteratur der DDR, zumeist erst in den siebziger Jahren erschienen, wird er nicht genannt. Nach seiner öffentlichen Verdammung im Jahre 1950 existierte er bis auf eine Ausnahme[9] auch für die Memoirenliteratur und für historische Darstellungen nicht mehr. Es war, als hätte es ihn nie gegeben. Im Frühsommer 1937 wurde Kreikemeyer bei den Kämpfen um Madrid schwer verwundet. Lange Zeit verbrachte er im Lazarett und war schließlich nicht wieder fronttauglich. Das Generalkommando der Interbrigaden holte ihn in seine zentrale Basis nach Albacete. Hier verwaltete er die Personalpapiere der deutschen Freiwilligen. Schließlich war er Adjutanturchef der Kaderabteilung aller Interbrigaden. In den Büros von Albacete lernte er Fritz

Leistner kennen, ohne zu erfahren, daß dieser eigentlich Erich Mielke hieß.

»Als der Faschismus seine blutbesudelten Hände nach dem republikanischen Spanien ausstreckte, gab es für Dich kein Zögern, um gemeinsam mit vielen der besten deutschen und internationalen Antifaschisten als Soldat und Offizier mit der Waffe in der Hand am Freiheitskampf des spanischen Volkes teilzunehmen«, hieß es in Ulbrichts Glückwunschschreiben zu Mielkes 60. Geburtstag,[10] und Honecker rühmte zehn Jahre später, Mielke habe in Spanien »unerschrocken und standhaft gegen die faschistische Reaktion« gekämpft.[11] Dennoch blieben die Angaben zu Mielkes spanischem Heldenleben, solange die DDR existierte, höchst spärlich und äußerst allgemein. Ein 1975 in Moskau gedrucktes und für die Verbreitung in der DDR herausgegebenes Buch über den spanischen Krieg nannte ihn lediglich in der Aufzählung von Namen »erprobter Kämpfer«, die nach dem 9. Oktober 1936 auf strapazenreichen Wegen nach Spanien kamen.[12] Franz Dahlem erwähnte ihn in seinen Memoiren von 1977 beiläufig im Zusammenhang mit der Ausbildung deutscher Kader »auf Offiziersschulen in Pozorrubio unter Leitung des Genossen Erich Mielke«.[13]

1974 erschienen im Auftrag des Komitees der antifaschistischen Widerstandskämpfer der DDR zwei voluminöse Bände mit Erlebnisberichten deutscher Interbrigadisten. »Brigada Internacional«, ein offizielles Unternehmen, gefördert mit staatlichen Mitteln und redigiert von ehemaligen Spanienkämpfern, nannte Hunderte von Namen. Erich Mielke alias Fritz Leistner findet man nicht. Wollten oder mußten ihn die einstigen Kriegskameraden verschweigen? Heinz Priess, Bataillonsadjutant in der XI. Brigade, berichtete über sein Zusammentreffen mit General Walter, dem Divisionskommandeur Karol Swierczewski, vor der Schlacht bei Brunete im Juli 1937.[14]

Erst nach Mielkes Sturz vermochte sich Priess auch an ihn öffentlich zu erinnern: »Für mich war die Begegnung mit Erich Mielke eine Begegnung mit einem Stabsoffizier, den ich nicht kannte, der plötzlich auftauchte. Wir waren eine Maschinengewehrkompanie und lagen auf einer Anhöhe. Ein kleiner Mann um die Dreißig entstieg einem Auto. Seine Uniform war neu, die Rangabzeichen – Hauptmann im Stabsdienst – leuchteten in der Sonne. Vor dem Bauch hing ein großer Feldstecher. Er stellte sich mir als Fritz Leisner vor und wünschte, die MG-Kompanie zu besichtigen. Während wir die Anhöhe hinaufstiegen, begannen die Faschisten zu feuern. Leisner drehte sich um 180 Grad, führte das Glas vor Augen, starrte ins Hinterland, wo die Lastkraftwagen standen, von wo der Nachschub kam. Dann setzte er das Fernglas ab, meinte, genug gesehen zu haben, ging zum Auto zurück und fuhr mit seinem Fahrer davon. Was war das für ein komischer Vogel, fragten lachend einige Kameraden.«[15]

Die Nichtnennung Kreikemeyers in der Spanienliteratur der DDR hatte den Sinn, aus einem Toten einen niemals existenten Menschen zu machen. Die spärlichen Hinweise zu Mielkes Aufenthalt in Spanien waren vom Gegenteil bestimmt. Ein für die Öffentlichkeit geheimnisvoll gehaltenes Leben sollte durch das Vermeiden von Details in unfaßbarer Größe erscheinen und zugleich von dem wegführen, was tatsächlich gewesen war. Bruno Haid, ein Mann, der es glaubhaft wissen wollte, bestätigte 1992 der Historikerin Wilfriede Otto, »daß Mielke in Albacete und Alicante ›Anarchisten‹ und ›Trotzkisten‹ verhört hätte, die dann von sowjetischen Sicherheitsleuten verhaftet worden seien«.[16]

Im Frühjahr 1937, als Willi Kreikemeyer noch an der Front war, wurde Marthes Lungenleiden wieder akut. Sie mußte ihre Tätigkeit bei Editions du Carrefour aufgeben. Nach einem längeren Klinikaufenthalt in Guebwiller verbrachte sie einige Monate bei ihren Eltern. Willi und Marthe waren im Herbst 1937 zur Untätigkeit gezwungen. Er lag in einem Lazarett in Spanien, sie machte Liegekuren im elsässischen Graffenstaden. Diese äußeren Umstände ließen Marthe sich in Sehnsucht nahezu verzehren. Sie drängte Willi, einen Genesungsurlaub bei ihr zu verbringen. Er schrieb, ob er kommen könne, bleibe höchst ungewiß. Es sei nicht seine Sache, vom militärischen Eid entbunden zu werden. Auch hinter der Front gäbe es von ihm zu erfüllende

Aufgaben. Wenn er nach Frankreich zurückbeordert würde, dann gewiß nicht nach Graffenstaden. Sie solle alles für ihre Gesundheit tun, um ihn eines Tages in Paris erwarten zu können.

Im Dezember 1937 fühlte sich Marthe wieder in der Lage, eine Arbeit aufzunehmen. Bei Editions du Carrefour war keine Stelle frei. Dennoch fuhr sie nach Paris, um dort in der Hoffnung auf Willis baldige Rückkehr zu leben. Eine Beschäftigung fand sie wegen ihrer Fremdsprachenkenntnisse als Sekretärin bei der Speditionsfirma Fülle. Im Mai 1938 schlossen sich Willi und Marthe in die Arme. Sie glaubten, nichts werde sie wieder trennen können. Wußte er, warum für ihn bereits jetzt der Spanienkrieg zu Ende war? Wurde er zurückkommandiert, weil er zu den ältesten Jahrgängen der Interbrigadisten zählte und sowieso für den aktiven Dienst nicht mehr verwendbar war? Oder gab es Gründe, die mit seinem früheren Chef zusammenhingen? Kreikemeyer hatte immer mit Achtung und Bewunderung von Münzenberg gesprochen.

In Spanien wurde über angebliche Differenzen zwischen Münzenberg und der KPD-Leitung informiert. Es hieß, er betreibe, weil er von den nichtkommunistischen Partnern im Pariser Ausschuß für eine deutsche Volksfront nur das Bekenntnis zum Kampf gegen Hitler und nicht zugleich auch die Verdammung Trotzkis und der Trotzkisten verlange, eine gegen die Sowjetunion gerichtete Politik. Er würde selbst nicht klar und eindeutig gegen die Trotzkisten Stellung nehmen. Trotzkisten wurden alle genannt, die nicht hundertprozentig Stalins Vorgehen gegen die alte Garde der Gefährten Lenins lobpreisten. Nach dem ersten Moskauer Schauprozeß gegen hohe kommunistische Funktionäre im Jahre 1936 standen im Januar 1937 erneut siebzehn Mitstreiter Lenins vor Gericht, unter ihnen Karl Radek, Münzenbergs Bekannter aus dem Schweizer Exil vor der Oktoberrevolution von 1917. Seitdem sah er in Radek seinen besten Freund in Moskau, dem er auch in Briefen manches Problem anvertraut hatte. Radeks Verurteilung zu zehn Jahren Gefängnis machte Münzenberg betroffen. Es konnte keinesfalls mit rechten Dingen zugegangen sein.

In der Pariser »Deutschen Volkszeitung«, der Nachfolgerin des »Gegen-Angriff«, die auch nach Albacete geschickt wurde, las Kreikemeyer in einer Besprechung von Münzenbergs Buch »Propaganda als Waffe«: »Kann man im Jahre 1937 das Wesen der faschistischen Propaganda umfassend behandeln wollen, ohne zu zeigen, daß der Trotzkismus seine giftigen Propagandawaffen für das Arsenal des Herrn Goebbels liefert? Warum hat Münzenberg das darüber vorliegende reichhaltige Material bei seiner Materialsammlung vollständig vergessen?«[17] Ob Kreikemeyer verstand, daß dieses »vollständig vergessen« für den Buchautor lebensbedrohend war? Münzenberg wurde aufgefordert, zum Rapport nach Moskau zu kommen. Er verlangte Zusicherungen. Sie wurden ihm nicht gegeben. Er weigerte sich zu fahren. Es wäre eine Reise ohne Wiederkehr gewesen.

Kreikemeyer befand sich noch in Spanien, als die Nachricht kam, Münzenberg sei aus dem Zentralkomitee ausgeschlossen und aller Funktionen enthoben worden. Jetzt in Paris, da Willi Kreikemeyer nun wieder dem KPD-Sekretariat zur Verfügung stand, war es unfraglich, daß er nicht zu Münzenberg zurückgehen würde. Aber er durfte auch nicht in Paris bleiben. Befürchteten diejenigen, die darüber zu befinden hatten, Kreikemeyer oder seine parteilose Freundin Marthe Fels würden Kontakt zu Münzenberg suchen, der weiterhin in der französischen Hauptstadt lebte und hier seine antifaschistische Arbeit fortsetzte? Oder dachte man daran, Babette Gross oder eine andere Person aus dem Kreis der Mitarbeiter Münzenbergs könnte sich Willi und Marthe nähern und zu erklären versuchen, was sich tatsächlich abspielte?

## Grenzarbeit

Über Kreikemeyers Einsatz entschied das von Franz Dahlem und Paul Merker geleitete Sekretariat des ZK der KPD in Paris. Der vorangegangene Chef Walter Ulbricht hatte die Intrige gegen Münzenberg geführt und dabei Heinrich Mann als Präsidenten des deutschen Volksfrontausschusses derart beleidigt und bevormundet, daß er von dem in Moskau lebenden Parteivorsitzenden Wilhelm Pieck aus Frankreich abgezogen werden mußte und Vertreter der KPD bei der Kommunistischen Internationale wurde. Das Sekretariat in Paris war für alle Emigrationsländer, die Sowjetunion ausgenommen, und für die illegale Arbeit der KPD in Deutschland zuständig, wo seit der letzten großen Verhaftungswelle im Jahre 1935 keine neue Inlandsleitung gebildet worden war. Das Sekretariat in Paris bestand aus den beiden Mitgliedern des Politbüros Dahlem und Merker, dem Kandidaten des Politbüros Anton Ackermann und dem ZK-Mitglied Paul Bertz. Ein ständiger Mitarbeiter war Gerhart Eisler. In tiefster Illegalität lebte der Kaderchef Paul Bertz. Nicht einmal seine Sekretärin, sondern nur Dahlem und Merker wußten, wo er in Paris wohnte. Bertz verfügte über geheim aufbewahrte Personalunterlagen aller in der Emigration und in Deutschland tätigen Funktionäre, Papiere, die nie in fremde, vor allem nicht in die Hände der auch in Frankreich operierenden Gestapo fallen durften. Nicht zur Verfügung von Bertz, Dahlem und Merker standen die Dossiers der in der Sowjetunion lebenden und bei der Komintern tätigen deutschen Kommunisten. Und Bertz wußte nicht, wer von den bei ihm erfaßten Genossen von der sowjetischen Geheimpolizei GPU, dem späteren NKWD, dem MGB und dem KGB, wie die Namen wechselten, verpflichtet worden war. Im Pariser ZK-Sekretariat war dies, wie sich später zeigte, Anton Ackermann, der seine Genossen beobachtete und das, was er über sie berichtenswert fand, an sowjetische Stellen weiterleitete.

Willi Kreikemeyer gehörte zu denen, die in den Unterlagen bei Paul Bertz und dessen Sekretärin Grete Keilson erfaßt waren. Anders verhielt es sich mit Erich Mielke. Fritz Leistner war, wie andere auch, direkt aus der Sowjetunion nach Spanien gekommen. Das Sekretariat in Paris erhielt davon keine Kenntnis. Kreikemeyer und Leistner kamen von verschiedenen Entsendestellen. Im Sommer 1939 sahen sie sich in der belgischen Hauptstadt wieder. Das muß für beide überraschend gewesen sein. Das erneute Zusammentreffen hat eine Vorgeschichte. Sie kamen zeitlich und auf unterschiedlichen Wegen nach Brüssel.

Kreikemeyer war nahezu ein Jahr früher dort gewesen. Den Auftrag hatte ihm Grete Keilson übermittelt. Er ergab sich aus der kommunistischen Untergrundarbeit in Deutschland, die von außen gesteuert und von Abschnittsleitungen in den an das Reich angrenzenden Ländern unterstützt wurde. Die Abschnittsleitung Südwest saß in Brüssel, geführt von Otto Niebergall, Jahrgang 1904, einem früheren Bergmann in Saarbrücken. Die Organisationsarbeit unterstand Hermann Geisen. Wie Kreikemeyer war er bei den Interbrigaden in Spanien gewesen und nach schwerer Verwundung zurückgekehrt. Max Stoye, ein junger Mann von fünfundzwanzig Jahren, der nach Absolvierung der Lenin-Schule in Moskau illegal in Duisburg-Hamborn und in linksrheinischen Gebieten gearbeitet hatte, betreute die legal in Belgien lebenden Emigranten. Von Brüssel aus gab es Verbindungen zu illegalen KPD-Gruppen in Düsseldorf, Koblenz, Köln und Trier.

Im August 1938 wurde Willi Kreikemeyer zur Abschnittsleitung Südwest geschickt. Er sollte den Außenposten für die Grenzarbeit in Luxemburg übernehmen. Wieder gab es ein Abschiednehmen. Marthe wollte mit ihm fahren. Doch er wußte selbst nicht genau, was ihn erwartete. Außerdem war es völlig ausgeschlossen, daß er seine Geliebte zu einem Parteiauftrag mitnahm. Kreikemeyer wohnte in einem für ihn vorbereiteten Quartier bei Luxemburger Sympathisanten. Er war monatelang damit befaßt, antifaschistisches Druckmaterial in deutscher Sprache mit Helfern auf beiden Seiten der Grenze in Hitlers Reich weiterzuleiten und von dort Berichte und Informationen entgegenzunehmen. Nachdem Otto Niebergall zugestimmt hatte, gab Willi seiner Marthe das vereinbarte und von ihr erwartete Signal. Sie kündigte bei der Speditionsfirma in Paris und fuhr im März 1939 zu ihm. Am 19. April heirateten sie in Luxemburg. In der Folgezeit half sie ihrem Mann, Flugblätter zur Verbreitung in Deutschland herzustellen. Sie wohnten in Luxemburg. Wenn etwas mit der Leitung zu besprechen war, fuhr Kreikemeyer nach Brüssel.

Der Krieg in Spanien war beendet, die Niederlage der Republik besiegelt. Die letzten Interbrigadisten und Zehntausende spanischer Flüchtlinge hatten Anfang Februar die Grenze nach Frankreich passiert und waren in Lagern aufgefangen worden. Die Reste der elften Brigade und mit ihnen andere Freiwillige zur Verteidigung der legitimen spanischen Republik kamen aus La Junquera und wurden nach ihrer Entwaffnung auf der französischen Seite in Le Perthus von Militär und Polizei auf einer zuletzt unweit der Mittelmeerküste entlang führenden Straße dreißig Kilometer weit bis zur Ortschaft St. Cyprien getrieben. Hier kamen sie hinter Stacheldrahtzäune. Dieser Zug der militärisch Geschlagenen und ihr aufrechter Gang in das Camp de Concentration ist wiederholt mit Nennung zahlreicher und bekannter Namen wie Ludwig Renn, Erich Weinert, Theodor Balk, Walter Janka und Dr. Rudolf Zuckermann beschrieben worden.[18]

Fritz Leistner, der auch irgendwo dabei war, blieb unerwähnt. Niemand schien ihn gesehen zu haben. Wer in Frankreich Bekannte oder Verwandte hatte, die für ihn bürgten oder ihm einen Aufenthaltsort nachweisen konnten, durfte das Lager bald verlassen. Mielke gehörte nicht dazu. Er war in Frankreich völlig unbekannt. Erich Weinert, der auch aus der Sowjetunion nach Spanien gekommen war, kehrte im Juli 1939 nach drei Monaten Zwischenaufenthalt in Paris »auf schwierigen Wegen nach Moskau zurück«.[19]

Leistner war mit sowjetischen Militärberatern und Sicherheitsleuten nach Spanien gekommen. Warum nahmen sie ihn nicht wieder mit zurück? Sollte er zum geheimdienstlichen Maulwurf werden? Sein Verhalten während des Zweiten Weltkrieges in Frankreich spricht dagegen. Es wäre auch für eine Geheimdienstlegende untauglich gewesen. Wie aber kam er im Sommer 1939 nach Belgien? Die Angabe in seinem Lebenslauf vom 15. März 1951, das ZK der KPD habe ihn nach dem Spanienkrieg dorthin geschickt, ist zu erklären. Wilfriede Otto zitierte 1994 dieses frühe und einigermaßen glaubhafte Lebensdokument aus Mielkes Feder mit dem Vermerk, es handle sich beim ZK der KPD um die KPD-Zentrale in Moskau. Heribert Schwan machte drei Jahre später daraus: »Im Lager St. Cyprien soll Erich Mielke nach Augenzeugenberichten für kurze Zeit gesichtet worden sein. Doch dann war er eines Tages verschwunden. Was die zurückgebliebenen Interbrigadisten nicht wissen konnten: Mielke hatte vom Zentralkomitee der Partei einen neuen Auftrag erhalten. Die KPD-Zentrale in Moskau schickte ihn nach Belgien.«[20]

Doch Mielke blieb am Rande, auch mit dem Blick auf seine Desertionsjahre im antifaschistischen Widerstand in Frankreich, bis zu seiner Heimkehr nach Berlin. Pieck und Ulbricht hatten in Moskau andere Personalprobleme, als sich mit dem Einbau eines untergeordneten Funktionärs in eine der Abschnittsleitungen zu befassen. Derartige Fragen fielen normalerweise in die Kompetenz von Paul Bertz. Er war der Kaderchef des ZK in Paris, ein Mann aus der Frühzeit der Partei, zuverlässig, verschlossen und couragiert. Er war bis 1937 Abschnittsleiter der KPD in Amsterdam gewesen. Nicht alle Personalentscheidungen hatte er selbst zu treffen. Sie wurden ihm als Direktiven der Komintern gegeben, hinter denen sich nicht selten Aufträge des NKWD verbargen. Aufträge, an denen nicht zu rütteln war, erledigten sein Mitarbeiter Anton Joos und seine Sekretärin, die mehr war als eine Schreibkraft und Verwalterin der Verschlußsachen.

Im Sommer 1939 bekam Bertz eine neue Sekretärin aus Moskau zugewiesen. Henny Stibi, bis dahin Walter Ulbrichts Sekretärin bei der Komintern, wurde die Nachfolgerin der nach Moskau abberufenen Grete Keilson. Henny Stibi kam mit Wachsamkeitsorakeln von der Moskwa. Sie gründeten sich auf Verdächtigungen, die aus Vernehmungen deutscher Emigranten durch die sowjetische Geheimpolizei oder ähnlichen Quellen stammten. Die neue Kadersekretärin erfüllte Aufgaben, die nur scheinbar mit deutscher Parteiarbeit, tatsächlich aber mit stalinistischer Säuberungsmanier zu tun hatten. In Anton Joos hatte sie ihren Partner. Daß er nicht nur im Dienst der deutschen Partei stand, bewies er bis 1956 als Mitarbeiter der Kaderabteilung im ZK der SED. Obwohl er selbst ein Westemigrant war, blieb er in seiner Funktion und wurde damit beschäftigt, gegen Westemigranten vorzugehen. Viele von ihnen glaubten, sein rüdes und rigoroses Verhalten entspränge seinem Charakter. Sie taten ihm unrecht. Er war so, weil er in einem besonderen Auftrag handelte.

Henny Stibis Ankunft in Paris hätte als Zusammenführung eines lange getrennten Ehepaares gedeutet werden können. Georg, ihr Mann, war aus Spanien heimgekehrt, wo er beim Rundfunk arbeitete. Er war früher der Leiter der deutschen Sendungen von Radio Moskau gewesen und vor zwei Jahren aus der Sowjetunion ausgereist. Warum wollte man ihn, der in Frankreich keine Chance hatte, an einem Radiosender tätig zu sein, nicht in Moskau wiederhaben und seine Frau dort behalten? Die Stibis sind im Zusammenhang mit Willi Kreikemeyer von Interesse, weil er später in Marseille Aufgaben von Henny Stibi übernahm, die sie abgeben mußte, da sie mit ihrem Mann die Abreise aus Frankreich in Richtung Mexiko vorbereitete. Erst dadurch wurde es möglich, daß sich Kreikemeyer und Mielke erneut begegneten.

Wie Mielke war der intelligente und autodidaktisch gebildete Stibi bereits vor 1933 in die Sowjetunion gekommen. Das ZK der KPD hatte ihn 1932 zum Moskaukorrespondenten der »Roten Fahne« ernannt. Als ich ihn am 22. Mai 1981 – er war pensioniert und zuvor stellvertretender Außenminister der DDR gewesen – in seiner Pankower Wohnung fragte, warum er 1937 nach Spanien gegangen sei, antwortete er: »Anfang 1937 hatte ich Differenzen mit meinem sowjetischen Chef. In einem von mir vorbereiteten Sendebeitrag forderte ich das Zusammengehen kommunistischer und christlicher Arbeiter in Deutschland. Mein Chef lehnte dies mit der Begründung ab: ›Was haben wir mit Christen zu tun? Wir sind Atheisten.‹ Ich wandte mich an Pieck. Er gab mir recht. Der Chef gab den Beitrag trotzdem nicht frei. Ich wandte mich an Togliatti und Dimitroff. Auch sie gaben mir recht. Aber gesendet wurde der Beitrag nicht. Daraufhin kündigte ich beim Moskauer Rundfunk. So etwas war noch nicht vorgekommen, daß man kündigte. Es war ein etwas anarchischer Schritt von mir. Aber ich konnte unter diesen Bedingungen nicht arbeiten. Ich war schon nicht mehr beim Rundfunk, als mir mitgeteilt wurde, daß mich mein sowjetischer Chef in einer Parteiversammlung einen Volksfeind genannt habe. Da wurde es für mich gefährlich, und ich bat in der Komintern darum, nach Spanien gehen zu dürfen. Faktisch hat die Komintern die schützende Hand über mich gehalten. So kam es, daß ich die Sowjetunion 1937 verließ.«

Diese kaschierte Erzählung verheimlicht, daß Georg Stibi verhaftet war und in dieser Zeit die Entscheidung fiel, ihn zum Rundfunk nach Madrid zu delegieren. Er leitete die deutschsprachige Sendung von »La Voz de España Republicana«. 1939 kam er von Spanien nach Paris und wurde im Sekretariat des ZK persönlicher Mitarbeiter von Anton Ackermann, dem Mann, der in diesem Sekretariat als Ohr des sowjetischen Geheimdienstes fungierte und schließlich im Unterschied zu den anderen Sekretariatsmitgliedern nicht interniert, sondern 1940 mit seiner Frau Elli Schmidt (Irene Gärtner) von Richard Stahlmann »auf der NKWD-Linie«, wie es intern hieß, über die Schweiz, Italien und den Balkan nach Moskau geschleust wurde, wo er Merker und Dahlem wegen ihrer Meinung zum Hitler-Stalin-Pakt und ihres Verhaltens zu Kriegsbeginn und Paul Bertz als nicht genügend zuverlässig denunzierte.

Anton Ackermann, Richard Stahlmann, Georg und Henny Stibi, Anton Joos und viele andere fühlten sich als gute deutsche Kommunisten und glaubten, sie würden es am besten sein, wenn sie der sowjetischen Partei treu ergeben sind. Die KPD war eine nationale Partei, aber sie war zugleich eine Sektion der Kommunistischen Internationale. Und deren Führungsgremien saßen in Moskau und wurden von der sowjetischen Partei dominiert. Die KPD erzog ihre Mitglieder in dem Glauben, daß es keine Interessenkonflikte mit der Komintern und der KPdSU geben könne. Falls es dennoch geschähet, dann läge es an der KPD oder an einzelnen Kominternfunktionären. Die »Richtigkeit« sowjetischer Partei- und Staatspolitik hatte sich personifiziert, zuerst in Lenin und dann im absoluten Sinne in Stalin. Der Kurzschluß lautete: mehr als die eigene Partei ist die Komintern, mehr als die Komintern ist Stalin.

Stalin jedoch verließ sich nicht auf den Funktionsmechanismus der Komintern als Führungs- und Kontrollinstanz der Kommunisten in aller Welt. Er ließ die Parteien durch seine verdeckt arbeitenden Sicherheitsorgane unterwandern. Die Kaderabteilungen waren dabei das zentrale Kettenglied. Die Palette zur Verpflichtung von Mitarbeitern war breit wie bei allen Geheimdiensten. Sie reichte vom Appell an die Überzeugung bis zur Nötigung und Erpressung. Im Falle von Erich Mielke lag dessen Bereitschaft wegen seiner »Teilnahme an der Bülowplatzaktion« nahe. Georg Stibi rettete sich davor, als Volksfeind verurteilt zu werden.

Die sich den Sowjetorganen verpflichteten Genossen konnten darauf hoffen, auf einem Sonderweg Karriere zu machen. Sie konnten auch abstürzen, wie der Fall Ackermann beweist, oder von ihren Auftraggebern über Jahre hinweg oder für immer fallengelassen werden. Auch ein gutes Gnadenbrot vermochte nicht über das hinwegzutrösten, was sie verloren hatten. Das Risiko blieb bei ihnen. Objektiv war die sowjetisch-geheimdienstliche Infiltration der nationalen kommunistischen Parteien ein ständiger Sprengsatz zu ihrer Selbstzerstörung, ein Katalysator ihrer Zersetzung.

Erich Mielkes Einsatz in Belgien war vorgeblich eine Arbeit gegen Hitler, tatsächlich diente sie der Disziplinierung der Genossen im Stalinschen Sinne. Hermann Rehse, der bisherige Kadermann der KPD in Brüssel, von Paul Bertz zwei Jahre zuvor eingesetzt, wurde abgelöst, weil er vor langer Zeit mit Hans Kippenberger, dem einstigen Leiter der militärpolitischen Abteilung im ZK der KPD, zusammengearbeitet hatte. Kippenberger war 1937 in der Sowjetunion als angeblicher Agent der deutschen Reichswehr erschossen worden. Rehse wurde unter belgischen Möglichkeiten lediglich von seiner bisherigen Tätigkeit entbunden und leitete fortan einen Emigrantenzirkel.

Als Mielke nach Belgien kam, erschien, von der Abschnittsleitung unter Otto Niebergall, Hermann Geisen und Franz Stoye herausgegeben, die erste Nummer der »Neuen Rheinischen Zeitung« mit dem Untertitel »Kampforgan für Frieden, Recht und Freiheit! Für eine revolutionäre demokratische Republik!« und dem fingierten Erscheinungsort Köln. Willi und Marthe Kreikemeyers Aufgabe war es, diese Zeitung von Luxemburg aus an die Leser in Deutschland zu bringen. Mielke gab 1951 in seinem Lebenslauf an, er sei einer der Redakteure dieser Tarnzeitung gewesen. Doch in der DDR wurde sein Name niemals mit dem gegen Hitler gerichteten Blatt in Zusammenhang gebracht.

In dem umfangreichen DDR-Standardwerk »Deutschland im zweiten Weltkrieg«, herausgegeben von akademischen, militärischen und parteihistorischen Geschichtsinstituten zwischen 1974 und 1985, wird nicht nur im Beitrag über die »Neue Rheinische Zeitung« Erich Mielke ungenannt gelassen,[21] sondern der in Geburtstags- und anderen Jubeladressen glorifizierte Kommunist und Antifaschist ist nirgendwo in einem der sechs großen Bände überhaupt einer Erwähnung wert gewesen. Erst in der gesamtdeutschen Bundesrepublik wird Mielke zu dem gemacht, was er gerne gewesen wäre: »Mielke betätigte sich in Belgien nicht nur als Zeitungsmacher und Agitator. Zu seinem Auftrag gehörte auch die Leitung der illegalen Parteiarbeit. Wieder also hatte der karrierebewußte, in Moskau geschulte Spanienkämpfer eine Führungsposition inne.«[22]

## Im französischen Debakel

Niebergall hatte das Ehepaar Kreikemeyer für den Fall, daß es zum Krieg kommt, angewiesen, sofort nach Frankreich zurückzukehren. Er versprach sich davon das Aufrechterhalten der Verbindung zwischen ihm und dem Sekretariat der KPD in Paris. Dies erwies sich als eine Fehlkalkulation. Der Beginn des deutsch-französischen Krieges ließ zunächst alle Parteiverbindungen zusammenbrechen. Zwar begaben sich Anfang September 1939 Willi und Marthe sofort auf die Reise, aber während der Eisenbahnfahrt nach Paris wurde Willi, der keine gültigen französischen Papiere bei sich hatte, aus dem Zug heraus verhaftet. Marthes Legitimation als seine Frau half ihm nicht. Sie wurde einige Stunden festgehalten und, weil sie Französin war, wieder freigelassen.

Willi Kreikemeyer kam in ein Internierungslager bei Verdun. Seine Frau fand in Paris Unterkommen bei einer Schwester ihrer Mutter und arbeitete in einem Kabelwerk im Stadtteil Clichy als Lohnbuchhalterin. Im Mai 1940 gab Hitler den Befehl zum Überfall auf Luxemburg, Belgien und die Niederlande. Der große Feldzug der deutschen Wehrmacht gegen Frankreich begann. In Brüssel wurden die Mitglieder der KPD-Gruppe wie nahezu alle Deutschen, ob Sozialdemokraten, Katholiken oder Juden von der belgischen Polizei verhaftet und in eine Kaserne gebracht. »Schon am nächsten Abend wurden wir in einen Güterzug gepfercht, fuhren über die belgisch-französische Grenze, und dann ging es sieben Tage lang kreuz und quer durch Frankreich«, erinnerte sich Otto Niebergall, »bis wir schließlich an der Mittelmeerküste unweit der Pyrenäen anlangten.«[23]

Das Ziel der Reise war das Lager St. Cyprien, das mancher, wie auch Mielke, schon einmal erlebt hatte. »Nun beherbergte es belgische Kommunisten, Emigranten aus Deutschland, Österreich, Polen und anderen Ländern. Dieses Lager war eine Hölle. Wir mußten in miserablen, fast zerfallenen Baracken leben, bekamen Schweinefraß als Essen. Ruhr und Typhus forderten Hunderte von Opfern. ... Ebenso wie die anderen Genossen schlossen sich die deutschen Kommunisten in den einzelnen Baracken bald nach ihrem Eintreffen zu Gruppen zusammen und bildeten eine einheitliche Parteileitung für das ganze Lager. Unserer deutschen Leitung gehörten Hermann Geisen, Eduard Korthaus, Helmut Luft, Georg Metzler, Paul Obermeier, Max Stoye und ich an. Ich wurde zum Politischen Leiter bestimmt. Außerdem war ich noch Mitglied der internationalen Lagerleitung, die sich aus ungarischen, polnischen, tschechischen, italienischen und Genossen anderer Nationalität zusammensetzte.«[24] Keine Nennung des Mannes, der angeblich im Auftrag der Zentrale der KPD, tatsächlich als Mitarbeiter eines unter dem Deckmantel der Partei tätigen konspirativen Kaderapparates sowjetischer Provenienz nach Brüssel geschickt worden war. Wenn Mielke, ein Absolvent der Moskauer Kominternschule, nicht in die Parteileitung im Lager eingebunden wurde, dann lag das nicht daran, daß man ihn nicht mochte, sondern daß seine eigentliche Aufgabe verdeckt bleiben sollte.

Im Sommer 1940 befanden sich etwa 1500 deutsche Kommunisten, davon 200 aus Belgien evakuiert, im unbesetzten Gebiet Frankreichs. Die Mehrzahl wurde in Lagern unterschiedlicher Bewachungsregime und Unterbringung festgehalten. Insgesamt waren ungefähr 12 000 bis 14 000 Deutsche und rund 5000 Österreicher drei verschiedenen Kategorien zugeordnet und in entsprechenden Lagern interniert. Das strengste Regime herrschte in den camps répressifs, den Straflagern für in Frankreich »unerwünschte Personen«. Dazu zählten vor allem die Kommunisten.

Das Paktieren Hitlers mit Stalin hatte in Frankreich einen bis dahin nicht gekannten Antikommunismus ausgelöst. Er traf auch die französische KP mit voller Härte. Ausländische Kommunisten, sofern sie als solche den Polizeibehörden bekannt waren, kamen in das Straflager für Männer in Le Vernet, die Frauen nach Rieucros. Die camps semi-répressifs, die Halbstraflager, wie das Lager Gurs, blieben »zu überwachenden Personen« vorbehalten. Außerdem gab es für die »ruhigen Elemente« Sammellager, camps de rassemblement, Beherbergungszentren, centres d'hébergement und Auffanglager, camps d'accueil. Als Unterkünfte dienten ungenutzte Scheunen, verlassene Bauernhöfe und Ställe, ehemalige Fabriken oder sogar beschlagnahmte Zirkuszelte.[25]

Wo aber war Willi Kreikemeyer? Im zeitigen Frühjahr 1940 war er als Arbeitssoldat rekrutiert worden. Er kam in eine der von französischen Offizieren befehligten Préstataire-Kompanien, in eine Einheit ehemaliger Internierter, die, uniformiert und ohne Waffen, zu zivilen und militärischen Arbeiten eingesetzt wurden. Etwa 5000 Emigranten waren zum Dienst in derartige Arbeitsformationen herangezogen und damit strafrechtlich wie disziplinarisch den Soldaten der französischen Armee gleichgestellt worden. Kreikemeyer befand sich zuerst in Mourmelon bei Reims und ab Mai 1940 in einer Kaserne in der Nähe von Bordeaux.

Beim Näherrücken der deutschen Wehrmacht, als Frankreichs militärische Niederlage nur noch eine Frage von Tagen war, ließ der Kommandant alle Arbeitssoldaten frei. Kreikemeyer suchte sich mit einer deutschen Gruppe nach Südfrankreich durchzuschlagen. Auf einem Bahnhof traf er ehemalige Spanienkämpfer, die angeblich nach Afrika verschifft werden sollten. Er schloß sich ihnen an. Doch der Transport ging nach Argelèles-sur-Mer, in ein altes und berüchtigtes Internierungslager für republikanische Spanier und Interbrigadisten. Kreikemeyer brach nach wenigen Tagen aus dem Lager aus und schlug sich nach Toulouse durch, das von der deutschen Wehrmacht unbesetzt geblieben war. Von hier signalisierte er ohne nähere Angaben, die er nicht mitzuteilen vermochte, seinen Aufenthaltsort nach St. Cyprien. Er hatte über Marthe, mit der er als Préstataire Feldpostbriefe wechselte, erfahren, daß sich Niebergall in diesem Lager befand.

Marthe wußte es von Niebergalls Frau Barbara, die in Brüssel zurückgeblieben war. Marthe selbst erlebte den Einmarsch der deutschen Truppen in Paris. Die Fabrik, in der sie arbeitete, wurde geschlossen und die gesamte Belegschaft entlassen. Sie erhielt Arbeitslosengeld. Im August 1940 schickte das Arbeitsamt sie als Dolmetscherin zur Intendantur der deutschen Kriegsmarine. Sie wurde als Deutsche eingestuft, wegen ihres Namens und weil sie in dem 1871 vom kaiserlichen Deutschland annektierten Elsaß als Bürgerin eines Reichslandes geboren worden war. Marthe ging nur einige Tage in die Dienststelle der Siegermacht. Dann blieb sie einfach weg und schlug sich illegal vom besetzten ins unbesetzte Gebiet Frankreichs zu ihrem Mann nach Toulouse durch. Der Kriegsausbruch hatte die beiden getrennt. Frankreichs militärischer Zusammenbruch führte sie wieder zusammen. Wie es weitergehen sollte, war ungewiß.

In St. Cyprien entschied die internationale Lagerleitung, wie Niebergall berichtete, »daß einige besonders gefährdete Kameraden ausbrechen und versuchen sollten, sich nach Toulouse durchzuschlagen, wo – wie wir wußten – eine Reihe Genossen bereits illegal lebte. Wenn diesen Kameraden die Flucht in die Freiheit gelänge, dann sollten sie – so lautete der Auftrag der internationalen Lagerleitung – den Weg für die Zurückbleibenden vorbereiten. Die internationale Lagerleitung hatte gute

Verbindungen und kannte allerlei Schliche. So gelang es, in der französischen Kommandantur eine Anzahl von Ausweisen zu ›besorgen‹. Ein ›Spezialist‹ unter den Internierten beherrschte das Auswechseln der Fotos, das Fälschen von Stempeln und Unterschriften.«[26]

In der Nacht des 12. Juli 1940 verließen der mit einem belgischen Personalausweis zu Alwin Flamerd gewordene Otto Niebergall, ein Österreicher und zwei Belgier das Lager St. Cyprien. Sie wühlten sich unter den Absperrzäunen hindurch und gelangten schließlich nach Perpignan. Von hier fuhren sie mit dem Autobus nach Toulouse, der Hauptstadt des Departements Haute-Garonne. Die Stadt mit über 200 000 Einwohnern »glich zu dieser Zeit einem Ameisenhaufen. Hunderttausend Flüchtlinge und Evakuierte aus dem von den Nazitruppen besetzten Nordfrankreich waren in der südfranzösischen Stadt untergeschlüpft. Unterkunft zu finden war ohne Beziehungen kaum möglich. Jeder von uns vieren machte sich auf die Suche nach seinen Genossen. Da wir aber keine Anhaltspunkte hatten, blieb unser Suchen ergebnislos. Wir mußten unsere erste Nacht in Toulouse am Stadtrand in einem Maisfeld verbringen.«[27] Günstig war, daß in der übervölkerten Stadt die Polizeikontrolle fast zusammengebrochen war.

Niebergall hielt sich in den nächsten Tagen »auf den belebten Straßen und Plätzen auf in der Annahme, man müsse doch irgendwann einen deutschen Genossen treffen. Und richtig: Auf der Place de la République stieß ich bald auf Willi Kreikemeyer, den ich aus der Parteiarbeit in Belgien kannte. Mit ihm hatte ich das Kollektiv der deutschen Kommunisten in Toulouse gefunden.«[28] Dies ist kein reiner Zufall gewesen. Niebergall hatte aus dem Lager in verschlüsselter Form seiner Frau geschrieben, sie möge Marthe mitteilen, er werde versuchen, sobald er in Toulouse sei, täglich zu einer bestimmten Stunde auf dem angegebenen Platz zu sein.

Daß sich Kreikemeyer und Niebergall gefunden hatten, war der Anfang eines Neubeginns. Toulouse wurde zum Treffpunkt deutscher Kommunisten, die entweder aus den Lagern geflohen oder der Internierung entgangen waren. »Ihre materielle Lage war katastrophal. Viele hausten in Ställen, schliefen auf Stroh, ohne Decken, von Ungeziefer geplagt. Aber es bestand ein guter Zusammenhalt.«[29] Erich Mielke war nach wie vor in St. Cyprien. Offensichtlich wurde er in Toulouse nicht gebraucht. Das weitere Geschehen, die Wiederaufnahme der antifaschistischen Arbeit nach der Kapitulation Frankreichs, lief ohne ihn ab.

Das Sekretariat des ZK in Paris existierte schon seit Kriegsbeginn im September 1939 nicht mehr. Franz Dahlem, Paul Merker, Gerhart Eisler und andere befanden sich im streng bewachten Konzentrationslager Le Vernet in dem von der Wehrmacht unbesetzten Gebiet, aus dem mit der Hauptstadt Vichy das mit Deutschland kollaborierende Regime unter dem Staatschef Marschall Pétain hervorging. Paul Bertz, dessen Funktion die französische Polizei nicht kannte, saß in einem Lager bei Nîmes.

## Treffpunkt Toulouse

Im August 1940 entstand in Toulouse mit Walter Beling, Otto Niebergall und Alexander Abusch (Deckname Ernst Reinhardt) eine neue Leitung der KPD. Sie setzte sich nicht selbst ein. Ihre Autorisierung erhielt sie von Franz Dahlem und Paul Merker aus dem Lager Vernet. Dahlems Frau Käthe, wie viele Frauen nicht oder noch nicht interniert, hielt sich in Toulouse auf und hatte die Nachricht von einem Besuch bei ihrem Mann mitgebracht. Beling, der sich nun Claude nannte, war bis Anfang September 1939 ein enger Mitarbeiter des ZK-Sekretariats in Paris gewesen. Abusch hatte bis Kriegsbeginn die illegale »Rote Fahne« redigiert. Der Dreierkopf in Toulouse suchte die durch die Kriegswirren verstreuten Genossen zu finden, zu erfassen und deren Existenz zu sichern. Die Gefangenen in den Lagern brauchten vor allem Pakete mit Lebensmitteln und Kleidungsstücken. Zu überlegen war, wie in den besetzten Gebieten unter den deutschen Soldaten gearbeitet werden müßte.

Die Toulouser Leitung umgab sich mit einer Reihe von Mitarbeitern. Einer war Willi Kreikemeyer. Zuerst hatte er mit Walter Trautzsch, um aus dem Auffanglager herauszukommen, sichere Quartiere zu suchen. Beide selbst fanden eine Unterkunft bei einer französischen Familie am Rande von Toulouse. Als jedoch im September Marthe aus Paris kam, suchte Willi eine eigene Bleibe. Die Leitung war sehr dafür, denn das Ehepaar Kreikemeyer konnte Aufgaben übernehmen, für die andere nicht in Frage kamen.

Ende August hatte die französische Regierung in Vichy angewiesen, alle Staatsangehörigen des Deutschen Reiches im Alter von 17 bis 65 Jahren – selbst jene, die im Juli 1940 aus den Lagern entlassen worden waren – erneut zu internieren oder aber in den Lagern zu behalten. Zu den Ausnahmen zählten diejenigen, die eine Ehefrau oder Kinder französischer Staatsangehörigkeit hatten. Folglich durften sich Marthe und ihr deutscher Mann in Toulouse frei bewegen. Sie waren damit der ständigen Gefahr enthoben, von der Polizei in Gewahrsam genommen zu werden. Ihr Auftrag lautete, materielle Unterstützungsmöglichkeiten zu erschließen.

Marthe und Willi begaben sich in das Toulouser Büro der Quäker. Die Society of Friends, wie sie sich nannten, war eine in den USA beheimatete protestantische Gruppierung. Sie war gegen Kriegsdienst, Sklaverei und jede Unterdrückung und widmete sich einer regen sozialen Hilfstätigkeit. Für Kreikemeyer waren die Quäker ein Begriff. Sie hatten sich in Deutschland nach dem Ersten Weltkrieg mit ihrer Kinderspeisung einen Namen gemacht. In Toulouse halfen die Quäker den vom Krieg betroffenen Menschen. Das Büro leitete eine Frau van Blendland, eine Holländerin. Sie und Marthe verstanden sich auf den ersten Blick. Frau van Blendland gab Marthe und Willi nicht nur Geld, Lebensmittel und Kleidung für die deutschen Emigranten, sondern sie beschäftigte Marthe auch für einige Wochen als ihre Schreibkraft.

Die meisten kommunistischen Emigranten aus Deutschland und anderen Verfolgungsländern blieben nicht lange in Toulouse, allein deshalb, weil sie hier nicht alle unterkommen konnten. Die

Stadt war für sie vor allem ein Treff- und Sammelpunkt. Im Herbst 1940 machte sich in Toulouse eine erste Gruppe Deutscher und Belgier in Richtung Norden auf den Weg. Ihr Ziel war Brüssel, wo die meisten von ihnen herkamen und von dort nach St. Cyprien verschleppt worden waren. Nun, aus dem Lager befreit, waren sie entschlossen, an den Ort ihrer früheren Tätigkeit zurückzukehren und illegale Zeitungen und Flugblätter herzustellen und unter den Soldaten der deutschen Besatzungsmacht, dem Wehrmachtspersonal und der Organisation Todt zu verbreiten. Unter denen, die sich in das ferne Belgien durchschlugen, waren Kreikemeyers frühere Mitstreiter, die damals zur Abschnittsleitung Südwest gehörenden Hermann Geisen und Max Stoye. Mit ihnen ging auch der Sozialdemokrat Kurt Garbarini, ein Mitgefangener aus St. Cyprien. Fast ein Jahr arbeiteten sie erfolgreich und unerkannt. Im nächsten Herbst gerieten sie in die Fänge der Gestapo. Geisen, Garbarini und Stoye wurden im Frühjahr 1943 in Berlin-Plötzensee hingerichtet.

Das Ehepaar Kreikemeyer lebte von September 1940 bis Mai 1941 in Frouzins. Dieses kleine Dorf mit etwa 400 Einwohnern, fünfzehn Kilometer südwestlich von Toulouse, wurde Kreikemeyer und Frau von den Behörden als Aufenthaltsort zugewiesen. Sie wohnten mietfrei in einem Haus mit großem Garten. Der Eigentümer hatte ihnen dieses Zugeständnis eingeräumt, nachdem sich Willi – eingedenk der Möglichkeit, auf diese Weise der Leitung in Toulouse am besten nützlich sein zu können – einverstanden erklärte, das Anwesen in Ordnung zu halten und sich dadurch jedem, der es wissen wollte, als Hausmann und Gärtner auszugeben. Marthe und er lebten von dem, was sie von den Quäkern bekamen, bis Marthe eine gutbezahlte Arbeitsstelle fand. Sie wurde Stenotypistin bei einer Toulouser Speditionsfirma, deren Geschäft es war, Waren zwischen der besetzten und der unbesetzten Zone auszutauschen.

Bei einem Treff mit der Leitung in Toulouse – es war die Zeit des Hitler-Stalin-Paktes – hörte Kreikemeyer von einem seltsamen und angeblichen Beschluß der Komintern in Moskau. Dieser besagte, alle Parteimitglieder, die keine leitende Tätigkeit im

Ausland und in Spanien ausübten und denen nicht die Todesstrafe drohe, sollten nach Deutschland zurückkehren. Sie sollten zu Hause keinen Kontakt zu illegalen Organisationen aufnehmen, sondern selbständig im Sinne der Partei arbeiten, auch auf die Gefahr hin, vorübergehend inhaftiert zu werden. Tatsächlich stellten ungefähr 250 kommunistische Emigranten, zumeist ehemalige Interbrigadisten, einen Rückführungsantrag. Die meisten von ihnen kamen sofort in deutsche Konzentrationslager. In Toulouse erklärte Niebergall, wobei er offen ließ, von wem diese merkwürdigen Informationen stammten, durch den deutsch-sowjetischen Nichtangriffsvertrag habe sich die Lage in Deutschland derart verändert, daß eine halblegale Arbeit der Kommunisten möglich geworden sei. Er wisse genau, daß sich Thälmann und andere Genossen in Freiheit befänden und daß in der Sowjetunion gedruckte deutschsprachige Zeitschriften und Bücher in Buchhandlungen größerer deutscher Städte verkauft werden dürften. Selbst in der Leitung schien dies nicht jeder für bare Münze zu nehmen. Abusch schwieg dazu und sagte, er werde bald aus der Leitung ausscheiden und sich nach Marseille begeben, um dort zu versuchen, mit einem Schiff aus Frankreich zu entkommen und dann auf Umwegen in die Sowjetunion zu gelangen.

Enger Mitarbeiter der Toulouser Leitung war Lex Ende, geboren 1899 unter dem Namen Adolf Ende in Bad Kissingen, Sohn eines Kunsthändlers. Ende, wie Kreikemeyer seit 1919 in der KPD, arbeitete in Deutschland vorwiegend als Journalist, zeitweise war er Abgeordneter des Reichstages. 1928 galt er als »Versöhnler«, weil er sich nicht entschieden gegen diejenigen gewandt hatte, die Thälmann zwangen, den Parteivorsitz abzugeben, eine Maßnahme, die Stalin umgehend wieder rückgängig machen ließ. Im französischen Exil arbeitete Ende für das KPD-Sekretariat und war bis Kriegsbeginn Chefredakteur der »Deutschen Volkszeitung« in Paris. Aus dem südfranzösischen Internierungslager Marolle floh er nach Toulouse. Wie früher vertrat er auch hier seine eigene Meinung und geriet deswegen bald in eine Kontroverse mit Abusch und Niebergall.

Anlaß war ein von Abusch verfaßtes Rundschreiben für alle

erreichbaren Genossen zum Thema Politik der Sowjetunion. Es sollte ihnen angesichts des noch immer für viele nicht verständlichen Hitler-Stalin-Paktes Zuversicht und Vertrauen zur Stalinschen Politik geben. Abusch stützte sich unter anderem auf einen Artikel von Walter Ulbricht in der in Stockholm erscheinenden und von der Komintern finanzierten Zeitung »Die Welt«. Darin verharmloste Ulbricht im Interesse Stalins und Molotows die Eroberungspolitik Hitlers und warnte vor der drohenden Unterdrückung des deutschen Volkes durch den englischen Imperialismus. »Die deutsche Regierung erklärte sich zu friedlicher Beziehung zur Sowjetunion bereit. ... Das Sowjetvolk und das werktätige Volk Deutschlands haben ein Interesse an der Verhinderung des englischen Kriegsplanes. ... Wer gegen die Freundschaft des deutschen und des Sowjetvolkes intrigiert, ist ein Feind des deutschen Volkes und wird als Helfershelfer des englischen Imperialismus gebrandmarkt.«[30] Die Genossen in Toulouse ahnten nicht die menschliche Tragödie als Konsequenz dieser Politik. Als Ulbrichts Artikel in Stockholm erschien, übergaben an der deutsch-russischen Grenzlinie in Polen sowjetische Sicherheitsorgane der Gestapo achtundzwanzig Männer und zwei Frauen. Sie waren Jahre zuvor als Hitlergegner und Kommunisten in die Sowjetunion geflüchtet. Weitere Auslieferungen sollten folgen.

Lex Ende fand Abuschs Papier unmöglich. Er vermied jedoch einen offenen Konflikt mit ihm. Abusch schrieb später: »Lex Ende verbreitete aber das Dokument im Marseiller Gebiet nur, nachdem er eigenmächtig an mehreren Stellen wichtige Änderungen vorgenommen hatte. Lex Ende polemisierte dann in einer Diskussion gegen meine Formulierungen als zu scharf gegen den englischen Imperialismus gerichtet, den ich beim Abschluß des deutsch-sowjetischen Nichtangriffspaktes richtig als die Hauptgefahr in jener Situation enthüllt hatte. Ende behauptete, das schwäche den Antihitler-Kampf, der für uns als deutsche Antifaschisten auch in der Paktzeit die Hauptsache wäre. Ich setzte dem entgegen, daß die Politik und Frontstellung der Sowjetunion für uns jederzeit allein bestimmend ist. Genosse Niebergall unterstützte meine politische Position, Beling formal auch, vermied aber aus Freundschaft entschieden gegen Ende aufzutreten – und verband sich nach meinem Ausscheiden aus der Toulouser Leitung noch enger mit ihm.«[31]

Abusch und Niebergall dachten nicht daran, Lex Ende statt Abusch in die Toulouser Leitung aufzunehmen. Sie entschieden sich für Kreikemeyer, der nicht für die Rückkehr nach Deutschland vorgesehen war. Abusch verließ Toulouse, aber Kreikemeyer wurde nicht sein Nachfolger. Der Polizei des Vichy-Regimes war eine Liste mit Namen deutscher und österreichischer Kommunisten in die Hand gefallen, auf der auch Kreikemeyer mit seinen früheren Funktionen in Deutschland und Spanien verzeichnet war. Er geriet damit in den Verdacht, weiterhin politisch tätig zu sein. Polizisten kamen zur Überprüfung nach Frouzins. Kreikemeyer machte mit Hilfe von Dorfbewohnern, die zu seinen Gunsten aussagten, glaubhaft, daß er nur als Gärtner arbeite und jeden Tag zu sehen sei. Außerdem konnte er durch Vorlage der Korrespondenz mit Marthes Verwandten in Amerika und mit dem USA-Konsulat in Marseille beweisen, daß sich das Ehepaar ernsthaft bemühte, Frankreich zu verlassen. Tatsächlich hatten Marthe und Willi diese Absicht nicht. Willi wollte nur weg aus Frouzins, wo er letztlich doch politisch isoliert war. Sein Ziel war Marseille, wohin Lex Ende als Stützpunktleiter der Toulouser Leitung bereits geschickt worden war. An dessen Seite erhoffte er sich eine nützliche Arbeit.

## Notausgang Marseille

Beling und Niebergall waren sehr dafür, daß sich Willi und Marthe Kreikemeyer um die Erlaubnis bemühten, legal nach Marseille zu übersiedeln. Nachdem eine in den USA lebende Nichte von Marthes Mutter für das Ehepaar Kreikemeyer gebürgt und das USA-Konsulat in Marseille die Einreisevisa schriftlich zugesagt hatte, stand dem Weggehen aus Frouzins nichts mehr im Wege. Marthe, die Französin, machte es möglich, daß sie sich mit ihrem deutschen Mann in Marseille nicht nur ohne jede Gefahr polizeilich registrieren lassen konnte, sondern daß beide eine Aufenthaltsgenehmigung und damit auch Lebensmittelkarten bekamen. Auf ein Schiff aus Amerika, auf das andere sehnsüchtig hofften, warteten sie jedoch nicht, sondern sie traten an die Seite von Lex Ende, der beide dringend brauchte. Marthe ging einer geregelten Arbeit nach. So vermochte sie jederzeit nachzuweisen, wovon sie und Willi lebten. Sie fand eine Stelle als Sekretärin mit »solider Kenntnis einer fremden Sprache« bei der Speditionsfirma Schenker & Co., deren Chef ein Elsässer war.

In der Hafenstadt am Mittelmeer war nach Frankreichs Kriegsniederlage der Schiffsverkehr wieder einigermaßen in Gang gekommen. Ungewiß blieb, wie lange zivile Schiffe angesichts der sich auf die Weltmeere ausdehnenden Kampfhandlungen fahren würden. Für die von den Nazis in ihrem Machtbereich verfolgten Juden und für alle, die sich vor ihren Verfolgern nach Übersee retten wollten, war Marseille zum letzten Notausgang geworden. Das Hoffen und Bangen, das Warten und die Enttäuschungen, wenn dieses und jenes Papier für die Abreise noch immer nicht vorlag, das unterschiedliche Behandeln der Bittsteller in den Konsulaten, die hektische Atmosphäre in dieser südländischen Stadt mit einer gemischten Bevölkerung aus Franzosen, Italienern und Nordafrikanern gab Anna Seghers den Stoff für ihren Roman »Transit«, der zum bleibenden literarischen Zeugnis der Atmosphäre dieser Zeit wurde, als Tausende von Menschen hinter sich das heraufkommende Verhängnis ihrer Vernichtung spürten und nur das eine Nadelöhr vor sich hatten, das sich ihnen als Hafen der Rettung offenbarte und das auch für diejenigen, die von der Gestapo im unbesetzten Frankreich gesucht wurden, zur »Mausefalle« werden konnte.

Lex Ende war von der Toulouser Leitung zum Beauftragten für alles geworden, was mit der Flucht aus Frankreich zusammenhing. Vereinfacht hieß es, er sei für Angelegenheiten der Auswanderung zuständig. In Marseille sollte er dafür sorgen, daß von der Auslieferung an die Gestapo bedrohte Genossen und solche, die für einen Einsatz zur Aufklärungsarbeit unter der deutschen

Wehrmacht im besetzten Frankreich oder zur Rückkehr nach Deutschland nicht in Frage kamen, sowie Frauen mit Kindern auf dem Seeweg den europäischen Kontinent in Richtung Amerika verließen.

Lex Ende lebte in Marseille mit gefälschten Papieren auf den Namen Philippe Gautier und wohnte unangemeldet bei Marcelle Tisserand, der späteren Gattin des namhaften Germanisten Emile Bottigelli. Ende, dem geistige Arbeit und das geschriebene Wort mehr lagen als eine organisatorische Tätigkeit, brauchte für seine Aufgabe in Marseille zuverlässige und in praktischen Dingen sich schnell zurechtfindende Partner. Sie sollten möglichst perfekt französisch sprechen und Umgangsformen beherrschen, die dazu angetan waren, bei Konsulaten, Reisebüros, Schiffahrtsgesellschaften, bei Banken und Hafenämtern vorzusprechen. Im Unterschied zu ihm selbst, der gezwungen war, sich im Hintergrund zu halten, mußten sie sich relativ frei bewegen und bei den französischen Stadt- und Departementsbehörden ein- und ausgehen können, ohne Gefahr zu laufen, sofort festgenommen zu werden. Die Zahl derjenigen, die diesen Anforderungen entsprachen, war an einer Hand abzuzählen: Willi und Marthe Kreikemeyer, Hermann Burkhardt mit seiner Frau Marynia und Leo Zuckermann. Zeitweise hatte Lex Ende einige deutsche Helferinnen. Es waren Frauen, die Nachweise in der Hand hatten, von einem anderen Land aufgenommen zu werden, und deshalb aus den Lagern Gurs, Bompard oder Rieucros entlassen worden waren und in Marseille monatelang auf die Vervollständigung ihrer Ausreisepapiere und auf das rettende Schiff warteten. In dieser Zeit machten sie sich nützlich. Sie kauften mit Solidaritätsgeldern Lebensmittel ein, verpackten sie zum Versand an Lagerinsassen oder dienten Lex Ende und Kreikemeyer als Kuriere in der Millionenstadt und in ihren Randgebieten.

Der dreißigjährige Hermann Burkhardt, Sohn eines Kaufmanns, kam aus Eisenberg in Thüringen. Als Student der Volkswirtschaft und der Rechtswissenschaft in Berlin trat er 1931 der KPD bei. Von 1933 bis 1945 lebte er als Emigrant in Frankreich. Von 1935 bis 1937 war er unter dem Namen Karl Kreiser (»Studentenkarl«)

Sekretär des Weltkomitees der Studenten für Frieden, Freiheit und Fortschritt. Bis zu seiner Internierung 1939 arbeitete er im Büro des Internationalen Hilfskomitees für das republikanische Spanien. Wie Kreikemeyer kam er in eine Prestatairekompanie. 1940 flüchtete er nach Marseille. Burkhardt legte sich mit Hilfe seiner Frau eine neue Identität zu.

Darüber schrieb er mir 1995: »Marynia stammte aus Warschau, hatte in Strasbourg studiert und einen französischen Kommilitonen geheiratet. Wir lernten uns in Paris kennen. Als sie sich von ihrem Mann trennte, kam sie zu mir ins Internationale Hilfskomitee für Spanien und bat mich, sie als Zahnärztin nach Spanien zu vermitteln. Ein Jahr danach zogen wir zusammen und sie reichte, im Einvernehmen mit ihrem Ehemann, die Scheidung ein. Diese sollte an dem Tage ausgesprochen werden, an dem die Wehrmacht in Paris einmarschierte. Da beide Ehepartner Juden waren, beschlossen wir, die gesetzliche Regelung unseres Verhältnisses bis nach dem Krieg aufzuschieben. (Da Marynia 1944 bei der Befreiung von Marseille erschossen wurde, erübrigte es sich.) Als ich dann illegal in Marseille arbeitete, nahm ich den Namen ihres Ehemannes an, erhielt falsche Papiere darauf und verfügte über echte Zusatzpapiere von familiärem Wert. Außerdem hatte ich noch andere falsche Papiere und ein Zimmer zum ›Ausweichen‹, wie wir damals sagten. Unser Verhältnis führte zu grotesken Szenen. So kam es wiederholt, daß flüchtige französische Bekannte angesichts des scharfen osteuropäischen Akzents meiner Frau leicht bedauernd zu mir (ich sprach akzentfrei) sagten: ›Sie sind mit einer Ausländerin verheiratet‹, worauf ich seufzend ›ah, oui‹ antwortete. Wir haben viel darüber gelacht.«[32] Als Maurice Kriegel war Hermann Burkhardt ein idealer Mitarbeiter von Lex Ende und Willi Kreikemeyer, besonders für die nicht zu umgehenden Kontakte zu französischen Stellen.

Der Jurist Dr. Leo Zuckermann, er war fünfunddreißig Jahre alt, Mitglied der KPD seit 1927, kam aus einer jüdischen Kaufmannsfamilie in Elberfeld. Auch er befand sich bereits vor Lex Ende und den Kreikemeyers in Marseille, in Frankreichs zweitgrößter Stadt mit knapp einer Million Einwohner und Zehntausenden, die dorthin geflüchtet waren. Zuckermann hatte sich nach seinem Ausbruch aus einem Internierungslager in der Vendée bei der Toulouser Leitung gemeldet und war von ihr nach Marseille gewiesen worden. Hier sollte er weitere Nachricht abwarten. Nachdem Zuckermanns Ehefrau Lydia, eine französische Lehrerin, mit ihrem noch nicht einjährigen Sohn aus Nordfrankreich in die Hafenstadt gekommen war, bekam Leo Zuckermann, der seit 1933 in Frankreich im Exil lebte und sich hier Leo Lambert nannte, mit seiner Familie die Aufenthaltsgenehmigung. Das gab ihm vorerst, solange die Franzosen nicht daran dachten, ihn den deutschen Judenmördern zu überlassen, eine gewisse Sicherheit und machte ihn für Lex Endes Aufgaben unentbehrlich.

Zuckermann hatte im Exilland, unter anderen Bedingungen, nützliche Erfahrungen sammeln können. Mehrere Jahre leitete er in Paris mit dem Franzosen Paul Perrin das Internationale Büro für Asylrecht und Flüchtlingshilfe und wurde zur Arbeit des Flüchtlingsausschusses im französischen Innenministerium herangezogen. Er war Mitglied im Beirat des Hohen Kommissars für Flüchtlingsfragen im Völkerbund gewesen und hatte als Delegierter an internationalen Flüchtlingskonferenzen teilgenommen. In Marseille verhandelte er nun mit Behörden des Vichy-Regimes in der Absicht, deutsche Gefangene aus der Internierung herauszubringen, damit für sie nicht mehr der Artikel 19 des Waffenstillstandes zwischen Frankreich und Deutschland wirksam werden konnte, demzufolge von deutscher Seite namhaft gemachte Personen auf Verlangen auszuliefern sind. Das war nur zu erreichen, wenn für die Betroffenen die Einreisevisa in ein Aufnahmeland vorlagen und wenn gesichert war, wer die Reisekosten übernahm. Wann aber verließ ein Schiff Marseille in Richtung Französisch-Nordafrika und wie war es mit der Weiterfahrt von dort nach Übersee? Der Seekrieg zwischen Deutschland und England, noch waren die USA nicht einbezogen, warf alle Fahrpläne durcheinander.

Früher in Paris etablierte Hilfsorganisationen hatten ihren Sitz nach Marseille verlegt. Neue kamen hinzu. Das Staatsgebilde auf dem von der Wehrmacht unbesetzten Terrain Frankreichs suchte als Pendant zur Abhängigkeit von Deutschland internationales Ansehen. Das Regime von Vichy wollte sich als selbständiger Staat verstanden wissen und den Eindruck erwecken, es achte die Menschenrechte. Es gestattete auf seinem Territorium die Tätigkeit mehrerer, zumeist in den USA beheimateter jüdischer, kirchlicher und nichtkonfessioneller Hilfskomitees. Dazu zählte das 1940 in Boston entstandene Unitarian Service Committee (USC). Gründer waren die Unitarier, eine in 365 Gemeinden rund 60 000 Mitglieder zählende christliche Gruppierung, eine Vereinigung für Nächstenliebe, Toleranz und Solidarität. Wegen dieser undogmatischen Position, die alle konfessionellen Unterschiede ausklammert, öffneten sich ihr mit dem Hinweis auf die Not in Europa die Hände vieler Sponsoren. Damit wurde das öffentliche Wirken der Unitarier größer, als ihre Gemeindebasis hergab.

Der Europabeauftragte des USC, Pfarrer Charles R. Joy, gründete eine Filiale in Marseille. Direktor wurde Noel Haviland Field, ein früherer Beamter des State Departement. Als Sohn eines amerikanischen Biologen und überzeugten Quäkers, der nach 1918 die Kinderspeisung im besiegten Deutschland mit in Gang gesetzt hatte, war er in Zürich aufgewachsen. Er sprach englisch, deutsch und französisch. Seit Mitte der dreißiger Jahre lebte er in der Schweiz. Die Regierung in Washington hatte ihn zum Völkerbund nach Genf delegiert. 1938 leitete er für dieses Gremium eine Kommission zur Rückführung und Betreuung von Interbrigadisten aus Spanien. Nach dem Niedergang des Völkerbundes blieb der sozial engagierte Noel Field mit seiner deutschen Frau Herta in Europa. Im Frühjahr 1941 gaben sie ihr Haus am Rande von Genf auf, stellten die Möbel unter und begaben sich nach Marseille.

Damit waren die Koordinaten gesetzt, die Willi Kreikemeyer fast zehn Jahre später in eine Verkettung brachten, von der zu dieser Zeit niemand ahnen konnte. Noch ließ seine Begegnung mit Noel Field auf sich warten. Aber des Schicksals Lauf begann sich allmählich in Bewegung zu setzen.

Als das Ehepaar Field nach Marseille kam, führte das USC

noch ein Schattendasein. Auf der Sonnenseite stand das Emergency Rescue Committee. Dieses ERC war auf Initiative von Thomas Mann, Hermann Broch, Albert Einstein und anderen in den USA lebenden Emigranten gegründet worden und genoß das Wohlwollen von Präsident Franklin Delano Roosevelt und dessen Frau Eleanor. Beauftragter des ERC in Marseille wurde der junge Historiker Varian Fry. Er hatte den Geheimauftrag, namhafte europäische Intellektuelle, wie Lion Feuchtwanger, Heinrich Mann, Marc Chagall, Max Ernst und Franz Werfel, aus Frankreich evakuieren zu helfen. Seine Aufgabe sei es gewesen, schrieb er später, »Emigranten, die aus politischen Gründen oder ihrer Geisteshaltung wegen verfolgt wurden, aus Frankreich herauszubringen, bevor sie der deutschen Gestapo, der italienischen Ovra oder der spanischen Seguridad in die Hände fielen.«[33] Im August 1940 hatte Fry New York in Richtung Frankreich verlassen, »die Taschen vollgestopft mit den Listen der Namen von Männern und Frauen, die ich retten mußte, und den Kopf voller Ideen, wie ich das bewerkstelligen wollte. Es waren mehr als zweihundert Namen, und viele Hunderte kamen später dazu.«[34]

Fry erwies sich als ein tapferer und mutiger Mann. Unter den von ihm Geretteten befanden sich Leonhard Frank, Friedrich Stampfer, Alfred Polgar, Professor Emil Julius Gumbel, der Biochemiker und Nobelpreisträger Dr. Otto Meyerhof und der Hitlerbiograph Konrad Heiden. Fry ließ Pässe fälschen und zahlte Bestechungsgelder, auch an Konsulatsbeamte und Polizisten. Er umgab sich mit Leuten vom Schwarzmarkt und Kokainhandel. Dennoch begleiteten ihn nicht zu unterdrückende Ängste. Die meisten Menschen, die er retten sollte, waren ihm vollkommen unbekannt, »und ich mußte aufpassen, daß ich nicht einem Polizeispitzel, einem Angehörigen der Fünften Kolonne oder einem sich als Demokraten ausgebenden Kommunisten half«.[35] Auch für andere Komitees war dies die Regel. Kommunisten waren von jeglicher Hilfe ausgenommen. Sie standen bis zum deutschen Überfall auf die Sowjetunion am 22. Juni 1941 in dem Ruf, wie Stalin auch, keine konsequenten Hitlergegner zu sein. Hinter dieser Haltung verbarg sich viel Heuchelei. Aber die Tatsache blieb, daß auch die Regierungen möglicher amerikanischer Emigrationsländer niemandem Einlaß gewährten, der als Asylgrund angegeben hätte, verfolgter Kommunist zu sein.

## Namen auf Listen

Die Lex Ende, Burkhardt, Kreikemeyer und Zuckermann übertragene Mission hätte kaum wirksam werden können, wenn ihnen nicht Noel Field mit dem USC erschienen wäre. Ihr Auftrag wäre zum Scheitern verurteilt gewesen, hätten sie nicht in Gilberto Bosques, Mexikos Generalkonsul in Marseille, einen selbstlosen Freund und Nothelfer gefunden. Bosques war ein Diplomat, der mehr tat, als seines Amtes war.[36] »Auf jedem anderen Konsulat kommt man sich wie ein Nichts vor«, schrieb Anna Seghers. »Dort ist es umgekehrt.«[37] Die Basis für Bosques war die Absicht der mexikanischen Regierung, allen republikanischen Spaniern und Interbrigadisten Asyl zu gewähren. Jetzt, unter den Bedingungen des Zweiten Weltkrieges, nahm er es auf sich, auch jedem anderen deutschen und italienischen Antifaschisten zu helfen, dem die Auslieferung an die beiden Siegermächte im Krieg gegen Frankreich drohte.

Bosques, ein Politiker der mexikanischen Regierungspartei, von kommunistischer Gesinnung weit entfernt, hatte nicht die Ängste wie Varian Fry. Für ihn stand allein die humanistische Aufgabe, niemand dem Todfeind Faschismus zu überlassen, solange eine Möglichkeit dazu bestand. Er traf keine Unterscheidung, ob jemand Jude oder Christ, Atheist, Sozialist oder Kommunist war. Seine Hilfe für Kommunisten fiel nur deshalb auf, weil andere sie ihnen verweigerten.

Bosques hatte, wie jeder Konsul eines anderen Landes auch, nicht das Recht, von sich aus jedem, der in seiner Kanzlei vorsprach, das Einreisevisum nach Mexiko zu erteilen. Er brauchte, wie international üblich, den Auftrag seines Außenministeriums nach dessen Abstimmung mit der dem Innenministerium unterstellten Einwanderungsbehörde. Die meisten derjenigen, die in einer mexikanischen Asylgewährung ihre Rettung sahen, hatten keine Chance, den Antrag dafür im Marseiller Konsulat zu stellen. Sie saßen im Straflager Le Vernet oder in einem Lager anderer Kategorie, oder sie lebten illegal. Das Risiko war zu groß, sich ohne gültige Papiere nach Marseille und dort in das von Polizisten beobachtete Konsulatsgebäude zu begeben. Bosques wußte einen Ausweg und besprach ihn mit Leo Zuckermann.

Bosques brauchte zur Weitergabe nach Mexiko Listen mit Namen internierter und illegal lebender Personen, dazu die Angabe von Jahr und Ort der Geburt, eines Berufes und der Lageradresse. Für Illegale genügte ihm die Nennung der Stadt oder des Departements. Eventuell könnte auch der Grund der Verfolgung in Deutschland angeführt werden. Sobald seine Regierung der Asylgewährung zugestimmt habe, werde er den betreffenden Personen, im Falle der Internierten auch dem Lagerkommandanten zur Information, einen Brief schicken und sie auffordern, zum Zwecke der Bearbeitung ihrer Papiere nach Marseille zu kommen. Die juristische Grundlage für dieses Vorgehen bildete ein mexikanisch-französisches Abkommen und das am 27. September 1940 von Pétain erlassene und von dessen Staatssekretären für Industrie und Arbeit, des Äußeren und des Inneren mitunterzeichnete »Gesetz bezüglich der Lage der in der Volkswirtschaft überzähligen Ausländer«:

»Wir, Marschall von Frankreich, französischer Staatschef, beschließen nach Anhörung des Ministerrates: Artikel 1. – Die Ausländer männlichen Geschlechts im Alter zwischen 18 und 55 Jahren können, solange es die Umstände erfordern, in Ausländergruppierungen zusammengefaßt werden, sofern sie in der französischen Wirtschaft überzählig sind und nach ihrer Flucht nach Frankreich nicht mehr in ihre Heimat zurück können. Unter Vorbehalt der ordnungsgemäßen Formalitäten wird ihnen die Möglichkeit gelassen, in ein anderes Land auszuwandern.«[38] Von dem »Vorbehalt« abgesehen, hinter dem sich der Auslieferungsartikel des Waffenstillstandsvertrages mit Deutschland verbarg, konnte durchaus versucht werden, jeden, der nicht namhaft darunter fiel, aus Frankreich hinauszubringen. Bosques suchte das von Pétain erlassene Gesetz weitgehend auszuschöpfen.

Lex Ende beauftragte Willi Kreikemeyer, die zwischen Zuckermann und dem Generalkonsul vereinbarten Listen anzufertigen. Beling und Niebergall in Toulouse billigten die Vorgehensweise. Die Kriterien der Dringlichkeit bestimmten in der Regel die drei Lagerkategorien. Vorrang hatten die Gefangenen in Vernet. Sie waren am meisten vom Zugriff der Gestapo bedroht, die Mitglieder des früheren KPD-Sekretariats in Paris und deren Umfeld sowie Spanienkämpfer, die während des Krieges militärisch oder durch die öffentliche Berichterstattung in Erscheinung getreten waren. Es war zum Teil schwierig, die Angaben zur Person einzuholen. Das mit Bosques verabredete Rettungsprogramm wurde zu einem Wettlauf mit der Zeit. Der postalische Weg von und nach Mexiko war unter den Kriegsbedingungen voller Risiken und Ungewißheiten. Bosques gab die Listen in die auf dem Seeweg transportierte Diplomatenpost. Zustimmende Entscheide, Name und Nummer des Einreisevisums bekam er vorab per Kabeltelegramm. Die Aktion endete im Herbst 1942. Dann war ein Wegkommen aus Marseille nicht mehr möglich.

Gilberto Bosques (1892-1995) erzählte mir bei meinen Besuchen in seinem Haus, Camino Real de Tetelpan 107 in Mexiko-Stadt, zuletzt am 10. Oktober 1989: »In Marseille hatte ich im Generalkonsulat elf Mitarbeiter und dreißig Hilfskräfte, Mexikaner, Griechen, Belgier. Sie waren notwendig für die besonderen Aufgaben und dafür gut ausgesucht. Alle zeigten Hilfsbereitschaft. Zeitweise, wenn ein Schiff abfuhr, arbeiteten sie Tag und Nacht. Sie brachten zum Teil die zu Rettenden bis zum Schiff, denn manche waren, wenn sie allein gingen, unterwegs festgenommen worden. Es galt nun, sie wieder zu befreien. Die französischen Polizisten kontrollierten in dieser Zeit die Ausländer auf Schritt und Tritt. Ich achtete darauf, daß meine Mitarbeiter den Überblick behielten, wer für welches Schiff einen Platz erhalten hatte. Etwa 6000 Flüchtlingen in Frankreich verhalfen wir nach Mexiko. Die meisten von ihnen waren Spanier und Juden aus verschiedenen Ländern. Weitere 4000 bekamen zwar das mexikanische Visum, blieben aber in den USA und anderswo hängen. Anderen, wie Franz Dahlem und Siegfried Rädel, vermochten wir nicht endgültig zu helfen, und wieder andere wollten gar nicht nach Mexiko, sondern nur unsere Hilfe. Manche nutzten die von uns ausgestellten Papiere, um aus den Lagern herauszukommen und sich der Résistance anzuschließen. Sie brauchten die Dokumente, um sich legitimieren zu können. An einem Tag haben wir allein fünfzig Italiener mit Pässen ausgestattet. Dann ließen sie sich nicht mehr bei uns sehen und gingen zur Widerstandsbewegung. Der jugoslawische Spanienkämpfer Ludomir Ilitch, zuvor in Vernet interniert, schloß sich mit dreißig Männern der Résistance an. Als ich nach dem Krieg Botschafter in Schweden war, traf ich ihn wieder. Er berichtete mir, daß acht der dreißig Männer im Kampf gefallen waren.«

Als ich Bosques fragte, welche Deutschen er in Marseille näher kennenlernte, erinnerte er sich an Paul Merker, der ein Sonderfall war, sowie an drei andere, die sich ihm als deutsche Vertrauensleute zu erkennen gaben und mit denen er sich französisch unterhalten konnte, an Leo Lambert (Zuckermann), an einen Mann, der sich Maurice Kriegel (Burkhardt) nannte, und an eine Elsässerin namens Marthe (Kreikemeyer). »Diese drei empfing ich selbst, denn sie kamen ins Konsulat wegen der Ausreise von anderen, deren Fürsprecher sie waren. Die einzelnen Antragsteller wurden von meinen Kanzleibeamten betreut. Alexander Abusch, Theodor Balk und Anna Seghers mit ihrer Familie lernte ich erst 1944 persönlich kennen, nachdem ich aus der Gefangenschaft in Bad Godesberg freigekommen und über Lissabon mit der schwedischen ›Gripsholm‹ nach New York und von dort mit dem Zug nach Mexiko zurückgekehrt war.«

Tochter Laura, die mit ihren Eltern die Stationen Marseille, Vichy, Bad Godesberg und den langen Weg der Heimkehr miterlebt hatte und ihren Vater in seinem letzten Lebensjahrzehnt betreute, holte bei der Erwähnung der Namen Abusch, Balk, Merker und Seghers deren Bücher herbei, die in Mexiko erschienen und von den Autoren mit Widmungen für ihren Retter versehen worden waren.

Auch Lex Ende und Willi Kreikemeyer hatten durch Gilberto Bosques das Visum für Mexiko erhalten. Um den anderen zu helfen, blieben sie auf ihrem Posten in Marseille. Am 11. Februar 1942 schrieb Lombardo Toledano an den Innenminister Miguel Alemán: »Sehr geehrter und lieber Freund, ich erlaube mir erneut, an Sie heranzutreten und um Ihre wertvolle Hilfe für die Kollegen Josef Wagner und Willi Kreikemeyer zu bitten, die sich – wie ihre Frauen und Kinder – in der großen Gefahr befinden, an die Hitlerregierung ausgeliefert und wegen ihrer diesem Regime gegenüber feindlichen Einstellung hingerichtet zu werden. Die Personen, für die ich heute das Einreisevisum in unser Land erbitte, befinden sich mit ihren Angehörigen in Frankreich, die erste im Konzentrationslager Agde, die zweite in Marseille. Wenn Sie, Herr Minister, ihnen die Einreise als politische Asylanten genehmigen, helfen Sie wie bisher, Menschen aus Unterdrückungsländern zu befreien. Ich danke Ihnen vorab für die diesem Schreiben gewidmete Aufmerksamkeit.«

Die Entscheidung des Innenministers fand ich in einer der beiden großen Metallkisten im Hause Bosques. Als im November 1942 die diplomatische Vertretung Mexikos in Frankreich von Offizieren der Wehrmacht geschlossen worden war, übernahm die schwedische Mission, die Mexikos Interessen vertrat, das Schriftgut des Generalkonsuls und brachte es nach Stockholm. Hier blieb es bis nach Kriegsende. Geschrieben unter dem Datum 3. März 1942 erhielt Bosques in Marseille ein Schreiben seines Außenministeriums. Manuel R. Cortes, Leiter der Hauptabteilung Außenhandel und Konsularwesen, bezog sich auf eine an ihn gerichtete Mitteilung des Innenministeriums, Abteilung Bevölkerungsfragen, vom 17. Februar. Darin sei »die Genehmigung erteilt worden, wonach die Herren Josef Wagner und Willi Kreikemeyer mit ihren Ehefrauen und Kindern (unter Angabe der vollständigen Namen und der Staatsbürgerschaft) als politische Asylanten nach Mexiko einreisen können, für die Dauer eines Jahres, verlängerbar bis zu fünf Jahren. Die Genannten befinden sich im Konzentrationslager Agde und in Marseille. Stellen Sie, wie in den Artikeln 96 und 44 des Bevölkerungsgesetzes festgelegt, die erforderlichen Dokumente aus.« Der aus dem Saargebiet stammende Landtagsabgeordnete Josef Wagner gelangte

M-2-4

11 de Febrero de 1942.

Sr. Lic. don Miguel Alemán.
Secretario de Gobernación.
P r e s e n t e.

Muy estimado y fino amigo:

Nuevamente me permito molestarlo, con objeto de pedirle su valiosa ayuda en el caso de los compañeros JOSEF WAGNER y WILLI KREIKEMEYER, quienes junto con sus esposas e hijos se encuentran en inminente peligro de ser entregados al Gobierno de Hitler y, como consecuencia a ser ejecutados por profesar ideas adversas a ese régimen.

Las personas para las que hoy pido a usted un visa para entrar, juntamente con sus familiares, a nuestro país, se encuentran la primera en el campo de concentración d'Agde y en Marsella, Francia.

Si usted señor Secretario, se sirve concederles la entrada en calidad de asilados políticos, indudablemente que cooperará con eficacia, como hasta la fecha lo ha hecho en la obra de la liberación de los seres humanos, a los regímenes de opresión.

De antemano agradezco a usted la fina atención que se sirva conceder a la presente y me reitero su atento amigo.

Vicente Lombardo Toledano.

*Schreiben von Vicente Lombardo Toledano an den mexikanischen Innenminister Miguel Alemán vom 11. 2. 1942.*

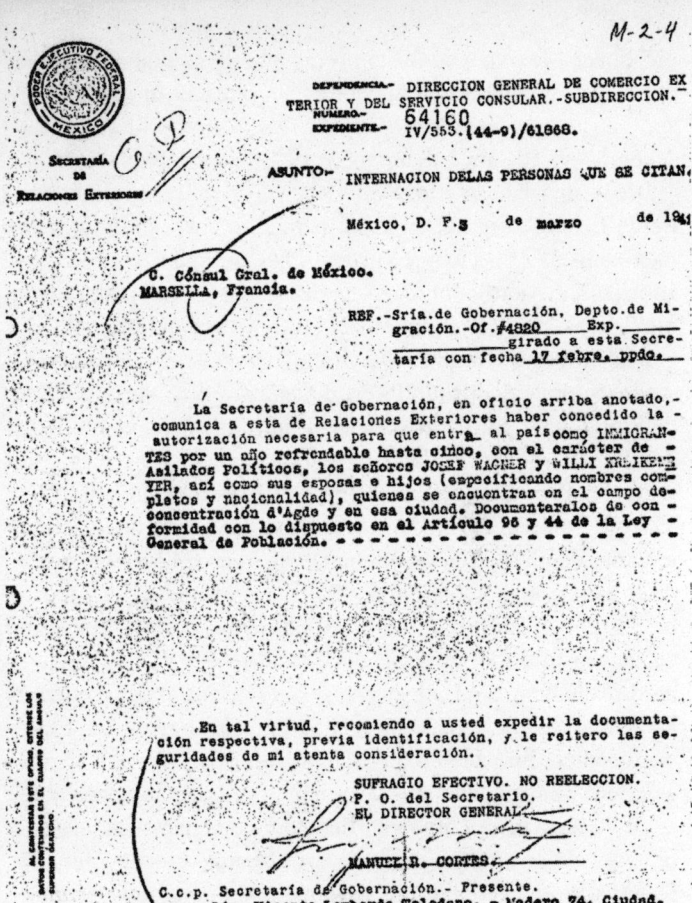

*Schreiben des mexikanischen Außenministeriums an Gilberto Bosques, Generalkonsul in Marseille, vom 3. 3. 1942*

nicht nach Mexiko. Die Gestapo erzwang seine Auslieferung mit der Lüge, er habe als Bergmann einen Schacht in die Luft gesprengt und sei verantwortlich für den Tod von fünfzig Menschen. Er wurde am 1. September 1943 hingerichtet.

Die in den Jahren 1941 und 1942 von Kreikemeyer angefertigten Listen, Originale und Kopien, zum Zwecke des Erhalts mexikanischer Visa wurden in deutscher und spanischer Fassung zumeist von Marthe mit der Schreibmaschine der Speditionsfirma Schenker & Co. geschrieben. Die spanischen Originale gingen an Gilberto Bosques. Durchschriften bekamen Bodo Uhse, André Simone und Rudolf Feistmann, bereits in Mexiko lebende Emigranten. Sie nutzten sie als Kontrollpapiere, wenn sie bei den Behörden des Gastlandes vorsprachen und auf Beschleunigung des Verwaltungsaktes drängten. Originallisten nahm auch Vicente Lombardo Toledano entgegen, der Vorsitzende des Lateinamerikanischen Gewerkschaftsverbandes CTAL. Damit wurde er zum Antragsteller bei der Regierung. Lombardo Toledano besaß großen Einfluß in der mexikanischen Politik. Mächtiger als er war in dieser Zeit nur der Präsident der Republik. Lombardo Toledano, ein Linkspopulist von Format, stand vorbehaltlos an der Seite der deutschen Hitlergegner. In manchen Fällen war es allein ihm zu verdanken, daß von Bosques nach Mexiko geleitete Anträge genehmigt wurden. Lombardo Toledano nahm auch Asylgesuche entgegen, die ihm Leo Zuckermann überbrachte, als er im Dezember 1941 in Mexiko eingetroffen war. Die Minister der Regierung vermochten Lombardo kaum einen Wunsch abzuschlagen. Er setzte auch Einreisevisa durch, die ohne ihn lediglich verschlampt worden wären.

Kreikemeyer schickte Kopien der Mexiko-Listen auch an das Joint Antifascist Refugee Committee in New York. Es bildete im gesamten Rettungsvorgang wegen der von ihm zur Verfügung gestellten Gelder ein unverzichtbares Kettenglied. Vorsitzender des Komitees war der durch seinen Einsatz im Sanitätsdienst während des Spanienkrieges bekannte Chirurg Dr. Edward K. Barsky. Das Komitee sammelte hohe Dollarbeträge durch Spendenaktionen unter den Arbeitern der Industriezentren und bei den

Schauspielern in Hollywood. Davon wurden die Schiffspassagen bezahlt. Das Barsky-Komitee, der KP der USA nahestehend, erhielt keine Erlaubnis der Washingtoner Administration, wie das ERC mit Varian Fry, einen eigenen Vertreter nach Marseille zu entsenden. Gilberto Bosques übernahm es, die Verbindung mit ihm zu halten und die Gelder über eine New Yorker Bank auf ein ihm verfügbares Konto in Marseille überweisen zu lassen.

Die Bezahlungen der Kosten für die Schiffskarten regelte das Büro der Hicem, eines mit mehreren jüdischen Organisationen verknüpften Hilfskomitees. Obwohl für jüdische Auswanderer zuständig, weigerte es sich nicht, auch nichtjüdischen deutschen Kommunisten bei der Abwicklung ihrer Reisevorbereitungen behilflich zu sein. Den Kontakt zum Büro der Hicem hatte anfangs Leo Zuckermann. Ehe er mit seiner Familie und rund sechzig anderen kommunistischen Emigranten, unter ihnen Alexander Abusch, Walter Janka, Margarete Menzel, Georg und Henny Stibi im Herbst 1941 zum Teil auf unterschiedlichen Wegen Marseille in Richtung Mexiko verließ, führte er Hermann Burkhardt bei der Leitung der Hicem als seinen Nachfolger ein. Ohne die Hicem wäre Kreikemeyers Arbeit ins Leere gegangen. Burkhardt erinnerte sich, daß die Mitarbeiter der Hicem »außerordentlich entgegenkommend und hilfsbereit allen Nazigegnern gegenüber waren. Ich konnte jederzeit unangemeldet vorsprechen, bis zu dem Mann vordringen, der in diesem Hause die Entscheidungen traf, aber in manchen Fällen auch auf Hintermänner Rücksicht zu nehmen schien, Hintermänner, die mir verborgen blieben. Ein Beispiel, wie weit das Entgegenkommen ging: ein verzweifelter jüdischer Bürger, der keinen Schiffsplatz erhalten hatte, erschoß sich in dem Gebäude, das in der Rue de Paradis lag. Es war eine große Villa mit ausgedehntem Garten. Sofort ließ die Leitung des Hauses den Eingang absperren. Keiner durfte mehr weggehen, keiner hereinkommen, die Polizei wurde gerufen. Da ich mit meinen falschen Papieren nichts riskieren wollte, bat ich, verschwinden zu können. Anstandslos wurde ich als einziger hinausgelotst.«[39]

## Mechaniker Hebel

Wie viele Listen es von Kreikemeyer gab, ist kaum noch zu ermitteln. In deutschen Archiven sind keine erhalten. Einen größeren Fund machte ich 1981 in Mexiko-Stadt im Nachlaß von Lombardo Toledano, in der Universidad Obrera, San Ildefonso 72. Lombardos Tochter Adriana gab mir als erstem Ausländer Einsicht in die noch unerschlossenen und folglich nicht mit Signaturen versehenen Archivbestände. Einige Listen nennen nur wenige Namen, andere umfassen mehrere Seiten mit vielen Personenangaben. Manche Namen wiederholen sich. Sie wurden erneut aufgenommen, wenn eine längere Zeit ohne positiven Entscheid vergangen war. Andere Wiederholungen resultieren aus Veränderungen im französischen Aufenthaltsort des Asylsuchenden. So auch im Fall Erich Mielkes.

Es fällt auf, daß weder von ihm selbst noch in der verfügbaren Literatur über ihn erwähnt wurde, daß er vor den nicht absehbaren Kriegsentwicklungen nach dem amerikanischen Kontinent zu entrinnen trachtete. Im Lebenslauf vom März 1951 schrieb Mielke, er habe unter anderem »als Holzfäller in einem Walde Südfrankreichs« gearbeitet. »Als am 22. Juni 1941 die Deutschen die SU überfielen, nahm ich noch einmal im Auftrage von Gen. die Verbindung mit der Leitung in Toulouse auf. Nach gründlicher Diskussion wurde beschlossen, sofort etwas zu tun. Die Leitung wollte das Notwendige organisieren. Jedoch die Verbindung riß ab. Später, 1942, bekam ich noch einmal Verbindung mit Marseille, wohin die Leitung gegangen war, und sollte November 1942 dorthin kommen. Im Dez.1942 (richtig: November 1942 – W.K.) wurde Südfrankreich ganz besetzt. Jetzt gab es keine Verbindung mehr.« Er und ein anderer Deutscher hätten unter französischen und spanischen Arbeitern gelebt und sich als Letten legalisiert, er unter dem Namen Richard Hebel. Beide »verblieben in Südfrankreich. Wir arbeiteten mit Spaniern. Auf Grund von Differenzen mit dem Unternehmer wurden wir später verhaftet und am 2. Januar 1944 der Org. Todt zur Verfügung gestellt.«[40]

Diese Angaben sind zu präzisieren. Nach Mielkes Freilassung oder Flucht aus St. Cyprien, wohin er im Mai 1940 aus Belgien transportiert worden war, hielt er sich einige Zeit in Toulouse auf. Dann war er erneut interniert und befand sich im Frühjahr 1941 unter dem von ihm ausgedachten Namen Richard Hebel im Lager Gurs. Er war dort als Deutscher und nicht als Lette registriert. In einer undatierten »lista de refugiados antifascistas que se encuentran en Francia no-ocupada y solicitan el derecho de asilo en Mexico« (Liste antifaschistischer Flüchtlinge, die sich im unbesetzten Frankreich befinden und das Recht auf Asyl in Mexiko erbitten) vom Sommer 1941 sind 111 Asylbewerber aufgeführt. An 59. Stelle steht »Richard Hebel, mecánico especialista. Nació en 1910 en Hamburgo. Pasó un ano en un Campo de Concentración nazi. Privado de su nacionalidad alemana. Dirección: Campo de Gurs (Basses Pyrénées).« Der Facharbeiter, der Mechaniker Richard Hebel war drei Jahre jünger als Mielke und stammte aus Hamburg. Ein Jahr hatte er in einem Konzentrationslager der Nazis gesessen. Danach war ihm die deutsche Staatsbürgerschaft aberkannt worden. Die veränderte Berufsangabe ist auch bei anderen Asylsuchenden üblich gewesen. Aber eine generelle Lebenslegende blieb die Ausnahme. Bei dem an 3. Stelle der Liste stehenden Walter Janka, »escritor. Nació en 1914 en Chemnitz. Privado de su nacionalidad alemana. Dirección: Campo Les Milles (Bouches du Rhone)«, stimmte nur der escritor, der Schriftsteller, damals (noch) nicht.

Im späten Frühjahr oder im Sommer 1941 wurde Richard Hebel, der Internierte von Gurs, laut französischem Gesetz vom 27. September 1940, ein »in der Volkswirtschaft überzähliger Ausländer«. Er kam nach Artikel 2 des Gesetzes in einen Arbeitsdienst mit gemeinschaftlicher Unterkunft und Verpflegung. »Diese Ausländergruppierungen unterstehen dem Industrie- und Arbeitsminister, der ihre Arbeitsbedingungen festlegt und sie gegebenenfalls Arbeitgebern zur Verfügung stellt.«[41] Statt Entlohnung gab es eine Leistungsprämie. Mielkes Lager befand sich in Agen, einer Stadt mit etwa 30 000 Einwohnern im südwestfranzösischen Departement Lot-et-Garonne, dem Hauptort der

```
                LISTA DE REFUGIADOS ANTIFASCISTAS QUE SE ENCUENTRAN EN
       FRANCIA NO OCUPADA Y SOLICITAN EL DERECHO DE ASILO EN MEXICO.
                                -------

        1.- Otto BOERNER, antiguo director de publicaciones en Alemania.
       Nació en 1907 en Hamburgo. Por sus actividades antifascistas fué
       privado de su nacionalidad alemana.
       Dirección: Campo Les Milles (Bouches-DuRhone).

        2.- August MANHEKE, Ingeniero Naval. Nació en 1901 en Hamburgo.
       Estuvo todo el año 1933 en los campos de concentración hitleria-
       nos de Fuhlcbuettel y Wittmoor. Emigrado a Checoeslovaquia en
       1934. Privado de su nacionalidad alemana por el Gobierno de Hitler.
       Dirección: Campo Les Milles (Bouches-du-Rhone).

        3.- Walter JANKA, escritor. Nació en 1914 en Chemnitz. Privado de
       su nacionalidad alemana.
       Dirección: Campo Les Milles (Bouches-duRhone).

        4.- Franz RAAB, arquitecto. Nació en 1899 en Plensberg. Privado de
       su nacionalidad alemana por sus actividades antifascistas.
       Dirección: Campo de Vernet (Ariege).

        5.- Emil WERNER, antiguo diputado del Parlamento Prusiano. Emigra-
       do a Checoeslovaquia en 1933. Privado de su nacionalidad alemana
       por el Gobierno de Hitler. Nació en 1895 en Koschmin (Alemania).
       Dirección: Campo de Vernet (Ariege).

        6.- Klemens HOCHKEPPLER, Profesor de Historia. Nació en 1895 en
       Hamburgo. Privado de su nacionalidad alemana por el Gobierno de
       Hitler a causa de sus actividades antifascistas.
       Dirección: Campo de Vernet (Ariege).

        7.- Alessandro VAJA, Doctor en Ciencias Económicas, perseguido por
       el Gobierno de Mussolini. Nació en 1906 en Roma, de nacionalidad
       italiana.
       Dirección: Campo de Vernet (Ariege).

        8.- Hugo WITTMANN, bibliotecario. Nació en 1901 en Solingen. Estu-
       vo dos años en un campo de concentración nazi por no haber "purga-
       do" a biblioteca de libros antinazis. Privado de su nacionalidad.
       Dirección: Campo de Vernet (Ariege).

        9.- Eberhard DECKEN, fotógrafo. Nació en 1910 en Berlín. Privado
       de su nacionalidad alemana.
       Dirección: Campo de Vernet (Ariege).

       10.- Willi BERGER, agrónomo. Nació en 1896 en Girschheim. Privado
       de su nacionalidad alemana.
       Dirección: Campo de Vernet (Ariege).

       11.- Ernst ZOELLNER, periodista. Nació en 1899 en Colonia. Encerra-
       do por el Gobierno de Hitler en el campo de concentración de Dachau.
       Huyó a Francia.
       Dirección: Campo de Vernet (Ariege).

       12.- Fritz BIRK, Ingeniero de Caminos. Nació en 1894 en Ettlingen
       (Alemania) Emigró a Checoeslovaquia. Privado de su nacionalidad alemana
       Dirección: Campo de Vernet (Ariege).
```

»Liste antifaschistischer Flüchtlinge, die sich im unbesetzten Frankreich befinden und das Recht auf Asyl in Mexiko erbitten« (undatiert, vermutlich Sommer 1941).
Nummer 3: Walter Janka, Nummer 59: Richard Hebel alias Erich Mielke

**54.-** Herbert MUELLER, periodista. Nació en 1900 en Ludwigshafen. Antiguo consejero municipal de Ludwigshafen. Privado de su nacionalidad alemana.
Dirección: Toulouse (Haute-Caronne), poste restante.

**55.-** Elizabeth SCHREIBER, periodista. Nació en 1909 en Berlín. Privado de su nacionalidad alemana.
Dirección: Toulouse (Haute-Caronne), poste restante.

**56.-** Hermann HUDING, ferrocarrilero, funcionario sindical. Nació en 1904 en Colonia. Privado de su nacionalidad alemana.
Dirección: Campo de Gurs (B.P.)

**57.-** Fritz HILGER, Ingeniero. Antiguo Consejero Municipal de Gelsenkirchen. Nació en 1905 en Muenchen-Gladbach (Alemania.) Privado de su nacionalidad alemana.
Dirección: Campo de Gurs (B.P.)

**58.-** Recha ROTHSCHILD, escritora. Condenada a dos años de cárcel por actividades antinazis. Nació en 1893 en Berlín. Privada de su nacionalidad alemana.
Dirección: Campo de Gurs (B.P.)

**59.-** Richard HEBEL, mecánico especialista. Nació en 1910 en Hamburgo. Pasó un año en un Campo de Concentración nazi. Privado de su nacionalidad alemana.
Dirección: Campo de Gurs (B.P.)

**60.-** Hugo BAUM, funcionario sindical. Nació en 1902 en Berlín. Privado de su nacionalidad alemana.
Dirección: Campo de Gurs (B.P.)

**61.-** Rudolf HENZEL, químico. Nació en 1905 en Mannheim (Alemania). Privado de su nacionalidad alemana.
Dirección: Campo de Gurs (B.P.)

**62.-** Heinrich ARENZ, agrónomo. Nació en 1899 en Munich (Alemania). Privado de su nacionalidad alemana.
Dirección: Campo de Gurs (B.P.)

**63.-** Karl GAILE, librero. Nació en 1907 en Berlín. Privado de su nacionalidad alemana.
Dirección: Campo de Gurs (B.P.)

**64.-** Gustav SCHNEIDER, arquitecto. Nació en 1897 en Dusseldorf. Privado de su nacionalidad alemana.
Dirección: Campo de Gurs (B.P.)

**65).-** August STOLLE, agrónomo. Nació en 1888 en Siegelau (Alemania). Privado de su nacionalidad alemana.
Dirección: Campo de Gurs (B.P.)

**66.-** Alfred WALTER, catedrático. Nació en 1900 en Hamburgo. Privado de su nacionalidad alemana.
Dirección: Campo de Gurs (B.P.)

**67.-** Heinrich HOLZER, funcionario sindical, cerrajero artístico. Nació en 1901 en Mannheim. Privado de su nacionalidad alemana.
Dirección: Campo de Gurs (B.P.)

*Deutsche Übersetzung zu Nummer 59: Richard Hebel, Mechaniker, Facharbeiter, geb. 1910 in Hamburg, befand sich ein Jahr in einem Nazikonzentrationslager; deutsche Staatsbürgerschaft aberkannt. Adresse: Lager Gurs (B. P.)*

Landschaft Agenais mit Bischofssitz, Theater, Museum und einem Aquädukt aus der Römerzeit. Die Arbeiter des Lagers, zumeist Spanier, konnten sich relativ frei bewegen und hatten, wie das Gesetz vorsah, das Recht auf Auswanderung.

Auf einer in dieser Zeit von Kreikemeyer erstellten Liste mit sechzehn Namen erscheint Mielke nicht mehr als Richard Hebel, sondern mit seinem tatsächlichen Namen: »Erich Mielke, ingeniero. Nació en 1909 en Berlin. Privado de su nacionalidad alemana. Dirección: Campo de Agen (Lot-et-Garonne).« Ende 1941 wurden diese Angaben auf einer Liste mit neunzehn Namen wiederholt. Seit Mielkes Flucht aus Deutschland in die Sowjetunion zehn Jahre zuvor, nach seinen Decknamen Paul Bach (in Moskau), Fritz Leistner bzw. Leisner in Spanien und Richard Hebel in Frankreich nannte er sich plötzlich, wenn auch nur vorübergehend, mit seinem richtigen Namen und machte sich lediglich um zwei Jahre jünger. Es scheint, er wußte selbst nicht mehr, was er tat. Seine gewollte oder ihm auferlegte Geheimniskrämerei veranlaßte ihn 1942, sich wieder Richard Hebel zu nennen. Dies geschah, nachdem er in Marseille gewesen war und dort mit Kreikemeyer gesprochen hatte. Mielke umschrieb später, 1951, als Kreikemeyer bereits verschwunden war, diese Begegnung mit den Worten, er habe noch einmal Verbindung mit der nach Marseille gegangenen Leitung bekommen. Aber die Toulouser Leitung hatte ihren Sitz nicht in die Hafenstadt verlegt. Sie war in Paris unter Otto Niebergall zur antifaschistischen Arbeit im besetzten Frankreich neu konstituiert worden. Für Südfrankreich gab es später eine Leitung in Lyon. In Marseille arbeitete weiterhin die Stützpunktleitung unter Lex Ende, der sich aus Sicherheitsgründen von nicht unbedingt notwendigen Kontakten fernhielt. Kreikemeyer war es, mit dem Mielke gesprochen und dem er einen ihm als Unterstützung überlassenen Geldbetrag mit Leisner quittiert hatte.

Mielkes selbstinszeniertes Verwirrspiel mit seinem Namen kann ein Grund dafür gewesen sein, daß sein Asylgesuch nach einem Jahr noch immer unerledigt blieb. Leo Zuckermann war vor seiner Abreise nach Mexiko von Lex Ende und dem nach der Flucht

SF 1942 M-2-4

1) Erich MIELKE, ingeniero. Nacio en 1909 en Berlin. Privado de su nacionalidad alemana.
Direccion: Campo de Agen (Lot et Garonne)

2) Herbert CLAUS, periodista. Nacio en 1899 en Berlin. Muy perseguido por el Gobierno del Hitler. Privado de su nacionalidad.
Direccion: Campo de Vernet (Ariege)

3) Edgar LIENICK, jurista. Nacio en 1905 en Heidelberg. Privado de su nacionalidad.
*b Nov.* Direccion: Campo de Djelfa (Argelia)

4) Ernst ZOELLNER, periodista y funcionario sindical. Nacio en 1898 en Colonia. Encerrado por el Gobierno de Hitler en el campo de concentration de Dachau.
Direccion: Campo de Djelfa (Argelia)

5) Alfred WALTER, ingeniero agronomo. Nacio en 1903 en Gieradorf. Privado de su nacionalidad alemana.
Direccion: Salindres (Gard)

6) Alfred ADOLPH, fotografo. Nacio en 1895 en Sommerfeld (Alemania) Privado de su nacionalidad alemana.
Direccion: Campo de Agen (Lot et Garonne)

7) Franz HAAR, arquitecto. Nacio en 1899 en Flossberg. Privado de su nacionalidad alemana.
Direccion: Campo de Vernet

8) Willi BUERGER, catedratico. Nacio en 1907 en Hagen. Expulsado por Hitler y privado de la nacionalidad alemana.
Direccion: Campo de Djelfa (Argelia)

9) Klemens HOCHKEPPLER, catedratico de Historia. Nacio en 1895 en Colonia. Privado de su nacionalidad alemana.
Direccion: Campo de Djelfa (Argelia)

10) Hans WEYERS, jurista. Nacio en 1905 en Berlin. Privado de su nacionalidad alemana.
Direccion: Campo de Vernet (Ariege)

11) Hugo WITTMANN, tecnico de Bibliotecas. Nacio en 1901 en Solingen. Privado de su nacionalidad alemana.
Direccion: Campo de Vernet (Ariege) y
11a) Irene Wosikowski, su esposa, Marsella.

*Namensliste um Asyl in Mexiko ersuchender Personen, von Willi Kreikemeyer Ende 1941 an Leo Zuckermann, Mexiko, gesandt. Nummer 1: Erich Mielke. Text in deutscher Übersetzung: Erich Mielke, Ingenieur. Geboren 1909 in Berlin. Deutsche Staatsbürgerschaft aberkannt. Adresse: Lager Agen (Lot-et-Garonne)* aus der Internierung in Marseille untergetauchten Paul Merker aufgetragen worden, im Aufnahmeland alles zu tun, damit weitere Einreisevisa bewilligt werden. Zuckermann engagierte sich zu diesem Zweck im öffentlichen Leben Mexikos. Die Mittel für die Existenz seiner Familie bezog er aus einer gemeinsam mit der Juristin Carmen Otero y Gama gebildeten Rechtsanwaltspraxis. Carmen Otero war die Schwägerin von Vicente Lombardo Toledano und dessen Rechtsberaterin in internationalen Gewerkschaftsangelegenheiten.

Im Sommer 1942 wurde Leo Zuckermann Organisationssekretär der von Mitgliedern der mexikanischen Regierung, von Gouverneuren, Abgeordneten, Gewerkschaftern und Kulturschaffenden repräsentierten Asamblea Contra El Terror Nazi-fascista. Er nutzte seine Stellung in der sich zu einem Komitee konstituierenden Versammlung, auf die Rettung bedrohter Hitlergegner in Frankreich zu drängen. Im August 1942 ließ er die in Mexiko noch unerledigten Anträge, die nicht nur von Kreikemeyer, sondern auch von Vertretern anderer Nationen in Marseille geschrieben worden waren, in neuen Listen zusammenfassen. Er adressierte sie an den Lateinamerikanischen Gewerkschaftsverband und an den CIO, die zweitgrößte Gewerkschaftsvereinigung in den USA, zu dem alleinigen Zweck, daß diese beiden Organisationen mit Millionen von Mitgliedern der mexikanischen Regierung die Dringlichkeit der Visaerteilung nahelegen. Die Listen nannten 231 Namen von Deutschen, Polen, Ungarn, Italienern, Rumänen und Angehörigen anderer europäischer Nationen. Einer war »Richard Hebel, geboren 1909 in Berlin, Ingenieur, deutsche Staatszugehörigkeit aberkannt, Aufenthaltsort: Lager Agen, unbesetztes Frankreich«. Am 21. August schrieb Leo Zuckermann auf einem Kopfbogen des Organisationssekretariats der Asamblea Contra El Terror Nazi-fascista an die hochgeschätzte Freundin Carmen Otero: »Da ich den Delegierten des CIO im Hotel Reforma nicht angetroffen habe, erlaube ich mir, Ihnen das Original und eine Kopie der Liste der Personen zu übergeben, die noch kein Visum erhalten haben. Ich bitte Sie sehr, die notwendigen Schritte gegenüber dem CIO-Delegierten zu unternehmen, so daß diese Personen ebenfalls ihre Erlaubnis für die Einreise nach Mexiko erhalten.«

Einen Monat später, unabhängig von Zuckermanns Initiative, wurden von Vicente Lombardo Toledano gestellte Anträge auf Einreisevisa genehmigt. Doch sie enthielten einige falsch geschriebene Namen und andere Ungenauigkeiten. Der Unterstaatssekretär im mexikanischen Innenministerium und Chef der Verwaltung für Bevölkerungsfragen, Fernando Casas Alemán, schickte deswegen am 28. September 1942 ein Fernschreiben mit Bezug auf die »dringenden Fälle 4.351.8 '42' 7202 und 4.354.3 '34' 3222«, an das Außenministerium in Mexiko-Stadt: »Ich beziehe mich auf das Fernschreiben 22423 vom 8. dieses Monats und möchte auf Ersuchen des Antragstellers, der nun die entsprechenden und richtigen Angaben besitzt, die folgenden Korrekturen vornehmen:

Die Genehmigung ist auf Willi Berger zu erweitern, der nicht mit Willi Bürger identisch ist. Dem ersteren wurde die deutsche Staatsbürgerschaft aberkannt; er ist im Besitz der französischen Ausreisepapiere und befindet sich zur Zeit im Lager Djelfa (Algerien);

Moritz Margulies (nicht Moriz Marguiles), seine Ehefrau Ida Margulies (nicht Marguiles) und ihr dreijähriger Sohn Juan, alle mit französischen Ausreisepapieren; Emanuel Edel, österreichische Staatsbürgerschaft aberkannt, im Besitz der französischen Ausreise; Guido Nonveller, jugoslawische Staatsbürgerschaft aberkannt, im Besitz der französischen Ausreise;

im Lager Vernet befinden sich Hugo Wittmann (nicht Witmann) und Franz List; im Lager Djelfa (Algerien) befinden sich Herbert Claus, Ernst Zöllner, Willi Bürger, Klemens Hochkeppler, Hans Weyers, Gustav Ullmann, Emil Werner und Hans Winkelmann;

im Lager von Agen (Lot-et-Garonne) befindet sich Richard Hebel;

in Salindres (Gard) befinden sich Alfred Walter und Alfred Adolph; im Lager Brens par Gaillac (Tarn) sind Dora Benjamin, Marina Strasde, ihr wurde die lettische Staatsbürgerschaft aberkannt, sie besitzt die französische Ausreise, und Änne Bauer;

in Toulouse sind Ludwig Kaiser, seine Ehefrau Josefa Kaiser und ein minderjähriges Kind, das in der Genehmigung nicht genannt ist;

im Lager Saint Antoine, Albi (Tarn) ist Anton Joos;

in Marseille: Irene Wosikowski, der die deutsche Staatsbürgerschaft aberkannt wurde, sie besitzt die französische Ausreise; Zygfryd Beer, Pole; Leo Tschermin, lettische Staatsbürgerschaft aberkannt, im Besitz der französischen Ausreise, und Jutta Lubisch mit ihrem minderjährigen Kind Miguel.«

Kopien dieses Fernschreibens gingen an Lic. Vicente Lombardo Toledano als Antragsteller, Rosales 26, Mexiko-Stadt, an die Nationalregistratur für Ausländer, an die Kontrollinstanz für Verfallsfristen von Einreisevisa und an die Stadtverwaltungen von Veracruz im Staat Veracruz und Mérida in Yucatán für den Fall, daß dort die Einreise der Asylbewerber erfolgen wird. Für Richard Hebel und all die anderen in diesem Fernschreiben genannten Personen kam die Erlaubnis zur Einreise nach Mexiko zu spät. Es ist möglich, daß Mielke/Hebel die Nachricht noch erreichte. Seine Angabe im Lebenslauf, er hätte im November 1942 nach Marseille kommen sollen, könnte damit zusammenhängen. In Mexiko wußte niemand, in Marseille wahrscheinlich nur Kreikemeyer, wer sich hinter dem Namen Hebel verbarg. Es wäre sicher schwierig gewesen, für diesen Mann namens Richard Hebel von der Polizeipräfektur in Marseille die Erlaubnis zur Ausreise aus Frankreich zu bekommen. Sie wurde nur denen erteilt, die nachweisen konnten, wie sie nach Frankreich hineingekommen waren.

Für Mielke/Hebel, für den nicht die Begründung hätte gegeben werden können, ein bekannter und von der Gestapo gesuchter Antifaschist zu sein, wäre der Versuch chancenlos gewesen, eine besondere Rettungsaktion einzuleiten. Man hätte mit Wissen und Einverständnis von Gilberto Bosques, mit Duldung der Chefin der Marseiller Fremdenpolizei und vor allem mit Billigung der mexikanischen Regierung offiziell ausgestellte falsche Papiere beschaffen müssen, um damit die im Marseiller Hafen stationierten Gestapobeamten zu überlisten und sicher auf das rettende Schiff zu kommen. Dieses aufwendige und komplizierte Verfahren wurde nur einmal praktiziert, im Falle Paul Merkers. Dieser hatte bereits im Herbst 1941 alle Reisepapiere in der Hand. Plötzlich verlangte die Gestapo von der französischen Polizei seine Auslieferung, und er konnte die Reise nicht antreten. Mit Hilfe von Kreikemeyer, Burkhardt und anderen versteckte er sich in Marseille, bis er Anfang Mai 1942 mit einer neuen, von der mexikanischen Regierung akzeptierten und von Madame Esmiol im Marseiller Polizeibüro stillschweigend hingenommenen Identität als Siegmund Ascher per Schiff Marseille in Richtung Oran verließ. Von dort fuhr er mit der Eisenbahn nach Casablanca. Im Juni ging er in Veracruz von Bord des portugiesischen »Guinea«. Der Hafenpolizei übergab er die Reisedokumente auf den Namen Ascher und wurde von ihr, die Anweisung der Regierungsstellen lag vor, als Paul Merker willkommen geheißen.

Keine der im Fernschreiben des stellvertretenden Innenministers Casas Alemán vom 28. September 1942 genannten Personen, auch Mielke nicht, hat, obwohl ihre Einreise nach Mexiko bewilligt war, das Gastrecht in Anspruch nehmen können. Am 11. November 1942 rückten deutsche Truppen in das von ihnen bis dahin unbesetzte Frankreich ein. Damit war der Notausgang Marseille endgültig geschlossen. Von nahezu allen im Fernschreiben von Fernando Casas Alemán angeführten Deutschen ist bekannt, daß sie an der Seite der Alliierten gegen das Hitlerregime kämpften. Ludwig Kaiser sammelte aus Lagern geflüchtete oder befreite Gefangene in entlegenen Dörfern der Cevennen und brachte sie als Landarbeiter unter. Die Gefangenen im nordafrikanischen Lager Djelfa, zum Teil hatten sie Decknamen, Willi Berger, Willi Bürger, Herbert Claus, Klemens Hochkeppler, Hans Winkelmann, Gustav Ullmann, Ernst Zöllner und andere, traten nach der Befreiung Algiers im April 1943 zunächst in die englische Armee ein und gelangten dann, wie sie es wünschten, über den Nahen Osten in die Sowjetunion. Von dort kehrten sie 1945 mit der Roten Armee nach Deutschland zurück.

Moritz Margulies, der Arzt Dr. Emanuel Edel und Hugo Wittmann (das ist Ernst Buschmann) waren zur Überstellung an die Gestapo in das Gefängnis von Castres gebracht worden. Dort brachen sie mit Heinz Priess, Rudolf Leonhard und anderen im Herbst 1943 aus. Hugo Wittmann schloß sich dem Maquis an, den bewaffneten französischen Widerstandskämpfern und Partisanen. Er wurde Koordinator für die deutschen Maquiskämpfer und nahm als Major an der Befreiung von Lyon teil. Margulies und Edel schlugen sich über Italien nach Jugoslawien durch und traten in die österreichischen Bataillone der Befreiungsarmee Titos ein. Die Frau von Margulies tarnte sich als Algerierin und diente der Résistance als Dolmetscherin bei Wehrmachtsdienststellen in Nancy und Paris.

Ähnlich handelte Dora Benjamin. Am 14. Juli 1942 aus dem Frauenlager Brens nach Lyon geflohen, lebte sie bis zur Befreiung Frankreichs mit gefälschten Papieren als Französin Renée Fabre und arbeitete für die Résistance in verschiedenen Wehrmachtsstellen. Änne Bauer endete in einem deutschen KZ. Anton Joos und seine spätere Frau Jutta Lubisch zogen sich in die rauhen Berge der Pyrenäen zurück und überdauerten die Kriegsjahre im Departement Aude. Alfred Adolph war Mitherausgeber der antifaschistischen Tarnzeitung »Soldat am Mittelmeer« und nahm an den Befreiungskämpfen um Toulouse teil. Irene Wosikowski, eine der Helferinnen von Lex Ende und Willi Kreikemeyer in Marseille, verbreitete diese Tarnzeitung unter deutschen Matrosen. Einer, dem sie vertraut hatte, verriet sie. Sie wurde in Hamburg zum Tode verurteilt und am 27. Oktober 1944 in Berlin-Plötzensee hingerichtet.

## Das Jahr mit Noel Field

Mit dem Namen »Winnipeg« verband sich Kreikemeyers erster Auftrag, als er nach Marseille gekommen war. Die »Winnipeg« sollte am 8. Mai 1941 mit etwa 800, zumeist jüdischen Flüchtlingen in Richtung Martinique auslaufen und von dort über New York an ihren Zielhafen Veracruz gelangen. Kreikemeyer hatte sich darum zu kümmern, daß Theodor Balk, Hilde und Gerhart Eisler, Bruno Frei mit Sohn und Tochter, Hans Marchwitza, Karl Obermann, Albert und Herta Norden und einige andere Passagiere mit ihrem Gepäck pünktlich und möglichst ohne Komplikationen auf das Schiff kamen. Er wartete ab, bis die Herren der deutschen Kontrollkommission in Feldgrau und in Zivil in der Kapitänskajüte die Passagierlisten geprüft hatten und wieder von Bord gegangen und hinter den Lagerschuppen verschwunden waren. Jetzt erst hatte er die Gewißheit, daß nicht in letzter Minute einer seiner Schützlinge von der Gestapo begehrt wurde.

Trotz aller Turbulenzen wegen der Abreisen nach Übersee empfand Kreikemeyer den Monat Mai und die ersten Juniwochen 1941 wie eine Zeit der Ruhe vor dem Sturm. Tatsächlich, am Sonntag, dem 22. Juni, war es damit vorbei. Deutschlands Überfall auf die Sowjetunion veränderte die Weltsituation und auch die Lage in Marseille.

Am Vormittag des 2. Juli verlangte Lex Ende von Kreikemeyer, umgehend für Paul Merker und drei andere sichere Quartiere zu beschaffen. Was war geschehen? Im Februar 1941 hatte Merker in Vernet von Gilberto Bosques die Nachricht erhalten, seine Einreiseerlaubnis nach Mexiko liege vor. Er möge wegen der Ausstellung der Reisepapiere ins Konsulat kommen. Daraufhin war Merker wie andere auch, denen Bosques dies kundgetan hatte, von seinen Bewachern am 11. Februar 1941 in das am Stadtrand von Aix en Provence gelegene Transitlager Les Milles gebracht worden. Hier erhielten die Ausreisekandidaten zur Erledigung ihrer Angelegenheiten, wenn sie es wünschten, von sechs Uhr morgens bis zehn Uhr abends Ausgang, beglaubigt durch einen sie in der Stadt bei Polizei und Behörden legitimierenden Schein. Paul Merker machte sich meistens mit Georg Stibi auf den Weg nach Marseille, denn seine Lebensgefährtin Margarete Menzel, die er in Mexiko heiratete, und Henny Stibi waren bereits aus jeglicher Internierung entlassen und wohnten in dem kleinen Hotel Aumage in der Rue de Relais. Merker und Stibi marschierten zunächst bis zum Wartehäuschen von Lynes und fuhren von hier mit der Straßenbahn bis zum Platz vor der

Börse in Marseille. Hatten Lex Ende oder Merker den Wunsch, miteinander zu sprechen, dann signalisierten sie es über Margarete. Die beiden Männer trafen sich dann an einem nur ihnen bekannten Ort oder, wenn Kreikemeyer und Burkhardt hinzugezogen wurden, in einer geheimen Wohnung des Anwalts Jérome Ferucci, der selbst illegal lebte und als Mitglied des Zentralkomitees der verbotenen französischen KP über konspirative Verbindungen bis in die Amtsstuben der Behörden verfügte.

Am Abend des 1. Juli 1941, es war ein Dienstag, fuhren Merker und Stibi gemeinsam mit Walter Janka und Otto Wahls von ihrem Tagesurlaub nach Les Milles zurück. Ihre Stimmung war gedrückt. Sie hatten in den Zeitungen die Sondermeldung des Oberkommandos der Wehrmacht vom Sonntag über große militärische Erfolge an der sowjetischen Front gelesen. Eine Schlagzeile berührte das Schicksal der vier Männer womöglich direkt: Die Regierung in Vichy erklärte den Abbruch ihrer diplomatischen Beziehungen zur Sowjetunion.

Als sich die Zurückkehrenden dem Lager Les Milles näherten, trat ihnen der Mitgefangene Fritz Fränken in den Weg. Er durfte sich, zuständig für die Wäscherei, in einem Umkreis des Lagers bis zum Dorf Les Milles frei bewegen. Fränken, der im Spanienkrieg einen Arm verloren hatte, informierte sie, der Kommandant habe eine zeitlich unbegrenzte Ausgangssperre angeordnet. Nun könnten sie zwar hinein, aber nicht mehr aus dem Lager hinaus. Sollten sie eventuell nach Vernet zurückgebracht und von dort der Gestapo ausgeliefert werden? Dies war durchaus denkbar. Merker hatte seit Mai alle notwendigen Papiere für die Ausreise zusammen. Es fehlte nur noch das Schiff, das ihn aus Frankreich wegbrachte. Merker und seine drei Begleiter entschlossen sich, Les Milles nicht mehr zu betreten und nach Marseille zurückzulaufen. Mit dieser Entscheidung zur Flucht waren sie illegal geworden. Das einzige Identitätspapier, das sie besaßen, der für einen Tag ausgestellte Urlaubsschein, hatte seine Gültigkeit verloren.

Kreikemeyer hatte noch keine Idee, wo er Merker sicher unterbringen könnte, als die beiden Männer in Marseille zusammentrafen. Merker wußte einen Ausweg, den er jedoch nur mit Kreikemeyers Hilfe gehen konnte. Im Lager Vernet hatte sich Merker mit dem Schriftsteller Rudolf Leonhard angefreundet. Sie kannten sich aus zurückliegenden Jahren. Leonhard lebte seit 1927 in Paris und war in das intellektuelle und politische Milieu Frankreichs integriert. Nach 1933 wurde er Vorsitzender des SDS, des Schutzverbandes Deutscher Schriftsteller im Exil. In dieser Funktion vermittelte er 1938 einen Besuch Merkers bei Heinrich Mann in Nizza, der dazu führte, daß Heinrich Mann wieder in Fragen der Volksfront gegen Hitler mit dem KPD-Sekretariat in Paris zusammenarbeitete, nachdem es wegen Walter Ulbrichts Verhalten zum Bruch gekommen war.

Leonhard lebte in zweiter Ehe mit der Französin Yvette Prost. Seine erste Frau Susanne und Sohn Wolfgang befanden sich in der Sowjetunion. Leonhard war schon am 28. November 1940 zur Vorbereitung seiner Ausreise nach Mexiko in das Lager Les Milles gebracht worden. Hier sahen sich Merker und Leonhard wieder. Anfang März 1941 wurde Leonhard in der Marseiller Polizeipräfektur das französische Ausreisevisum mit der Begründung verweigert, die deutsche Waffenstillstandskommission habe ihr Veto eingelegt. Daraufhin tauchte Leonhard in der Hafenstadt unter. Als er herausgefunden hatte, daß bald ein im Hafen liegendes Frachtschiff nach Martinique auslaufen werde, schlich er sich mit seinen mexikanischen Papieren auf den Dampfer und hoffte, die Strecke bis ins offene Meer als blinder Passagier zu überstehen. Doch seine Absicht schlug fehl. Die Häscher kamen nach ihm aufs Schiff und holten ihn wieder herunter. Sein Traum von Mexiko war zu Ende. Am 22. Mai 1941 befand er sich wieder in Le Vernet, Quartier B, Baracke 8.

Leonhard hatte Merker einmal gesagt, wenn er unvorhergesehen in Marseille Hilfe brauche, dann solle er sich an Yvette wenden. »Rudolfs Frau, die dank der völligen Unpopularität des Vichy-Regimes noch immer ihren bescheidenen Posten in der Marseiller Munizipalität aufrechtzuerhalten vermochte und den Illegalen mit Lebensmittelkarten aushalf«,[42] wie sich Max Schroeder, der spätere Cheflektor des Berliner Aufbau-Verlages, erinnerte, durfte an diesem 2. Juli 1941 jedoch nicht von Merker selbst aufgesucht werden. Er hätte sie und sich in Gefahr bringen können. Willi Kreikemeyer holte Marthe herbei. Sie ging auf Erkundung und fand Yvette Prost an ihrem Arbeitsplatz in der Stadtverwaltung im Alten Rathaus. Doch Leonhards Frau sah im ersten Augenblick keine Lösung. Aus Gesprächen mit Rudolf war ihr Merker ein Begriff. Sie wußte, daß beide befreundet waren. Dies gab den Ausschlag für ihre Entscheidung. Sie erklärte, sie werde Merker bei sich und ihrer Mutter in einem Bauernhaus in Gémenos unterbringen. Lex Ende und Kreikemeyer vertrauten ihrem Angebot und führten den plötzlichen Gast in das zwei Wegstunden von Marseille entfernte Dorf.

In dem kleinen Haus auf dem Lande blieb Merker etwa vier Monate, treu umsorgt von Leonhards Frau und Schwiegermutter. Er würdigte deren Hilfe und Freundlichkeit in Nachkriegsbriefen aus Mexiko an Leonhard in Paris.[43]

In den ersten Wochen seines Aufenthaltes in Gémenos kam Merker nicht nach Marseille. Seine Frau Margarete, Lex Ende und die beiden Kreikemeyers kamen abwechselnd zu ihm. Lex Ende hatte Fragen, die er nicht allein zu klären vermochte. Eine, die auch für Kreikemeyer relevant und neun Jahre später seine Schicksalsfrage werden sollte, hatte schon im Frühjahr 1941 gestanden, als sich Merker noch in Les Milles befand und mit Urlaubsschein nach Marseille kommen konnte.

Eines Tages berichtete ihm Lex Ende von einer Begebenheit, die sich wie ein Märchen mit der guten Fee anhörte. Sie trat in Gestalt eines reichen Onkels aus Amerika auf. Ort des Geschehens war das Hotel Bompard in Marseille, früher ein Umschlagplatz für den Mädchenhandel. Jetzt diente es als eine Außenstelle des Marseiller Polizeigefängnisses. Es war das Pendant zum Männerlager Les Milles. Bompard, nachts eine verschlossene Aufenthaltsstation für Frauen, die hierher aus Internierungslagern überstellt worden waren, öffnete sich am Tage, damit seine Insassen ihre Ausreise aus Frankreich betreiben konnten. Maria Weiterer – ihr Mann, der frühere Reichstagsabgeordnete Siegfried Rädel, befand sich im Lager Le Vernet – und Hilda Maddalena –

ihr Mann, der ehemalige Reichstagsabgeordnete Max Maddalena, saß im Zuchthaus Brandenburg – bekamen Besuch eines Amerikaners, der sich ihnen in fließendem Deutsch vorstellte. Er heiße Noel Haviland Field und grüße sie von Karl Hofmaier aus Basel, dem sie per Postkarte ihren Aufenthaltsort mitgeteilt hätten. Doch er komme nicht zur Übermittlung guter Wünsche aus der Schweiz, sondern in eigener Mission als Vertreter des Bostoner Unitarian Service Committee in Marseille. Er wolle ihnen und allen im unbesetzten Frankreich lebenden deutschen Antinazis, besonders den notleidenden Gefangenen in den Lagern Le Vernet, Rieucros, Gurs und anderswo ein Helfer sein, mit Geld, mit Lebensmitteln und Kleidung, und den Nichtinternierten soziale und medizinische Betreuung zukommen lassen. Ihm ständen dafür genügend Mittel aus Spenden amerikanischer Bürger zur Verfügung. Er brauche Namen und Adressen, denn er müsse der Zentrale des USC einen individuellen und keinen pauschalen Nachweis über die von ihm ausgegebenen Spenden erbringen. Damit garantiere er seinem Auftraggeber, daß die Solidaritätsgelder tatsächlich diejenigen erreichen, die sie dringend benötigen und nicht, was durchaus möglich sei, wenn die Aktion nicht ordentlich angepackt werde, in die Hände von Schiebern oder der Lagerbewachungen gelangen. Außerdem sei er von einer zweiten Hilfsquelle legitimiert, mit ihnen zu sprechen. Es handle sich um die Centrale Sanitaire Suisse. Auch Dr. Hans von Fischer, der Chef dieser Schweizer Ärztehilfe in Zürich, benötige Angaben, wem zu helfen sei. Field sprach von einem großen Hilfswerk, das er aufzubauen gedenke. Er benötige für den deutschen Sektor zwei Helferinnen zum Einkauf, Verpacken und Verschicken der Hilfsgüter. Am liebsten hätte er die beiden vor ihm stehenden Frauen engagiert, denn, so sagte er, außer ihm arbeite nur seine deutsche Frau Herta im Marseiller Büro des USC. Als Maria Weiterer und Hilda Maddalena dem Besucher im Hotel Bompard nicht vor Freude um den Hals fielen, fügte dieser, sich näher erklärend, hinzu, er vertrete zwar ein kirchliches Komitee, aber selbst sei er Quäker und Kommunist und wisse, daß Kommunisten von anderen Hilfsorganisationen nichts zu erwarten hätten.

Aus dieser Begegnung ergab sich, daß Lex Ende zur Überprüfung dessen, was ihm die beiden Frauen berichteten, auf Paul Merker angewiesen war. Karl Hofmaier, der Vorsitzende der KP der Schweiz, war nicht seine Korrespondenzebene und ihm außerdem unbekannt. Aber Merker, Mitglied der KPD-Führung, kannte Hofmaier persönlich. So kam es, daß Hofmaier zugleich im Namen des in Genf beheimateten Léon Nicole, des Parteiverantwortlichen für die französische Schweiz, bestätigte, Field sei Kommunist und vollkommen vertrauenswürdig. Das Hilfswerk konnte beginnen. Lex Ende und Merker entschieden, daß Henny Stibi bis zu ihrer Abreise nach Mexiko mit Noel Field und für ihn arbeite, unterstützt von Margarete Menzel.

Noel Field war inzwischen unter den vielen Flüchtlingen in Marseille zu einem Begriff geworden. Er hatte sich maßgeblich und unter Einbeziehung anderer Hilfsorganisationen wie des Internationalen Roten Kreuzes an der Einrichtung einer Poliklinik mit einer Bettenstation beteiligt. Sie wurde am 1. Juni 1941 in der Rue d'Italie eröffnet. Über Marthe Kreikemeyer, die sich zu dieser Zeit, wie ihr Mann, Field noch nicht vorgestellt hatte, war auch die Speditionsfirma Schenker & Co. mit Aufträgen bedacht worden. Die Behörden verweigerten Field die Zustimmung, einem Juden die Leitung des medizinischen Zentrums zu übertragen. Dr. med. René Zimmer, der daraufhin den Zuschlag erhielt und ausschließlich vom USC bezahlt wurde, engagierte zur Mitarbeit etwa dreißig jüdische Ärzte, die infolge des »Statut de juifs«, des Judengesetzes der Vichy-Regierung, arbeitslos geworden waren. Die insgesamt bescheidene Poliklinik für Konsultationen in praktischer Medizin hatte eine Röntgeneinrichtung, eine HNO-Abteilung, eine Zahnarztpraxis und ein Labor für Zahnprothesen. Angeschlossen war ein von den Quäkern und dem USC finanzierter Lebensmittel- und Kleiderservice. Kreikemeyer erfuhr, daß Field in Toulouse ein Heim für Flüchtlingskinder mitfinanzierte. Als Leiterin fungierte Herta Jurr-Tempi, eine Bekannte von Marthe und ihm aus der Zeit in Münzenbergs Verlagsbüro von Editions du Carrefour. Den Namen Tempi hatte sie durch eine Scheinehe bekommen und war dadurch französische Staatsbürgerin geworden.

Merker trat erstmals mit Field in direkten Kontakt, als Hilda Maddalena wegen einer lebensbedrohenden Krankheit in eine Klinik mußte. Field übernahm die Kosten, und Merker gab in Vertretung des nicht erreichbaren Ehemannes mit seiner Unterschrift das Einverständnis zur Operation.

Als Merker dann illegal in Gémenos lebte, sah er zunächst Field nicht wieder. Denn unabhängig von seiner Flucht aus Les Milles war Merker auf die Auslieferungsliste der Gestapo gesetzt worden. Die Vichy-Polizei suchte ihn steckbrieflich in allen Amtsstuben. Das bedeutete, daß seine Papiere für die Ausreise aus Frankreich und für die Einreise in Mexiko unbenutzbar geworden waren. Ein legales Weggehen aus Europa stand für ihn nicht mehr zur Debatte. Walter Janka, Georg Stibi und Otto Wahls, mit denen Merker am 1. Juli nicht ins Lager Les Milles zurückgekehrt war, gingen im Oktober 1941, ausgestattet mit allen erforderlichen Papieren, auf ein sie rettendes Schiff und mit ihnen weitere, von Kreikemeyer betreute und im fernen Mexiko erwartete Asylanten: Henny Stibi, Margarete Menzel, Leo Zuckermann und Familie, Jankas spätere Frau Charlotte, die in Marseille mit Lex Ende zusammengelebt hatte, und andere. Ab Casablanca waren sie dann gemeinsam mit Alexander Abusch und Rudolf Zuckermann und deren Familien, mit Lenka Reinerová, mit dem Schauspielerehepaar Steffie Spira und Günter Ruschin und weiteren Flüchtlingen auf der »Serpa Pintó«, einem portugiesischen Schiff.

Als Henny Stibis Abfahrtstermin im Oktober 1941 endgültig vorgelegen hatte, entschieden Lex Ende und Paul Merker, daß von nun an Willi Kreikemeyer die Zusammenarbeit mit Field fortsetzt. Er sollte die aus den Händen von Noel Field fließenden Gelder und materiellen Güter dorthin lenken, wo sie am dringendsten gebraucht werden. Henny Stibi machte die beiden Männer miteinander bekannt. Der 36jährige, hochaufgeschossene und etwas schlaksig erscheinende Amerikaner und der 46jährige, kräftig gebaute Deutsche verstanden sich von Anfang an. Nichts deutet darauf hin, daß sie in dem einen Jahr ihrer direkten Zusammenarbeit irgendwelche Differenzen miteinander hatten. War Ungleichartigkeit das Band ihres Zusammenhalts? Nach Herkunft, Bildung, Beruf und Erfahrung konnten sie kaum unterschiedlicher sein, der Sohn eines Wissenschaftlers aus gläubigem und humanistischem Elternhaus und der Sohn einer sozialdemokratischen und atheistischen Arbeiterfamilie, der Absolvent der berühmten Harvard-Universität in Cambridge/Massachusetts und der ehemalige Achtklassenschüler einer Volksschule in einem deutschen Industriezentrum, der Pazifist aus Überzeugung und der Soldat und Offizier in zwei Kriegen, der eine, der fremde Sprachen fließend sprach, und der andere, der in der schriftlichen Fixierung seiner Muttersprache ewig Schwierigkeiten hatte, der eine, der sich Kommunist nannte und dem Urkommunismus der Bibel näher stand als dem, was Lenin und Stalin dem Gedankengut von Marx und Engels weggenommen oder hinzugefügt hatten, und der andere ein Parteikommunist, erzogen zu eiserner Disziplin und mit absolutem Vertrauen in die Richtigkeit der jeweiligen Führung. Sie verstanden sich, weil sie sich gegenseitig respektierten, weil sie sich nahmen, wie sie waren, weil sie von dem einen Gedanken beseelt waren, Menschenleben zu retten und zu bewahren, weil sie einen weltanschaulichen Grundkonsens hatten, der sie zu kompromißlosen Gegnern von Faschismus, Nazitum, Antisemitismus und jeder Art von Barbarei machte, wobei sie wie Millionen Hitlergegner in aller Welt nicht sahen oder es nicht wahrhaben wollten, daß auf einem entscheidenden Abschnitt ihrer Frontseite Menschenrechte verletzt wurden und Verbrechen geschahen, die ihrem eigenen Sinnen und Trachten diametral entgegenstanden.

Kreikemeyer kam wöchentlich mehrmals in Fields Büro in der Rue Fortune oder in das angegliederte Lager. Hier stapelten sich per Schiff aus den USA eingetroffene Fleischkonserven, Milchpulver, Reis, Zucker, Teigwaren und Textilien wie Decken, Unterwäsche, Oberhemden und Jacken. Marthe war in die Arbeit ihres Mannes mit den Fields einbezogen. Außerhalb ihrer Berufsstunden bei Schenker & Co. half sie, auf dem freien Markt Lebensmittel zu kaufen, Pakete zu packen und zur Post zu bringen. Die Spenden an Internierte waren an die von den Lagerleitungen erfaßten Namen adressiert. Illegale bekamen Geld und Sachspenden und bestätigten den Empfang lediglich mit ihren Vor- oder Decknamen. So geschah es auch an einem oder zwei nicht mehr genau feststellbaren Tagen im Sommer 1942, als sich Erich Mielke zu Kreikemeyer nach Marseille durchgeschlagen hatte und ihn um Hilfe anflehte.

Lex Ende hielt sich aus konspirativen Gründen von derartigen Kontakten fern. Organisationssekretär Kreikemeyer nahm erneut Mielke in die Visa-Antragsliste auf und versorgte ihn mit Beständen aus Fields Lager und mit einem Geldbetrag, den Mielke mit dem Namen Leistner quittierte. Erhalten gebliebene Dokumente beweisen, daß Mielke aus Mitteln des Unitarian Service Committee unterstützt wurde. Diese Konkreta verschwieg Mielke in seinem zitierten Lebenslauf vom März 1951. Er schrieb ihn, als Kreikemeyer bereits ein dreiviertel Jahr zuvor in Mielkes Fänge geraten und seitdem verschwunden war. Mielke überlieferte lediglich, er habe 1942 »noch einmal Verbindung mit Marseille« bekommen, »wohin die Leitung gegangen war«. Er hätte im November 1942 wiederkommen sollen, wurde aber durch die Kriegsentwicklungen davon abgehalten.

Field vertraute Kreikemeyer in der Verwendung der ihm überlassenen Gelder und verlangte von ihm keine detaillierten Abrechnungen. Nur die Verteilung der von Field überbrachten Beträge der Centrale Sanitaire Swiss mußte durch Dr. von Fischer in Zürich exakt belegt werden. Noel Field fuhr wiederholt in die Schweiz. Er gab Kreikemeyer zu verstehen, warum dies nötig sei. Field ließ die vom USC in Boston und vom Joint Antifascist Refugee Committee in New York zur Verfügung gestellten Dollarbeträge nicht nach Marseille, sondern auf eine Schweizer Bank überweisen. Das Währungsgefälle zwischen der Schweiz und Frankreich war groß. Tauschte er die Dollars in Schweizer Franken und diese in französische Francs, erhielt er nahezu doppelt soviel wie beim Dollarumtausch in Marseille. Nutzte er die Schweizer Variante, verfügte er über nicht rechenschaftspflichtige Gelder. Er setzte sie für Aktionen ein, von denen er seinem Vorgesetzten nicht berichtete, da sie im Statut des USC nicht vorgesehen waren.

Fields Chef war der Geistliche Dr. Charles R. Joy aus Boston. Er hatte sein Büro in Lissabon. Kreikemeyer lernte ihn kennen, als sich Joy Ende 1941 einige Tage in Marseille aufhielt. Field stellte ihn vor. Sie unterhielten sich über Gegenwart und Perspektive des Kampfes gegen Hitler. Joy erzählte von der Situation in Portugal. Die Neutralität des Landes ermögliche seltsame Erscheinungen. In seinem Lissabonner Hotel wohnten deutsche, englische und amerikanische Geschäftsleute, Agenten und Journalisten nebeneinander und kämpften verdeckt gegeneinander.[44] Joy hatte einen ihn selbst betreffenden Beweis in der Hand, einen Artikel aus der Berliner Ausgabe des »Völkischen Beobachter« mit dem Untertitel »Kampfblatt der nationalsozialistischen Bewegung Großdeutschlands« vom 4. Oktober 1941: »Der Fall Joy. Eine dunkle Geschichte aus Lissabon. Von unserem Madrider Berichterstatter R. Bayer«. Es war ein Angriff auf die Hilfstätigkeit des USC, das Juden ermögliche, sich nach Südamerika zu retten, damit »der ewige Jude [...] dort sein Handwerk fortsetze, das ihm in Europa gelegt wurde«.[45]

Der von der Gestapo gesuchte Merker befand sich in Gémenos und zuletzt im Hause eines armenischen Schuhmachers im Marseiller Vorort St. Antoine in relativer Sicherheit. Die gleichfalls von der Auslieferung bedrohten Franz Dahlem, Siegfried Rädel und andere waren aus dem streng bewachten Lager Vernet nie herausgekommen. Bereits am 9. Januar 1941 hatte Bosques den für Vernet zuständigen Präfekten des Departements Ariège über das Dahlem erteilte Mexikovisum informiert und gebeten, diesem die Reise nach Marseille zu erlauben, damit er sich letztendlich an Bord eines Schiffes begeben könne. Ein Beamter des Präfekten vermerkte auf dem Brief an seinen Chef: »Ehemaliger Reichstagsabgeordneter. Der Innenminister erlaubt seine Auswanderung nicht. Sollen wir dem Konsul antworten?«[46] Am 18. November 1941 wurden Franz Dahlem, Siegfried Rädel und Heinrich Rau von Vernet in das Gefängnis Castres gebracht. Das Vorspiel der Auslieferung hatte begonnen. Kreikemeyer sprach, legitimiert von Ende und Merker, mit Field wegen eines Rettungsversuches für die vom Tode bedrohten Gefangenen.

Field kannte durch seine karitative Arbeit den höchsten französischen Militärgeistlichen in Vichy. Er beabsichtigte, dem Bischof anzutragen, er möge, in christlicher und humanitärer Erwägung, von Hitlers Fallbeil bedrohte Menschen retten helfen. Der Militärgeistliche zeigte sich dem Amerikaner nicht abgeneigt, zumal sich inzwischen durch den Kriegseintritt der USA eine neue Situation abzuzeichnen begann, ein gemeinsam diskutiertes Vorgehen zu riskieren, unter der Bedingung, daß niemals die Regierung in Vichy mitverantwortlich gemacht werden kann. Der Plan sah vor, die drei Häftlinge von Castres in ein anderes Gefängnis zu überstellen und ihnen auf dem Weg dorthin die Chance zur Flucht zu geben. Der Bischof war bereit, notwendige französische Mittelsmänner zu benennen, sich selbst aber aus dem Vorhaben herauszuhalten. Ohne eine große Geldsumme war jedoch nichts zu machen. Field erklärte sich bereit, 50 000 Francs beizusteuern. Alles war schließlich vorbereitet, einschließlich der Geldübergabe. Doch das Projekt scheiterte nicht an seiner Planung, sondern daran, daß Marschall Pétain die Regierung veränderte und mit Leuten besetzte, die einen harten prodeutschen Kurs steuerten. Dahlem, Rädel und Rau wurden ausgeliefert, Rädel in Berlin zum Tode verurteilt und am 10. Mai 1943 hingerichtet.

Fields Reisen in die Schweiz brachten Ende und Kreikemeyer auf die Idee, mit seiner Hilfe den abgebrochenen Kontakt zu Paul Bertz wieder aufzunehmen. Bertz war nach Dahlem und Merker der ranghöchste Mann der Partei aus dem früheren KPD-Sekretariat in Paris. Er war im Juli 1940 aus dem französischen Lager St. Nicolas bei Nîmes gemeinsam mit Leo Bauer in die Schweiz geflohen und dort untergetaucht. Die Toulouser Leitung hatte einen Kurier zu ihm geschickt. Doch der war nicht zurückgekommen. Wo sich Bertz aufhielt, war weder Beling in Toulouse noch Ende in Marseille bekannt. Tatsächlich lebte der in illegaler Arbeit erfahrene einstige Kaderchef bei einem Baseler Justizbeamten, wo er, wie sich zeigte, bis zu seiner Rückkehr nach Deutschland im Frühjahr 1945 von der Schweizer Polizei unentdeckt blieb. Field gelang es, mit der Empfehlung von Walter

Beling und Willi Kreikemeyer über den Sohn von Léon Nicole in Genf an Leo Bauer und mit dessen Hilfe an Paul Bertz in Basel heranzukommen und mit ihm eine über das Kriegsende hinaus bleibende Freundschaft aufzubauen, die der Deutsche fünf Jahre nach Kriegsende mit dem Leben bezahlte.

Wenn Field und Bertz in Abständen von drei oder vier Monaten zusammenkamen, besprachen sie die soziale Unterstützung deutscher Emigranten in der Schweiz. Es gab aber auch anderes zu regeln. 1942 holte Field von Bertz das Einverständnis für eine Aktion, die in Marseille gestartet werden sollte: die Rettung der von der Gestapo angeforderten Maria Weiterer. Siegfried Rädels Frau hätte bereits in Mexiko sein können, wenn sie wie Merkers Margarete bereit gewesen wäre, ohne ihren Mann abzureisen. Nun war es zu spät. Die Gültigkeit des ihr bereits einmal genehmigten Ausreisevisums war aufgehoben worden. Sie erfuhr es, als sie beim Hafenkommissariat vorsprach. Beim Versuch, sich bei der Ausländerbehörde in Marseille Klarheit zu verschaffen, sagte man ihr, daß ein Auslieferungsverfahren gegen sie laufe. Sie mußte froh sein, daß die Beamtin sie nicht festnehmen ließ, sondern ihr nur den Paß abnahm und den Tip gab, irgendwie unterzutauchen. Sie übernachtete mehrere Monate bei Maurice (Hermann Burkhardt) und Marynia Kriegel.

Anfang Juni 1942 wurden Willi und Marthe Kreikemeyer, von Field über die Ländergrenze hinweg unterstützt, zu Marias Fluchthelfern. Marthe besorgte leihweise die Identitätskarte einer Französin, die Maria ähnlich sah. Die Frauen fuhren mit dem Zug die rund 500 Kilometer lange Strecke von Marseille bis zur Grenzstadt Annemasse. Marthe begleitete Maria danach im Bus bis zur letzten Station vor der Schweizer Grenze. Hier ließ sie sich die geborgte Ausweiskarte zurückgeben. An der Haltestelle stand ein Mann aus Annemasse, den, mit Kreikemeyer abgesprochen, Field wie die anderen diesseits und jenseits der Grenze für die Fluchtaktion gewonnen hatte. Der Unbekannte wartete, bis alle anderen aus dem Bus gestiegenen Fahrgäste weggegangen waren. Dann setzte er sich langsam in Bewegung. Maria löste sich von der zurückbleibenden Marthe und folgte ihm. Nach wenigen Minuten kamen sie an ein Weinberghäuschen. Dort stand ein uniformierter französischer Zoll- oder Grenzbeamter. Nun ging dieser voraus, bis er stehenblieb und Maria wortlos zum Weitergehen veranlaßte. So trat sie in das andere Land. Auf Schweizer Gebiet erwartete sie wiederum ein Mann. Mit einer ihr durch Field an Kreikemeyer übermittelten Parole gab sie sich zu erkennen. Wenig später war sie in Genf, gerettet vor dem Zugriff der Gestapo, doch ohne jedes Aufenthaltspapier für die Schweiz. Field und Bertz hatten eine illegale Bleibe vorbereitet. Maria Weiterer wurde mit Unterkunft und Verpflegung Hausangestellte bei einem Schweizer Ehepaar.

Fünf Monate nach dieser Rettungsaktion mußten Noel und Herta Field plötzlich aus Marseille fliehen. Marthe und Willi Kreikemeyer wurden ihre Fluchthelfer. Im Morgengrauen des 8. November 1942 landeten die Alliierten in Marokko und Algerien. Hitler befürchtete, sie könnten versuchen, ihre Operation auf Südfrankreich auszudehnen. Am 10. November überschritten Einheiten der deutschen Wehrmacht die Demarkationslinie zum bisher unbesetzten Frankreich. Am Abend stand fest, sie näherten sich Marseille. Bürgern der mit Deutschland im Kriegszustand befindlichen Staaten drohte die Festnahme. Noel und Herta Field entschieden sich, die Stadt umgehend zu verlassen. Bis auf das, was sie tragen konnten, ließen sie alles stehen und liegen. Marthe und Willi besorgten die Fahrkarten, halfen ihnen beim Kofferpacken und auf dem Weg zum Bahnhof. Die Fields bekamen den Zug um Mitternacht. Es war der letzte, der bis zur Befreiung Frankreichs von Marseille nach Genf fuhr.

Mit diesem abrupten Auseinandergehen war Fields und Kreikemeyers Zusammenarbeit unterbrochen, jedoch nicht beendet. Sie wurde unter veränderten Bedingungen fortgesetzt. Field eröffnete in Genf, Quai Wilson 37, ein neues Büro. Die Bankkonten hatte Field sowieso in der Schweiz gehabt. Das Lager in Marseille war faktisch leer gewesen. Die Möbel in der Wohnung in der Rue Fortune gehörten dem Vermieter. Schon bald, wenn auch nicht im bisherigen Umfang, führte Field sein Hilfsprogramm von der neutralen Schweiz aus nach Südfrankreich weiter.

Die USC-Zentrale für Europa war von Anfang an in Lissabon gewesen. Jetzt ließ Field von Portugal aus Pakete nach Marseille schicken. Seine Briefe an Kreikemeyer trugen den Absender Monsieur de Champs. Sie enthielten verschlüsselte Angaben, wann er oder Marthe nach Annemasse an die Schweizer Grenze kommen sollten. Dort würde ihnen Geld für die Weiterführung der Sozialarbeit übergeben werden. Field war es gelungen, mit Hilfe von Mittelsmännern beiderseits der Grenze einige Beamte zur Mithilfe für diese illegalen Transaktionen zu gewinnen. Nur Marthe übernahm diese zeitaufwendigen und nicht ungefährlichen Reisen, die jedoch stets ohne ernsthafte Zwischenfälle endeten. Allmählich, als die französische Widerstandsbewegung zu bewaffneten Aktionen überging, die Reisemöglichkeit weiter eingeschränkt und die Grenze zur Schweiz von den Deutschen stärker abgeriegelt wurde, wurde es für Marthe unmöglich, weiterhin nach Annemasse und zurück zu reisen.

Im März 1944 endete Kreikemeyers Sozialarbeit in Marseille. Sein einstiger Chef Otto Niebergall in der Brüsseler Abschnittsleitung von 1938/39 und später mit Walter Beling in Toulouse beorderte ihn nach Paris. Niebergall war Präsident des Ende September 1943 im Untergrund gebildeten Komitees »Freies Deutschland« für den Westen. Unter der Losung »Hitler muß weg, damit Deutschland lebe!« hatten sich kommunistische, sozialdemokratische und bürgerlich-demokratische Emigranten mit deutschen Soldaten und Offizieren zum gemeinsamen Widerstand zusammengeschlossen. Kreikemeyers Aufgabe war es, daß die Zeitung des Komitees »Volk und Vaterland« mit monatlich bis zu 200 000 Exemplaren und Flug- und Faltblätter in tiefster Verborgenheit hergestellt wurden und sicher an diejenigen kamen, die sie an Wehrmachtsangehörige heranbrachten. Marthe hatte sich mit ihrem Mann nach Paris begeben. Sie machte sich bei Schreib- und Übersetzungsarbeiten, auch für die französische Résistance, unentbehrlich.

Auf Erich Mielke vermochte Otto Niebergall nicht zurückzugreifen. Er war für ihn verschwunden. Mielke baute in Frankreich irgendwo und irgendwas auf der anderen Seite der Barrikade, getreu der Devise: am sichersten ist man dann, wenn man nicht dem Feind gegenübersteht, sondern sich in seinen Reihen zu verstecken weiß oder sich für ihn durch Handreichungen nützlich macht.

## Wiedersehen in Berlin

Dreizehn bewegte Exiljahre lagen hinter ihm, als Willi Kreikemeyer Ende Januar 1946 nach Berlin zurückkehrte. In den letzten eineinhalb Jahren leitete er die nach der Befreiung von Paris gegründete Union des Immigrés Allemands Antinazis. Sie erfaßte die in Frankreich lebenden deutschen Emigranten, unterstützte sie finanziell und materiell und leitete ihre Rückkehr nach Deutschland in die Wege. Es war eine organisatorische und wie in Marseille eine soziale Aufgabe. Wieder kamen die meisten Mittel von Noel Haviland Field. Er war mit dem Sitz in Genf zum Chef der Europazentrale des USC avanciert und hatte in Paris ein Filialbüro eingerichtet. Anfang 1945 besuchte er die Stadt an der Seine. Er trug eine Offiziersuniform, die er in der USA-Vertretung in Bern erhalten hatte. An dem roten Kelch mit Flamme auf ihrem Ärmel erkannten Eingeweihte, daß er nicht den Streitkräften angehörte. Er war Offizier der Cralog, des Dachverbandes der in Europa tätigen karitativen, gewerkschaftlichen und anderen nichtmilitärischen Organisationen der USA. Als Zivilist hätte er in Frankreich, das noch immer Kriegsgebiet war, wie auch später in den Besatzungszonen Deutschlands nicht reisen können.

Zur Leiterin der USC-Filiale in Paris machte Field die Wahlfranzösin Herta Jurr-Tempi. Sie war in den letzten Kriegsjahren zur Retterin vieler jüdischer Kinder in Südfrankreich geworden. Sie hatte sie über eis- und schneebedeckte Berge und Pässe in die Schweiz geschleust. Ihr zur Seite stellte Field die aus dem Schweizer Exil nach Paris gekommene Maria Weiterer. Nimmt man Marthe hinzu, die als Kassiererin der Union fungierte, dann kannten sich alle. Dies gab ihnen gegenseitiges Vertrauen. Durch

*Ausweis des Verbandes der deutschen antifaschistischen Immigranten für Marthe Kreikemeyer, unterschrieben vom Vorsitzenden Willi Kreikemeyer*

Marthes Hände ging viel Geld. Außerdem hielt sie die Verbindung mit dem Fremdenbüro der Pariser Präfektur. Sie half den aus dem Untergrund aufgetauchten politischen und jüdischen Emigranten, die keine oder nur falsche Papiere besaßen, legale Ausweise zu bekommen. Im September 1944 war Marthe der französischen KP und dem CALPO, dem Comité Allemagne Libre Pour L'Ouest beigetreten, wie sich das deutsche Komitee nunmehr in der Legalität nannte. Dem CALPO gehörte selbstverständlich auch Willi an. Ihre Comité-Ausweise enthielten den französischen, englischen und deutschen Vermerk: »Der Träger dieses Ausweises ist Bevollmächtigter des Komitees ›Freies Deutschland‹ für den Westen. In dieser Eigenschaft hat er am Kampf gegen den Hitlerismus in Frankreich teilgenommen.« Das war im Frankreich nach Kriegsende, als Nazikollaborateure gejagt wurden, ein Dokument der Anerkennung und der persönlichen Sicherheit.

Als Kreikemeyer nach Berlin kam, war Mielke schon da. Die Rückkehr aus dem Exil hatte er ohne Hilfe einer Emigrantenorganisation geschafft. Seine Wegfurche zur Heimkehr über den Rhein lag auf einem anderen Feld als demjenigen im französischen Widerstand. Die Männer und Frauen des Komitees Freies Deutschland für den Westen hatten mit dem Gastvolk gelebt, gelitten und gekämpft und sich zu ihm bekannt. Mielkes Einzugsschneise nach Deutschland war die Marschroute eines Sklavenhaufens im Troß der geschlagenen und nun zurückflutenden deutschen Armee. Solange die Kämpfe um Berlin tobten und der Krieg generell noch nicht zu Ende war, blieb er abseits und wartete ab. Fünf Wochen nach dem 8. Mai trat er in Berlin aus dem Haus Stettiner Straße 25, wo er bis zu seiner Flucht im Jahre 1931 mit seinem Bruder das Bett geteilt hatte. In der KPD-Zentrale wollte er Anton Ackermann sprechen und ließ sich mit seinem Decknamen aus der Zeit der Moskauer Kominternschule anmelden. Doch Paul Bach wurde nicht empfangen.

Ackermann erinnerte sich nicht an ihn. Mielke, der bekannte Unbekannte, verstand es, die Neugier des Mannes in der Parteileitung zu wecken. Er schrieb ihm einen Brief: »Ich glaube, daß ich richtig handle, Euch zu verständigen, denn es gibt doch viele Fragen, die Euch unmittelbar interessieren.«[47] Ackermann begriff. »Fragen, die Euch unmittelbar interessieren«, das war nicht Klartext, sondern die Sprache von Geheimnisträgern, die sich interessant zu machen verstanden, auch wenn sie nichts oder noch nichts zu sagen hatten. Über sowjetische Offiziere einer speziellen Kategorie sah sich Mielke vierzehn Tage später auf die erste Stufe einer Karriereleiter gesetzt. Er leitete die Polizeiinspektion im Berliner Stadtteil Lichtenberg. Wenige Monate später war er, laut Beschluß des KPD-Sekretariats, zuständig für Polizeifragen in der Abteilung für Allgemeine Verwaltung des Zentralkomitees. Das Attribut »Allgemeine« verdeckte das Gegenteil. Besondere Verwaltung hätte sie, gemessen an ihrer Zuständigkeit, heißen müssen. Sie war das Bindeglied in der KPD-Zentrale zu den sowjetischen Sicherheitsorganen. Mielke, der einstige Schaufelträger in der Organisation Todt, trug von jetzt an einen Teil der Macht, angeleitet und kontrolliert von den Moskauer »Freunden« in Berlin-Karlshorst.

Der Karriereweg des Willi Kreikemeyer lief auf anderen Gleisen. Sein Förderer, der ehemalige Eisenbahner Otto Kühne, saß in der Hauptverwaltung Verkehr der SBZ. Kühne war im Mai 1945 aus Frankreich nach Berlin heimgekehrt. Er kannte Kreikemeyer aus Spanien und Marseille. Kühne, ein militärischer Führer im Maquis, zuletzt im Range eines Oberstleutnants, setzte es durch, den früheren Reichsbahnarbeiter Kreikemeyer in seinen Verantwortungsbereich einzubauen. Den Ausschlag gab, daß Kühne in Willi einen Mann des Überblicks und der konkreten Auftragserledigung schätzte, der mit Verantwortungsgefühl, Entschlußkraft, Organisationsgeschick und Durchsetzungsvermögen zu Werke ging. Das wiederaufzubauende Eisenbahnnetz verlangte Spitzenleute mit diesen Fähigkeiten. Am 21. Februar 1946 wurde Kreikemeyer persönlicher Referent des stellvertretenden Generaldirektors der Deutschen Reichsbahn. Am 21. Mai kam Kreikemeyer als Oberreichsbahnrat und Personaldezernent zur Reichsbahndirektion Berlin. Er wohnte in einem Zimmer im Westteil der Stadt, in Zehlendorf, Dahlemer Weg 10.

Marthe wickelte in Paris ihre Arbeit ab und wollte Ende April bei ihrem Mann in Berlin sein. Doch daraus wurde nichts. Sie war Französin und keine heimkehrende Emigrantin. Nach Berlin fuhren nur Züge für Armeeangehörige oder ihnen gleichgestellte Personen. Die Frau eines Deutschen zu sein, galt jetzt als Schande und war kein Anlaß für eine Ausnahmeregelung. Der Rechtsanwalt Dr. Silberschmidt, Vertreter der Juden in der Leitung der Union des Immigrés Allemands Antinazis, und andere, mit denen die Kreikemeyers zusammengearbeitet hatten, suchten einen Ausweg. Marthe verbrachte die Wartezeit bei ihren Eltern und Geschwistern im Elsaß. Schließlich erhielt sie ein Papier des Gewerkschaftsverbandes CGT. Es berechtigte sie zur Einreise in die französische Besatzungszone. Marthe blieb jedoch im Zug bis Frankfurt am Main sitzen. Kontrollierende US-Militärpolizisten ließen sie aussteigen und brachten sie zum französischen Verbindungsoffizier. Er gab ihr einen Rückfahrtschein in die französische Zone nach Mainz. Marthe verließ den Bahnhof und suchte das Frankfurter KPD-Büro auf. Sie erreichte, daß man ihr beim Überschreiten der Grenzlinie von der amerikanischen zur sowjetischen Zone behilflich war. Doch sie wurde dabei von amerikanischer Militärpolizei festgenommen, eine Nacht festgehalten, nach Fulda gebracht und erneut an der Weiterreise gehindert. Über das Mainzer KPD-Büro fand sie dann versierte Helfer, die sie sicher auf sowjetzonales Gebiet brachten. Im Juli 1946 war sie endlich in Berlin. Mit Willi zog sie in die Berliner Straße 119 in Zehlendorf. Hier trat sie im September 1946 in die SED und in die Vereinigung der Verfolgten des Naziregimes (VVN) ein. Im August 1947 wurde Kreikemeyer nahegelegt, in den sowjetischen Sektor zu übersiedeln. Sie wohnten in Köpenick, Dornröschenstraße 27. Marthe führte den Haushalt und nahm ihrem vielbeschäftigten Mann schriftliche Arbeiten ab. Im Wohngebiet leitete sie eine Zehnergruppe der SED. Jedes Jahr fuhr sie für einige Wochen zu ihren Angehörigen nach Graffenstaden am Rande von Straßburg.

Willi Kreikemeyer war in der Direktionshierarchie der für alle Sektoren Berlins unter sowjetischer Zuständigkeit stehenden

Eisenbahn und S-Bahn rasch aufgestiegen. Am 1. Oktober 1946 wurde er Vizepräsident und am 1. März 1947 Präsident der Reichsbahndirektion Berlin (RBD) mit Sitz am Schöneberger Ufer im amerikanischen Sektor. Private Kontakte zu den einstigen Exilgefährten gab es kaum. Nur Arbeit oder Zufall brachte sie zusammen. Das Exil war eine Not- und Kampfzeit gewesen. Jeder war froh, sie hinter sich zu haben. Jetzt bewiesen sie sich im deutschen Neuanfang. Paul Merker, im Juli 1946 aus Mexiko heimgekehrt, gehörte zum engsten Führungskreis der SED. Lex Ende war Chefredakteur der Zeitung »Neues Deutschland«. Maria Weiterer leitete das Sekretariat der Frauenorganisation DFD und ab 1947 die Abteilung Frauen im Zentralsekretariat der SED. Leo Zuckermann arbeitete als Jurist beim Parteivorstand. Walter Beling verwaltete die Finanzen und die Druckereien der SED. Paul Bertz fungierte als Vizepräsident der Zentralverwaltung für Justiz, bis er sich mit Hilde Benjamin überwarf. Kreikemeyer vermittelte ihm dann einen Posten in der Werkstättenabteilung der Reichsbahn. Otto Niebergall war KPD-Vorsitzender in der französischen Besatzungszone, Hermann Burkhardt Chefredakteur der »Neuen Zeit« in Saarbrücken.

Im Frühjahr und Herbst 1946 und dann noch einmal im Sommer 1947 kam Noel Field nach Berlin. Während dieser Aufenthalte besuchte er privat die Kreikemeyers, Walter Beling, Maria Weiterer, Paul Bertz und Wolfgang Langhoff, mit dem er sich in Zürich angefreundet hatte. Im Parteivorstand der SED verhandelte Field mit dem für soziale Fragen zuständigen Sekretariatsmitglied Helmut Lehmann. Sie erwogen, über die Organisation der Volkssolidarität vom USC gelieferte Spenden verteilen zu lassen. Am 13. Juni 1946 schrieb Herta Field an die auf dem Wege von Paris nach Berlin bei ihrer Mutter in Heidelberg lebende Maria Weiterer: »Am 12. Mai ist Noel nach Deutschland abgefahren. Er hatte vor, Dich sobald wie möglich zu besuchen, aber leider ist es ihm nicht gestattet, auf eigene Faust durchs Land zu fahren. Er ist nämlich einer Hilfsmission angeschlossen, der Cralog-Mission, und kann nur mit besonderer Bewilligung in die verschiedenen Landesteile reisen. Aber da er noch einige Zeit in

Deutschland bleibt, wird es sich sicher einrichten lassen, daß Ihr euch seht.«. Wachsame Augen registrierten, daß in Ostberlin ein Amerikaner in Uniform vor dem Haus Gudvanger Straße 32 geparkt und den dort wohnenden Paul Bertz besucht habe. Bertz erinnerte sich, im Sommer 1947 sei Field in Begleitung von Kreikemeyer zu ihm gekommen. Dann seien sie gemeinsam mit Walter Beling zum Gartengrundstück von dessen Schwager nach Heiligensee gefahren. Dies war – später wurde jeder Aufenthalt von Field in Berlin rekonstruiert – der einzige Besuch des Amerikaners, bei dem er nicht nur mit einem seiner Bekannten gleichzeitig zusammentraf.

Unter den Bedingungen des allmählich entbrannten Kalten Krieges zwischen den einstigen Alliierten hatte Field nicht mehr die Möglichkeiten wie einst in Marseille. Noch flossen die ihm zur Verfügung stehenden Mittel in reichlichem Maße, aber ihre Verwendung wurde ihm zunehmend vorgeschrieben. Seine Absicht, Bedürftigen in der SBZ zu helfen, stieß bei seinen Auftraggebern in Boston und auch bei der sowjetischen Besatzungsmacht auf Reserviertheit und schließlich auf Ablehnung. Field gründete, geleitet von früheren Emigrantinnen, die für ihn in der Schweiz gearbeitet hatten, Filialen in Ungarn, Österreich und Polen. Im kriegszerstörten Bergbaugebiet Oberschlesiens ließ er mit Geldern des USC und mit Unterstützung des polnischen Gesundheitsministeriums ein Krankenhaus bauen. Zu Hause geriet Noel Field unter Beschuß. Mit Blick auf seine Hilfsprojekte wurde er beschuldigt, Kommunisten bevorzugt zu haben. Schließlich bezichtigte man ihn, selbst Kommunist zu sein. Im Oktober 1947 traf ihn die fristlose Kündigung durch die Leitung des USC. Er mußte damit rechnen, zurückgekehrt in die USA, vor den Senatsausschuß zur Untersuchung unamerikanischer Umtriebe, den berüchtigten McCarthy-Ausschuß, zitiert und verfolgt zu werden. In dem Schweizer Fernsehfilm »Noel Field, der erfundene Spion« von 1996 sagte Arthur Schlesinger jr., Historiker und einstiger Berater von Präsident Kennedy: »Ich selbst bin Unitarier, bin so erzogen worden und hatte mit dem USC zu tun, vor dem Krieg, wegen der Flüchtlinge aus Spanien. Mir wurde bald klar, daß es kommunistisch unterwandert war. Die Gelder gingen eher an kommunistische Flüchtlinge statt an nichtkommunistische, loyalistische Flüchtlinge. Und da schöpfte ich das erstemal Verdacht gegen das USC.«

Paul Bertz berichtete im Oktober 1949, Schweizer Bekannte hätten ihm in einem Brief von 1948 ein paar Zeilen von Field beigelegt. Er habe mitgeteilt, »daß er nun privatisiere und erneut nach dem Osten reisen würde. Er wolle versuchen, sich schriftstellerisch zu betätigen und zwar auf dem Gebiet der Fürsorge. Da er eine kleine Erbschaft gemacht habe, könne er auch so existieren.«[48] Noel Haviland Field, der Humanist, der Helfer vieler Menschen in Not, hätte jetzt die Hilfe anderer gebraucht. Er bat Paul Merker um Beistand. Von ihm, dem Mitglied des Politbüros, versprach er sich Erfolg. Merker wandte sich an Wilhelm Pieck, ob es ratsam sei, bei der Sowjetischen Militäradministration (SMAD) zu beantragen, den in Genf lebenden Field in die SBZ einreisen und ihm eventuell eine Dozentenstelle an der Leipziger Universität zukommen zu lassen. An seinen Fähigkeiten als Universitätslehrer gab es keine Zweifel. Pieck akzeptierte, bei Oberst Tulpanow, dem Leiter der politischen Abteilung in Berlin-Karlshorst, vorzufühlen. Franz Dahlem unterschrieb am 15. Dezember 1948 einen entsprechenden Brief. Ob es eine Antwort gab, ist fraglich.

## Bahnchef im Kalten Krieg

Kreikemeyer kannte Menschen aus vielen Ländern. Die russische Mentalität war ihm bis 1946 fremd geblieben. Über ihm stand ein General der SMAD. Jeder Direktionsbereich hatte einen sowjetischen Vorgesetzten. Sie gingen in dem von der SMAD verwalteten Gebäude der Reichsbahndirektion Berlin (RBD) am Schöneberger Ufer ein und aus. Im März 1948 schrieb Kreikemeyers Sekretärin L. in ihr privates Notizbuch: »Am Sonntag (7. 3.) hatten die Russen anläßlich des Internationalen Frauentages im großen Saal der RBD viel Festlichkeit, wozu auch mein

Chef geladen war. Er wurde mit Alkohol so fertig gemacht, daß er am nächsten Tag todkrank war und nicht zum Dienst kommen konnte, auch am zweiten Tag noch immer nicht. Am Mittwoch kam er zwar, aber es ging ihm immer noch nicht gut. Er sah auch schlecht aus. Die Stimmung war entsprechend.«[49]

Bald machte sich in Berlin der Kalte Krieg stärker als anderswo bemerkbar. Im März 1948 verließen die Vertreter der UdSSR den Alliierten Kontrollrat. Die Einführung der neuen D-Mark in den drei Westzonen und die Auflösung des Gesamtberliner Magistrats führten zur Teilung Berlins. Die von der Sowjetregierung verhängte Berlinblockade schlug auf die Urheber zurück. Das gegenseitige Attackieren der Siegermächte hatten die Berliner aller Sektoren zu ertragen. Kreikemeyer mußte, neben anderen Problemen, mit den Folgen des kalten Schlachtgetümmels im Eisenbahnbereich fertig werden. Seine Sekretärin notierte am 3. April 1948: »Früh große Aufregung, da die Amerikaner unsere Hauseingänge besetzt hatten und keine Russen hineinließen. Präsident war die ganze Nacht im Haus gewesen, nächste Nacht soll der Vizepräsident hierbleiben. Allgemein schlechte Stimmung.« Das war die Antwort auf die sowjetische Entscheidung, wegen angeblicher Verkehrsschwierigkeiten die Eisenbahnstrecken von Hamburg und München nach Berlin zu sperren und zu verlangen, alle Güterzüge über Helmstedt zu leiten. Als die Amerikaner den Russen den Zutritt zu dem von ihnen verwalteten und im Westen gelegenen Gebäude der Reichsbahndirektion verweigerten, mußte es geräumt und die Verwaltung in den Ostsektor verlegt werden. »Es war eine schnelle Übersiedlung zur Voßstraße«, erinnerte sich Sekretärin Leonore Ehling, »und zwar durch Seitenausgang. Wir haben auch einen kleinen runden Tisch aus dem Zimmer meines Chefs mitgenommen. Ein Jahr später schenkte er ihn mir zur Hochzeit.«

Am 20. Januar 1949 erhielt Willi Kreikemeyer die Berufung zum Generaldirektor der Deutschen Reichsbahn. Entschieden hatte dies das Sekretariat des Politbüros der SED nach Zustimmung der SMAD. Von nun an trug Kreikemeyer die deutsche Verantwortung für die Eisenbahn der sowjetischen Besatzungszone und für ganz Berlin. Viel wäre darüber zu schreiben, wie er diese Aufgabe meisterte, die, abgesehen vom total sowjetisch beherrschten Uranbergbau im Erzgebirge, der sensibelste Betrieb in der Balance zur Besatzungsmacht war. Doch die Eisenbahnarbeit blieb für sein weiteres Schicksal ohne Belang. Nichts deutet darauf hin, daß es in den achtzehn Monaten von Kreikemeyers Amtszeit ernsthafte Differenzen zwischen ihm und seinem sowjetischen Führungsgeneral gab. Das plötzliche Ende von Kreikemeyers Berufskarriere und jeglicher Beschäftigung hatte mit seiner Tätigkeit als Generaldirektor der Reichsbahn absolut nichts zu tun. Dafür hätte es keinen Grund gegeben. Kreikemeyer war für Wojewudskij der ideale Partner. Er war treu ergeben, ohne unterwürfig zu sein. Er war zuverlässig und durchdachte, was von ihm verlangt wurde. Er vertrat seine Meinung in allem, was seinen Arbeitsbereich betraf. Aber er ging nicht darüber hinaus, nicht dorthin, wo nach der politischen Zuordnung seines Handelns hätte gefragt werden können. Für Kreikemeyer war es die Überzeugung, die ihm die Kraft zum Handeln gab. Nicht das Wissen, sondern der Glaube an die Partei machte ihn stark. Für ihn gab es keine Zweifel an der Richtigkeit der Stalinschen Politik. Von ihr allein kamen die Weisheiten, die dem Rattern der Räder auf den Schienen und dem Dampf aus den Lokomotiven einen höheren Sinn gaben.

Wenn es an Kreikemeyers Nerven zerrte, dann lag es an Problemen und Schwierigkeiten seines Fachbereichs. Ständig gab es Ärger wegen des rollenden Materials. Die Waggons reichten niemals aus. Die Gleise waren alt und überlastet. Der Krieg und die Reparationen hatten tiefe Spuren hinterlassen. Anfang April 1949 berichtete Kreikemeyer: »Alle Personenwagen sind bereits voll verglast. Über 75 Prozent der Wagen hat wieder ein anständiges Aussehen durch vollkommene Reinigung und Neuanstrich erhalten. Die Beleuchtung ist in mehr als der Hälfte des betriebsfähigen Wagenparks wieder hergestellt.« Die Wagen der Berliner S-Bahn »wurden sämtlich mit Beleuchtung versehen. Doch wirkt sich ein durch mutwillige oder diebische Handlungen verursachter Ausfall einzelner Brennstellen in den Wagen oft derart

*Freifahrkarte der Deutschen Reichsbahn für Willi Kreikemeyer*

aus, daß hierdurch gleichzeitig zwei Wagen betroffen werden. Da die Diebe mittlerweile feststellen mußten, daß sie die Glühbirnen in ihren Haushalten nicht verwenden können, werden auch die an sich schon zurückgegangenen Diebstähle wohl bald ganz aufhören.«[50]

Querelen gab es wegen der Lohn- und Gehaltszahlungen an die im Westen wohnenden Eisenbahner. Die manipulierte Hennecke-Bewegung zur Steigerung der Arbeitsproduktivität sollte auf die Werkstätten der Eisenbahn in den Westsektoren übertragen werden. Am liebsten wäre es den Finanzverantwortlichen im Ostteil der Stadt gewesen, alle Bahnbeschäftigten im anderen Währungsbereich hätten sich mit der Ostmark zufriedengegeben und im sowjetischen Sektor eingekauft. Aber was geschah mit den Mieten und anderen Verpflichtungen? Sollte den Westberliner Eisenbahnern alles oder nur ein Teil in Westmark gezahlt werden? Rundfunk und Presse in Westberlin machten Kreikemeyer zu einer ihrer Zielscheiben.

Bedruckte Handzettel in Formatgröße einer Streichholzschachtel und in verschiedenen Farben wurden in den Waggons der S-Bahn verstreut: »Gehst Du nach Hause ohne Westmarkeier, so danke dies dem Kreikemeyer«, »Die Berliner Eisenbahner leiden an Sorgen, Nöten und Entbehrung, das sind die Folgen der Auszahlung ihres Lohnes in schlechter Währung«, »Kennt ihr den Osteisenbahn Pleitegeier? Das ist der Generaldirektor Kreikemeyer«, »Hörst du das Hennecke-Geleier, so denke an den Kreikemeyer«. Der Generaldirektor scheute keine Diskussion mit den Eisenbahnern, weder auf großen Foren, noch im kleinen Kreis. Gab es Stockungen in Kohletransporten, machte er sie zur Chefsache. Ihm direkt unterstellt war eine kleine Kontrollgruppe von jungen Mitarbeitern. Sie setzte er ein, wenn es notwendig war, lange Dienstwege zu umgehen. Oftmals mußte er improvisieren oder eine Verordnung gegen die andere ausspielen, um weiterzukommen. Sein Amt konnte leicht zum Schleudersitz werden. Er fürchtete sich nicht, durch einen Arbeitsschritt seinen Posten zu verlieren.

Der Eisenbahnverkehr im zerrissenen Deutschland warf viele Sicherheitsfragen auf. Ab Mai 1949 leitete Erich Mielke die

Hauptverwaltung zum Schutze der Volkswirtschaft bei der Deutschen Verwaltung des Innern, eine Institution, die nach der Gründung der DDR in das Ministerium für Staatssicherheit einging. Es gibt keine Belege dafür, daß Mielke und Kreikemeyer dienstlich direkt miteinander zu tun hatten. Die Reichsbahn war in der Wendezeit von der SBZ zur DDR ein noch stark von der SMAD dominierter Wirtschaftskörper und wegen seiner vielfältigen Verknüpfungen mit der Sowjetarmee für deutsche Sicherheitskräfte nur bedingt zugänglich. Vermutlich standen sich Mielke und Kreikemeyer erst wieder zehn Jahre nach ihrer Begegnung in Marseille gegenüber.

## Die große Inszenierung

»Eine feiertägliche Stimmung herrschte im Saal, in dem die Lokaktivisten zur Siegerehrung im 500er Wettbewerb versammelt waren. Freudig begrüßten die Kollegen der Lokbrigaden die führenden Männer des Staates, der Gewerkschaften und der Eisenbahn. Als der Vertreter der Sowjetischen Kontrollkommission, General Wojewudskij, eintrat, sprangen die mehr als 200 Aktivisten jubelnd von ihren Plätzen auf. Minutenlang hörte man nur den immer wiederkehrenden Ruf ›Stalin, Stalin, Stalin‹.«[51] Diese inszenierte Begeisterung war Ausdruck des alltäglichen Stalinkultes im sowjetischen Machtbereich. Kreikemeyer nahm ihn als gegeben hin, obwohl er seinem eigenen Wesen und Lebensgefühl widersprach. Der Gedanke, daß sich in dieser Kleininszenierung großes politisches Theater manifestierte, scheint ihm nicht gekommen zu sein. Wie sollte er auch annehmen, daß für den ins Überirdische gerückten Stalin alles inszenierbar geworden war, selbst angeblich gegen seine Macht gerichtete Verschwörungen, von denen, wären sie real gewesen, die westlichen Geheimdienste nur hätten träumen können. Daß es Tito, der kommunistische Führer eines Landes, gewagt hatte, sich nicht auf Dauer bevormunden zu lassen, veranlaßte Stalin zu verhängnisvollen Eingriffen in den Organismus der kommunistischen Parteien in den von der Sowjetunion beherrschten Ländern Europas. Stalins Operationssäle erhielten eine Bühnenausstattung, die sie in Gerichtssäle verwandelte. Wer unters Skalpell kam, lag nicht auf dem Tisch, sondern saß oder stand vor Staatsanwälten und Rictern. Dieser Transformationsprozeß ermöglichte eine abstruse Öffentlichkeitsarbeit. Statt der Agenten und Spione von der Gegenseite, die man in der gewünschten Art nicht hatte und auch nicht bekommen konnte, wurden eigene Leute dazu veranlaßt, gezwungenermaßen oder zur Freiwilligkeit überredet, das zu erklären, was ein Feind von Stalins Kommunismusbild und -praxis in dieser Perfektion nicht hätte darlegen können. Diese Art der Propagierung eines Feindbildes diente der Manipulierung der Parteimitglieder. Doch der Hauptzweck der Inszenierungen war die psychische Deformierung, die Willensbrechung kommunistischer Führungskräfte, von denen ein Teil zur abschreckenden Wirkung auf die Überlebenden versteckt oder öffentlich, verkündet durch Todesurteil, ermordet wurde.

Der Einstieg in Stalins Verschwörungsrezept – eine Weiterentwicklung der Moskauer Prozeßinszenierungen von 1936 bis 1938 – war denkbar einfach. Am Anfang stand der geheimgehaltene Raub eines amerikanischen Staatsbürgers X und dessen totale Isolierung. Dann wurden diejenigen festgenomen und in Einzelhaft gehalten, von denen man wußte, daß sie das geraubte Opfer gekannt hatten. Ihnen, A, B, C, D und so weiter, das war für Ungarn, Bulgarien, die Tschechoslowakei, die DDR und Polen je nach Bedarf wiederholbar, wurde separat eröffnet, X sei ein Spitzenagent des CIA und sie seien von ihm angeworben und zu diversen verbrecherischen Handlungen, wie Beseitigung der sowjettreuen Partei- und Staatsführer und Umsturz der gesellschaftlichen Verhältnisse, verpflichtet worden. Die völlig überraschten A, B, C, D und so weiter wehrten sich gegen diese Unterstellung. Es war dann nur eine Frage der Zeit und der anzuwendenden Methoden, bis die meisten gestanden, was sie hätten sein sollen und was sie nie getan hatten. Manche ergaben sich der ihnen eingeredeten Parteidisziplin oder nach der Zusicherung, es werde ihnen ihr notwendiges Mitspiel im Kampf gegen den Klassenfeind gedankt werden. War diese Prüfung zur Übernahme einer Rolle für das absurde Polittheater bestanden, bedurfte es nur noch der Einstudierung der Texte und des Termins für den einmaligen großen Auftritt vor laufenden Mikrophonen und Kameras und in Anwesenheit ausgesuchter ausländischer Pressevertreter. Eine Gegenüberstellung mit X brauchten A, B, C, D und so weiter nicht zu befürchten. Ihre Dramaturgen und Regisseure versicherten ihnen, überhaupt nicht zu wissen, wo sich der von seiner Familie und der Regierung seines Landes vermißte und gesuchte X befinde.

In dem Amerikaner X gleich Noel Haviland Field war dem sowjetischen Geheimdienst ein Mann erwachsen, der eine Idealbesetzung für die große Inszenierung hätte sein können, wenn nur ein Funken Wahrheit an dem gewesen wäre, was andere von ihm behaupten sollten. Gebraucht wurde er als Medium. Sein Name mußte im Raum stehen, nicht er selbst.

Willi Kreikemeyer hatte seit 1947 nichts mehr von Noel Field gehört. Am 23. September 1949 las er im »Neuen Deutschland« über Aussagen von Angeklagten in einem Budapester Gerichtssaal. Sie hatten sich mitschuldig gemacht an »einer großen Verschwörung des anglo-amerikanischen Imperialismus gegen Frieden und Demokratie«. Der Beschuldigte Tibor Szönyi, der ehemalige Kaderchef der ungarischen KP, gab an, er sei als Emigrant in der Schweiz – wo Geheimdienstchef Allen Dulles residierte – angeworben worden, um nach dem Krieg in Ungarn »Wühlarbeit« zu leisten. »1944, sagt der Angeklagte weiter aus, war es bereits klar, daß die Sowjetarmee einen Teil Osteuropas befreien wird. Damals wurde Dulles die Aufgabe gestellt, in diesen osteuropäischen Ländern ein großes Spionagenetz zu schaffen. Der unmittelbare Gehilfe von Dulles in diesen Fragen war Noel H. Field, offizieller Vertreter der Wohltätigkeitskommission der unitären Kirche in Europa. Er unterstützte die politischen Emigranten materiell und warb sie für Spionage an.« Er habe gewußt, sagte der Angeklagte, daß »Noel H. Field sich mit der Anwerbung von Agenten aus der Mitte der tschechoslowakischen, deutschen, polnischen und anderen Emigranten befaßte«. Er habe ihm und anderen Emigranten zur Rückkehr nach Ungarn »viertausend Schweizer Franken« ausgehändigt »und organisierte unsere Beförderung über die Schweizer Grenze nach Frankreich«. Szönyis Verteidiger sagte, sein Mandant sei auf die schiefe Ebene gekommen, »indem ihn der amerikanische Geheimdienst zielsicher umgarnte. [...] Der erste amerikanische Organisationsagent erschien als Vertreter der altruistischen Wohltätigkeitsorganisation einer Religionsgemeinschaft und benützte die materielle Lage der Emigranten dazu, sie durch kleinere Summen zu unterstützen. ›Unterstützen!‹ Offenbar brüstete man sich in der westlichen Presse sogar damit, welche wohltätige Arbeit die amerikanischen Religionsorganisationen unter den politisch Verfolgten verrichten. Darüber sprachen sie aber nicht, daß diese Unterstützungsorgane mit den führenden Schichten der Spionageorganisationen identisch waren und die Quittungen, die sie mit der Genauigkeit eines Buchhalters über die ausgezahlten Unterstützungen einverlangten, so nebenbei für erpresserische Zwecke reservierten.«[52] Im Prozeß wurde deutlich: Nicht nur diejenigen wurden amerikanische Spione und Agenten oder hätten es werden können, die Noel Field kannten, sondern auch diejenigen, die von ihm oder über ihn etwas erhalten und quittiert hatten.

Marthe und Willi Kreikemeyer lasen die Berichte aus Budapest mit Bestürzung. Sie diskutierten und fanden keinen Schlaf. Nein, es konnte nicht sein, daß Noel Field, der eher einem idealistischen Träumer glich, ein harter und eiskalter Spionenführer war. Wo befand sich Field? Er war in Budapest weder angeklagt noch als Zeuge vernommen worden. In Westberliner Zeitungen las Willi, Noel und Herta Field seien vor Monaten nach Prag gefahren und dort verschwunden. Und Noels Bruder Hermann, ein amerikanischer Architekt, sei von einem Besuch bei Warschauer Kollegen nicht zu seiner auf ihn in London wartenden Familie zurückgekehrt. Alles war irgendwie mysteriös. Fakt war, die Angeklagten in Budapest hatten unter den Augen der Weltöffentlichkeit ruhig und sachlich ausgesagt, sie seien unter der Anleitung Fields zu Verschwörern gegen ihren Staat geworden. Sollte das alles frei erfunden sein? Kreikemeyer unterdrückte seine

Zweifel: Stalin hätte Rákosi in Ungarn niemals einen derartigen Prozeß gestattet, wenn die Angeklagten unschuldig gewesen wären. Das sagte auch General Wojewudskij, dem Kreikemeyer seine Gewissensqualen anvertraute und der ihm riet, das beste Mittel gegen Seelenschmerz sei die Konzentration auf die Arbeit.

Am 27. September 1949, die Todesurteile in Budapest waren vollstreckt, lancierte der KGB über einen seiner verdeckten Mitarbeiter im Berliner Parteihaus der SED den Auftrag, die Verbindungen Kreikemeyers und anderer zu Noel Field zu untersuchen. Verfasser war der Abteilungsleiter Bruno Haid. Er schrieb ihn als Informationspapier an Hermann Matern, den Vorsitzenden der Zentralen Parteikontrollkommission (ZPKK). Haid, Jahrgang 1912, lebte bis 1945 als Emigrant in Frankreich, wo er bereits in der Vorkriegszeit nachrichtendienstlich tätig und mit dem sowjetischen Geheimdienst verbunden war. Er hatte in Paris und Limoges sein in Berlin begonnenes Jurastudium fortgesetzt und abgeschlossen. In der DDR-Literatur über die Deutschen in der Résistance ist er wie Erich Mielke oder Anton Joos nicht erwähnt. Heinz Priess erinnerte sich: »Haid tauchte bei uns in Paris erst nach der Befreiung auf. Er war ein Mann der besonderen Strukturen, von dem niemand genau wußte, was er eigentlich macht. Äußerte er sich, dann erging er sich in Andeutungen, in ein für andere vermutbares Wissen, das zu erfragen nicht opportun war.«[53]

Haids Schreiben an Matern ist so angelegt, als habe er alles selbst erlebt, beobachtet und recherchiert. Auf diese Weise blieben die Urheber des Materials im dunkeln. Haids Papier nennt nicht nur Fakten, es ist auch ein Wegweiser, wie die Untersuchung geführt werden müßte. Wer, wie Lex Ende, mit Field Kontakt hatte, war schon früher verdächtig. Dies hätte auch zu Paul Merker konstruiert werden können. Doch über das Mitglied des Politbüros sich zu äußern, stand dem Mitarbeiter des Parteivorstandes Haid nicht zu. Die Rangordnung wurde eingehalten. Merker zu beschuldigen, blieb höchsten KGB-Chargen vorbehalten und kam dann von ihnen an Ulbricht und den ZPKK-Vorsitzenden Matern. Zum Auftakt genügte, was der Anstoßer Bruno Haid schrieb:

»Die Berichte vom Prozeß gegen Rajk veranlassen mich, auf folgendes hinzuweisen: Der in dem Prozeß des öfteren genannte Amerikaner Field hat auch über zahlreiche Verbindungen zu deutschen Genossen verfügt und seine Mittel sowohl der deutschen Emigration in der Schweiz wie vor allem in Frankreich während des Krieges zur Verfügung gestellt. Soweit mir bekannt ist, hat er die wichtigste Verbindung mit dem Genossen Kreikemeyer unterhalten, der sich in Südfrankreich (Marseille) befand und laufend aus dieser Quelle Geld erhielt. Ich kann nicht mit Exaktheit sagen, ob diese Gelder durch Vermittlung des Gen. Bertz an Kreikemeyer gelangt sind, ich weiß aber, daß der Gen. Bertz in der Schweiz mit Field zusammenarbeitete. [...] Neben Kreikemeyer hat es auch Verbindungen zu der in Toulouse ansässigen Genossin Herta Jurr gegeben. Sie wurde nach der Befreiung Frankreichs die Generalsekretärin des USC für ganz Frankreich. Kreikemeyer hat in der Zeit nach der Befreiung Frankreichs aufs engste mit Herta Jurr (Tempi) zusammengearbeitet.

Ich befand mich zu dieser Zeit in Lyon. Mir wurde Anfang 1945 bekannt, daß uns aus dieser Quelle Gelder zur Verfügung gestellt wurden, und kurz danach wurde ich beauftragt, die Mittel, die wir für die Genossen in Südostfrankreich und in Lyon benötigten, direkt von einer Vertreterin dieses Hilfsdienstes in Lyon in Empfang zu nehmen. Soweit ich mich noch erinnern kann, ist mir diese Vertreterin vorgestellt worden von der Genossin Jurr (Tempi), die zusammen mit Maria Weiterer, von Genf kommend, in Lyon Station machte und dann nach Paris weiterfuhr. Die Vertreterin in Lyon war eine Schweizerin namens Therese Bittermann gewesen. [...] Ich kann heute nicht mehr mit Genauigkeit sagen, ob es üblich gewesen ist, die Namensliste der unterstützten Genossen dem USC zur Verfügung zu stellen. Ich glaube aber, daß gewisse Unterlagen von uns seinerzeit dieser Organisation übergeben werden mußten.

Über die Verwendung der Gelder hat es des öfteren, soweit mir bekannt ist, zwischen der unter Leitung von Otto Niebergall stehenden Parteiorganisation und Kreikemeyer Differenzen gegeben. Kreikemeyer verwaltete diese Gelder im Namen einer

Emigrantenhilfsorganisation (Union des Immigrés Allemands). Die Kassiererin dieser Organisation war die Frau des Genossen Kreikemeyer. Außerdem waren neben Kr. in dieser Organisation noch einige parteilose jüdische Emigranten.

Über die Zusammenhänge mit Field müssen, soweit es sich um Frankreich handelt, genauer unterrichtet gewesen sein der schon genannte Genosse Otto Niebergall, Mainz, ferner der Gen. Hermann Fugmann[54], Berlin, Gen. Heinz Priess, Hamburg. Letzterer ist sogar selbst einmal in Genf zu Besprechungen gewesen. [...] Ich bin der Auffassung, daß es notwendig ist, sich mit dieser Organisation und ihren Beziehungen zu unseren Genossen und Parteimitgliedern in der Schweiz und in Frankreich nach den Aussagen, die insbesondere der Angeklagte Szönyi im Rajk-Prozeß gemacht hat, zu beschäftigen. Neben der Genossin Jurr-Tempi fielen durch besonders enge Beziehungen zu dieser Organisation auf die Genossin Paula Nuding, die Genossin Glaser und auch der Genosse Ende. Letzterer war eng verbunden mit der in dem Pariser Büro beschäftigten Frau Arnold, Frau eines leitenden ungarischen Funktionärs, der ums Leben gekommen sein soll (Rado), die wie Genosse Ende selber und auch Jurr-Tempi der Versöhnler-Fraktion bzw. der Rechten in früheren Jahren angehört hat. Die Genossin Maria Weiterer soll Field bzw. Menschen aus seiner engsten Umgebung aus Moskau kennen, was ihr dazu verhalf, im Jahr 1942 illegal aus Südfrankreich in die Schweiz zu gelangen.«[55]

Das von Haid angedeutete Schicksal des Ungarn Sándor Radó war 1949 ein Geheimnis. Das Gerücht von seinem Tod schien dem KGB verbreitenswert. Tatsächlich hat Radó die Jahre seiner durch Stalin befohlenen Verschleppung in die Sowjetunion durch Zufall überlebt. Radó wurde weltweit bekannt durch »eine der faszinierendsten Operationen der KGB«[56]. Radó hatte von 1930 bis 1943 in Lausanne eine Kundschaftergruppe geleitet. Er stand jedoch in keiner Beziehung zu Noel Field. 1948 war er, Opfer eines Menschenraubs, in Budapest spurlos verschwunden. Seine deutsche Frau Lene hatte sich hilfesuchend an Parteichef Mátyás Rákosi gewandt. Er antwortete, indem er ihr und den Kindern die ungarische Staatsbürgerschaft aberkannte.[57]

Am 6. Oktober 1949, einen Tag vor der Gründung der zweiten deutschen Teilrepublik, machte Bruno Haid der DDR eine Morgengabe. Im Trubel der Regierungsbildung und Jubelfeiern fand sie kaum Beachtung. Aber sie wirkte wie ein schleichendes Gift an den Wurzeln des neuen Staates. Im »Neuen Deutschland« zog Haid die »Lehren aus dem Rajk-Prozeß und dem Verrat der trotzkistischen Tito-Clique«, wobei zu bedenken bleibt, daß trotzkistisch als Synonym für eine nicht hundertprozentige Befolgung sowjetischer Ansprüche und Forderungen stand. Haid forderte, wie in Ungarn geschehen, »die faulen und verräterischen Elemente zu überwinden, ihnen ihre Maske vom Gesicht zu reißen und sie schnell unschädlich zu machen«. Namen nannte er nicht.

Die Untersuchungsmechanismen im SED-Apparat waren jedoch bereits angelaufen. Im Unterschied zu Ungarn, wo die politische Polizei sofort einbezogen war, lag in Ostberlin der Auftrag vorerst nur bei der Zentralen Parteikontrollkommission. Das Ministerium für Staatssicherheit befand sich im Entstehungsprozeß, bis es Anfang Februar 1950 mit Minister Wilhelm Zaisser und Staatssekretär Erich Mielke offiziell installiert wurde.

Die ZPKK war im September 1948 geschaffen worden, »um die Sauberkeit der Partei zu sichern« und »den Kampf gegen die Tätigkeit feindlicher Agenten« zu führen.[58] Diese Kommissionen, hieß es, »untersuchen alle ihnen bekannten Fälle von Vergehen von Parteimitgliedern und führen selbständig Nachforschungen durch und können folgende Strafen beschließen: Verwarnung – Rüge – strenge Rüge – Ausschluß aus der Partei.«[59] In der Praxis stand nicht der Parteiausschluß am Ende der Strafskala, sondern die Auslieferung an die Repressivorgane der Besatzungsmacht und ab 1950 an das bis nach Stalins Tod 1953 total von sowjetischen Sicherheitsleuten dominierte MfS. Mit der ZPKK entstand ein Instrumentarium des Machtmißbrauchs, eine Waffe zur Selbstverstümmelung der SED.

## Deutsches Vorspiel

Am 5. Oktober 1949 war bei der ZPKK der von ihr angeforderte Bericht Willi Kreikemeyers über Noel Field eingegangen: »Im Herbst 1941 erhielt ich von der Parteileitung in Marseille (Lex Ende) den Auftrag, die Sozialarbeit, welche bis dahin von der Genossin Stibi geleistet worden war, zu übernehmen. Dazu gehörte, die Verbindung mit dem Unitarian Service Committee wahrzunehmen. Vor ihrer Abreise stellte mich die Genossin Stibi dem Leiter des USC vor, dem Herrn Field, und seiner Frau. Fields wurden mir geschildert als Menschen, die daran interessiert sind, uns zu helfen. Field stellte z. B. jeden Monat aus seiner Privatkasse eine bestimmte Summe zu unserer Verfügung, die mir erlaubte, Einkäufe zu tätigen und Pakete an unsere Genossen in die Lager zu schicken. Im Laufe der Zeit ergab sich, daß Field mir erklärte, er sei Mitglied der KP Amerikas und aus diesem Grund interessiert, uns zu helfen.

Ende 1941 oder Anfang 1942 stellte uns Field die erste größere Summe (100 000 fr. frs.) aus der Kasse des Unitarian Service Comm. zur Verfügung, ohne darüber detaillierte Belege über den Verbrauch zu verlangen. Über Field erhielt ich die Verbindung mit Dr. von Fischer in Zürich, von welchem ich ebenfalls Gelder erhielt, welche ich an von Fischer namentlich festgelegte Empfänger weiterleitete. Im Gegensatz zu Field verlangte Fischer vollkommene Abrechnung, um eine Kontrolle zu haben; alles (ging) über Field gelegentlich seiner Reisen in die Schweiz. Ebenfalls über Field erhielt ich noch die Verbindung mit einer Frau Christoffel in Basel, mit einem Sportverein Samo in der Schweiz, mit einem Schweizer Roten Kreuz, mit der Genossin Herta Jurr als Leiterin für Südfrankreich und endlich mit einer Organisation Ona (oder so ähnlich; die genaue Bezeichnung ist mir nicht mehr im Gedächtnis). Über Field standen wir auch in ständiger Verbindung mit der deutschen Parteileitung in der Schweiz, Gen. Paul Bertz, welcher uns laufend Mitteilung zukommen ließ, wie wir auch ihm über die Lage in Frankreich berichteten.

Im Laufe der Zeit stellte uns Field erhebliche Summen zur Verfügung, die genauen Beträge sind mir nicht mehr im Gedächtnis, jedenfalls waren sie erheblich.

Im November 1942, beim Einmarsch der Deutschen nach Marseille, fuhr Field mit seiner Frau endgültig in die Schweiz, nach Genf. Die Verbindung mit ihm war demzufolge für die erste Zeit abgerissen. Auftragsgemäß habe ich 1943 durch französische Zollbeamte die Verbindung mit Field wieder herstellen können. Field erhielt von uns vervielfältigte Flugblätter und Handzettel, die, soweit ich unterrichtet bin, veröffentlicht worden sind. Auf Grund der Veröffentlichung dieses Materials konnte Field bei den verschiedensten Organisationen in der Schweiz Gelder für unsere Arbeit in Frankreich aufbringen und uns auf den verschiedensten Wegen zukommen lassen, durch Boten, durch Vertreter der KP Frankreichs, durch Zollbeamte.

Solange Field in Frankreich tätig war, haben wir ihm bzw. seiner Organisation eine Reihe Freunde zugeschickt, die er mit Geld, Lebensmitteln und Kleidung versorgt hat. Soweit mir bekannt ist, sind nicht nur deutsche Emigranten durch das Unitarian Service Committee unterstützt worden, sondern Emigranten aller Nationen und auch die jüdischen Organisationen.

Der oberste Chef des USC (also auch Fields Chef) war Mister Joy. Er besuchte Field einige Male in Marseille. Bei einem dieser Besuche lernte ich denselben kennen. Wir unterhielten uns über die antifaschistische, illegale Arbeit. Späterhin hörte ich, daß dieser Joy eine Zweigniederlassung in Portugal errichtet hat, in derselben sollen deutsche Emigranten gearbeitet haben, die zu dem Kreis Karl Frank gehörten (die Namen sind wahrscheinlich von der Genossin Herta Jurr zu erfahren).

1941 oder 1942 bei einer gelegentlichen Diskussion erklärte mir Field, daß er vom amerikanischen Botschafter aufgefordert worden sei, seinem Vaterlande Dienste zu erweisen. Er erzählte mir, er habe in der Schweiz mit dem Alten (Paul Bertz) darüber gesprochen, welcher ihm gesagt hat, er, Field, würde nicht darum herumkommen, dem Wunsche des Botschafters zu entsprechen (ich kann mich auch irren, es kann auch ein anderer unserer Genossen gewesen sein).

Field hatte auch von uns Aufträge entgegengenommen, sich für bestimmte Genossen bei den französischen Behörden einzusetzen, u. a. für Paul Merker, Spitzer (jetzt bei DVdI)[60] und hat dieselben vor der Auslieferung an die Deutschen gerettet.

Field erklärte mir nach der Rückkehr einer seiner gelegentlichen Reisen in die Schweiz, daß er den Antrag gestellt habe zwecks Überweisung in die KPD. Paul Bertz habe lange mit ihm und seiner Frau darüber gesprochen, über seine, Fields, Vergangenheit, und P. Bertz stellte die Aufnahme Fields und seiner Frau in die KPD als wahrscheinlich hin (nach Aussage Fields).

Sehr befreundet mit Fields war die Genossin Maria Weiterer, bereits in Marseille und späterhin in der Schweiz. Die Genossin Weiterer und auch Paul Bertz sind, soweit ich informiert bin, sehr viel mit Fields zusammengewesen, ebenfalls der Genosse Leo Bauer und Fields sogenannte Pflegetochter Erika (auf den Familiennamen kann ich mich nicht entsinnen). Übrigens hatte ich Fields gewarnt, mit dieser Pflegetochter politisch zusammenzuarbeiten, da sie und ihre Eltern bei uns in Spanien als suspekt behandelt wurden.

Nach dem Zusammenbruch habe ich Field noch einmal in Paris gesehen, und im Jahre 1946 hat er uns zweimal in Berlin besucht. Anläßlich dieses Besuches in Berlin hat er auch Verhandlungen geführt im Zentralsekretariat der SED. Darüber kann ebenfalls die Genossin Weiterer wahrscheinlich berichten.

Field ist ebenfalls sehr bekannt mit der Genossin Anni Fischer, Dresden, N 23, Bolivarstraße 12. Auch die Genossin Käthe Dahlem hatte ihn in Marseille persönlich kennengelernt. Gelegentlich der Besuche Fields in der Schweiz habe ich ihm die Abrechnungen mitgegeben für Dr. von Fischer und Paul Bertz. Beide haben mir den Empfang derselben bestätigt.

Dies sind die Dinge, die mir in Erinnerung geblieben sind über meine Verbindung mit Field, die ich im Auftrag der Partei aufrechterhalten habe.«[61]

Alfred Spitzer, Leo Bauer, Erika Glaser und Anni Fischer hatten ihre individuellen Erlebnisse mit Noel Field. Erwähnt sei an dieser Stelle lediglich das Schicksal der 1902 in München geborenen

Anni Fischer. Sie war bis 1948 Emigrantin in der Schweiz und dort mit dem Chef der Centrale Sanitaire Suisse Dr. Hans von Fischer verheiratet gewesen. Als ich sie, liiert mit dem Schriftsteller Friedrich Schlotterbeck, 1959 in Groß-Glienicke bei Potsdam besuchte, hatte sie wegen ihrer Bekanntschaft mit Field schwere Zeiten hinter sich. 1953 war sie als angebliche Westspionin verhaftet und monatelang in der Haftanstalt Berlin-Hohenschönhausen verhört worden. Mit der Begründung, Kriegs- und Boykotthetze betrieben zu haben, verurteilte ein Rostocker Gericht sie zu vier Jahren Gefängnis. 1956, nach den ersten Enthüllungen von Stalins Verbrechen, wurde sie freigelassen. Sie vermutete mir gegenüber, nicht allein wegen ihrer Kontakte zu Noel Field verfolgt worden zu sein. Anna Schlotterbeck hatte vor 1933 unter ihrem damaligen Namen Änne Leibbrand der KPD-Bezirksleitung Berlin angehört, als Erich Mielke »an der Bülowplatzaktion« beteiligt war, wie er selbst die Bluttat nannte. »Ich habe, leider nur parteiintern, den Mordanschlag an den beiden Polizisten sofort als Ausdruck verwerflichen Terrors verurteilt«, sagte mir Anna Schlotterbeck. »Ich kam im Bekanntenkreis auf meine Meinung von damals wieder zurück, als ich nach der Gründung der DDR erfuhr, daß Mielke Staatssekretär geworden war.« Anfang Januar 1990 las Inge Keller in einer Reihe »Texte zur Lage« im Berliner Deutschen Theater aus dem Nachlaßmanuskript der 1972 verstorbenen Anna Schlotterbeck. In den Aufzeichnungen »Hohenschönhausen, Zelle 51« versuchte die Autorin, Antworten auf ihre »innige Stalin-Gläubigkeit« zu geben.

Am 14. November 1949 beschloß das SED-Sekretariat unter Ulbrichts Vorsitz die Bildung einer »Kommission zur Überprüfung von Parteimitgliedern aus westlicher Emigration und Kriegsgefangenschaft«. Ausnahmen blieben ungenannt. Verschont wurden neben anderen die für sowjetische Dienste verpflichteten Haid, Joos und Mielke, obwohl alle drei Nutznießer von Spendengeldern des USC gewesen waren. Haid hatte es für sich im Bericht an Matern selbst eingeräumt. Ihn und seinesgleichen wegen Field nicht zu belangen, machte sie bestens geeignet, andere zu treiben und zu jagen.

Die »Field-Untersuchungen«, wie sie laut Protokoll genannt wurden, übertrug das SED-Sekretariat am 14. November an Hermann Matern, Herta Geffke und Otto Sepke.[62] Am Tag danach in der »Leipziger Volkszeitung« und später im ND erklärte Matern dem Volke die »Methoden feindlicher Agententätigkeit«. Wie der Rajk-Prozeß zeige, »benutzen die Spionagezentralen zur Werbung von Agenten die Hilfsorganisationen und Komitees. Unter dem Vorwand, notleidenden Menschen zu helfen, werden Paket- und Geldspenden gegeben und mit Mitleidsphrasen begleitet. Das wirkliche Ziel ist, Nachrichten zu sammeln und Sabotagegruppen zu organisieren. Sorglosigkeit und Mangel an Wachsamkeit erleichtern den Volksfeinden ihre verbrecherische Tätigkeit. Sehr oft kommt zur Sorglosigkeit auch noch ein völlig unzulässiges Versöhnlertum. Es ist für den anständigen und ehrlichen Menschen schwer zu verstehen, wenn er täglich aktiv am Aufbau mitarbeitet, daß getarnte Feinde nur darauf spekulieren, das Ergebnis seiner Anstrengungen zu zerstören. Die Agenten und Saboteure verbergen natürlich ihr Gesicht, spielen Ergebenheit und Treue, um ihre verbrecherischen Aufträge ungestört ausführen zu können. Sie heucheln Unklarheit und Ungeschultheit vor, um ihre Entlarvung zu erschweren, und haben manchmal damit Erfolg.«[63]

Am 17. November übernahm die ZPKK alle beim Parteivorstand der SED vorhandenen Personalpapiere, die über Kreikemeyer in den verschiedenen Abteilungen angelegt worden waren. Er selbst bekam zu seinem Bericht vom 5. Oktober eine Rückfrage. Herta Geffke verlangte von ihm eine Aufstellung der Namen derjenigen, die von ihm Paket- und Geldspenden erhalten hatten. Kreikemeyer stellte sie aus dem Gedächtnis und nach den wenigen Unterlagen, die er noch hatte, zusammen. Auf zwei mit Maschine geschriebenen und undatierten Seiten nannte er ungeordnet mit Deck- und Klarnamen, darunter auch Italiener, an die er sich konkret nicht mehr erinnern konnte, über zweihundert Personen. »Folgende Genossen«, schrieb er einleitend, »haben Unterstützung aus den Geldern von Field und den anderen Schweizer Organisationen erhalten.« Zum Schluß machte er

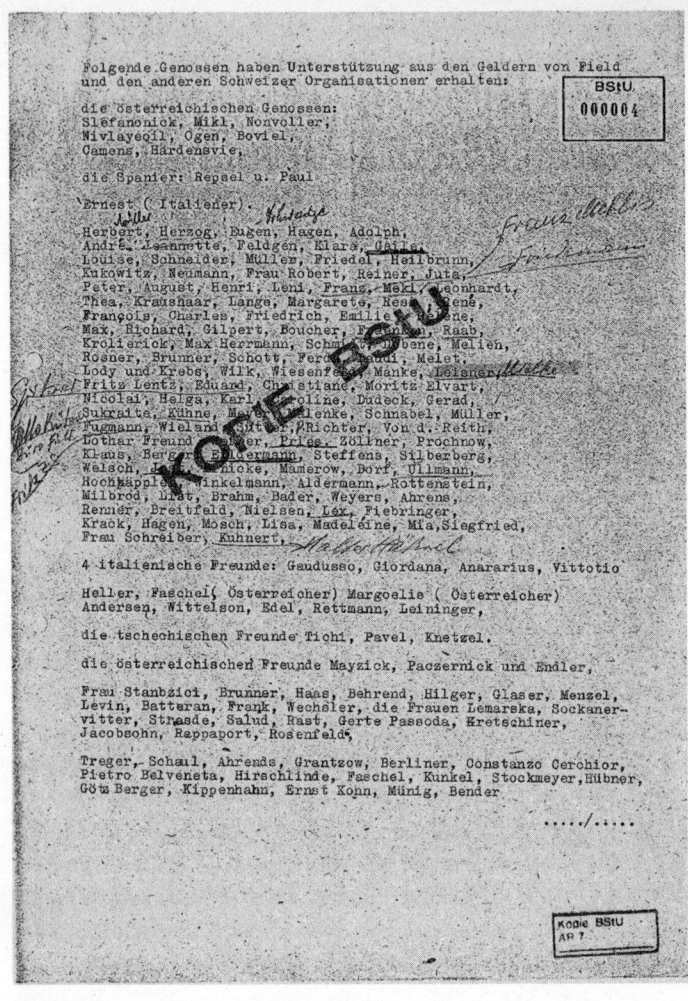

Von Willi Kreikemeyer im November 1949 für die Zentrale Parteikontrollkommission (ZPKK) geschriebene Liste mit Deck- und Klarnamen derjenigen, die von ihm 1941/1942 in Marseille unterstützt worden waren. Linke Seite, 19. Zeile von oben: Leisner (handschriftlicher Zusatz »Mielke« vermutlich durch die ZPKK)

- 2 -

die Italiener: Bartholomai, Gino, Berutto, Virgilio, Bauccadero, Brmargiocbio, Cumforti, Giacobi, Ingen, Brassi..., Masirai, Giorani, Flosadi, Ederig, Chiesa ..., Gutti, Guiseppe, Reale, Engenfas, Vega, Abzande..., Fonnar, Magega, Lino, Gerdinille-Vogo, Manier..., Stidems, Matteoli, Vaseo, Giordanengo, Bastelomeo, Giovan..., Giovazmi, Louiani, Alfredo, Bastesaztti, Gerlano

Schleve, Wittmann, Karl Nohr..., Marun, Grete,

Das sind Genossen, welche bis zum Zusammenbruch also 1944 während der Illegalität von mir die Gelder erhalten haben. Nach dem Zusammenbruch erhielten Unterstützung ebenfalls viele Genossen, aber offiziell über die "Organisation" Union der deutschen Emigranten", deren Voritzender ich gewesen bin.

deutlich, daß dies in der Illegalität bis 1944 geschah. Danach »erhielten Unterstützung ebenfalls viele Genossen, aber offiziell über die Organisation ›Union der deutschen Emigranten‹, deren Vorsitzender ich war.«

## Karenzzeit

Die ersten beiden Monate des Jahres 1950 waren vorüber. Kreikemeyer hätte glauben können, die Sache Field sei für ihn erledigt. Die ZPKK hatte nichts mehr von sich hören lassen. Doch es gab Anzeichen des Mißtrauens ihm gegenüber. Das Eisenbahnministerium der UdSSR wünschte von der DDR die Entsendung einer Studiendelegation. Die Reise sollte der Vorbereitung eines Abkommens über den Personen-, Gepäck- und Güterverkehr dienen. Aber wie Kreikemeyer hörte, war im Sekretariat des Politbüros beschlossen worden, nicht er, der Generaldirektor der Reichsbahn, sondern sein Stellvertreter Erwin Kramer solle die Delegation leiten. Kramer war Emigrant in der Sowjetunion gewesen. Er kannte das dortige Eisenbahnwesen und sprach Russisch. Das fand Kreikemeyer nicht als ausreichenden Grund dafür, ihn, den Hauptverantwortlichen für die Reichsbahn, zu Hause zu lassen. Nach seiner Meinung sollten beide fahren. Wojewudskij stimmte ihm zu. Er versprach, bei der SED zu intervenieren.

Am 3. März beschloß das SED-Sekretariat: »In Abänderung des Beschlusses des Sekretariats vom 20. Februar ... wird dem Vorschlag der Abteilung Wirtschaftspolitik, den Genossen Kreikemeyer für den Genossen Kramer in der Delegation zu benennen, zugestimmt.«[64] Die Sekretariatsmitglieder Horst Sindermann, Fred Oelßner, Edith Baumann und Hermann Axen hatten die Korrektur ohne den abwesenden Walter Ulbricht vorgenommen. Offensichtlich waren sie wie die Parteivorsitzenden Pieck und Grotewohl ahnungslos. Sie wußten im Unterschied zu Ulbricht nicht, daß Kreikemeyer in einer anderen Etage des Parteihauses unter Verdacht stand, ein Agent der Amerikaner zu sein.

In einem noch geheimgehaltenen Papier der ZPKK-Sonderkommission hieß es: »Nach sorgfältiger Betrachtung der uns vorgelegten Personalunterlagen, des Studiums von Emigrationsberichten und einer Reihe ausgiebiger Aussprachen mit Genossen aus der südfranzösischen Emigration ergaben sich politisch und moralisch belastende Feststellungen, die uns nötigen, schwere Bedenken gegen den Genossen Kr. zu erheben.«[65] Es waren folglich keine persönlichen Querelen, die dagegen standen, Kreikemeyer in die Sowjetunion zu schicken.

In der Sekretariatssitzung am 10. März stand als Punkt 33 der Tagesordnung die »Reise der Genossin Kreikemeyer nach Straßburg«. Beschlossen wurde, den in der Kaderabteilung zuständigen Anton Joos zu beauftragen, von Marthe »einen Lebenslauf anzufordern und die Frage der Reise nochmals zu überprüfen«.[66] Ulbricht hatte auf sowjetisches Drängen dem Parteiapparat die Weisung gegeben, Privatreisen von Partei- und Staatsfunktionären der SED und von deren Familienangehörigen nach dem Westen zu unterbinden und außerdem von allen SED-Mitgliedern, die durch das Exil in den Besitz von Pässen anderer Staaten gelangt waren, zu verlangen, diese umgehend abzugeben. Wer nur den DDR-Ausweis hatte, dem waren automatisch alle Länder verschlossen, die sich weigerten, die zum zweiten deutschen Staat gewordene sowjetische Besatzungszone anzuerkennen.

Am 13. Februar hatte dem Sekretariat der SED ein Antrag von Anna Seghers vorgelegen. Sie war Besitzerin eines mexikanischen Passes. Nun wollte sie in die zum sowjetischen Machtbereich gehörende Tschechoslowakei fahren. In deren Ostberliner Vertretung verlangte man von ihr, die in Westberlin wohnte, ein DDR-Reisepapier. Das SED-Sekretariat beschloß: »Da die Genossin Anna Seghers nicht im Besitz eines deutschen Personalausweises ist, wird die Angelegenheit dem Politbüro überwiesen.«[67] Das höchste Parteigremium entschied am nächsten Tag, der Reise werde »ausnahmsweise noch einmal zugestimmt mit der ausdrücklichen Maßregel, daß in Zukunft derartige Reisen von uns nur befürwortet werden können, wenn die Genossin Seghers ihren ausländischen Paß abgegeben und die deutsche

Staatsangehörigkeit erworben hat. Der Genossin ist ferner nahezulegen, ihren Wohnsitz von Berlin-Zehlendorf in den Ostsektor Berlins zu verlegen. Genosse Ackermann wird beauftragt, im vorstehenden Sinne mit der Genossin Anna Seghers Rücksprache zu nehmen.«[68]

Marthe Kreikemeyer empfand es als Schikane, von ihr, die nicht als Exilierte eine andere Staatsbürgerschaft erhalten hatte, wegen eines privaten Reiseantrags wieder einmal einen Lebenslauf schreiben zu müssen. Auch Willi konnte dies absolut nicht verstehen und vermutete dahinter einen Zusammenhang mit der Angelegenheit Field. Um darüber Klarheit zu bekommen, entschloß er sich, mit DDR-Präsident Wilhelm Pieck zu sprechen. Vormittags weilte Pieck in seiner Eigenschaft als Parteivorsitzender im Haus der Einheit, wie die SED-Zentrale in der Lothringer Straße, Ecke Prenzlauer Allee, hieß. Der Reichsbahnchef Kreikemeyer hatte hier ungehinderten Zutritt. Er ging zu Pieck, ohne den mächtigsten Mann der SED zu übergehen. Ulbricht war im Urlaub. Ob Kreikemeyer daran dachte oder dies überhaupt wußte, bleibt dahingestellt.

Das Gespräch mit Pieck am 31. März ließ hoffen. Kreikemeyer fuhr anschließend nach Hause, um mit Marthes Hilfe einen Brief an Pieck zu schreiben, den dieser mit Angabe der besprochenen Fakten als eine Art Protokoll haben wollte. Pieck hatte Kreikemeyer freundlich angehört, ihm erklärt, nicht allein entscheiden zu können, aber zugesichert, das Problem im Politbüro zur Sprache zu bringen. Kreikemeyers Brief lautete: »Werter Genosse Pieck, zurückkommend auf unsere heutige persönliche Besprechung, möchte ich Dir dasselbe noch einmal schriftlich bestätigen. Meine Frau Marthe geb. Fels ist von Geburt aus Französin. Sie hat mit uns in Frankreich aktiv in der Widerstandsbewegung gearbeitet und ist bewußt mit mir nach Deutschland gekommen. Sie hat in Frankreich noch ihre Angehörigen, ihren 77jährigen Vater und ihre 74jährige Mutter, und sie ist bis jetzt mit Zustimmung der Partei alljährlich einmal (1947, 1948 und 1949) nach Hause gefahren. Sie möchte auch in diesem Jahr zu ihren Eltern fahren und hat das beim Zentralsekretariat beantragt. Der

Genosse Joos hat uns mitgeteilt, daß das Zentralsekretariat diesen Antrag abgelehnt hat. Der Genosse Joos hat auch zu gleicher Zeit verlangt, daß meine Frau ihren französischen Paß abgeben soll.

Damit würde sie automatisch ihre französische Staatsangehörigkeit verlieren, auf welche sie im Augenblick, solange ihre alten Eltern noch leben, nicht verzichten möchte. Sie würde dann niemals mehr von den französischen Behörden die Genehmigung erhalten, nach Frankreich zu reisen, um ihre Eltern zu besuchen. Ich bitte nun, meiner Frau zu gestatten, auf vier Wochen nach Straßburg zu ihren Angehörigen zu fahren und außerdem darum, daß meine Frau im Augenblick ihre französische Staatsangehörigkeit nicht aufzugeben braucht, solange ihre Eltern noch leben. Es ist ganz selbstverständlich, daß meine Frau niemals ohne Genehmigung der Partei Deutschland verläßt, um nach Frankreich zu fahren. Sie hat das bisher nicht getan und wird es auch in Zukunft nicht tun. Sowohl in ihrer Arbeit in Frankreich als auch jetzt hat sie den Beweis ihrer Zuverlässigkeit erbracht. Dazu kann man Walter Beling, Lex Ende, Karl Gaile, Fritz Fugmann, Otto Niebergall u. a. befragen. Ich bitte Dich, werter Genosse Pieck, meiner Frau in dieser Angelegenheit behilflich zu sein. Mit sozialistischem Gruß Willi Kreikemeyer.«

Am 3. April befaßte sich das Sekretariat erneut mit der »Reise der Genossin Marthe Kreikemeyer nach Straßburg«. Da diesen Punkt auch Pieck auf die Tagesordnung des Politbüros am 4. April hatte setzen lassen, aber seine Meinung nicht bekannt war, entschied sich das Sekretariat für Abwarten und legte fest: »Die Kaderabteilung wird ersucht, eine genaue Einschätzung der Genossin Kreikemeyer zu geben.«[69] Ulbricht, noch im Urlaub, fehlte in der Beratung des Politbüros. Pieck erläuterte seinen Standpunkt. Alle stimmten zu: Die Reise von Marthe Kreikemeyer zu ihren Eltern nach Frankreich »wird genehmigt«.[70] Ende April fuhr sie für fünf Wochen nach Straßburg, mit einem Abstecher zu Verwandten nach Paris.

# Eifernde Ausforscher

In den Mai- und Juninächten des Jahres 1950 waren einige Fenster der ersten Etage der siebenstöckigen SED-Zentrale, Berlin, Lothringer Straße 1, hell erleuchtet. War die Nachtarbeit in diesem Bürohaus Ausdruck der Verehrung für den Allmächtigen in Moskau? Das Licht im Kreml war zur symbolischen Laterne geworden. Stalin hielt sie nicht allein für sich, sondern für jeden seiner unermüdlichen Eiferer. Berliner Straßenpassanten hätten vermuten können, es würde rund um die Uhr an der Vorbereitung des für Juli geplanten Parteitages gearbeitet. Doch die Räume der Mitglieder des Politbüros, ihrer Hilfskräfte und der Mitarbeiter der Abteilungen des Parteivorstandes lagen im Dunkeln. Unermüdlich am Werke war die Zentrale Parteikontrollkommission, geleitet und dirigiert von Hermann Matern und Herta Geffke. Über diesen beiden stand in der SED faktisch nur Walter Ulbricht. Er sah in der ZPKK ein notwendiges Übel und hielt sich von deren Alltagsgeschäft fern. Solange dies in der Endkonsequenz der Festigung seiner eigenen Macht diente, sah er sich nicht zum Eingreifen veranlaßt. Die große Linie in der Vorgehensweise der ZPKK kannte er. Was die sowjetischen »Freunde« nicht eigenständig regelten, sondern von ihm verlangten, ließ er an Matern weiterreichen. Auf ihn, den Chefinquisitor der Partei, konnte er sich verlassen. Matern ehrte dieses Vertrauen. Er genoß das Gefühl und die Gewißheit, in der Macht über Menschen mächtiger zu sein als die Parteivorsitzenden Pieck und Grotewohl.

Matern war ein Januskopf, ein Mann der zwei Gesichter. Er suchte den Eindruck zu erwecken, ein umgänglicher Mensch zu sein. Das veranlaßte ihn, möglichst nicht mit denen in direkte Berührung zu kommen, die den Gegenstand der Untersuchung bildeten. Er hielt sich Kopf und Rücken frei für den Überblick. Hermann Matern, der Mann mit dem schlohweißen Haarschopf, hatte die Mitglieder der ZPKK fest im Griff. »Du hast uns geformt und erzogen; bei Dir haben wir Hilfe in allen Fragen des Lebens gefunden«,[71] sagte ihr Sprecher bei einer Geburtstagsgratulation.

Wilhelmine Schirmer-Pröscher, eine Blockfreundin der SED, die Matern aus der DDR-Volkskammer kannte, nannte ihn, der jünger war als sie, einen »väterlichen Freund«, der »keine langen Reden« macht: »Oft greift er ... mit wenigen Sätzen, mit einer kurzen Bemerkung ein. Aber er trifft dann auch den Nagel auf den Kopf. Dabei zeigt sich eine gute Eigenschaft: sein gesunder Mutterwitz. Damit hat er oft die Lacher auf seiner Seite. Hermann Matern versteht die Kunst, die Menschen geduldig anzuhören. Er hat ein großes Geschick, sie zu leiten. ... Er ist ein Feind der ›Holzhammerpolitik‹.«[72] Walter Ulbricht bescheinigte ihm »hervorragende menschliche Eigenschaften«. Zu dessen 60. Geburtstag, am 17. Juni 1953, ließ er ihn wissen: »Im Dienste des Volkes hast Du Deine Kräfte und Dein Leben nie geschont« und nannte zwei seiner Vorzüge: »Tiefes Verständnis für die Menschen« und »Härte gegenüber dem Feind«.[73] Matern wurde nachgesagt, er habe mit der ihm »eigenen Energie und Festigkeit entscheidend mitgeholfen, die Einheit und Reinheit der Partei zu schmieden«.[74] Unter Materns Ägide, sie währte bis zu seinem Tode im Januar 1971, wurden Hunderttausende aus der SED ausgeschlossen. Im Nachruf des Zentralkomitees hieß es, er habe »mit seiner Lebenserfahrung und Menschlichkeit viele auf den richtigen Weg geführt«.[75] Bei seiner öffentlichen Aufbahrung im Großen Saal des ZK-Gebäudes fiel der Blick auf ein großes Foto an der Wand. Dazu hieß es im »ND«: »Voll unendlicher Güte lächelt das vertraute gute Gesicht.«[76] In seinem Erinnerungsbuch »Jahre mit Ulbricht« schrieb Erich W. Gniffke, der Matern in gemeinsamen Sitzungen des engsten Führungskreises der SED erlebt hatte: »Matern war eine schillernde Persönlichkeit. Er gab sich biedermännisch, aber man fühlte, daß das nicht echt war. Oft konnte man ihn dabei ertappen, daß er einen aus zugekniffenen Augen scharf beobachtete, wenn er glaubte, daß man es nicht bemerkte.« Gniffke fand ihn »zwar nicht ganz so durchtrieben wie Ulbricht, aber doch fast«.[77]

Im Frühjahr und Sommer 1950 lenkte Hermann Matern die ihm auferlegte und vorerst geheimzuhaltende »Field-Untersuchung«. Alles, was die ZPKK herausgefunden und ermittelt hatte, ging von Matern an das zu dieser frühen DDR-Zeit von sowjetischen Instrukteuren völlig beherrschte MfS. Hermann Materns Kontaktmann war der Staatssekretär Erich Mielke. Dieser war vor allem ein Nehmender. Er nahm die Befragungsprotokolle, die ihm Matern lieferte, um dann nicht wenige der Befragten selbst zu nehmen. Die Papiere der ZPKK bildeten die Grundlage für das eigenständige und nicht einmal gegenüber dieser SED-Kommission rechenschaftspflichtige Vorgehen des MfS. Das staatliche Repressivorgan vermochte, wenn es ihm opportun erschien, Recht und Gesetz außer Kraft zu setzen. Niemand, auch nicht der Staats- oder der Ministerpräsident, vermochten dagegen einzuschreiten.

In den fünfziger Jahren war Hermann Matern nicht denk- und vorstellbar ohne Herta Geffke, seine Stellvertreterin in der ZPKK. Mit ihr bildete er eine zweisame Einigkeit, ein Arbeitsverhältnis, das nicht besser hätte sein können. Er hielt sich im Hintergrund. Sie war die Frau am Feind oder wer dafür gehalten wurde. Sie horchte aus. Sie blickte denen ins Gesicht, die zu ihr gerufen wurden. Sie war im sowjetischen Machtbereich die einzige Frau in derartiger Funktion. Am 15. Februar 1949 hatte sie wie alle Mitglieder der ZPKK, außer ihr waren es nur Männer, eine besondere Verschwiegenheitserklärung unterschrieben. Die ZPKK war berechtigt, falls es ihr notwendig erschien, jeden Genossen und damit auch die Mitglieder des Parteivorstandes und des Politbüros zu vernehmen. Ausgenommen blieben, das war selbstverständlich, Pieck, Grotewohl, Ulbricht und Matern und die Mitarbeiter des MfS. Allen Mitgliedern der ZPKK wurde der Status eines Abteilungsleiters im Parteivorstand (ab Juli 1950 des Zentralkomitees) zuerkannt. Damit erhielten sie die Befugnis, auf jeder Parteiebene und in allen Bereichen des gesellschaftlichen Lebens wirksam zu werden.

Herta Geffke, Jahrgang 1893, war früh zur KPD gekommen. 1921 fuhr sie zum III. Weltkongreß der Kommunistischen Internationale nach Moskau. Eine Begegnung mit Lenin empfand sie wie eine Weihe und trug fortan den Begründer der Sowjetmacht in ihrem Herzen und auf den Lippen. Nur einer faszinierte sie gleichermaßen und wurde für sie zum personifizierten Inbegriff der Partei: »Stalin, der Lenin von heute« - wie es eine aktuelle Losung aus Moskau schlicht verkündete. Herta Geffke war eine selbstlose Eiferin, persönlich bescheiden, ein Mensch ohne äußeren Anerkennungs- und Machtanspruch. Ob als Angestellte der KPD in verschiedenen Parteibezirken oder als Leiterin von Kinderheimen der Roten Hilfe in Worpswede und Elgersburg vor 1933, ob als Zuchthausgefangene danach und als Näherin in einer Stettiner Kleiderfabrik während der Kriegsjahre, sie beanspruchte für sich nur das Existenzminimum. Es ging ihr um die Sache, niemals um Geld oder Besitz. Ende der fünfziger Jahre bat sie darum, ihr nicht mehr die Aufwandsentschädigung von 750 Mark zu zahlen. Sie könne mit dem, was sie bekomme, ihren »Lebensunterhalt ausreichend bestreiten«.[78] Herta Geffke lebte allein. Kinder hatte sie nicht. Ihre Ehe mit dem KPD-Reichstagsabgeordneten Wienand Kaasch, der 1944 im Zuchthaus Lukkau verstarb, war bereits in der Weimarer Zeit zerbrochen. Als Stettin im März 1945 wegen der näherrückenden Front evakuiert wurde, tauchte Herta Geffke unter. Sie schrieb darüber im August 1945: »Ich selbst bin in Stettin am Stadtrand geblieben und erlebte am 26. April den Einmarsch der Roten Armee. Mit ca. 100 Personen hatten wir uns in einem unterirdischen Stollen während der Kampfhandlungen aufgehalten. Am 3. Mai traf ich den Genossen Sobottka, der von Moskau in dieses Dorf Warsow gekommen war und der mich veranlaßte, einige Wochen eine antifaschistische Frontschule zu besuchen. Von dort ging ich mit der Gruppe Sobottka nach Schwerin, wo ich jetzt für eine Verwaltungsarbeit in der Landesverwaltung Mecklenburg-Vorpommern eingesetzt bin.«[79] Die von der Roten Armee auf ihrem Vormarsch geschaffenen Frontschulen waren ursprünglich nur für deutsche Kriegsgefangene gedacht. Die Frontschülerin Herta Geffke war als Zivilperson und Frau eine Ausnahme. In diesen Maiwochen 1945 muß etwas geschehen sein, worüber sie nie sprach oder schrieb, was sie geeignet machte, wenige Jahre später – ohne vorher andere Tätigkeiten in der SED-Zentrale ausgeübt zu haben – in die brisante Machtfunktion mit Geheimcharakter eingesetzt zu werden. Weder Hermann Matern noch sie waren in erster Instanz von der Personalabteilung der SED für die Leitung der ZPKK vorgeschlagen worden. Aus Mecklenburg hatte sie, wie eine abschließende Beurteilung in Schwerin besagte, »neben ihren praktischen Erfahrungen ein außerordentliches Einfühlungsvermögen und starke rednerische Begabung« mitgebracht. »Ihre verwaltungsmäßigen Kenntnisse und organisatorische Intuition, verbunden mit Ruhe und Sachlichkeit, ermöglichen es ihr, die ihr gestellten Aufgaben zu erfüllen.«[80] Herta Geffke erhielt auf ihrem neuen Arbeitsplatz die Namen der von ihr zu vernehmenden Genossen mit dem so oder ähnlich lautenden Vermerk »Die sowjetischen Freunde teilen uns mit ...« über das Büro Ulbricht oder ohne Quellenangabe von Hermann Matern, der seine Kenntnisse, falls sie nicht auch über das Büro Ulbricht kamen, von Erich Mielke bezog. Matern verstand sich mit dem Staatssekretär im MfS bedeutend besser als mit dessen Minister Wilhelm Zaisser. Sie fanden zueinander, als sie gemeinsam auf der Suche nach deutschen Mitagenten des Noel H. Field waren. Im Frühjahr 1950 kamen sie überein, daß der Staatssekretär auf dem bevorstehenden III. Parteitag unbedingt ins Zentralkomitee gewählt werden müßte.

Herta Geffke und ihre Mitarbeiter Herbert Wittholz, Ernst Altenkirch und andere waren in der Field-Untersuchung systematisch vorgegangen. Zunächst holten sie alle erreichbaren Personalunterlagen der Beschuldigten auf ihre Schreibtische. Field selbst, der durch den Budapester Prozeß zu einem Phantom gewordene Amerikaner, interessierte sie nicht. Sie ließen sich nicht davon beeinflussen, daß angeblich niemand wußte, wo er war. Die Amerikaner suchten ihn, die Russen ließen erklären, nichts von seinem Aufenthalt zu wissen. Anfangs hatte Herta Geffke erwartet, die sowjetischen »Freunde« würden ihr Aussagen von Field über seine deutschen Bekannten zukommen lassen. Als diese Hoffnung zerstob, konzentrierte sie sich darauf, allein fündig zu werden. Diejenigen, die einst dem tatsächlich existierenden Noel Field begegnet waren, wurden der Reihe nach vorgeladen und stundenlang befragt. Was einer aussagte, wurde mit den Angaben anderer verglichen. Herausgefilterte Widersprüche gaben Anlaß für weitere Vorladungen. Hatte sich einer zuerst nicht genau erinnern können, fühlte er sich jetzt dem Verdacht ausgesetzt, absichtlich etwas verborgen oder die Unwahrheit gesagt zu haben. Jeder, der die Räume der ZPKK betrat, wurde zum Schweigen verpflichtet, gegenüber seinen Angehörigen, sofern diese nicht selbst vorgeladen waren, und zu denen, über die gesprochen wurde, weil auch sie Field gesehen oder gekannt hatten. Niemals gab es eine Gegenüberstellung. Verließ einer die Räume der ZPKK, konnte es geschehen, daß er im Treppenflur oder vor dem Parteihaus einen Bekannten traf, der auf dem Wege zu Herta Geffke war. Doch sie hielten nicht inne, um ein Wort zu wechseln. Die Angelegenheit war zu ernst für ein Gespräch, das als Absprache hätte gedeutet werden können.

Wer sich weigerte, den Vorladungen zur ZPKK zu folgen, ging das letzte Risiko ein. Paul Bertz hatte Hermann Matern auf Verlangen einen Bericht über Noel Field geschrieben. Als ihn im Frühjahr 1950 in Chemnitz die Aufforderung erreichte, in Berlin vor der ZPKK zu erscheinen, setzte er am 19. April seinem Leben selbst ein Ende. Die Todesursache wurde verheimlicht. Er sei »im Alter von 63 Jahren einem Herzschlag erlegen«, hieß es in der Pressemitteilung. Wer ihn gekannt, der wisse, »daß er stets ein unerschrockener Kämpfer für die Sache des Proletariats gewesen ist und immer so gehandelt hat, wie es sich für einen klassenbewußten Arbeiter gehört«.[81] Anton Joos traf Vorkehrungen, die Wahrheit über Paul Bertz niederzuhalten und setzte dessen Tochter unter Druck, über die Todesursache zu schweigen. Doch schon im September 1950 war es mit dem unerschrockenen Kämpfer Paul Bertz vorbei. Die Chemnitzer »Volksstimme« schrieb, »daß Bertz auf Grund mangelnder Klassenwachsamkeit seine Agententätigkeit auch nach 1945 fortsetzen konnte«.[82] Als acht Jahre später der Direktor des parteihistorischen Instituts der SED bei Herta Geffke anfragte, wie diese Bewertung zu erklären sei, antwortete sie ihm, obwohl die Lüge vom Superagenten Field längst geplatzt war: »Gen. Bertz hat sich in den letzten Jahren seiner Emigration in der Schweiz nicht parteimäßig verhalten.

So hatte er zwar ein enges Verhältnis zu Noel H. Field, aber nicht zur Parteiorganisation. Nach seiner Rückkehr aus der Schweiz fügte er sich nicht den Anweisungen der Partei und benahm sich disziplinwidrig, was dazu führte, daß er in den letzten Jahren vor seinem Tode losgelöst von der Partei lebte.«[83]

Am 1. Juni 1950 war Rudolf Feistmann, Leiter des Ressorts Außenpolitik und Mitglied der Chefredaktion des ND, von Herta Geffke vorgeladen worden. Er kannte Noel Field nicht. Feistmann war 1948 zur Beisetzung seines Exilgefährten Egon Erwin Kisch in Prag gewesen. Gisl Kisch hatte ihm von sich und Freunden einige Briefe nach Berlin mitgegeben. Zu oft mußte sie erfahren, daß Postsendungen aus der CSR die Adressaten in der SBZ nicht erreichten. Die ZPKK fand heraus, daß Feistmann auch Briefe von Noel Field an Paul Bertz und Maria Weiterer mitgenommen hatte. Nun wurde er verdächtigt, zum Agentenkurier geworden zu sein. Das Protokoll vermerkte am Schluß: Feistmann »wurde aufgefordert, unmittelbar seine ganze Auslandskorrespondenz der Partei zur Einsichtnahme zur Verfügung zu stellen. Erklärte sich einverstanden und fuhr mit Gen. Altenkirch, um sie zu holen, nach Hause. Wurde aufgefordert, nochmals ausführlichen Bericht in ungefähr einer Woche abzugeben.« Dazu ist es nicht mehr gekommen. Herta Geffke wartete vergeblich. Am 7. Juni hatte sich Rudolf Feistmann das Leben genommen. Das »Neue Deutschland« meldete am 8. Juni, er sei »gestern vormittag an den Folgen einer schweren Fleischvergiftung« gestorben. Sein Tod veranlaßte die Sonderkommission, Feistmann – im Unterschied zu Paul Bertz – als Untersuchungsobjekt sterben zu lassen. Es war, als hätte es ihn für ihre Absichten nie gegeben.[84]

## Leistner ist Mielke

Am 5. Juni – Marthe weilte noch bei ihren Eltern in Frankreich – wurde Willi Kreikemeyer von Herta Geffke telefonisch aufgefordert, umgehend ins Haus der Einheit, Zimmer 118, zu kommen. Seinen Einwand, er sitze an einer vom Zentralsekretariat beschlossenen »Ausarbeitung einer Verordnung über die Stellung der Eisenbahner und die Organisation der politischen Arbeit im Eisenbahnwesen«[85], ließ sie nicht gelten. Er habe nur einige Fragen zu beantworten, deren Klärung für die Partei jetzt absoluten Vorrang habe. Herta Geffke hatte es zu ihrem Zeremoniell gemacht, nicht von sich oder im Namen der Kommission zu sprechen, sondern zu sagen: Die Partei verlangt von Dir ..., die Partei hat festgestellt ..., die Partei will wissen usw. Damit gab sie sich eine Autorität, die jeden Vorgeladenen klein und unbedeutend machte, unabhängig davon, welchen Platz und welche Stellung er im gesellschaftlichen Leben einnahm. Es war Herta Geffkes wohlbedachte Methode, jemanden plötzlich und für ihn völlig überraschend zu zitieren. Kreikemeyer fand keine Zeit, sich gedanklich auf die Befragung einzustellen. Das reflektiert das Protokoll von 25 Schreibmaschinenseiten, entstanden aus der stenografischen Mitschrift dessen, was Kreikemeyer sagte. Eingestreut sind, nicht immer kenntlich gemacht, Fragen an ihn. Herta Geffke wurde von Anton Joos assistiert, der Marthes Reise verhindern und ihr den Paß abnehmen wollte. Joos interessierte persönlich, was Kreikemeyer sagen würde. Auch er und seine Lebensgefährtin Jutta Lubisch waren aus Mitteln des Amerikaners Field unterstützt worden.

Herta Geffke hatte Kreikemeyers Bericht vom 5. Oktober 1949 und die beiden von ihm nachgereichten Seiten mit über zweihundert Deck- und Klarnamen von Paket- und Spendenempfängern vor sich liegen. Dennoch fragte sie ihn allen Ernstes, ob er es sei, der die Verbindung zu Field hielt. »Ja, ich war der Mann, der nach dem Weggang von Henny Stibi Verbindung zu Field hatte.« Herta Geffke wollte wissen, wer diejenigen waren, die er aufgeschrieben hatte. Er sollte erklären, wie das mit den Listen war, die Field aus der Schweiz von der Centrale Sanitaire Suisse des Dr. von Fischer nach Marseille mitgebracht und welche Namen Kreikemeyer von sich aus an Field gegeben habe. Herta Geffke zeigte sich dem Vorgeladenen wissend: »Ich habe gehört, daß du auch eine Liste zur Betreuung hergestellt hast.«

Kreikemeyer: »Nein, nein. Field hat von mir keine Liste verlangt.

F. hat nur die Abrechnung mit in die Schweiz genommen, da waren Namen mit drauf, das ist richtig. Er hat nicht gesagt, gib mir eine Liste. Ich habe ihm nur die Abrechnungen mit in die Schweiz gegeben, wo Namen drauf gewesen sind. Das sind Deckadressen gewesen, z. B. Eugen soundsoviel. Die draußen Geld bekommen haben, haben alle auf Decknamen gezeichnet. Namentlich haben alle gezeichnet, die im Lager waren – Vernet, Castres und Afrika. F. hat mir überlassen, wen ich unterstütze. Außer bei einigen, wo er gesagt hat, du könntest den mal unterstützen und den mal. Das Büro von F. in Marseille war ein Taubenschlag. Da sind viele von unseren Genossen persönlich gewesen. Ich muß mir noch überlegen, wer das gewesen sein kann.«

»Hast Du eine Liste an Field gegeben?«

»Eine Liste von Genossen, die in Vernet waren und dann nach Afrika gefahren sind.«

»Namen!«

»Auf dieser Liste ist gewesen der dicke Anton, jetzt Parteisekretär in Mecklenburg, ist Switalla. Paul Richter ist Polizeichef in Sachsen. Wenn ich mich nicht irre, waren es ungefähr fünfzehn bis zwanzig Genossen. F. hat gesagt, hast du Geld abgeschickt. Ich sagte ja, an den Genossen soundso. Das ist gesagt worden.«

»Warum hat er jetzt Namen bekommen?«

»Einerseits gab F. selbst eine Liste, zum anderen haben wir Namen dazugegeben, aus Vernet, aus Castres, und der Genossen, die illegal arbeiteten, aber da nur die Decknamen. Einige haben, trotzdem [sie] legal [waren], nur mit Decknamen unterschrieben. Wir haben die Gelder geschickt, und ich habe die Aufstellung gemacht. Am Monatsende habe ich das kontrollieren lassen. Eine ganze Zeit hat das Walter Beling[86] gemacht. Dann ist protokollarisch die Kasse entlastet worden. Dann wurden die Quittungen vernichtet.«

»Hat die Genossin Irene [Wosikowski] das Geld verschickt?«

»Zum Teil hat sie es auch verschickt. Ich habe nicht alles selber gemacht.«

»Hast du gewußt, an wen sie Geld schickte?«

»Ja, ich habe das eingetragen. Es hat eine Liste existiert, wer das Geld bekam. Von dieser Liste habe ich aus meinem Gedächtnis die Namen aufgeschrieben.«

Name für Name wurde durchgegangen. Hätte sich Kreikemeyer vorbereiten können, wäre alles zügiger gegangen. Doch darauf kam es nicht an. Wichtiger war es für Herta Geffke, Kreikemeyer zu verunsichern, ihn dorthin zu manövrieren, daß er annehmen mußte, sie würde ihm nicht glauben.

»Wer ist André?«
»Das bin ich. Jeanette ist Käthe Dahlem.«
»Feldgen? Clara?«
»Weiß ich nicht. Das muß ich mir noch überlegen, wer die beiden waren. Friedel ist die Genossin aus Saarbrücken. Gaile ist hier im Haus. Ismar Heilborn ist der Mann aus Köln. Jutta ist die Frau von Joos. Wir haben ja auch an Gruppen abgegeben, an Fritz Lenz und Sepp Wagner.«
»Wer ist Bouché?«
»Deckname, weiß ich nicht. Alles kann ich nicht rekonstruieren, ein solches Gedächtnis habe ich nicht. Ich habe das die ganze Zeit bis 45 gemacht und habe nicht im Gedächtnis, wer alles Geld bekommen hat. Wahrscheinlich gibt es eine ganze Reihe Leute mehr. Mia ist Maria Weiterer. Siegfried ist Rädel. Frau Schreiber war eine Frau, die in einem Lager war, ich glaube Rieucros.«
»Wer ist Kuhnert?«
»Das weiß ich nicht. Keine Ahnung.«
»Du hast hier alle durcheinander.«
»Leistner ist Mielke.«
»Hier müssen wir auch noch Rückfrage halten.«
»Ich kenne nicht alle, da sind welche dabei, die ich nicht gekannt habe.«

Leistner ist Mielke? Leistner ist Mielke! Diese drei Worte hätten nicht über Kreikemeyers Lippen kommen dürfen. Doch er war bemüht, genaue Auskunft zu gegeben. Herta Geffke schien von der Aufdeckung des Namens Leistner verblüfft gewesen zu sein.

Bd IV   Befragung durch ZPKK

5.6.1950
Willi Kreikemeier.

BStU
000023

(Befragt, ob er die Verbindung zu F. hatte) Ja, ich war der
Mann, der nach dem Weggang von Henny Stibi zu Verbindung zu
F. hatte. F. hat mir gesagt, dass er den Antrag gestellt hatte
Mitglied der KPD zu werden. F. hatte mit P.B. darüber eine
lange Diskussion. Sie haben fast einen Tag darüber diskutiert.
Die Frau von F. wurde von P.B. ebenfalls auf diese Frage hin
angesprochen. Ich könnte nicht prüfen, ob diese Frage stimmt.
Mit P.B. habe ich nie direkt Verbindung gehabt, sondern immer
nur über F. F. war der Verbindungsmann zur Partei in der
Schweiz. Wir konnten uns nicht informieren, ob seine Angaben
stimmen, sondern haben seine Angaben als gegeben genommen.

Mir ist nicht bekannt, wie die erste Verbindung von P.B. zu F.
zustande kam. Das mit der Liste war erst später. Ich habe zuerst durch Henny Stibi mit F. Verbindung gehabt. Er hat
mir Listen gegeben zu Unterstützung, die ihm von Dr. v.Fischer
übergeben worden sind. Wer darauf stand, ist schwierig zu sagen. Das sind italienische und deutsche Genosse gewesen. v.F.
hat darauf gedrungen, dass diese Leute das Geld bekommen. Ob
das die richtigen Namen auf der Liste sind, kann ich nicht sag
Es können Decknamen gewesen sein. Es ist ja möglich, dass sie
auch auf Decknamen im Lager waren.

Auf der Liste von v.F. waren ungefähr 25-30 Leute. Es können
auch mehr gewesen sein. Diese Namen wiederholten sich immer.
v.F. hat F. diese Namen gegeben. Ich habe selbst einen Brief
gesehen, wo v.F. gesagt hat, dass er Anweisung gegeben hat, an
die und die Leute auszuzahlen, und die hätten sich bei ihm noch
nicht bedankt. v.F. war sehr peinlichdarin, dass die Leute,
die er vorgesehen hat, auch ihr Geld bekommen. Er hat sich das
bestätigen lassen. Grund der Zusammenarbeit: Das waren 2 Komi-

Kopie BStU
AR 7

*Protokoll der Befragung Willi Kreikemeyers durch die Zentrale
Parteikontrollkommission, 5. 6. 1950, erste und fünfte Seite*

schickt?) Zum Teil hat sie es auch verschickt. Ich habe nicht
alles selber gemacht (Hast Du gewusst, an wen sie Geld schick-
ten?) Ja, ich habe das eingetragen. Es hat eine Liste existiert,
wer das Geld bekam. Von dieser Liste habe ich aus meinem Gedächtnis die Namen aufgeschrieben.
Hans Kukowitsch, der in Toulouse war, Herbert Müller, Wilhelm
Herzog. (Adolf André, wer ist das?) Vielleicht ist es der
vom Suchdienst. (Wer ist André?) Das bin ich. Jeanette ist
Käthe D. Feldgen? Weiss ich nicht, ist möglich, dass es kein
deutscher Genosse war. Feldgen?das muss ich mir noch überlegen,
wer das war. - Clara? Weiss ich nicht, das muss ich mir mal
überlegen, wer die beiden waren. - Lilee Kraushaar. - Schnei-
der - Müller ist wieder der Herbert. - Friedel ist die Gen. aus
Saarbrücken - Gaile der hier im Haus - Ismar Heilborn ist der
Man aus Köln - ... . - Jutta ist die Frau von Joos.
Wir haben ja auch an Gruppen abgegeben, an Fritz Lentz und
Sepp Wagner.
Ich habe einen Auftag bekommen, Namen anzugeben, die von F. über
mich Geld bekommen haben (Mir hat P.M. gesagt, es handelt sich
um eine Patenschaft in der Schweiz). Das hat es auchgegeben.
Fritz Fränken hat auch Geld bekommen. - Franz Raab. (Wer ist
Bouché?) Deckname, weiss ich nicht. Alles kann ich nicht re-
konstruieren, ein solches Gedä-chtnis habe ich nicht.
Ich habe das die ganze Zeit bis 45 gemacht und habe nicht im
Gedächtnis, wer alles Geld bekommen hat. Wahrscheinlich gibt
es eine ganze Reihe Leute mehr. (Kurt Hagen, Raab) Wia ist M.W.
Siegfried ist Rädel. Frau Schreiber war eine Frau, die in einem
Lager war, ich glaube Rieucros. (Wer ist Kuhnert) Das weiss
ich nicht. Keine Ahnung. - Heinz Renner (Du hast hier alle
durcheinander) Nikolai - Leistner ist Mielke.
Hier müssen wir auch noch Rückfrage halten, ich kenne nicht alle

Es kam zu plötzlich aus ihr heraus, dieses: »Hier müssen wir auch noch Rückfrage halten.« Bei wem sie das tun wollte, blieb offen. Bei Mielke selbst? Daran wird sie kaum ernstlich gedacht haben. Er war nicht ihre Ebene. Den Kontakt zu Staatssekretär Erich Mielke hielt nur Hermann Matern, der dem MfS alle Vernehmungsprotokolle der ZPKK in der Field-Untersuchung zur Verfügung stellte. Damit war sowieso gesichert, daß Mielke erfuhr, was Kreikemeyer über ihn gesagt hatte.

Herta Geffke hätte aus dem Protokoll ihre Bemerkung herausnehmen können. Daß sie es nicht tat, entsprach ihrer Unbestechlichkeit. Denn dieses »Hier müssen wir auch noch Rückfrage halten« bezog sich nicht nur auf Mielke. Der neben ihr sitzende Anton Joos wäre ihr auch eine Antwort schuldig gewesen. Doch alle vier, Matern, Mielke, Joos und sie, arbeiteten an der großen Aufgabe, die deutschen Verbrechen der internationalen Field-Agenten des zum dritten Weltkrieg treibenden amerikanischen Imperialismus aufzudecken. Sie jedoch handelten, wie sie glaubten, für die Erhaltung des Weltfriedens. Auf diesen Kampfplatz waren sie gestellt worden, vermittelt durch ihre Partei, aber vorgeschlagen und verpflichtet den sowjetischen Sicherheitsorgane. Und diese allein hatten darüber zu befinden, ob jeder von ihnen in der Vergangenheit richtig gehandelt hatte.

Herta Geffke forderte Kreikemeyer auf, er solle jedem Namen hinzufügen, ob Field bekannt geworden ist, um wen es sich handelte. Kreikemeyer antwortete: »Wenn ich das beschwören sollte, müßte ich einen Meineid leisten. Das geht mir ja jetzt alles durch den Kopf. Ich habe aber nicht die Zusammenhänge richtig im Kopf. Das ist ein Zeichen dafür, daß er das nicht bekommen hat. Als Field in die Lager fuhr, habe ich ihm keine Namen angegeben. F. hat mir gesagt, daß er eine Reihe Leute gesprochen hat. Aber nicht nur Deutsche. Er war in Vernet, Rieucros, wenn ich nicht irre, in Noé bei Toulouse. In Les Milles ist er öfter gewesen. Er gab mir nicht unbedingt Kenntnis, nur wenn ich gefragt habe. Ich weiß nicht, ob er allein oder in Kommissionen dort war.«

»Waren ihm Grüße von Marseille nach Vernet mitgeteilt?«

»Das ist möglich. Er hat mir auch mal Grüße aus dem Lager

mitgebracht. Ich hatte keine Gelegenheit, es nachzuprüfen. Er hat sich über die Lage informiert. Dort brauchte man Decken oder Kleidung, oder aber direkt Geld und Pakete. Man hat sich auch politisch mit ihm unterhalten. Einzelheiten sind aber nicht besprochen worden.«

»Ist er tiefer auf die Dinge eingegangen?«

»Das hat er nicht getan. Ich glaubte, er war Genosse. Das ist das Tragische bei der Geschichte. Wir haben ihn als einen Genossen angesehen. Wir haben einmal mitgeschickt, das weiß ich positiv, einen Entwurf an die Genossen. Das ist ein Entwurf gewesen von Niebergall. Dieses Dokument hat er in die Schweiz mitgenommen.«

»Das war eine ausgesprochen interne Angelegenheit.«

»Alles andere hat Field mündlich dem Paul Bertz gesagt. Lagebericht. Paul Bertz hat nie an uns ein Schriftstück mitgegeben. Ich habe von Bertz, glaube ich, ein einziges Mal eine Mitteilung bekommen, daß er einverstanden ist, daß ich die Sozialarbeit machen soll. Er [Field] war der Verbindungsmann der Partei. Ich glaube nicht, daß Lex Ende jemals persönlich mit F. Verbindung hatte.«

»Field war der Vertrauensmann.«

»F. hat, glaube ich, keine Papiere mitgenommen. Wenn er aus der Schweiz kam und berichtet hat, dann hatte er stenografiert und es uns übermittelt. Das war immer nur ich, sonst hatte keiner Verbindung. Flugblätter sind immer mitgegeben worden, das sehe ich aber nicht als Parteidokumente an.«

Herta Geffke wollte von Kreikemeyer wissen, wie die Verbindung mit Field aufrechterhalten wurde, nachdem er im November 1942 aus Marseille in die Schweiz hatte flüchten müssen.

»Als dann F. in der Schweiz war, haben wir illegal von ihm Geld bekommen. Das waren ziemlich hohe Beträge. Wenn ich nicht irre, war es noch mehr als eineinhalb Millionen französische Francs.«[87]

An dieser Stelle wurde nicht alles ins Protokoll aufgenommen. Es heißt: »Kurzer Wortwechsel mit Gen. Joos.« Dieser hatte Kreikemeyer provoziert.

Kreikemeyer: »In der Tasche habe ich nie eine Million getragen. Wenn ich das Geld so gegeben hätte, wie die einzelnen [Genossen] es wollten, hättet Ihr nur vierzehn Tage etwas gehabt und dann gehungert. Ich antworte nur so, wie du fragst. Es war doch klar, daß ich darauf gesessen habe. Meinst du, ich habe das allein ausgegeben, ohne mit der Parteileitung darüber gesprochen zu haben? Ich habe eine Abrechnung gegeben, als ich nach Deutschland kam. Wenn ich nicht irre, an die Kasse. Da kann man genau ersehen, was ich von F. bekommen habe und von welchen Organisationen. Willst du mir deswegen die Schuld geben, daß er [für uns] das Geld bekommen hat?«

Herta Geffke: »Die Diskussion ist wieder nicht gut.« Sie lenkte auf andere Fragen, wollte wissen, wen Field in den Lagern besucht hat, wer in seinem Marseiller Büro verkehrte, was Kreikemeyer über Fields Frau und andere Leute vom USC wisse.

»Ich war mit Frau F. öfter zusammen und weiß, daß sie aus Baden stammt. Ihr Vater ist noch bei dem ehemaligen König als Hofmeister gewesen. Ihre Mutter lebte damals noch. Den Chef von F. habe ich einmal gesehen. Er heißt Joy. Ich habe eine Unterredung mit ihm gehabt, Dauer ungefähr eine halbe oder dreiviertel Stunde. Befaßte sich mit der Widerstandsbewegung überhaupt. Joy sprach ganz gut deutsch, zumindest so gut deutsch, daß er nur einzelne Worte von F. übersetzt bekam. Er hat sein Büro in Portugal gehabt. Die Besprechung war, um mich kennenzulernen. Ich ging aber mit Zustimmung der Parteileitung hin. Lex Ende wußte über diese Dinge immer Bescheid. Auch Karl[88] wußte Bescheid.«

Herta Geffke wollte Details über Maria Weiterer, Herta Jurr-Tempi, über den von Field geförderten, aber mißlungenen Befreiungsversuch für Dahlem und andere aus dem Gefängnis Castres wissen und hören, wie oft Kreikemeyer Field in Marseille gesprochen hatte.

»In Frankreich habe ich mich oft mit ihm getroffen. Das passierte in der Woche drei- oder viermal, mal auch eine Woche gar nicht. Er wohnte in der Nähe von mir. Ich ging vorbei. Die Leitung war ununterbrochen informiert. Und hat das immer gelenkt ...

In Paris habe ich 44 oder 45 mit F. gesprochen. Ich bin von Marseille Ostern 1944 nach Paris gegangen, vor der Befreiung. Wurde von Niebergall geholt, für Flugblätter, Handzettel und Solidaritätsgeschichten. Kein Geld mehr von F. erhalten, nur von der Tempi. Auch wieder eine größere Summe. Ich weiß nicht, mit wem F. in Paris Besprechungen hatte. Unsere war sehr kurz. Das war mehr einen guten Tag sagen. Er sprach mit der Tempi. Dann habe ich ihn hier in Berlin gesehen. Im Februar 46 (bin ich) zurück. Nicht viel später war er hier. Zweimal, einmal 46, einmal 47. War mit Paul Bertz und Maria Weiterer zusammen und war hier im Zentralsekretariat bei Franz (Dahlem). Das hat er mir gesagt. Er hat hier ein Komitee aufmachen wollen und wollte mit der Partei sprechen, ob er es aufmachen kann oder nicht.

In Amerika hatte man ihn verdächtigt, Agent der Kommunisten zu sein. Man hat ihm vorgehalten, daß er Kommunisten unterstützt habe. Er sagte, er sei nicht interessiert, jetzt nach Amerika zurückzugehen und befürchtete, daß man ihn festsetzen will. Einmal war meine Frau bei der Unterredung dabei. Einmal, wenn ich nicht irre, war Maria Weiterer dabei. Einmal war das im Sommer 46, das zweite Mal ein halbes oder dreiviertel Jahr später. Von Warschau hat er nichts gesagt. In Prag, hat er mir gesagt, daß er ein Komitee aufmachen will. In Berlin war er in grüner Uniform, mit seinem Komitee-Abzeichen drauf. Es ist bei mir kein Zweifel aufgetaucht. Tempi hat sich in Paris diese Uniform machen lassen und fuhr in dieser Uniform. Tempi war in Berlin nicht mit F. zusammen. Ich glaube 47. Hat mich besucht, war zu Besuch bei ihrer Mutter. Ich habe niemals schriftliche Verbindung mit F. gehabt. Ob andere Verbindung gehabt haben, kann ich nicht sagen. Ich habe das nicht im Gedächtnis. Möglich, daß er mal eine Karte geschrieben hat. Wenn ich nicht irre, wollte er von hier aus in die CSR fahren. Er hat gesagt, er muß sich eine andere Beschäftigung suchen. Ich weiß nicht, daß mir Maria Weiterer einen Gruß von F. bestellt hat. Ich bin in Berlin mit Weiterer nicht zusammengekommen. Zum letzten Mal habe ich sie beim Geburtstag von Wilhelm [Pieck] gesehen. Telefoniert haben wir zeitweise mal.«

## Detaillücke Heiligensee

Gegen Schluß der Anhörung vor der ZPKK am 5. Juni 1950 geriet Kreikemeyer in Bedrängnis. Herta Geffke hielt ihm vor, in Berlin mindestens dreimal mit Field Kontakt gehabt zu haben. Gemeinsam hätten sie Walter Beling besucht.

»Field war bei mir in der Wohnung. Wir sind nur bis zu mir vor die Tür mit ihm gegangen. Ich war nicht bei Beling mit ihm.«

»Das stimmt nicht!«

»Das habe ich nicht im Gedächtnis.«

»Nein, stimmt nicht.«

»Ich kann mich nicht erinnern, mit Field bei Beling gewesen zu sein und auch nicht woanders mit ihm eine Besprechung gehabt zu haben. Das ist möglich, daß bei mir im Hause noch jemand mit gewesen ist. Da muß ich überlegen, ob und wer.«

»Paul Bertz und Field.«

»Mit Paul Bertz und Field und noch jemand anderem hat es keine Besprechung gegeben.«

»Warst Du nicht in Heiligensee?«

»Heiligensee? Ja. Ja, bei Walter Beling. Ja, da war Walter Beling dabei. Da war Willi Hoffmann dabei. Paul Bertz war nicht dabei, nein. Ja, in Heiligensee waren wir an einem Sonntagmorgen bis Nachmittag. In den Räumen von der Schwester von Walter Beling. Da war die Mutter von Walter Beling dabei.«

»Dann kennt Walter Beling den Field von Südfrankreich?«

»Ja. Das war mir ganz aus dem Gedächtnis. Ich kann nicht sagen, ob Paul Bertz dabei war. Dann waren es Field, Paul Bertz, meine Frau, die Mutter von Walter Beling, sein Schwager Willi Hoffmann und seine beiden Schwestern. Da haben wir uns über Frankreich unterhalten. Vielleicht hat er auch gesagt, was er jetzt für Arbeit macht.«

»War nicht dieses Zusammentreffen organisiert?«

»Das muß ich mir noch überlegen. Das ist mir vollkommen aus dem Gedächtnis gewesen.«

»Beling kannte Field aus Marseille?«

»Das weiß ich nicht. Muß er doch wohl.«

»Ihr wart doch in der Wohnung von Bertz. Habt Ihr euch dort entschlossen, zu Beling zu fahren?«

»Ich weiß nicht die Zusammenhänge.«

»Beling war doch nicht in der Schweiz?!«

»Das muß ich mir doch überlegen, wie das zusammenhing. Das weiß ich nicht. Ist Field zu mir gekommen? Fuhren wir dann zu Bertz? Das habe ich nicht mehr im Gedächtnis gehabt. Jetzt, wo ich Heiligensee höre, fällt der Groschen. Ich weiß auch nicht, wann das war. Ich weiß nur, es war im Sommer. Und an einem Vormittag. Ich muß mir überlegen, weshalb wir nach Heiligensee gefahren sind. Ich weiß nicht mehr, in welchem Wagen, wahrscheinlich Field seiner. Das kann so gewesen sein, daß er mich in Zehlendorf abgeholt hat und wir zu Paul Bertz gefahren sind und von dort nach Heiligensee. Das ist die Wohnung von Belings Schwester. Da ist er wohl Sonnabend und Sonntag draußen. Ich weiß es nicht, ich kann es wirklich nicht sagen.«

Zum Schluß fragte Herta Geffke nach privaten Briefkontakten. Kreikemeyer antwortete: »Meine Frau hat nur Auslandskorrespondenz mit ihren Eltern und Geschwistern. Sie ist gebürtige Straßburgerin.«

»Du hast doch mit der Tempi Korrespondenz gehabt?«

»Ich kann mal nachsehen, ob ich die Briefe noch habe. Möglich, aber nicht wahrscheinlich.«

Damit war Kreikemeyers Vernehmung beendet. Herta Geffke hatte, was sie brauchte. Ihr Denkmuster war einfach: Field war Agent. Wer mit ihm Kontakt hatte, war Agent. Also war es auch Kreikemeyer. Das brauchte sie nicht festzustellen. Es war ihr vorgegeben. Ihre Aufgabe war es, aus seinem Munde zu erfahren, wie seine Kontakte zu Field waren. Sie hatte dies für andere zu ermitteln und festzuhalten. Herta Geffke war vor ihrer Berufung in die ZPKK mit den Grundregeln der von Stalins Geist geprägten sowjetischen Rechtspflege vertraut gemacht worden. Die Reihenfolge war nicht: zuerst die böse Tat und dann die Suche nach den Tätern, sondern umgekehrt: erst die Täter, dann die Feststellung ihrer Verbrechen. Noch vereinfachter: Hat man einen Verbrecher, lassen sich die Verbrechen finden. Entscheidend waren dazu nicht irgendwelche Indizien, Tatsachen, von denen aus auf andere geschlossen werden kann. Als Königin der Beweise galt das Schuldbekenntnis des Delinquenten. Wichtig war nicht, daß Kreikemeyer gar keine Agent war, sondern daß er dahin gebracht wurde, es zuzugeben, einer zu sein. Auf diesem Wege war sie mit ihm ein gutes Stück vorangekommen. Daß er dies noch nicht begriffen haben mochte, machte nichts, zumal es nicht ihre Aufgabe war, von ihm ein Schuldbekenntnis zu verlangen.

Als Kreikemeyer das Zimmer 118 im Parteihaus verlassen hatte, wußte er, daß das Problem Noel Field für ihn nicht ausgestanden war. Der Tragweite des Geschehens war er sich keinesfalls bewußt. Er blieb an den Details haften, mit denen er konfrontiert worden war. Nicht ein einziges Mal hatte er die Kraft oder den Mut aufgebracht, aus der Defensive herauszugehen. Warum hielt er Herta Geffke nicht entgegen, daß damals eine andere Zeit war? Die Sowjetunion und die USA waren Verbündete. Die Einheit aller Hitlergegner war das Gebot der Stunde. Letztlich war es doch völlig untergeordnet, wo und wie oft er mit Field zusammengetroffen war. Kreikemeyer war sich keiner Schuld bewußt. Niemals gab es für ihn auch nur den leisesten Verdacht, daß Field ein unehrliches oder ein doppeltes Spiel trieb. Zumindest das hätte er sagen können. Er tat es nicht, weil er der Partei vertraute wie der dogmatisierte Gläubige einer Kirche. Ein Schritt von diesem Wege wäre für ihn der Absturz gewesen.

Auf Kreikemeyers Tisch lag die im Dietz-Verlag, dem Editionshaus der SED, erschienene deutsche Ausgabe des Budapester Protokolls »László Rajk und Komplicen vor dem Volksgericht« mit einem Vorwort von Kurt Hager. Die SED-Führung bekannte sich mit dieser Publikation vorbehaltlos zu dem, was in Ungarn geschehen und dort über Noel Haviland Field gesagt worden war. Kreikemeyer verdrängte seine eigenen Erfahrungen. Er nahm die prozessuale Theateraufführung von Budapest für das wirkliche Leben und sah in dem von ihm real erlebten Menschen Noel Field »einen ausgezeichneten Schauspieler«, wie er zu Herta Geffke sagte. »Wir sind alle von ihm getäuscht worden.«

Zu Hause, Marthe war noch nicht von ihrer Reise zurück, verlor Kreikemeyer die Nerven. Wegen des Treffens von Heiligensee telefonierte er mit Walter Beling. Er glaubte, ein Gespräch mit dem Mitglied des Parteivorstandes und Abteilungsleiter in der SED-Zentrale verstoße nicht gegen die ihm von Herta Geffke auferlegte Schweigepflicht. Beling sagte ihm, er sei damals nicht in Berlin gewesen. Field habe ihn vergeblich in seiner Ostberliner Wohnung in der Stargarder Straße gesucht. Bertz vermutete, er sei bei seinem Schwager im Garten. Deshalb seien sie, Field, Bertz und Kreikemeyer nach Heiligensee gefahren, wo sie seine Frau, jedoch nicht ihn, Beling, antrafen. Nach dem Telefonat mit Beling suchte Kreikemeyer aus seinen Unterlagen heraus, daß er 1943/44 von Field aus Genf 37 000 Schweizer Franken erhalten hatte. Dies teilte er am 7. Juni der ZPKK mit und schrieb außerdem u. a.: »Was meinen Besuch bei Belings in Heiligensee betrifft, so kann ich mich nur sehr dunkel daran erinnern. Der Genosse Beling ist aber, soweit ich mich erinnern kann, nicht zu Hause gewesen, als wir den Besuch dort machten, und ich weiß nicht, auf welche Initiative wir nach Heiligensee gefahren sind. Auch an die Dauer des Besuches kann ich mich nicht erinnern.«

Mitte Juni 1950 kehrte Marthe Kreikemeyer aus Frankreich zurück. Sie war von ihrem Mann dringend erwartet worden. Als sie ihn sah, erschrak sie über sein Aussehen. Im ersten Moment glaubte sie, die üblichen und ihn aufreibenden Arbeitsprobleme drohten wieder einmal seine Gesundheit zu zerrütten. Er klagte über Herz- und Nierenschmerzen. Bald erfuhr sie, was geschehen war und auch sie mitbetraf und worüber er weder schreiben noch mit ihr am Telefon sprechen konnte. Marthe suchte ihn zu beruhigen. Ihr Standpunkt war: Weder Du noch ich haben Verwerfliches getan. Im Gegenteil, es war unser kleiner, aber notwendiger Beitrag im Kampf gegen Hitler. Dazu muß man sich bekennen und darf sich kein Schuldgefühl einreden lassen. Sie hatte gut reden. Das sagte Marthe, die, obwohl Mitglied der Partei, deren innerem Mechanismus noch viel zu weit entfernt war.

Am 19. Juni wurde Marthe zur ZPKK gerufen. Sie nahm Platz und wartete nicht, bis ihr Herta Geffke Fragen stellte. »Ich weiß, worum es sich handelt. Willi und ich haben darüber gesprochen.« Marthe gab eine Zusammenfassung der gemeinsamen antifaschistischen Arbeit mit Willi in Luxemburg, Toulouse, Marseille und Paris. Über Field sagte sie: »Willi hat in Marseille Verbindung aufgenommen. Seine Haupttätigkeit bestand darin, Geld in die Lager zu schicken, Pakete zu machen. Field habe ich auch manchmal gesehen, aber nicht so oft wie Willi. Willi traf ihn manchmal im Hotelzimmer, meistens aber in seinem Büro. Bei Verhandlungen war ich nie dabei. Im Restaurant war ich auch nicht dabei. Ich weiß nicht, ob Genossen gemeinsam mit F. im Restaurant zum Essen waren. F. und Frau kenne ich nur durch Willi. Ich bin auch mal bei ihnen gewesen. Willi war krank und hat mich hingeschickt. Ich habe etwas bestellt. Ein- oder zweimal war ich in ihrem Hotelzimmer. Die Verbindung war ziemlich freundschaftlich, das muß ich schon zugeben. Wir hatten ja überhaupt keine Ahnung. Längere Unterredungen mit F. habe ich nie geführt. In Marseille war ich nicht über den Umfang der Hilfe, die durch F. geleistet wurde, informiert. In Paris ja. Ich habe ja (in Marseille) gesehen, was wir weggeschickt haben, aber für genaue Zahlen habe ich mich nie interessiert. Ich habe lange gearbeitet und war des Abends immer ziemlich fertig. Nein, die Listen für die Pakete habe ich nicht zusammengestellt. Ich habe die Pakete meistens zur Post gebracht, weil Willi sie nicht wegbringen wollte. Die Listen hatte Willi. Die Pakete gingen nach Vernet und noch ein Lager, wahrscheinlich nach Rieucros.«

»Ist dir bekannt, daß F. in einem Lager war?«

»Ich meine, der wird in alle Lager gekommen sein. Auf Grund seiner Arbeit war es ihm doch gar nicht schwer. F. hat uns gesagt, er ist in der amerikanischen Partei. F. hat das Willi gesagt und Willi mir. Wir haben angenommen, er ist in der Partei und macht für uns diese Arbeit.«

»Man hat gesagt, du hast, weil du Französin warst, die Aufträge bei den französischen Behörden erledigt.«

»Aufträge kamen immer über Willi.«

»Mit wem hast du auf der Präfektur Verbindung gehabt?«

»Immer nur mit Beamten. Mit einer älteren Dame habe ich dort nichts zu tun gehabt. Oft habe ich das nicht gemacht. Auf Kartenstellen war ich auch.«

Es ging um Namen deutscher Emigranten. Was sie gemacht haben, ob sie von Field unterstützt wurden, ob sie ihn persönlich kannten. Marthe sprach unaufgefordert über Herta Jurr-Tempi. Sie hatte bei ihrem jüngsten Besuch in Paris erfahren, sie heiße jetzt Borowski und sei verheiratet mit einem früheren Sowjetbürger, der durch den Krieg nach Frankreich verschlagen wurde, dort geblieben sei und vor zwei Jahren die französische Staatsbürgerschaft erhalten habe. Wegen dieses Mannes, so habe sie gehört, sei ihre Freundin Herta wegen des Verdachts der Agententätigkeit aus der französischen KP ausgeschlossen worden.

»Ich habe sie zuletzt 1948 gesehen. Wir waren ja ziemlich gut befreundet, deswegen habe ich sie aufgesucht. Die Mutter von ihr wohnt in Berlin und ist mittellos. Wir haben abgemacht, ich unterstütze ihre Mutter und sie meine Mutter. Nachdem ich jetzt erfahren habe, daß sie ausgeschlossen ist, habe ich ihr geschrieben, daß die Verhältnisse jetzt so sind, daß ich das nicht mehr machen kann, und sie möchte bitte meinen Eltern kein Geld mehr schicken.«

»Wie willst du jetzt Deine Eltern unterstützen?«

»Erstens ist es jetzt etwas besser geworden und zweitens muß es eben so gehen.«

»Wie oft war Field in Berlin?«

»Ich erinnere mich an dreimal bei uns in Zehlendorf. Willi war einmal in Heiligensee. Da war ich nicht da. Das muß 1947 gewesen sein, als ich zu Hause bei meinen Eltern war. Ich war bestimmt nicht hier in Berlin. Das hat mir Willi damals erzählt und jetzt auch. Da ist es mir wieder eingefallen. Er hat gesagt, der Genosse Bertz und er und F. waren da.«

»In Paul Bertz seiner Wohnung?«

»Weiß ich nicht. Er war bei Genossen Hoffmann in Heiligensee. Sie haben da so eine Wohnlaube. Ich kann dir wirklich nicht sagen, warum sie da rausgefahren sind. Das weiß Willi selber nicht mehr. Das müßte doch vielleicht Willy Hoffmann wissen, wer noch dabei war, wenn es in seiner Laube war.«

»Warum kam Field in Uniform?«

»Die Tempi kam ja auch in Uniform. Damals war es sehr schwer zu kommen. Sie kamen als Amerikaner.«

»War der Genosse Beling bei euch?«

»In letzter Zeit nicht. Wir treffen uns bei besonderen Gelegenheiten, bei Geburtstagen.«

»Lex Ende?«

»Weniger. Wir sind auch schon bei ihm gewesen.«

»Silvester wart ihr zusammen?«

»Ja. Bei Lex Ende. Beling war das letzte Mal am 11. November 50 bei uns zum Geburtstag von Willi. Paul Bertz war nicht bei uns. Briefe von Field haben wir in Berlin nie bekommen.«

»Grüße durch jemand übermittelt?«

»Nein.«

»Hattest du mal von der Partei eine Aufforderung bekommen, deinen Paß abzugeben?«

»Der Gen. Joos gab mir einen Beschluß in der Sache zu lesen. Betrifft das auch die Genossen, die in diesen Ländern geboren sind?«

»Es betrifft alle Genossen.«

»Wenn ich jetzt den Paß abgebe, das ändert doch nicht die Tatsache, daß ich Französin bleibe. Gebe ich den Paß ab, dann ist es aus. Dann kann ich nie mehr rüber, bis wir (in Frankreich) einen sozialistischen Staat haben. Dann sind meine Eltern längst tot. Wenn ich nicht in der Partei bin, dann könnte ich meinen Paß behalten? Da möchte ich noch einmal darüber sprechen. Ohne weiteres gebe ich ihn nicht ab.«

Mit diesen Worten verließ Marthe Kreikemeyer den Raum. Herta Geffke notierte: »Die Aussagen sind sehr reserviert, sehr zurückhaltend. Das meiste mußte von ihr erfragt werden.«

## Der besondere Sechste

General Wojewudskij blieb nicht verborgen, daß es dem Reichsbahnchef nicht gut ging. »Willi Karlowitsch«, sagte er, »Sie müssen sich von unseren Spezialisten auf Herz und Nieren prüfen lassen. Fahren Sie zur Kur nach Bad Elster!« Am 18. Juli 1950 schrieb Kreikemeyer an das SED-Zentralsekretariat: »Werte Genossen! Veranlaßt durch den General Wojewudskij soll ich Euch bitten, für mich und meine Frau eine Empfehlung zu geben für einen Aufenthalt im Sanatorium der Sowjetischen Kontrollkommission, Bad Elster. Diese Empfehlung wird benötigt vom Stellvertreter des Oberkommandierenden. Sowohl ich wie meine Frau sind krank. Wenn notwendig, können die ärztlichen Atteste beigebracht werden. Ich selbst gehe am Montag in das Krankenhaus Buch, um mich dort behandeln zu lassen.«[89]

Kurt Schwotzer, Mitarbeiter des Sekretariats, legte den Brief auf Ulbrichts Tisch. Er bekam ihn mit einem Vermerk zurück: »Bitte teile Gen. Kreikemeyer mit, daß wir keine Anweisung für das SKK-Sanatorium geben. Er soll in eines der Sanatorien gehen, die den deutschen Organen unterstehen. W. Ulbricht.«[90] Zu diesem Zeitpunkt war der Schicksalswürfel der deutschen »Field-Agenten« bereits gefallen. Ulbricht wußte es. Die sowjetische Spezialabteilung der SMAD in Berlin-Karlshorst drängte zum Handeln. Ein Kompromiß wurde erreicht. Der am 20. Juli beginnende III. SED-Parteitag sollte die Delegierten und die Gesamtpartei auf den Schlag gegen die »maskierten Feinde der Arbeiterklasse« vorbereiten, aber noch keine Namen nennen. Schwotzer gab Kreikemeyers Bitte einen abschließenden Vermerk: »Am 9. August festgestellt, daß Gen. Kreikemeyer an die See in Urlaub fährt. Dabei ist dieser Antrag erledigt.«[91]

Als Willi Kreikemeyer an einem der ersten Augustabende 1950 von der Arbeit nach Hause gekommen war, sagte er zu Marthe, er habe eine gute Nachricht. »Uns erwarten Strand und Meer, Waldspaziergänge zwischen Ostsee und Achterwasser, eine Dampferfahrt nach Rügen, Ausfahrten mit dem Segelboot und inselnahe Mondscheinfahrten.«[92] Marthe freute sich, als er hinzufügte, sie würden am übernächsten Morgen auf die Insel Usedom fahren. Hätten die Eheleute ahnen können, daß ihnen ihr letzter gemeinsamer Urlaub bevorstand und daß er vorzeitig enden würde? Nicht nur das. Sie würden danach auch nie mehr gemeinsam in der Dornröschenstraße oder anderswo zusammensein. »Der

Aufenthalt in Zinnowitz glich einer Idylle«, erinnerte sich Marthe, »obwohl es Willi in den ersten Tagen schwer fiel, sich auf die Ruhe umzustellen. Ich fühlte mit ihm, denn ich wußte, was auf ihm lastete und was ihn belastete.«[93]

Seit dem III. Parteitag vermochte er ein seltsames Angstgefühl nicht mehr zu verdrängen. Anlaß war ein Passus in dem von Wilhelm Pieck vorgetragenen Bericht des Parteivorstandes. Kreikemeyer fragte sich ergebnislos, was das für ihn persönlich bedeuten könnte. Er vermochte nicht vorauszusehen, daß er auserwählt war, in einer sowjetischen Propagandaschlacht des Kalten Krieges geopfert zu werden. Angeklagt in Worten war der amerikanische Imperialismus. Doch den Schaden an Leib, Seele und Leben würden er und andere hinzunehmen haben, stellvertretend für die SED, der durch heimtückische Machenschaften beigebracht werden sollte, daß sie sich in Abhängigkeit von der KPdSU(B) befindet und zu bleiben hat. Stalin hielt sich damit offen, die DDR nach Belieben als außenpolitischen Spielball einzusetzen. Er zog ins Kalkül, wie sich noch zeigen sollte, seinen deutschen Staat preiszugeben, falls die Westmächte bereit sein würden, sich militärisch aus ihrer Bundesrepublik zurückzuziehen.

Der Parteitagsbericht nahm die Lüge von Budapest als reine Wahrheit: »Im Rajk-Prozeß wurde festgestellt, daß der Leiter des Unitarian Service Committee, Noel H. Field, im Dienste des amerikanischen Geheimdienstes sowohl in der Schweiz als auch in Frankreich unter dem Deckmantel einer karitativen Tätigkeit Verbindungen und Freundschaften zu links eingestellten Gruppen angeknüpft hat und mit einzelnen Mitgliedern dieser Gruppen enge Freundschaft herstellte. Im Rajk-Prozeß wurde auch festgestellt, daß Field eine solche Tätigkeit auch unter den deutschen Emigrantengruppen ausgeübt hat. Diese Tatsache veranlaßte uns, die Verhältnisse in der französischen und Schweizer Emigration durch die ZPKK zu untersuchen.«[94] Namenlos hieß es, »daß unsere Genossen die Wachsamkeit völlig außer acht ließen und die von Field selbst verbreitete Legende über seine angeblich uneigennützige Hilfe glaubten. Der Rajk-Prozeß erbrachte den einwandfreien Beweis, daß die von Field geworbenen Agenten von

Allen Dulles und seinen Mithelfern mit politischen Aufträgen betraut wurden.«[95]

Kreikemeyer beruhigte sich damit, daß er in Marseille nicht einmal den Namen des als Diplomat der USA in Genf residierenden Allen Dulles kannte. Doch die Untersuchung der ZPKK wollte ergeben haben, »daß die durch Field in der deutschen Emigration angeknüpften Verbindungen bereits im Jahre 1942 zur Durchführung von Aufträgen des amerikanischen Nachrichtendienstes ausgenutzt wurden und daß die Verbindung Fields zu deutschen Genossen mit dem Zeitpunkt des Zusammenbruchs des Faschismus nicht abgeschlossen war, sondern bei einigen bis in das Jahr 1949 bestanden hat.«[96] Kreikemeyer wußte, daß er zu denen nicht gehörte. Seine Verbindung zu Field war 1947 abgerissen. Der Aufruf zum »Kampf für die Sauberkeit der Reihen unserer Partei und für die Vertreibung der maskierten Feinde der Arbeiterklasse aus unserer Partei«[97] ließ ihn unberührt.

Die von den beiden Urlaubern geplante Mondscheinfahrt auf dem Achterwasser zwischen der Insel Usedom und dem Festland fand nicht statt. Am Abend des 24. August 1950 erschien ein Pkw des ZK vor dem Zinnowitzer Ferienheim. Ein Beauftragter aus dem Büro Matern überbrachte einen Brief: »Werter Genosse Kreikemeyer! Wir bitten Dich, zu einer dringenden Rücksprache, die einige Tage dauern kann, sofort nach Berlin zu kommen. Wir haben zu diesem Zwecke das Mitglied der ZPKK, den Genossen Herbert Wittholz, beauftragt, Dich nach Berlin zu bringen.« Darunter mit Stempel: »Zentrale Parteikontrollkommission« und ohne Gruß die Unterschrift: Herta Geffke.

Auf Kreikemeyers Frage, ob die Aufforderung, »sofort nach Berlin zu kommen«, bedeute, noch an diesem Donnerstagabend die Rückreise anzutreten, antwortete der Sonderbote, er hätte für sich und den Fahrer die Übernachtung in Zinnowitz bestellt. Sie würden am Morgen gegen 5 Uhr aufbrechen, um rechtzeitig im Zentralhaus der Partei zu sein, wo er, Kreikemeyer, um 9 Uhr von Herta Geffke erwartet werde.

Anfang Juni hatte Kreikemeyer vor der ZPKK ausgesagt. Seitdem waren über zehn Wochen vergangen. Daß er jetzt aus dem

Urlaub herausgerissen wurde und zu »einer dringenden Rücksprache, die einige Tage dauern kann« nach Berlin geholt werden sollte, verhieß nichts Gutes. Alles, was er zu Field wußte, hatte er gesagt. Auch wenn sich Kreikemeyer nicht vor Augen führte, daß die Nacht vom 24. zum 25. August 1950 die letzte mit seiner Frau und die allerletzte seines Lebens in Freiheit sein könnte und daß später einmal zu lesen sein würde, er hätte nicht einmal die Schwelle zum nächsten Monat überschritten, ist nicht anzunehmen, daß er ruhig dem Morgen entgegenschlief.

Der Urlaub war abrupt zu Ende gegangen. Die Koffer waren gepackt. Auf der Fahrt nach Berlin fiel im Auto kein Wort über die bevorstehende Rücksprache. Wittholz hatte dies von vornherein mit der Bemerkung unterbunden, er habe keine Ahnung, worum es sich handle. Tatsächlich war er in alles eingeweiht und an die Ostsee geschickt worden, weil Kreikemeyer der einzige nicht in Berlin anwesende von sechs Genossen war, die wegen Field noch einmal, zum letztenmal und jeder zu einer anderen Stunde, vor die ZPKK gerufen wurden, um ihnen den Parteiausschluß kundzutun.

Am Dienstag, dem 22. August, hatte das Politbüro unter Hinzuziehung von Herta Geffke als Punkt 8 der Tagesordnung eine von Walter Ulbricht vorgelegte und angeblich von der ZPKK erarbeitete Erklärung über die »Verbindung ehemaliger deutscher Emigranten zu Mitarbeitern des angloamerikanischen Spionagedienstes« behandelt.[98] Vermutlich schrieben den Entwurf Experten des sowjetischen Geheimdienstes unter Mitarbeit deutscher Gehilfen. Dafür stehen Stil und Anlage des Papiers und eine Anzahl von Verdrehungen und Ungenauigkeiten, die für die ZPKK, um zu analogen Schlußfolgerungen zu kommen, gar nicht nötig gewesen wären. Ursprünglich fehlten diese »Fehler« in den als Rohmaterial dienenden Vernehmungsprotokollen der ZPKK.

Für einen überstürzt geschriebenen Text aus fremder Hand spricht auch der Umstand, daß dem Vorsitzenden der ZPKK, dessen ureigenste Aufgabe die Erarbeitung und die Begründung des Dokumentes vor der Parteiführung hätte sein müssen, am 4. August ein vom Politbüro genehmigter Urlaub in Polen gegeben worden war. Hermann Matern weilte an diesem 22. August noch immer außer Landes. Niemand hatte es für notwendig erachtet, ihn vorzeitig zurückzuholen. Das war merkwürdig. Schließlich handelte es sich um den Abschluß einer von ihm über Monate hinweg geführten Untersuchung.

Die lange Erklärung, wie sie dann am 1. September 1950, mit dem Datum 24. August versehen, im »Neuen Deutschland« erstmals veröffentlicht wurde, besagte in ihren Schlußfolgerungen: »Ebenso wie der amerikanische Spionagedienst seine während des zweiten Weltkrieges in den heutigen volksdemokratischen Ländern angeknüpften Verbindungen zur politischen Zersetzung, Sabotage und Kriegsvorbereitung gegen die Sowjetunion sowie zur Organisierung von Verschwörungen gegen die demokratische Ordnung ständig ausnutzte und ausnutzt, besteht die Gefahr, daß die Verbindung des amerikanischen Nachrichtendienstes zu Mitgliedern unserer Partei in der gleichen Weise verwandt wird. Die Verschärfung des Klassenkampfes verlangt daher die weitmöglichste Sicherung unserer Partei gegen alle derartigen Gefahren. Spionageorganisationen handeln stets nach dem Grundsatz, einmal in ihre Netze geratene Menschen nicht wieder loszulassen. Daher können besonders die nach 1945 unterhaltenen Beziehungen nicht bagatellisiert werden.

Die am engsten mit Field verbundenen Paul Merker, Leo Bauer, Bruno Goldhammer, Willi Kreikemeyer, Lex Ende und Maria Weiterer haben dem Klassenfeind in umfangreicher Weise Hilfe geleistet und werden aus der Partei ausgeschlossen. Die Genossen Bruno Fuhrmann, Hans Teubner, Walter Beling und Wolfgang Langhoff, deren Beziehungen zu Field ebenfalls sehr eng waren, deren Tätigkeit aber nur zu einer mittelbaren Unterstützung des Klassenfeindes führte, werden aller ihrer Funktionen enthoben. Außerdem wird die Untersuchung noch weitergeführt.«[99]

Welches Ziel wurde anvisiert? Ein öffentlicher Gerichtsprozeß mit echten Menschenopfern, wie sie vor dem Krieg in Moskau und neuerdings in Budapest und Sofia wie vollendete Theaterinszenierungen über die Bühne gegangen waren? Nichts davon war zu lesen. Die Erklärung schloß mit dem später nicht mehr veröffentlichten Satz: »Es beginnt ein neuer Abschnitt in der Entwicklung unserer Partei.«[100]

Ulbricht hatte am 22. August vom Politbüro festlegen lassen: »1. Das von der ZPKK vorgelegte Dokument wird angenommen und dem Zentralkomitee zur Beschlußfassung vorgelegt. 2. Nach der Annahme durch das ZK wird es als Brief an die Partei gedruckt, der in allen Grundeinheiten der Partei durchgearbeitet werden soll, um die Wachsamkeit zu fördern. Jede Grundeinheit soll dazu eine Entschließung annehmen, in der Lehren für die eigene Arbeit gezogen werden. 3. Die Genossin Geffke wird beauftragt, den von dem Dokument Betroffenen am 23. August 1950 Kenntnis zu geben und ihnen die Möglichkeit zu geben, sich dazu mündlich und schriftlich zu äußern.«[101] Wann und wo dies geschehen sollte, blieb offen.

Am Mittwoch, es war der 23. August, fehlte Kreikemeyer in der Gruppe der sechs Genossen, denen in zeitlichem Abstand der Beschluß über ihren Ausstoß aus der Partei verlesen werden sollte. Noch spazierte er mit Marthe am Ostseestrand und hatte keine Ahnung von dem, was sich in Berlin abspielte. Am Vormittag wurde der Chefredakteur des Deutschlandsenders Leo Bauer, er kannte Field aus der Schweiz, im Rundfunkhaus in der Masurenallee, einer sowjetisch kontrollierten Enklave im britischen Sektor Berlins, aufgefordert, nachmittags 15 Uhr zu einer »dringenden Rücksprache« mit der ZPKK zu kommen. Herta Geffke verlas ihm den bewußten Beschluß und teilte ihm mit, das ZK werde seinen Ausschluß am nächsten Tag bestätigen. Sechs Jahre später – inzwischen war er von einem sowjetischen Militärtribunal zum Tode verurteilt und dann zu 25 Jahren Zwangsarbeit in sibirischen Lagern begnadigt und schließlich vorzeitig in die Bundesrepublik entlassen worden – erinnerte er sich, Herta Geffke hätte ihm anheimgestellt, bis zum nächsten Morgen seine schriftlich niedergelegte Meinung zu dem eben verlesenen Beschluß im Hause des ZK abzugeben. »Direkt nach Verlassen des Büros wurde ich einen Meter vor dem Parteihaus der SED in der Lothringer Straße von Agenten des SSD [des Staatssicherheitsdienstes] verhaftet und in das Gefängnis in der Schumannstraße gebracht.«[102]

Ein ähnliches Schicksal wie Leo Bauer widerfuhr Bruno Goldhammer. Der im Amt für Information bei der Regierung der DDR tätige Hauptabteilungsleiter kehrte an diesem 23. August von einer Vorladung zur ZPKK nicht wieder zurück. Er blieb jahrelang in Untersuchungshaft und wurde schließlich am 28. April 1954 wegen seiner Bekanntschaft mit Noel Field vom Obersten Gericht der DDR zu zehn Jahren Zuchthaus verurteilt. Zwei Jahre später, nach dem XX. Parteitag der KPdSU, erfolgte seine Entlassung.

Paul Merker gehörte bis zum III. Parteitag dem Parteivorstand und dem Politbüro der SED an und war Staatssekretär im Ministerium für Land- und Forstwirtschaft. Von den sechs »am engsten mit Field verbundenen« Genossen galt er als der Hauptschuldige. Er hatte nach Konsultation mit dem Schweizer KP-Vorsitzenden das Signal zur Zusammenarbeit mit Field gegeben. Doch nach der ihm von Herta Geffke verlesenen Mitteilung, er sei aus der Partei ausgeschlossen, konnte er nach Hause gehen. Dies verdankte er Wilhelm Pieck, der es in diesem Einzelfall, ohne generell dem sowjetischen Druck entgegenzutreten, vorerst vermochte, die Verhaftung seines langjährigen Weggefährten zu verhindern. Ob es Piecks Absicht war oder nicht, mit dieser Intervention zugunsten Merkers brachte er im Sommer 1950, trotz seiner scharfen Worte auf dem Parteitag, das mit dem Namen Field verknüpfte Verfolgungskonzept durcheinander. Ein großer Ostberliner Schauprozeß kam nicht zustande.

Merker mußte seine Wohnung in Berlin-Biesdorf verlassen und bekam Luckenwalde als Aufenthaltsort zugewiesen. Ende 1952, nachdem er im Prager Slánsk˝-Prozeß als »deutscher Trotzkist«[103] bezeichnet worden war, vermochte ihn Pieck nicht mehr zu schützen. Merker wurde festgenommen und kam in die U-Haftanstalt des MfS in Berlin-Hohenschönhausen. Am 30. März 1955 vom Obersten Gericht der DDR zu acht Jahren Zuchthaus verurteilt, brachten ihn Mitarbeiter des MfS im Januar 1956 ohne Angabe von Gründen – später hieß es, Präsident Pieck hätte ihn begnadigt – aus der Zelle in Brandenburg-Görden zurück nach Luckenwalde.

Lex Ende, von 1946 bis 1949 Chefredakteur des »Neuen Deutschland« und zuletzt der »Friedenspost«, blieb auf freiem Fuß, nachdem er am 23. August das Zimmer Herta Geffkes und das Parteihaus verlassen hatte. Er wurde zur Arbeit in der sowjetischen Wismut-AG verpflichtet und starb plötzlich am 15. Januar 1951 im sächsischen Hilbersdorf.

Maria Weiterer, bis 1949 Abteilungsleiterin im Zentralsekretariat der SED und danach Generalsekretärin des Demokratischen Frauenbundes, hätte, wäre es nach Hermann Matern gegangen, bereits im Juli 1950 verhaftet werden sollen, denn sie hatte der ZPKK über Noel und Herta Field geschrieben: »Ich habe sie als ehrliche und aufrichtige Menschen kennengelernt, und ich glaube nicht, daß ihre Begeisterung für die Sowjetunion geheuchelt war. Jedenfalls verdanken viele Genossen aus den genannten Emigrationen (in Frankreich und in der Schweiz) Field und der Unterstützung, die durch ihn möglich wurde, Leben und Gesundheit. Ich persönlich hatte immer Gefühle der Dankbarkeit und Hochachtung für diese beiden Menschen.«[104] Doch es kam anders. Sie wurde nicht festgenommen, sondern erhielt einige Wochen nach ihrer Vorladung zu Herta Geffke am 23. August die Auflage, Berlin zu verlassen und in der Woll- und Seidenweberei Berga/Elster in der Nähe von Greiz eine untergeordnete Tätigkeit anzutreten. Ende 1954 wurde sie wieder in die SED aufgenommen.

Und Willi Kreikemeyer, der sechste im Bunde der Verfemten? Kurz vor 9 Uhr an diesem Freitag, dem 25. August, traf das Auto vor der Berliner Parteizentrale ein. Herbert Wittholz hatte unterwegs entschieden, daß Marthe vom Fahrer mit dem Urlaubsgepäck nach Hause gebracht würde. Der Abschied der Eheleute blieb formlos. Keiner von beiden dachte in diesem Augenblick an ewige Trennung. Sie sagte nur, sie werde ihn spätestens am Abend erwarten, und sah noch, wie er mit Wittholz hinter der Eingangstür des großen Eckhauses verschwand.

# Beginn des Mysteriösen

Kreikemeyer war an diesem Freitagmorgen, dem 25. August 1950, auf jede Frage gefaßt, als er in der Parteizentrale der SED das Zimmer 118 betrat. Doch die »dringende Rücksprache«, zu der er aus dem Urlaub geholt worden war und »die einige Tage dauern« könne, erwies sich als Vorwand, als Anfang eines bis heute unaufgeklärten Kriminalfalles. Herta Geffke hatte lediglich dem Generaldirektor der Deutschen Reichsbahn einen Beschluß vom 18. Juli vorzulesen:

»Die ZPKK stellt fest, daß der Genosse Kreikemeyer der Hauptverantwortliche für die Übergabe zahlreicher Namen von deutschen Emigranten an den amerikanischen Agenten Field ist. Er hatte die engste Verbindung zu Field und erfüllte bedenkenlos die Aufträge des Genossen Lex Ende zur Übermittlung parteiinterner Angelegenheiten an Field. Als Vertrauter Fields wurde er zur Aussprache mit dem Chef von Field, Mr. Joy, hinzugezogen. Nach 1945 bemühte sich Kreikemeyer besonders intensiv, Field bei der Wiederanknüpfung seiner persönlichen Verbindungen behilflich zu sein. Trotz Verbot der ZPKK machte der Genosse Kreikemeyer dem Genossen Beling Mitteilung von seinen Aussagen und erschwerte dadurch absichtlich die Untersuchung. Die ZPKK beschließt: Der Genosse Kreikemeyer wird aus der Partei ausgeschlossen.«

Herta Geffke stellte ihm anheim, sich dazu schriftlich zu äußern. Die Gelegenheit bekam er in der Zelle Nummer 2 des Untersuchungsgefängnisses in der Albrecht-/Ecke Schumannstraße. Dieses Gebäude hatte bis 1945 der Gestapo gedient und war danach vom MGB, dem Vorläufer des KGB, genutzt worden, bis es Anfang 1950 unter sowjetischer Kontrolle dem MfS übergeben wurde. Der Haftbefehl war bereits am 24. August ausgestellt worden. Ob er in einem Raum der ZPKK, auf dem Korridor oder, wie im Fall Leo Bauer zwei Tage zuvor, beim Verlassen des Parteihauses vollstreckt wurde, ist nicht bekannt.

Im Gefängnis angekommen, wurde Kreikemeyer alles abgenommen, was er in seinen Taschen hatte. Danach erhielt er Zettel und

Bleistift und wurde aufgefordert, zum Zwecke einer komplikationslosen Durchsuchung der Wohnung in der Dornröschenstraße seiner Frau einen sie beruhigenden Satz zu schreiben. »Meine geliebte Marthe!«, schrieb er, »Mache Dir bitte keine Sorge um mich, laufe nicht um Hilfe ich muß meine Angelegenheit selbst erledigen. Herzliche Grüße + Küsse Willi.« Es wurden die letzten Zeilen, die sie von ihm zu lesen bekam.

Auf einem zweiten Papier sollte Kreikemeyer notieren, wo sich dieses und jenes befindet, was zu beschlagnahmen war. Er begann mit dem Satz »Es ist sehr traurig für mich, ich nehme es ihnen nicht übel.« Dies veranlaßte den ihm über die Schulter schauenden Mitarbeiter des MfS, ihm den Zettel wegzunehmen und nach seinen Angaben nun selbst festzuhalten: »Der Safeschlüssel ist bei ihm zu Hause, sowie eine Pistole ›Sauer & Sohn‹, Nr. 402 126, im Koffer, mit dem er ankam. [...] Die Büroschlüssel liegen beim Pförtner. Er gibt die Schlüssel nur über Herrn [...] heraus. [...] Heute morgen habe ich mitgebracht Berichtsbogen [...] Die Sachen wurden mir zugeschickt. Es kann sich noch etwas auf dem Boden befinden, das sich von der Umsiedlung der Reichsbahndirektion Berlin dort befinden kann, sonst nur arbeitsmäßiges. Das Geld bittet er seiner Frau zu geben. Seiner Frau einen Gruß bestellen.«

Am Abend nach der Festnahme oder in der Nacht zum Sonnabend, dem 26. August, bekam Kreikemeyer in der Gefängniszelle Besuch. Der einstige Kriegskamerad und Hilfesuchende von Marseille Fritz Leistner alias Richard Hebel, nunmehr Staatssekretär Erich Mielke, ließ es sich nicht nehmen, dem Neuzugang persönlich seine Aufwartung zu machen und ihm zu erklären, was er von ihm erwartete.

Kreikemeyer hat nie erfahren, was außerhalb der Zelle um ihn und mit ihm geschah. Er wußte nicht, wer außer ihm verhaftet worden war. Am Sonnabend kam ein Bote der Generaldirektion zu Marthe nach Köpenick. Das Ministerium für Verkehr ließ sie wissen, daß ihr Mann »mit dem heutigen Tage aus den Diensten der Deutschen Reichsbahn ausgeschieden«[105] sei. In den Amtsräumen wurden die Spuren seines Daseins verwischt. Seine

> Meine geliebte Marthe!
> Mache Dir bitte keine Sorge um
> mich, laufe nicht um Hilfe ich muß
> meine Angelegenheit selbst erledige
>    Herzliche Grüße + Küsse
>         Willi

*Letzte handschriftliche Zeilen von Willi Kreikemeyer an seine Frau Marthe*

Rückkehr war ausgeschlossen. Neuer Generaldirektor wurde Kreikemeyers bisheriger Stellvertreter Erwin Kramer. Die drei jungen Männer in Kreikemeyers Büro, die in seinem Namen vor Ort dringende Entscheidungen trafen, hatten bereits vor dem Verschwinden ihres Chefs ihren Platz verlassen müssen. Einer von ihnen war im Dienst der Eisenbahn zum Uranbergbau ins Erzgebirge abkommandiert worden. Auch Kreikemeyers Sekretärin durfte nicht mehr an ihren Arbeitsplatz zurückkehren. Den Chef und seine Frau hatten sie und ihr Mann noch in Zinnowitz bei einem Spaziergang getroffen, als auch sie dort Urlaub machten. In Berlin durfte Sekretärin Leonore ihren Arbeitsplatz nicht wieder einnehmen. Einen Monat saß sie untätig zu Hause. Dann wurde sie Sachbearbeiterin in der Reichsbahndirektion, zurückversetzt dorthin, wo sie Kreikemeyers Chefsekretärin geworden war.

Am Mittwoch, es war der 30. August, schrieb Marthe Kreikemeyer einen Brief an Wilhelm Pieck und brachte ihn in die Lothringer Straße. Der Adressat bekam ihn nie zu sehen. Folglich erhielt die Bittschrift auch keinen Eingangsvermerk seines Sekretariats. »Werter Genosse Pieck«, schrieb sie, »ich möchte Ihnen heute eine Sache vortragen, die mich seit einigen Tagen nicht zur Ruhe kommen läßt, und bitte Sie, mir doch, wenn irgend möglich, eine Auskunft geben zu wollen. Sie wissen ja, daß in der Angelegenheit Field auch eine Untersuchung lief gegen meinen Mann, Willi Kreikemeyer. Mein Mann und auch ich sind einige Male in dieser Sache befragt worden und haben wahrheitsgetreu, soweit wir uns erinnern konnten, berichtet. Mein Mann war nun Ende Juli krank, und wir sind anschließend in Erholungsurlaub nach Zinnowitz gefahren. Er ist übrigens immer noch sehr herz- und gallenkrank.«

Sie schilderte, wie Willi und sie am vergangenen Freitag nach Berlin geholt wurden. »Am selben Tag um 12 Uhr kamen zwei Herren zu mir in die Wohnung, der eine zeigte mir zwei handgeschriebene Zeilen von meinem Mann, worin er mich bat, ruhig zu sein, nicht die Genossen mit seiner Angelegenheit zu belästigen, die müßte er selber bereinigen. Die beiden Herren sagten mir dann, sie kämen von der Polizei und hätten die Erlaubnis von meinem Mann, eine kleine Haussuchung vorzunehmen. Ich legte ihnen natürlich nichts in den Weg, fragte nur, wo mein Mann sich befinde, man antwortete mir, vorläufig noch im Haus der Einheit. Weiter fragte ich, was man denn meinem Mann zur Last lege, man antwortete mir, das sei ihnen nicht bekannt, aber in einer hohen Funktion gibt es bestimmt auch Neider und sie nähmen an, daß es nichts Ernsthaftes ist und mein Mann in zwei bis drei Tagen wieder zu Hause ist. Die beiden Herren nahmen u. a. den Dienstrevolver, die Safeschlüssel aus der Generaldirektion und unser Scheckbuch mit zwei Blankoschecks. Eine Quittung habe ich darüber nicht bekommen, mußte lediglich eine Liste unterschreiben, auf welcher die mitgeführten Gegenstände aufgeführt waren.

Ich blieb danach ruhig abwartend zu Hause und Montag kam wieder ein Herr im Wagen und bat mich, einige Wäschestücke, Toilettensachen und einen alten Anzug für meinen Mann zurecht zu machen. Ich fragte ihn, ob er von der Polizei käme. Er sagte, nein von der Partei. Er sagte, mir nicht mitteilen zu können, wo mein Mann sich befindet, auf jeden Fall noch in Berlin. Der Genosse schien mir kein Deutscher zu sein. Leider habe ich in meiner Erregung vergessen, mir seinen Ausweis zeigen zu lassen. Nun rief ich bei der ZPKK an und bat um eine Unterredung, die man mir gestern nachmittag auch gewährte. Und jetzt erst wurde ich unruhig, da die Genossen dort behaupteten, überhaupt nichts davon zu wissen, daß mein Mann inhaftiert sei und daß eine Haussuchung stattgefunden hat usw. Man sagte mir, mein Mann sei lediglich dorthin bestellt worden, um ihm die Mitteilung zu machen, daß die Untersuchung in der gewissen Angelegenheit abgeschlossen sei und um ihm weiterhin die Konsequenz mitzuteilen, die die Partei daraus gezogen hat.

Alsdann hätte mein Mann wieder die Büroräume und wahrscheinlich auch das Haus frei verlassen. Auf jeden Fall wissen sie überhaupt von nichts. Wie vereinbart sich aber das damit, daß in dem Brief nach Zinnowitz schon von zwei bis drei Tagen die Rede war? Die Genossen aus der ZPKK haben mir auch nicht gesagt, daß mein Mann durch Beschluß des Politbüros aus der Partei ausgeschlossen worden ist, das habe ich durch Zufall von einer anderen Seite erfahren und bin natürlich davon schwer getroffen. Wie wird da erst meinem Mann zu Mute sein. Seine Partei war immer sein alles und kam vor allem anderen. Er sagte noch vor einigen Tagen in Zinnowitz zu zwei Jugendgenossen, welche mit einigen Schmerzen zu ihm kamen: ›Ihr dürft nie vergessen, unsere Partei ist unbedingt rein und irrt sich nicht. Wenn die Partei die Sache in die Hand genommen hat, könnt ihr ganz beruhigt sein, dann wird sie gut zu Ende geführt.‹ Und ein solcher Mann soll ein Verräter sein? Niemals! Ich kenne ihn nun fünfzehn Jahre und einmal müßte einem etwas aufgefallen sein. Ich habe mir heute nacht noch einmal die ganze Geschichte durch den Kopf gehen lassen, um irgendwelche Anhaltspunkte zu finden, ob er nicht vielleicht doch irgendwie in dieser Sache schuldig sein könnte, ohne daß ich es damals gemerkt hätte, aber jetzt, wo man weiß, doch rätselhaft erscheinen könnte. Aber ich finde mit dem besten Willen nichts, und so kann man sich in einem Menschen nicht täuschen.

Andererseits, wenn mein Mann wirklich schuldig wäre, so hätte er sich doch denken können, daß man ihn eines Tages zur Rechenschaft zieht, und wenn man einem Menschen zumutet, daß er seine Partei verrät, dann kann man ihm auch zumuten, daß er sich in Sicherheit bringt, wenn er dazu die Zeit hat. Und diese Zeit hätte er gehabt, die ganzen Monate schon und jetzt zuletzt zwischen Donnerstag abend und Freitag früh. Ich weiß auf der anderen Seite auch, daß, wenn das Politbüro einen solchen Entschluß faßt, ernste Gründe vorliegen müssen. Aber könnte es denn nicht möglich sein, daß irgendwelche mysteriösen Machenschaften dahinterstecken, hinter die man einfach nicht gekommen ist? Auf jeden Fall, ich glaube an meines Mannes Unschuld, oder er müßte mir selbst die Gegenbeweise erbringen.

Werter Genosse Pieck, mein Mann hat mir öfters gesagt, an den Genossen Pieck kann man sich immer wenden. Er wird jeden menschlich behandeln. Ich appelliere darum an Ihre Menschlichkeit. Wenn es Ihnen möglich ist, teilen Sie mir mit, was mit meinem Mann geschehen ist. Mit einer Tatsache kann man sich eher abfinden als mit dieser Ungewißheit.«

# Geheimnishütung als Karrierehilfe

Die arme Frau Marthe! Sie glaubte, sechs Tage der Ungewißheit nicht ertragen zu können, und mußte es hinnehmen, daß daraus sieben Jahre wurden. Allmählich ließ sie ihre Demut hinter sich. Sie gab ihren Mann und sich selbst nicht auf. Sie gewann Kräfte, die sie sich anfangs nicht zugetraut hätte. Sie kämpfte, um etwas in Erfahrung zu bringen. Letzte Aufklärung erlangte sie nie. Bis an ihr Lebensende mußte sie annehmen, daß doch »irgendwelche mysteriösen Machenschaften dahinterstecken«. Sie hatte sie in ihrem Brief an Pieck nicht ausgeschlossen und fand sich in dieser Vermutung immer wieder bestätigt. Wo aber hätten sie gesucht werden können? Nur bei Erich Mielke, der befürchtete, Willi Kreikemeyer könnte seine persönlichen Kreise stören und, auch unbeabsichtigt, seine Karriere zu Fall bringen. Die ZPKK hatte es von Kreikemeyer erfahren: Leistner ist Mielke. Hinter diesen drei Worten stand: Derjenige, der beauftragt war, Kreikemeyer wegen Noel Field für einen Prozeß vorzubereiten, war selbst mit finanziellen Mitteln des von Field vertretenen Unitarian Service Committee unterstützt worden, das im Rajk-Prozeß zur wichtigsten amerikanischen Agentenzentrale während des Zweiten Weltkrieges erklärt worden war. Die direkten und mittelbaren Kontakte und Verbindungen zum USC hätten, das war vorgegeben, zu einem zentralen Thema des Berliner Prozesses werden müssen.

Kreikemeyer wußte etwas, was keiner der anderen, die in Mielkes Hand waren, im Kopf hatte und was seit der Marseiller Zeit von Kreikemeyer nicht mehr erwähnt und von der ZPKK auch nicht erfragt worden war: Mielke hatte versucht, nach dem amerikanischen Kontinent zu entkommen. Zu diesem Zweck ließ er sich unter seinem richtigen Namen und als Richard Hebel auf Listen setzen, die in mexikanischen Ministerien und beim Gewerkschaftsverband CIO in den USA kursierten. Mielke brauchte für seine Karriere die Legende, in der Roten Armee gekämpft zu haben und im Siegeszug der Befreier aus dem Osten nach Berlin gekommen zu sein. Ein Westemigrant hingegen trug zu

Beginn der fünfziger Jahre das Stigma eines unsicheren Kantonisten. Westemigranten wurden von Vertrauensstellungen in der SED ferngehalten oder aus ihnen entfernt.

Mielke durch Kreikemeyer mit Field in Beziehung gesetzt, wäre für den Staatssekretär zum persönlichen Desaster geworden. Es hätte ihn aus dem Sicherheitsapparat werfen müssen. Damit wäre eine deutsche Nachkriegskarriere frühzeitig zu Ende gewesen. Ein Befehl der Sowjetischen Militäradministration besagte, daß selbst der einfachste Polizist, der als Emigrant oder Kriegsgefangener in westlichen Ländern gewesen war, seinen Dienst quittieren mußte. Mielkes Vergangenheit war ein streng gehütetes Geheimnis, selbstverständlich abgesegnet durch den Moskauer Vormund, ohne den es nicht hätte gewahrt werden können. Es hielt und hatte Bestand bis ans Ende seiner Ministerzeit. Es gelang ihm, alle hinters Licht zu führen, auch die Historiker in den beiden deutschen Staaten. Selbst seine Mitarbeiter hatten keine Chance, zum internen Gebrauch das Geheimnis zu lüften.

Mielke war der Amerikaner Field gleichgültig. Wichtig war ihm Kreikemeyer, der Mann, der sein Geheimnis kannte. Mielkes Sorge mußte es sein, daß weder seine Untergebenen, die Vernehmer des MfS, noch die Richter und Staatsanwälte im Falle eines Prozesses davon erfuhren. Es lag nicht in Mielkes Kompetenz, Kreikemeyer aus der Untersuchung herauszulassen. Er hatte ihn in seiner Verfügungsgewalt und suchte in dieser Konstellation die zweckmäßigste Variante für sich zu finden.

Mielke war an einem öffentlichen Schauprozeß mit Kreikemeyer als Angeklagtem nicht interessiert. Der Staatssekretär rechnete damit, bei der geplanten Prozeßinszenierung maßgebliche Verantwortung zu tragen. Aber wie die Vorbereitungen dazu laufen, wer von seinen Vernehmern eingesetzt wird, welche sowjetischen Verhörspezialisten mitwirken, das alles war nicht sicher. Mielke hatte Macht. Noch war sie nicht gefestigt. Er hatte einen Minister über sich, der nicht sein Freund war und zu den sowjetischen »Freunden« höhere Verbindungen besaß als er. Das MfS insgesamt hing in diesem ersten Jahr seines Bestehens stärker an den Zügeln des MGB als jede andere DDR-Institution.

Möglich war es, Kreikemeyer so zu präparieren – die Moskauer Prozesse der Vorkriegszeit waren ein Schulbeispiel dafür –, daß er im Prozeß nichts über Mielke sagen würde. Dennoch waren Pannen nicht auszuschließen, wie es sich im Dezember 1949 im Schauprozeß von Sofia mit dem dramatischen Widerruf Traitscho Kostoffs gezeigt hatte. Der bulgarische Hauptangeklagte hatte in der Untersuchungshaft seine »Schuld« gestanden. Im öffentlichen Prozeß sagte er: »Ich bekenne mich nicht schuldig, vor der faschistischen Polizei kapituliert zu haben, noch vom englischen Geheimdienst angeworben gewesen zu sein, noch der verschwörerischen Tätigkeit gemeinsam mit Tito und seiner Clique ... Ich bestätige diese (in der Voruntersuchung gemachten) Aussagen nicht.«[106] Auch Mielke wußte: Der Mensch in seiner Todesangst ist unberechenbar. Er sagt die Wahrheit, wenn er weiß, daß alles verloren ist. Er will nicht mit der Lüge auf den Lippen sterben.

Ein Termin für den Berliner Schauprozeß stand nicht fest. Die SED- und DDR-Spitze hatte kein Interesse an einem derartigen Bühnenstück. Und die sowjetische Seite schwankte, zögerte, zeigte sich mal entschlossen und dann wieder nicht. Die DDR war noch zu sehr Besatzungszone und militärisch so sicher in sowjetischer Hand wie keiner der von der Kremlführung kontrollierten Staaten. In der Tschechoslowakei, wo die Kommunisten auf parlamentarischem Wege an die Macht gekommen waren und mit organisierter Nachhilfe ihre absolute Herrschaft hatten errichten können, aber keine sowjetischen Streitkräfte stationiert waren, bestand viel eher die Gefahr eines zweiten Jugoslawiens. Folglich wurde Prag zum nächsten und letzten Austragungsort eines als Prophylaxe gedachten Schauprozesses von Kommunisten gegen Kommunisten vor Stalins Tod.

Kurt Müller, Bundestagsabgeordneter und zweiter Vorsitzender der KPD in Westdeutschland, war der erste prominente kommunistische Häftling in Mielkes Hand. In die DDR gelockt, war Müller, der unter Hitler elf Jahre Gefängnis und KZ überlebt hatte, am 22. März 1950 festgenommen und in die Haftanstalt Schumannstraße eingeliefert worden. Die ersten Vernehmungen führte

Mielke selbst. Er habe ihm erklärt, so erinnerte sich Müller 1956 in einem Brief an DDR-Ministerpräsident Otto Grotewohl: »Sie sind doch ein politischer Mensch und müssen begreifen, daß wir in Deutschland einen großen Prozeß zur Erziehung der Partei und der Massen brauchen. In diesem Prozeß werden Sie der Hauptangeklagte sein. [...] Wir brauchen einen Prozeß wie den Rajk-Prozeß in Budapest.«[107] Mielke habe hinzugefügt, »daß dieser Prozeß, zu dem dann Betriebsdelegationen eingeladen werden sollen, unbedingt in acht bis neun Monaten steigen müsse.«[108]

Ähnliches hörte fünf Monate später Leo Bauer. Es geschah am Abend nach der Festnahme von Kreikemeyer in der MfS-Haftanstalt in der Berliner Schumann-/Ecke Albrechtstraße. Bauer erinnerte sich: »Am 25. August 1950, gegen 22 Uhr, erhielt ich im Gefängnis den Besuch des Mitglieds des ZK der SED, des Staatssekretärs im Staatssicherheitsministerium der DDR, Mielke. Unumwunden teilte er mir in Gegenwart eines anderen Beamten mit, daß es die Absicht der Partei sei, spätestens im Februar 1951 gegen Merker, Ende, Kreikemeyer, Goldhammer und mich einen Schauprozeß analog zu den Prozessen gegen Rajk und Kostoff [Bulgarien] durchzuführen und daß er von mir erwarte, daß ich der Partei keine Schwierigkeiten dabei machen würde.«[109] In der Aufzählung der wegen Field aus der SED Ausgeschlossenen fehlte nur Maria Weiterer. Drei waren zu diesem Zeitpunkt in Haft: Bauer, Goldhammer und Kreikemeyer. Auf freiem Fuß befanden sich die Hauptschuldigen im Sinne der Anklage – Paul Merker, über den Pieck die schützende Hand hielt, und Lex Ende –, ohne deren Auftrag Willi Kreikemeyer niemals die Verbindung mit Field aufgenommen und mit ihm zusammengearbeitet hätte.

Nach dem Besuch bei Leo Bauer ging Erich Mielke in die Zelle Nummer 2 zu Willi Kreikemeyer. Seinen Gehilfen Alfred Scholz, den deutschen Chefvernehmer, ließ er draußen. Er wollte Kreikemeyer allein sprechen. In diesem Gespräch, dessen Inhalt Kreikemeyers letzte Aufzeichnungen reflektieren, spielte der geplante Schauprozeß keine Rolle. Mielke wirkte trotz seiner Äußerungen zu Müller und Bauer einer öffentlichen Aburteilung entgegen. Einen Tag vor Kreikemeyers Verhaftung trennte er sich von Kurt Müller, dem er auf den Kopf zugesagt hatte, er werde der Hauptangeklagte eines Schauprozesses sein. In der Nacht vom 23. zum 24. August 1950 wurde Kurt Müller von Mielke persönlich den sowjetischen Organen des MGB übergeben. Der angeblich für das Frühjahr kommenden Jahres geplante Prozeß blieb eine Fiktion. Im April 1951 übernahmen die Russen den Häftling Leo Bauer zu ihrer alleinigen Verfügung.

Von allen deutschen Kommunisten, die in der DDR als Mittäter des angeblichen Hauptagenten Noel Haviland Field verdammt und verfolgt wurden, ob sie vor einem deutschen oder sowjetischen Gericht standen oder nicht, ob man sie später mehr oder weniger rehabilitierte, ist der Leidensweg bekannt. Es gibt Akten, Vernehmungsprotokolle, Zeugenaussagen, Überstellungspapiere, Anklagematerial etc. Zu Kreikemeyer gibt es von alledem nichts. Falls es sie gegeben haben sollte, wurden sie vor 1955 vernichtet. Kreikemeyer war wegen seines Wissens höchst gefährdet. Die von seiner Frau vermuteten, wenn auch von ihr nicht erklärbaren mysteriösen Machenschaften lagen durchaus nahe.

## Schuldbekenntnis für den Herrn Staatssekretär

Am 25. August 1950, als Kreikemeyer in die U-Haftanstalt eingeliefert worden war, bekam er zunächst alles abgenommen, was er bei sich hatte, unter anderem einen Lederriemen, eine Schachtel Zigaretten der Marke Tulipan, eine Schachtel Streichhölzer, drei französische Geldstücke, Spiegel mit Kamm und Fingernagelreiniger, Zigarettenetui, Taschenmesser, Feuerzeug, Armbanduhr, Etui mit Drehbleistift, Füllfederhalter und Grünstift, Aktivistenabzeichen. Die Brieftasche enthielt Mitgliedsbücher und -ausweise der VVN, des FDGB, der SED und vom Club der Kulturschaffenden, verschiedene Sonderausweise der Reichsbahn und drei in russischer Schrift, dazu eine Bescheinigung, ausgestellt von Malowitzki, Bevollmächtigter der Transportverwaltung der Sowjetischen Militäradministration in Deutschland, die Fahrerlaubnis Nr. F.O10405, zwei Ehrenkarten der Rennbahn Hoppegarten, eine Freikarte für die Mitropa, ein Waffenschein der Hauptverwaltung Deutsche Volkspolizei Nr. 005, eine Dauereinlaßkarte für das Ministerium des Innern.

Drei Jahre später erhielt Oberst Alfred Scholz, der Leiter der Abteilung IX, der Untersuchungsabteilung der Staatssicherheit, eine Aufstellung der Effekten Kreikemeyers mit dem handschriftlichen Befehl: »L. IX. Vernichten. Protokoll fertigen. Mielke 16. 9. 53.« Warum und zu diesem Zeitpunkt? Hatte es etwas mit den Folgen von Stalins Tod oder mit dem Machtgewinn Mielkes nach der Ablösung seines bisherigen Vorgesetzten Wilhelm Zaisser im Ergebnis des 17. Juni in der DDR zu tun? Merkwürdig bleibt: Mielke selbst, der in dieser Zeit »einen faschistischen Putsch« zu beweisen hatte, behielt einen Mann im Blick, der seit drei Jahren aus dem öffentlichen Leben verschwunden war und der zur aktuellen Politik in keinem Bezug stand. Mielke machte die Vernichtung der von Kreikemeyer bei der Verhaftung mitgeführten Utensilien zur Chefsache. Sollten Spuren verwischt werden? Dem steht das Protokoll entgegen. Ein Protokoll mußte gefertigt werden. Mielke selbst hatte es befohlen.

Doch das Merkwürdige trat ein. Oberst Scholz, Mielkes getreuer Gefolgsmann, führte den Befehl nicht aus. Selbst die Zigaretten der Marke Tulipan, das Taschenmesser, die Ausweise, alles blieb erhalten und überdauerte das Ministerium für Staatssicherheit über sein Ende hinaus. Warum? Glaubte Scholz, die Effekten Kreikemeyers als Pfand aufbewahren zu müssen? Waren sie ihm Sicherheitsgegenstände gegen seinen eigenen Chef? Die Antwort bleibt offen. Fest steht, Scholz war Mielkes Mitwisser in allem, was mit Kreikemeyer passierte. Er kannte das als mysteriöse Machenschaften fortdauernde Geheimnis des spurlos verschwundenen Reichsbahnchefs. Der 1921 geborene Scholz war Mielkes engster Vertrauter bis zu seinem Tod 1978, zuletzt als Generalleutnant einer seiner stellvertretenden Minister. Alfred Scholz hatte die Vergangenheit, die Mielke gern selbst gehabt hätte: Er war in der Roten Armee gewesen und mit ihr nach Deutschland gekommen. Im November 1943 hatte sich der kriegsgefangene deutsche Wehrmachtsgefreite Scholz nach dem Besuch einer Antifaschule freiwillig an die Front gemeldet. Von Januar 1944 bis Juli 1945 war er Angehöriger der Roten Armee. Zuerst diente er in einer Partisanenabteilung im Hinterland der Deutschen in der Gegend von Minsk. Im August 1944 sprang er zum zweitenmal mit dem Fallschirm hinter der Frontlinie ab. Während des sechs Monate dauernden Einsatzes als Aufklärer im Raum Danzig wurde er in einem Gefecht mit deutscher Feldgendarmerie verwundet. Im Januar 1945 vereinigte er sich mit den vorrückenden sowjetischen Truppenverbänden. Er kam als Angehöriger der Smersch, des militärischen Geheimdienstes, zum Stab der 70. Armee. Am 5. Juli 1945 wurde er aus der Roten Armee entlassen. Er war zunächst Polizeichef von Rostock. Ab 1. Oktober 1949 gehörte er zu den Vorbereitern der MfS-Gründung. Am 1. April 1950 bekam er die Leitung der Abteilung IX, der Untersuchungsabteilung des Ministeriums in Berlin. Er war damit der Chefvernehmer des MfS und blieb es als Oberst bis zum 1. Mai 1956.

Im Fall Kreikemeyer entwickelten Mielke und Scholz einen hinterlistigen Plan. Nur sie selbst wollten ihn sich vornehmen, nicht gemeinsam, sondern getrennt in einem unterschiedlichen Rollenspiel. Wie das geschah, belegen Kreikemeyers Niederschriften in der Zelle und vier Jahre später von Scholz angefertigte Papiere. Die Texte stehen inhaltlich gegeneinander und reflektieren, was Mielke und Scholz beabsichtigten.

Am Abend des Verhaftungstages oder in der Nacht zum Sonnabendmorgen, dem 26. August 1950, hat Mielke mit Kreikemeyer gesprochen. Der zweite Mann des MfS beherrschte, wie es ihm zustand, die Situation und demonstrierte seine Macht. Er verbat sich das zwischen ihnen bestehende Du und ließ sich mit Herr Staatssekretär anreden. Dem auf Milde rechnenden Häftling wurde mitgeteilt, daß er, genau genommen, sein Leben verwirkt habe. Vielleicht ließe man dennoch Gnade vor Recht ergehen. Kreikemeyer sah für sich einen Hoffnungsschimmer. Mielke machte ihm ein seltsames Angebot. Der Staatssekretär behauptete, er habe sich mit einem hochrangigen Genossen, dessen Namen er nicht nannte, über Kreikemeyer unterhalten. Sie hätten auch die Frage erörtert, wie Kreikemeyer für die Partei zurückzugewinnen sei. Es gäbe nur einen Weg: Er müsse, ganz persönlich und nur für die Augen des Staatssekretärs bestimmt, schriftlich und rückhaltlos seine Schuld bekennen und danach nie wieder eine Aussage machen, wer es auch sei, der sie von ihm verlange. Geständnis einerseits und Aussageverweigerung andererseits seien der einzige Weg zu seiner Rettung.

Kreikemeyer klammerte sich an Mielkes Vorschlag, als wäre er der Rettungsring, und versprach, nur dies und nichts anderes zu tun. Allein ihm vertraue er sich an. Von keinem anderen werde er auch nur ein Wort aus sich herausholen lassen. Daran hat sich Kreikemeyer gehalten. Vernehmer Scholz besorgte Mielke den Beweis, daß der Gefangene in Zelle 2 »entschlossen war, nicht auszusagen, was er auch direkt gegenüber dem Vernehmenden zum Ausdruck brachte«.

Kreikemeyer hatte zwei Schreibhefte DIN A 4 in die Zelle bekommen und blieb damit vorerst allein. Die Wärter spitzten ihm den Bleistift. Der Häftling schrieb und schrieb, wohlweislich bedacht, es der Partei, für ihn jetzt nur noch erreichbar durch den Staatssekretär, recht zu tun. Er schrieb, wie es gewesen war und wie es jetzt gesehen werden sollte. Er war zum Sünder erklärt worden und glaubte, die Reue sei das ihn erhebende Gefühl. Seine Bußfertigkeit, dem großen Ungenannten zur Kenntnis gebracht, sei Samen und Keim für seine »Rückgewinnung«. Oder hatte er nur Angst, es könne ihm so ergehen wie Tibor Szönyi, der sein Leben lassen mußte, weil er Geld und andere Hilfe von Noel Field genommen hatte? Was Kreikemeyer empfand, ist nur aus dem herauszulesen, was er geschrieben hat. Etwas anderes hat es von ihm danach nicht mehr gegeben. Die beiden Zellenhefte sind sein letztes Lebenszeugnis, der letzte authentische Nachweis seiner Existenz.

Ohne Überschrift und nach einer für den Anlaß unnötigen Skizzierung seiner Tätigkeit bis zum Herbst 1941 kam Kreikemeyer zum Thema: »Eines Tages erhielt ich von dem Gen. Lex Ende über die Genn. Saefkow[110] den Auftrag, die Sozialarbeit in Marseille zu übernehmen. Ich sollte von meiner Arbeitsstelle fernbleiben und nur noch die Sozialarbeit machen. Ich sollte mich mit der Genn. Henny Stibi in Verbindung setzen, welche die Arbeit bisher getan hat und nach Mexiko fährt. Ich erfuhr auch, daß ich die Verbindung mit dem amerikanischen Komitee aufnehmen soll, da ich von dort Geld und Lebensmittel für die zu Betreuenden bekäme. Ich habe die Genn. Stibi selbst nicht gekannt und sie erst am Abend vor ihrer Abreise getroffen. Im Hotel traf ich die Genossin, welche mich kurz informierte. Sie sagte mir, daß das Komitee, geleitet von einem Herrn Field und Frau, eine gute Verbindung sei. Diese Leute geben jeden Monat einige tausend Francs aus ihrer Tasche. Die Genossin sagte mir weiter, daß Field und seine Frau zweifellos Genossen seien, und sie bedauerte es, jetzt nach Mexiko zu fahren, denn es entwickelte sich ein richtiger Rote-Hilfe-Laden. Die Genn. Stibi sagte mir dann noch, wo ich für die Lager am besten einkaufen kann und wie die Arbeit organisiert ist. Im Hotelzimmer bei der Genn. Stibi lernte ich dann Frau Field kurz kennen. Am Abend im Büro traf ich Field, dessen Frau und die Genn. Stibi, die ein ausgezeichnetes Vertrauensverhältnis zueinander bekundeten, so daß ich erfreut, hoffnungsvoll und ohne jedes Mißtrauen meine Arbeit aufnahm. Da mir die Genn. Stibi auch sagte, daß ich, wenn ich monatlich neues Geld bekomme, Field zeigen muß, an wen und was ich geschickt habe, fand ich das in Ordnung, ohne mir das lange zu überlegen, ob das richtig ist. In meiner falschen Auffassung wurde ich bestärkt dadurch, was kann schon Falsches dabei sein, dachte ich mir, zu sagen, an wen Geld und Pakete geschickt werden. Denn die Komitees wissen weit besser wie wir, wer von unseren Genossen im Lager sitzt. Sie gehen ja in die Lager und betreuen an Hand der Listen, die sie in den Lagern erhalten haben, die Genossen, auch unsere.

Ich habe mich also beeindrucken lassen und auch beeinflussen lassen durch das gute Verhältnis zwischen Stibi und Field, durch den Ausspruch, es sind bestimmt gute Genossen, daß ich keinen Schaden anrichten kann, wenn ich Field bekanntgebe, wer was bekommt; denn in der ganzen Welt weiß man, wer in den franz. Lagern sitzt.

Weiterhin bin ich vertrauensselig gewesen, da ich ja die Arbeit mit Wissen und Willen des Gen. Merker – seinerzeitiges Mitglied des ZK, mit Wissen und Willen des Gen. Bertz – seinerzeitiger verantwortlicher Kaderleiter des ZK, die Arbeit übernommen habe. Mir kam nicht in den Sinn, daß ich trotzdem wachsam sein muß und aufzupassen habe. Daraus resultieren dann die späteren Fehler und Unterlassungen.

Ich muß bekennen, daß ich mich ebenfalls von der liebenswürdigen Hilfsbereitschaft Fields habe einfangen lassen. Auch wenn ich die Möglichkeit gehabt hätte zu überprüfen, ob die Angaben Fields stimmen oder nicht, wäre in mir nicht der Gedanke eines Zweifels aufgetaucht. Ich sah in Field den von den Gen. Merker und Bertz anerkannten Vertrauensmann für unsere Partei.

Ich habe nun versucht, soviel wie möglich Geld für meine Hilfsarbeit zu bekommen, auch Lebensmittel, und freute mich, die erste größere Summe von 100 000 Francs zu bekommen, die Field angeblich aus der Kasse seines Komitees entnommen hat. Wenige Tage, nachdem ich von Field dieses Geld erhielt, sagte er mir, er habe Angst, sein Chef sei gekommen, und ich möge das Geld bereithalten und zurückgeben, wenn eine Kassenrevision stattfindet. Nach acht Tagen, als ich Field wieder traf, sagte er mir, es sei alles gut gegangen, eine Revision hat nicht stattgefunden und ich könne das Geld behalten.

Ich bin einmal von Field eingeladen worden, mit ihm und seiner Frau essen zu gehen. Ich bin mitgegangen. Bei einer weiteren Einladung durch Field, wieder mit ihm essen zu kommen, warnte Frau Field, es sei für beide Teile doch nicht gut, zusammen gesehen zu werden, denn ich sei ja der Polizei als Kommunist bekannt und das sei für ihr Komitee nicht gut. Frau Field schlug vor, daß ich doch lieber am besten morgens in ihr Hotelzimmer kommen solle, wenn irgend etwas zu besprechen sei. Ich bin in der Folgezeit oft bei Field gewesen, noch dazu, wo sie mich gebeten hatten, für sie mit einzukaufen, was ich auch getan habe. Bei einem solchen Besuch traf ich das erstemal nach einigen Jahren den Gen. Merker in Fields Hotelzimmer. Später erfuhr ich, daß er da auch geschlafen hat. Ebenso traf ich die

Genn. Mia Weiterer, als Field in der Schweiz war. Auch sie hatte dort geschlafen sowie auch ich einmal, als ich nicht wußte, wo schlafen bei Großrazzien.

Viele Wochen habe ich die Sozialarbeit gemacht und die Verbindung mit Field aufrechterhalten. Ständig hatte ich dem Gen. Ende Bericht erstatten lassen über die Genn. Saefkow, ohne ihn selbst je gesehen zu haben. Ich fand das unerträglich und habe es ihm auch mitgeteilt. Inzwischen wurde die Abfahrt des Gen. Merker organisiert. Ich erfuhr, daß dies nur möglich war durch Field, welcher eine Verbindung mit einer Frau im Polizeipräsidium, einer Gaullistin, gefunden hat. [...]

In der Zwischenzeit ging meine Solidaritätsarbeit weiter und damit das Zusammenarbeiten mit Field. Field gab mir Gelder und Namen von in Lagern befindlichen Genossen und sagte mir, daß diese Gelder von Dr. von Fischer aus Zürich seien. Das Geld dürfe für niemand anderes als vorgesehen verwendet werden. Er verlangte, daß Dr. von Fischer die Postabschnitte als Beleg bekomme. Fischer stehe mit diesen in Briefverkehr und erkundige sich dort, ob sie auch das von ihm angewiesene Geld erhalten haben. Field sagte, er möge unter keinen Umständen mit Fischer Ärger bekommen, mit dem er nicht auf gutem Fuße stehe. So, wie Field das verlangt hat, ist es auch dann geschehen. Fischer hat über Field die Abrechnung erhalten.

Die Berichte über die Gelder, welche ich über Field erhielt vom Roten Kreuz, von den Schweizer Sportlern, von einer Frau Christoffel aus Basel, von einem Spanienkämpfer-Fonds in England, sind über Field an Paul Bertz geschickt worden, zusammenfassend nach der Befreiung in Frankreich. Niemals bin ich auf den Gedanken gekommen, daß ich Field – wie das im Rajk-Prozeß zum Bewußtsein kam – seinen verbrecherischen Plänen Vorschub leistete. Fields verbrecherische Aufgabe wurde ihm leicht gemacht durch meine und unsere Vertrauensseligkeit. [...]

Nach einer Reise, aus der Schweiz kommend, sagte mir Field, daß ihn die Amerikaner aufgefordert hätten, Dienste für sein Land zu leisten und daß er das bisher abgelehnt habe. Mit Bertz habe er über diese Angelegenheit gesprochen und Bertz habe ihm gesagt, das könne er ruhig tun in der heutigen Situation. Da wäre nichts dabei. Ich habe der Partei alles, was ich mit Field besprochen habe, mitgeteilt. Hier wäre es notwendig gewesen – wie ich das jetzt sehe – hellhörig zu werden; ich habe es nicht getan. Das zeigt, wie wenig wachsam man war, inwieweit man verrannt war in der Idee, Field ist unser Mann und anständig, ihm kann man vertrauen.

Bei Field arbeitete in der Sanitätsabteilung ein Arzt Dr. Zimmer, beheimatet bei Straßburg, verheiratet mit einer Jüdin. Dieser Arzt Dr. Zimmer hat nach der Abreise von Field die jüdischen Emigranten illegal mit Geld und Hilfsmitteln betreut. Dieser Dr. Zimmer war zweifellos Anhänger von de Gaulle. Solange Field in Marseille war, hatte niemand die Möglichkeit, an diesen heranzukommen. Wir wußten, er geht in die Lager. Field hat nichts unternommen, daß wir mit dem Arzt sprechen konnten, um zu erfahren, wie es auf sanitärem Gebiet in den Lagern aussieht und wie zu helfen ist. Später haben wir etwas Geld – aber was uns wichtiger war Druckpapier, Druckerschwärze und anderes Druckmaterial erhalten. Bei diesem Arzt traf ich einmal einen Mann, auch Elsässer, dessen Verwandte in dieser Sanitätsabteilung gearbeitet hatte. Dieser Mann wollte für die Widerstandsbewegung arbeiten. Meine Frau kannte die Familie dieses Mannes. Die Erzählungen dieses Mannes waren so, daß ich Angst bekam vor diesem. Wir hatten ihn in seiner Wohnung aufgesucht. Ich warnte Dr. Zimmer sofort. Die Gestapo war dann hinter diesem Arzt her, und nur die Tatsache, daß er aus dem Fenster am Blitzableiter herunterkletterte, verhinderte die Verhaftung des Arztes. Ich habe diesem gesagt, daß bestimmt der junge Mann ihn verraten hat. Dr. Zimmer glaubte es nicht. Nach der Befreiung stellte es sich dann doch heraus, daß dieser für die Gestapo gearbeitet und er und seine Frau Leute, jüdische Leute, auch einen Schwager verraten hat. Diesen Arzt habe ich nach der Befreiung noch einmal gesehen, wo er mir dies alles bestätigt hat. Der Mann ist nach einigen Monaten aus dem Gefängnis entlassen worden, seine Frau und der Schwager dortselbst verstorben.

Nicht unerwähnt möchte ich lassen, daß Field nicht diesen Arzt, sondern Jo [Herta] Jurr-Tempi mit der Vertretung betreuen wollte. Field hat kurz vor der Besetzung Südfrankreichs Marseille verlassen. Ich habe zur schnellen Abreise gedrängt. Ich habe dann noch seine Wohnung geräumt, seine Koffer gepackt und in die Schweiz geschickt.

Nach der Besetzung Südfrankreichs hat die Leitung sofort mit der Soldatenarbeit begonnen. Es wurden Flugblätter geschrieben. Thea und Helga[111] hatten die ersten Verbindungen aufgenommen. Besonders war es der Gen. Beling, welcher nach jedem Gespräch beide Genossinnen informierte, was und in welcher Linie diskutiert werden muß; sie zur Vorsicht gemahnt. Die Genn. Helga ist nach einem solchen Treff mit einem Matrosen verhaftet und später in Hamburg enthauptet worden. An Hand eines Bildes von Helga hatte man ihre Gänge eingekreist und war bis an die illegale Wohnung von August Mahnke vorgedrungen. Dort stand auch der Vervielfältigungsapparat. Die französische Genossin wurde verhaftet, Helga gegenübergestellt, und beide haben verneint, daß sie sich kennen. Die französische Genossin, da auch krank, wurde wieder entlassen.

Ich selbst war zu der Zeit mit meiner Frau an der französisch-schweizerischen Grenze. Ich hatte den Auftrag, mit Field über einen Zollbeamten Verbindung aufzunehmen. Meine Frau hatte einige Zeit vorher die Genn. Mia Weiterer an die Grenze zu bringen. Als Anlauf hatte sie die Adresse oder vielmehr den Namen und Ort im Gedächtnis behalten. Über diesen Zöllner haben wir mit Field erneut Verbindung und auch Geld bekommen. Wir haben von unseren Flugblättern an Field geschickt, die dieser an Komitees und Organisationen weitergeleitet hat, um geldliche Unterstützung für unsere Arbeit zu bekommen. Field hat dann einige Male durch Mitglieder der Widerstandsbewegung Geld geschickt und einmal durch einen hohen Funktionär der französischen Partei nach Paris. Bei diesen Gelegenheiten hat Field mit Zitronensaft geschrieben, kurze Berichte geschickt mit Hinweisen auf das geschickte Geld, und wir haben den Empfang des Geldes so bestätigt. [...]

Während meiner Arbeit in Südfrankreich habe ich die Frau

Jurr-Tempi einige Male getroffen. Sie leitete dort ein Schweizer Kinderkomitee. Wie bereits darauf hingewiesen, ist sie einige Male in Lagern gewesen, wo sie in meinem Auftrage Geld hingebracht hat. Sie konnte das, ohne auffällig zu werden, mit ihrer Arbeit verbinden. Später dann machte sie in Toulouse Soldatenarbeit und hatte feste Soldatenverbindung. Ich traf sie in Paris wieder. [...] Von Paris aus wurden Pakete nicht mehr in die Lager geschickt und auch kein Geld, denn zu der Zeit konnte man Geld und Pakete nur unter Vorlage des Personalausweises aufgeben. Meine Arbeit wurde dann allgemeiner bis zur Befreiung.

Nach der Befreiung wurde ich beauftragt, ein legales Komitee zu gründen. Ich leitete dann das antinazistische Emigrantenkomitee – seine Leitung war auf breiter Basis. Untergruppen wurden in vielen Orten geschaffen und einige tausend Emigranten betreut. [...]

In meiner legalen Pariser Arbeit habe ich Field einmal allein und einmal mit seiner Frau gesehen, beide Male sehr kurz. In Paris erfuhr ich dann auch, daß neben Field die Jurr-Tempi nach Amerika fährt. Ich traf sie in ihren Reisevorbereitungen in grüner Uniform. So war sie auch in Berlin, so daß es mir nicht auffiel, daß auch Field Träger einer solchen Uniform war in Berlin. Die Tempi sagte mir, so würden die Unitarier-Leute gekleidet sein. Später erzählte die Tempi kurz über ihre Amerikareise, daß sie ihre Versammlungsreise vorfristig abbrechen mußte, um nicht verhaftet und ausgewiesen zu werden.

Diese Erzählungen und die von Field, welche er mir in Berlin machte, daß er zur amerikanischen Polizei mußte, daß man ihn dort verdächtigte, sowjetischer Agent zu sein, trugen auch wieder dazu bei, gutgläubig diese Märchen als Wahrheit hinzunehmen.

Nicht unerwähnt kann bleiben, daß mit der Befreiung von Paris Genossen von der Pariser Leitung bestimmt und bei den Amerikanern als Fallschirmspringer auch mit Waffen ausgebildet wurden. Diese Kurse sollten streng geheim gehalten werden, da unsere Genossen mit amerikanischen Soldaten und Offizieren hinter den deutschen Linien und in Deutschland abgesetzt werden sollten. Über diese Frage verbat man uns, zu diskutieren. [...]

Zurückgekehrt nach Deutschland, sollte ich erst zur Parteiarbeit nach Halle. Auf Wunsch des Gen. Kühne wurde ich dann beauftragt, bei der Reichsbahn zu arbeiten. Hier in Berlin, in meiner Wohnung, war Field einige Male. Einmal mit Erika Glaser, einmal mit Genn. Weiterer. Einmal war Field allein bei mir. Field war zweimal in Berlin, soweit ich es weiß, und davon war er dreimal in meiner Wohnung und einmal mit Bertz und Beling in Heiligensee.[112] Field hat uns bei seinen Besuchen einige Lebensmittel, Zigaretten und Schokolade mitgebracht. Aus Fields Unterhaltung ging hervor, daß er sehr daran interessiert ist oder war, hier in der damaligen Ostzone und in Berlin seine Komiteearbeit zu entwickeln. [...] Eine Zusammenkunft mit Field und Franz Dahlem hat stattgefunden. Auf meine Frage an Field, wie die Angelegenheit stehe, ob er die Erlaubnis bekommen hat, seine Arbeit zu beginnen, sagte er mir, daß er nicht weitergekommen sei. Field war auch sehr daran interessiert, Pakete aus Amerika an Opfer des Faschismus zu vermitteln. Zu diesem Zweck hatte er eine ganze Liste zusammengestellt. Auch ich hatte ihm einige Namen von OdF angegeben. Field war, um das in die Wege zu leiten, in der OdF-Geschäftsstelle. Ich weiß aber nicht, mit wem er dort gesprochen hat. Die Zusammenkunft Fields mit Gen. Dahlem wurde von der Genn. Weiterer vermittelt. Wer die Zusammenkunft mit OdF vermittelt hat, habe ich nicht in Erinnerung.

Der Besuch in Heiligensee war gemeinsam mit P. Bertz. Hier waren die beiden Schwestern des Gen. Beling, dessen Mutter und Schwager. Ich hatte mich an diesen Besuch erst gar nicht erinnert. Erst als ich darauf aufmerksam gemacht wurde, kam mir dieser gemeinsame Besuch in Erinnerung. Ich glaubte dann, daß auch der Gen. Beling zu Hause war. Ich wußte auch nicht, ob meine Frau ebenfalls mit in Heiligensee war. Ich habe nach einer Besprechung bei der ZPKK trotz Hinweis, nicht mit Beling darüber zu sprechen, es getan. Ich bedaure diese Verletzung dieser Anweisung. Ich wollte nichts vertuschen. Ich wollte nur verhindern, etwas falsches auszusagen und hatte nicht die Tragweite meines Handelns übersehen. Gen. Beling sagte mir gleich, daß er nicht in Heiligensee war. Ich hatte dann noch einmal versucht, mich zu erinnern, ob Beling und meine Frau daran teilgenommen haben. Meine Frau erklärt mir ebenfalls, sie war nicht mit an diesem Sonntag in Heiligensee. Da ich nicht weiß, war dieser Besuch 1946 oder 1947 und an welchem Sonntag, kann ich nicht beweisen und werde irre beim ständigen Grübeln, wie sich das alles abgespielt hat. Auch bei diesem Besuch – wie bei allen Gesprächen – wurde Fields Arbeit gelobt, wurde er als Helfer herausgestellt und er könnte sich als Wohltäter hinstellen. [...] Er vermittelte Gelder von anderen Organisationen. Er hilft Genossen in den Lagern. Was braucht er da mehr. In allen Augen ist er der große Freund und Wohltäter. Darüber wird gesprochen. Jeder empfängt ihn mit offenen Armen und jeder erzählt. Field hat es nicht nötig, groß zu fragen. So, wie ich ihm und seinem Chef begeistert von unserer Arbeit gesprochen habe, so begeistert habe ich ihm von unserem Aufbau erzählt, hier bei uns im demokratischen Sektor Berlins und in der Ostzone.

Es liegt auf der Hand, daß ich ihm von Aufbausorgen gesprochen habe, von Menschen, die unsere Arbeit sabotieren. Es ist furchtbar zu erkennen, wie meisterhaft sich Field verstellen konnte und uns alle zum Narren hielt. [...]

In Berlin teilte mir Field noch gesprächsweise mit, daß sein Chef aus dem USC ausgeschieden sei und daß es sehr fraglich erscheint, ob er nicht ebenfalls bald ausscheiden müsse, so wie Frau Tempi zwangsweise ausscheiden mußte. [...]

Zusammenfassend möchte ich sagen: Ich bin jetzt über vierzig Jahre politisch und gewerkschaftlich organisiert. Immer war ich Funktionär, bezahlter und unbezahlter. Immer habe ich treu zur Partei gestanden, habe mitgekämpft und gerungen um ideologische Klarheit. Stets war mein Leben ausgerichtet auf die Partei. Von ihr erhielt ich meine Aufträge, meine Funktionen. Sie bestimmte über meine Arbeit. Sie entsandte mich in die Bezirke. Die Partei schickte mich 1933 in die Schweiz, dann nach Saarbrücken. Ich ging in die Emigration nach Frankreich, in die CSR, von dort illegal nach Deutschland. Später in Spanien habe ich am aktiven Kampf teilgenommen, hatte verantwortliche

Funktionen. Die Partei schickte mich über Frankreich nach Luxemburg zur Grenzarbeit, von dort wieder nach Frankreich in die illegale Arbeit. Immer war ich bereit, jeden Auftrag, ohne zu schwanken und ohne zu murren, zu erfüllen. Meine Partei war immer mein Leben. Ich bin aus ihr gestoßen. Das ist das Furchtbarste, was einem Menschen, der seine Partei liebt, geschehen kann. Das bedeutet ein Todesurteil. Wie kann man leben ohne die Partei. Überall ist man der Verfemte, der Ausgestoßene. Kein Mensch gibt einem solchen gern Arbeit. Man ist ausgestoßen vom Aufbaukampf.

Ich habe viele und große Fehler gemacht. Ich habe vertraut, wo ich habe mißtrauisch sein müssen. Ich habe Märchen für Wahrheit angesehen. Ich habe mich blenden lassen von der Auffassung der Gen. Merker und Bertz, Field sei unser Mann. Ich habe in meiner Leichtgläubigkeit Field die Namen von Unterstützten gegeben, habe Parteiangelegenheiten über ihn an Bertz vermittelt, habe ihm erzählt von unserer illegalen Arbeit, wodurch er sich ein genaues Bild machen konnte, wie wir arbeiten. Ich habe ihm unser Flugblattmaterial gegeben. Alles das konnte er ausnutzen für seine verbrecherische Tätigkeit.

Ich habe den großen Fehler gemacht, die Partei nicht zu unterrichten, daß Field in Berlin war. Ich habe es unterlassen, nicht sofort, als der Rajk-Prozeß bekannt war, zur Partei zu gehen und alles klar aufzuzeigen, was ich von Field weiß und wie ich mit ihm zu tun hatte. Ich begreife heute, daß es der Partei nicht leicht war, die Zusammenhänge zu sehen, zu klären und abzuschirmen. Ich kann und will das Verhalten nicht verteidigen. Mir tut mein Verhalten leid. Ich hätte als alter erfahrener Funktionär besser die Erfahrungen unserer Genossen der Sowjetunion in Anwendung bringen müssen.

Schrecklich ist es mir zu erkennen, daß ich alle diese Fehler nicht ungeschehen machen kann. Ich bin verzweifelt deshalb und bin kein Mensch mehr. Ich bin innerlich zerrissen und grüble Tag und Nacht, was mir aus dem Gedächtnis entfallen ist, zu klären.

Möge meine Niederschrift die notwendige Klarheit bringen. Meine vielen schweren Fehler erkenne ich an, verurteile und bereue sie. Erklären möchte ich noch, trotz aller Fehler und Vergehen, ich bin nicht zum Schuft gegenüber meiner Partei geworden. Ich habe keine Aufträge, meine Partei, mein Vaterland, meine sozialistische Idee oder dergleichen zu verraten, erhalten noch ausgeführt.«

Irgendwann am Sonntag beendete Kreikemeyer seine Niederschrift und schrieb darunter: Berlin, den 27. 8. 1950. Das zweite Schreibheft war bis dahin leer geblieben. Seit Mielkes Auftritt in der Zelle quälte ihn offensichtlich die Frage, wer es hätte gewesen sein können, mit dem der Staatssekretär über ihn gesprochen hatte. War es Pieck? War es Ulbricht? Daß der Versuch gemacht werden sollte, ihn, Kreikemeyer, für die Partei »zurückzugewinnen«, diese Worte ließen eher auf Pieck schließen. In seiner Verzweiflung scheint Kreikemeyer die Variante, daß sein einstiger Kriegskamerad nur getrickst hatte, weit von sich geschoben zu haben. Er entschloß sich, an den großen Ungenannten zu schreiben. Wissend, daß nur Mielke als Überbringer in Frage kam, verfaßte er dazu einige an ihn gerichtete Begleitzeilen und redete ihn, als wären sie konspirative Partner, mit dessen früheren Decknamen an: »Herr Staatssekretär Leistner! Sie sagten mir, daß Sie mit jemandem gesprochen haben, welcher sagte, man müßte versuchen, Kreikemeyer zurückzugewinnen. Diese Ihre Äußerung veranlaßt mich, folgenden Brief zu schreiben. Ich bitte Sie, diesen Brief an den betreffenden Genossen weiterzugeben. Besten Dank dafür. W. Kreikemeyer«.

Ohne Angabe eines Datums schrieb er an den Ungenannten: »Werter Genosse! Ich weiß nicht, wer Du bist, aber eine Äußerung des Genossen Leistner, daß Du mit ihm über mich gesprochen hast, veranlaßt mich zu diesem Brief. Sei mir nicht böse, wenn ich Dich anspreche, aber versuche mich bitte zu verstehen.

Als ich am Freitag von der ZPKK erfuhr, daß ich wegen meines Vergehens aus der Partei ausgestoßen worden bin, bin ich vollkommen erschüttert und gebrochen. Ich sagte der Genossin Geffke, daß dies für mich das Todesurteil bedeutet. So ist das doch auch. Wenn man über 40 Jahre seiner Partei treu gedient hat und wird dann ausgeschlossen und von den eigenen Genossen ins Gefängnis geworfen, so sieht man, auch wenn ich das Gefängnis wieder einmal verlassen kann, nur ein Trümmerfeld vor sich. Ich denke nicht daran, das zu kritisieren, was die Partei veranlaßt hat. Genosse Wilhelm Pieck hat recht, wenn er auf dem Parteitag sagt, mit Bezug auf Field, jede Partei ist verpflichtet, daraus ihre Schlußfolgerungen zu ziehen. Ich sitze hier und grübele Tag und Nacht über diese Dinge nach, und nicht erst jetzt. Vieles habe ich im Laufe der Jahre vergessen, manches ist mir nicht klar, so daß ich mir mein Hirn martere. Niemand glaubt mir doch, daß mir vieles entfallen ist, da es mir früher unwichtig erschien. Wenn ich mir alles überlege, sehe ich ein, wie frevelhaft leichtsinnig gearbeitet wurde, wie leichtgläubig man war.

Aber stell Dir vor, Genosse, Field wird mir von allen Seiten als guter Genosse geschildert. Ich bekomme Parteiauftrag, dorthin Verbindung aufzunehmen, und tue das auch. Ich gehe zu Paul Merker, den ich als abwägenden nüchternen Genossen kenne, Mitglied des ZK. Er billigt, daß ich dorthin gehe. Paul Bertz, jeder kennt sein krankhaftes Mißtrauen, auch ich, dann weiß ich noch, er ist der Kadermann der Partei. Da habe ich blindlings Vertrauen gehabt. Wenn ich dann jetzt höre, daß Field von unseren Genossen noch 1948 oder 49 vorgeschlagen wird als Dozent an der Universität Leipzig, da kann man sich doch vorstellen, welcher Meister Field sein muß, der uns alle an der Nase herumgeführt hat, und trotzdem unentschuldbar. Ich habe Field unser Material gegeben, was wir in Form von Handzetteln zu Tausenden herausgegeben haben. Was weit schlimmer ist, ich habe ihm auftragsgemäß Nachrichten für Bertz mitgegeben. Das ist es besonders, was mich bedrückt. Er konnte sich leicht Vorstellungen machen über unsere inneren internen Parteiangelegenheiten. Das ist meine furchtbare Erkenntnis. Ich habe Field einige Male in Berlin getroffen und gesprochen. Bei unseren anderen Fehlern sagt die ZPKK, wir haben die Rolle der Amerikaner nicht erkannt und Stalins Hinweise nicht beachtet. Das ist richtig. Ich ziehe hier einen Vergleich: Noch 1945 hat die Pariser Leitung einige Dutzend Genossen von amerikanischen Offizieren in amerikanischen Lagern in amerikanischer Uniform und Disziplin als

Fallschirmspringer mit Waffen ausbilden lassen. Heute sage ich, daß auch das falsch war, denn diese Genossen sollten nur mit amerikanischen Offizieren abspringen und Verbindungen im Hinterland in Deutschland aufnehmen.

Oder ein anderer Fall: Im Auftrag der Pariser Leitung wurde ich in ein französisches Büro geschickt, um über dieses mit anderen Genossen nach Deutschland zu gehen. Ich hätte auch hier bedenkenlos den Auftrag der Partei ausgeführt. Nur durch einen Zufall war ich am Abreisetag nicht in Paris. Es stellte sich später heraus, daß dieses Büro eine Filiale de Gaulles war und dessen Neffe der Leiter dieses Büros. Meinst Du, Genosse, man hätte mir das heute in meiner Lage geglaubt (ich wäre um ein Haar durch dieses Büro im Auftrag der Parteileitung gefahren), daß ich ohne Auftrag dieses Büros gefahren bin? Es sind laufend solche Fehler gemacht worden, die in der heutigen Lage besonders beachtet werden müssen, zu der Zeit aber anders begutachtet wurden. [...]

Es gibt mehrere solche Fälle, die mir in heutiger Sicht ganz anders erscheinen als früher. Du siehst, Genosse, wie vieles falsch gemacht wurde. Das sieht man leider meist zu spät, wenn man mit der Nase darauf gedrückt wird. Zu meinen Fehlern in der Arbeit kommen die letzten als die schwerwiegendsten hinzu. Ich hatte verabsäumt, trotz wiederholter Hinweise, ausführlich über alle Geschehnisse zu berichten. Ich habe das nicht getan. Ich habe wenig und unklar manche Dinge klargestellt. Ich habe mit Beling gesprochen, trotzdem ich es nicht durfte. Das ist alles richtig.

Mir tut es weh, das eine unterlassen und das andere getan zu haben. Ich erkenne heute, daß ich der Partei damit nicht geholfen, sondern nur geschadet habe. Ich kann das leider nicht mehr ungeschehen machen. Um den Brief nicht zu lang werden zu lassen, will ich schließen. Ich kann nicht auf alles eingehen, was mir die ZPKK vorwirft. Das ist auch nicht der Sinn dieses Briefes. Ich wollte Dir nur einiges über meine Verfehlungen zu erklären versuchen und mich bedanken für Dein Verständnis. Eines muß ich Dir erklären, ich habe weder für niemanden Aufträge entgegengenommen noch ausgeführt. Ich bin trotz vieler

Fehler, die ich begangen habe, der Sohn der Partei, deren leidenschaftlicher Anhänger. Ich war und bin, was die Partei auch entscheidet. Ich muß damit fertig werden. Ich muß versuchen, mein zertrümmertes Leben, wenn ich hier wieder herauskomme, irgendwie zu flicken. Auch wenn mich die Partei verstoßen hat, ich klammere mich trotzdem an sie, denn nur sie kann mir Halt sein. Entschuldige bitte, werter Genosse, daß ich Dir diesen Brief schrieb. Mit sozialistischem Gruß Willi Kreikemeyer«.

## Mordopfer

Kreikemeyers Texte aus der Zelle reflektieren seinen tragischen Untergang. Er zerbrach an einem für ihn unlösbaren Konflikt. Am Anfang stand die Umwandlung der Wahrheit um Noel Field in eine Lüge. Nicht irgendwer, sondern seine Partei war es, die von Kreikemeyer verlangte, diese Unwahrheit als neue Wahrheit zu akzeptieren. Er war ohne erkennbaren Widerspruch dazu bereit. Der Partei hatte er sich noch nie verweigert. Er konnte es auch jetzt nicht. In drei Jahrzehnten wurde sie ihm zum Unbedingten, zum Unbegrenzten, zum Allmächtigen, zu einer Art pseudoreligiöser Trinität von Gott Vater, Sohn und Heiligem Geist. Ein Außenstehender hätte in Kreikemeyer noch vor wenigen Tagen einen primitiven Agitator gesehen, wäre er Zeuge gewesen, als der vorherbestimmte Gefangene Nummer 2 am Strand von Zinnowitz zwei jungen Leuten Rede und Antwort stand und ihnen sagte: »Ihr dürft nie vergessen, unsere Partei ist unbedingt rein und irrt sich nicht. Wenn die Partei die Sache in die Hand genommen hat, könnt ihr ganz beruhigt sein, dann wird sie gut zu Ende geführt.«

Mit dieser Gläubigkeit war Kreikemeyer durchs Leben gegangen. Nie hatte er sich gefragt, ob es richtig ist, was die Partei macht. Er stand in ihren Diensten treu und unerschütterlich. Er war, wie er in Spanien zeigte, bereit, sein Leben und seine Gesundheit einzusetzen. Er hatte die Generaldirektion der Reichsbahn in der Gewißheit übernommen, daß es eine Entscheidung der Partei war. Ob er dieser Aufgabe gewachsen war, fragte er sich nicht. Die Antwort hatten bereits andere gegeben. Sonst wäre er dazu nicht berufen worden. »Stets war mein Leben ausgerichtet auf die Partei. Von ihr erhielt ich meine Aufträge, meine Funktionen. Sie bestimmte über meine Arbeit.« Die Personen, die ihm sagten, was er zu tun hatte, wechselten. Die Zeiten und Umstände änderten sich. Willi Münzenberg, Otto Niebergall, Paul Merker, Paul Bertz oder Lex Ende waren in dem jeweiligen Augenblick für ihn die Personifizierung der Partei. »Immer war ich bereit, jeden Auftrag, ohne zu schwanken und ohne zu murren, zu erfüllen. Meine Partei war immer mein Leben.« Und jetzt? »Ich bin aus ihr gestoßen. Das ist das Furchtbarste, was einem Menschen, der seine Partei liebt, geschehen kann. Das bedeutet ein Todesurteil. Wie kann man leben ohne die Partei.« Er hatte kein Fragezeichen dahinter gesetzt. Es war sein Resümee. Eine Liebe war zu Ende. Die Partei, seine Geliebte, hatte ihn von sich gestoßen. Er erging sich in Selbstanklagen, weil er Field vertraute, weil er nicht genügend wachsam gewesen war. Er drehte sich damit im Kreise. Schließlich hatte er sich die Zusammenarbeit mit dem Amerikaner nicht selbst gesucht. Es war ein Auftrag der Partei gewesen.

Bertolt Brecht fragte in einem Gedicht: »Wer aber ist die Partei?« und antwortete: »Wir sind sie. Du und ich und wir – wir alle. In deinem Anzug steckt sie, Genosse, und denkt in deinem Kopf. ... Wir können irren, und du kannst recht haben. [...]«[113] Brecht dachte dialektisch. Kreikemeyer stand fern dieser Denkweise. Er dachte dogmatisch, wie in der Partei vorherrschend, ganz nach ihrem Vorbild KPdSU(B). Stalin predigte offen Dialektik, gepreßt in Merkmale. Heimlich ließ er diejenigen, die anders in Zusammenhängen dachten als er selbst, die eigenständig das Prinzip von Kritik und Selbstkritik anwandten, verfolgen und umbringen. »Ich hätte als alter erfahrener Funktionär besser die Erfahrungen unserer Genossen der Sowjetunion in Anwendung bringen müssen.« Das war die Selbstkritik, die Kreikemeyer einfiel. Er durchschaute nicht, daß es genau die sowjetischen Erfahrungen waren, die gegen ihn angewandt wurden. Mielke zeigte ihm, wie man es machen muß. »Ich bin nicht zum Schuft gegenüber meiner Partei geworden«, bekannte Kreikemeyer. Gewiß nicht. Es war die Partei, die mit ihm arglistig und niederträchtig umging. Wie sonst hätte sie von ihm verlangt, als verbrecherische Tätigkeit zu akzeptieren und dafür die Verantwortung zu tragen, was er früher zum Nutzen der Partei getan hatte. Zum gründlichen Nachdenken blieb ihm weder Zeit noch Ruhe. Ob er sich gefragt hat, wie er damals in Frankreich hätte handeln müssen, damit es jetzt richtig gewesen wäre? »Richtig« wäre gewesen, die deutschen Emigranten in Frankreich hätten die Hilfe der Amerikaner, der Kriegsverbündeten der Sowjetunion, ausgeschlagen, weil sie voraussehen mußten, daß nicht einmal zehn Jahre später sich die beiden Großmächte, am Rande eines dritten Weltkrieges schwebend, global gegenüberstehen würden. In einer Zeit, als die Alliierten alle Kräfte gegen ihren Feind konzentrierten, soll der Sozialarbeiter Noel Haviland Field ausgeschickt worden sein, um Agenten für eine neue Kriegskonstellation zu gewinnen? Kreikemeyer beklagte, nicht wachsam gewesen zu sein. Worin bestand denn die Wachsamkeit von damals? Etwa darin, daß deutsche Kommunisten in Frankreich, die weder Juden noch namentlich von der Gestapo Gesuchte waren, in der Organisation Todt – wie es sein Kerkermeister vorgelebt hatte – mitbauten an Wällen zur Verlängerung des Krieges und gegen die Alliierten der UdSSR? Kreikemeyer waren ketzerische Gedanken dieser Art fremd. Er war verzweifelt, innerlich zerrissen und grübelte, welches Detail mit und ohne Field seinem Gedächtnis hätte entfallen sein können.

Der mit sozialistischem Gruß beendete Brief an den Ungenannten und die Begleitzeilen an Staatssekretär Leistner, geschrieben am 29. oder 30. August 1950, sind die letzten Zeugnisse von Kreikemeyers Existenz. Danach gibt es nichts mehr von ihm. Keine Zeile von ihm und keine darüber, daß noch einmal mit ihm gesprochen wurde. Was aber ist mit ihm geschehen? Das ist die bleibende Frage ohne klare Antwort. War die Zelle 2 der U-Haftanstalt in der Schumannstraße oder ein mit ihr im Zusammenhang stehender Platz in- oder außerhalb des Gefängnisses der letzte Aufenthaltsort seines irdischen Daseins? Alle Indizien sprechen dafür. Ich habe keinerlei Anlaß, der Meinung anderer zu folgen, die Russen hätten ihn umgebracht. Es ist leicht, auf deren Mordkonto auch Kreikemeyer zu deponieren. Es gibt keine Anhaltspunkte dafür, daß er von Berlin aus noch eine lange Reise in die unendlichen Weiten eines fernen Landes angetreten haben könnte, wie es mit Kurt Müller, Leo Bauer und anderen geschah. Scheidet die russische Variante aus, bleibt nur die deutsche. Vom MfS oder von anderen staatlichen Stellen der DDR wurde nie bestritten, ihn bis zuletzt in der Hand gehabt zu haben. Zweitens befindet sich in der umfangreichen und bürokratisch geführten MfS-Akte Kreikemeyer nicht der geringste Hinweis darauf, daß der Häftling sowjetischen Behörden übergeben wurde. Drittens hatte Erich Mielke im Fall Kreikemeyer ganz persönliches Interesse daran, ihn unter seiner Kontrolle zu behalten. Und nichts deutet darauf hin, daß die sowjetische Seite an ihm speziell interessiert gewesen wäre. Selbst seine Verhaftung muß als eine deutsche Entscheidung angesehen werden. Wäre es anders gewesen, hätten auch Paul Merker und Lex Ende unmittelbar nach ihrem Ausschluß aus der SED festgenommen werden müssen.

Willi Kreikemeyer war ein Mordopfer. Unklar ist, ob er am 31. August 1950 – an dem in den Akten festgehaltenen und sieben Jahre später seiner Frau mitgeteilten Todestag – ermordet wurde oder ob er sich selbst umgebracht hat. Gegen eine Selbsttötung spricht, daß er sich trotz seiner Äußerung zu Herta Geffke, der Ausschluß aus der Partei bedeute für ihn das Todesurteil, nach dem Gespräch mit Mielke an den Strohhalm der möglichen Rückgewinnung für die Partei klammerte. Er lebte in der Hoffnung auf eine Chance. Hätte er sich dennoch plötzlich anders entschieden, bliebe die Frage, warum und wie er es hätte tun sollen. Die nach Jahren zum MfS-Gebrauch angefertigte Legende bleibt wegen ihrer Unglaublichkeit einfach sagenhaft. Tatsächlich muß der Tod plötzlich über ihn gekommen sein. Er hatte nicht einmal die Gelegenheit wahrgenommen, Marthe einen Abschiedsgruß zu schreiben, auch wenn er damit rechnen mußte, er würde ihr vorenthalten. Noch lagen zumindest das zweite Schreibheft und der Bleistift in seiner Zelle. Die letzte Eintragung blieben die Zeilen an Mielke. Herausgerissene Heftseiten sind nicht erkennbar.

Die Geschichte kennt genügend Beispiele, daß einem Menschen in einer für ihn aussichtslosen Situation der Strick oder das Schießeisen in die Hand gegeben wurde, um sich selbst zu richten. Diese Methode, bei Offizieren und namhaften Personen angewandt, diente nicht selten dazu, sie dann unter Angabe einer erlogenen Todesursache mit öffentlichen Ehren zu Grabe zu tragen. Im Fall Kreikemeyer stand dies nie in Erwägung. Er sollte als Feind aus den eigenen Reihen angeprangert werden, wenn nicht in einem Schauprozeß, dann in der Propaganda. Hätte er sich umgebracht, wäre sein Tod zumindest für den internen Gebrauch und zur Rechenschaft gegenüber dem Politbüro dokumentiert worden. Nichts dergleichen geschah. Kein Arzt durfte den Leichnam sehen. Er wurde heimlich beseitigt, verbrannt oder an einem unbekannten Ort verscharrt.

Mit außergewöhnlichem Aufwand an Kraft und Zeit betrieben Mielke und Scholz die Geheimhaltung von Kreikemeyers Tod. Sieben Jahre lang bestritten sie, daß er nicht mehr lebt. Im Oktober 1954, als in Budapest die Freilassung des dort inhaftierten Ehepaares Field vorbereitet wurde, weil »die früher gegen diese beiden Personen erhobene Anklage nicht aufrechterhalten werden« konnte,[114] sah sich Alfred Scholz angesichts dieser Wende veranlaßt, etwas zur eigenen Vorsorge und in Mielkes Interesse zu tun.

Im Jahre 1965 gab es zu Kreikemeyer eine hauseigene Recherche des MfS. Die französische Staatsbürgerin Marthe Kreikemeyer hatte über den Verkehrsminister der DDR Erwin Kramer einen Antrag auf Witwenrente gestellt. Daraufhin kam es zu Kontakten zwischen Kramer, Hermann Matern und Erich Mielke. Der Chef des MfS ließ in seinem Hause feststellen: »Vernehmungsprotokolle des Willi Kreikemeyer gibt es keine. In einem von Gen. Scholz gefertigten Bericht vom 25. 10. 1954 geht hervor, daß Kreikemeyer in den ersten Tagen der Untersuchungshaft gefaßt, aber auch entschlossen war, nichts auszusagen, was er auch direkt gegenüber dem Vernehmenden zum Ausdruck brachte. Es sind jedoch zwei DIN A 4 Schreibhefte vorhanden. ... und dem Vermerk ›Z:2‹ also Zelle 2. ... Heft 1 ... Datum 27. 8. 1950 Berlin. Das Heft Nr. 2. ... ohne Datum.« Nicht gesagt wurde, daß dieser Vernehmer Alfred Scholz selbst gewesen ist und daß sich Kreikemeyer so verhalten hatte, wie es Mielke ihm abverlangte. Die Schreibhefte wurden zwar genannt, aber mit keinem Wort angedeutet, daß Kreikemeyer darin schriftlich »ausgesagt« hatte. Mielke und Scholz hielten auch fünfzehn Jahre danach ihr verteiltes Rollenspiel aufrecht.

Was hieß es, Kreikemeyer war »gefaßt«? Bekannt ist diese Redewendung im Zusammenhang mit Menschen, die ihr Todesurteil erfahren oder vor der Hinrichtung stehen. Sie sind, wenn nicht das Gegenteil, beherrscht, ruhig und gefaßt. Aber wer hat Kreikemeyer so gesehen? Der Fall Willi Kreikemeyer war mit seinem angeblichen oder tatsächlichen Todestag noch lange nicht abgeschlossen. Mit dem auf dem Altar einer Karriere geopferten Mann verbindet sich eines der unglaublichsten Menschenschicksale deutscher Nachkriegsgeschichte.

## Die Propagandalüge

Bis Ende August 1950 war die DDR-Ausgabe der Field-Story unter Ausschluß der Öffentlichkeit vorbereitet worden. Am Freitag, dem 1. September 1950, überraschte die SED ihre Zeitungsleser und alle Interessierten in West und Ost mit der »Erklärung des ZK und der ZPKK zu den Verbindungen ehemaliger deutscher politischer Emigranten zu dem Leiter des USC, Noel H. Field«. Das Machwerk wurde zur Pflichtlektüre für alle Parteimitglieder und Gegenstand von Versammlungen mit genauer Registrierung, wer dazu gesprochen und was er gesagt hatte. 1953 erschien die Erklärung mit Beschlüssen ähnlicher Art und mit Auszügen aus einer Rede von Hermann Matern vom 14. Mai 1953 in einer gesonderten Publikation im Parteiverlag. Später, nach 1956, wollte die SED-Führung mit alledem nichts mehr zu tun gehabt haben und setzte diese Schrift auf den Index. DDR-Historikern wurde untersagt, sie zu erwähnen und daraus zu zitieren.

Über das Schicksal der Verdammten schwieg sich die Erklärung aus. Die Verhaftungen wurden geheimgehalten. Verstorben war nur Paul Bertz. Unerwähnt blieb Henny Stibi, die Vertrauensperson des sowjetischen Geheimdienstes. Sie hatte bekanntlich vom Frühjahr bis Oktober 1941 mit Field gearbeitet und vor ihrer Abreise aus Marseille Kreikemeyer und Field zusammengebracht. Den deutschen Kommunisten in Frankreich galt der Vorwurf, die »Zersetzungsarbeit in der deutschen Okkupationsarmee in Frankreich« gehemmt zu haben. Wäre es um die Wahrheit gegangen, hätten an dieser Stelle Namen wie Haid, Joos und Mielke stehen können. Diesen Platz bekamen Ende, Kreikemeyer, Bertz, Bauer und Merker, denn sie befolgten »in der Tat die Befehle der amerikanischen Imperialisten und sabotierten die Entfaltung einer antifaschistischen Widerstandsbewegung. Aus diesem Grunde unterließen Lex Ende und Willi Kreikemeyer die politische Aufklärungsarbeit unter den deutschen Emigranten.«

Die Beschuldigten hatten keine Möglichkeit, sich zu wehren, die Leser keine Gelegenheit, die Angaben zu prüfen. Die Behauptungen hatten den Sinn, in Stadt und Land nach Agenten in den eigenen Reihen zu suchen. In den Versammlungsberichten tauchte hier und da die Bemerkung auf, die Teilnehmer hätten wissen wollen, wo sich Field befindet, und die Frage, wenn man ihn haben sollte, warum er nicht vor Gericht gestellt wurde. Niemand wußte darauf eine Antwort. Nach Kreikemeyer fragte niemand. Tatsächliches oder gespieltes Erstaunen überall, wie das passieren konnte:

»In Berlin unterhielten Field und seine Mitarbeiterin Verbindung mit Willi Kreikemeyer, Paul Bertz und Maria Weiterer. Willi Kreikemeyer hatte mit ihm vier Zusammenkünfte. Er führte ihm andere ehemalige Emigranten zu und hatte im Sommer 1947 mit Bertz und Field eine fünfstündige Beratung in Heiligensee. Diese wiederholten Besuche unternahm Field zweifellos zu dem Zweck, Vertrauen beim Parteivorstand der SED zu gewinnen.

Bereits im Jahre 1946 hatte er unmittelbar nach der Vereinigung der Arbeiterparteien einen Vorstoß unternommen, um in die Kader der SED einzudringen. Als Ausgangspunkt diente ihm ein Korrumpierungsversuch mit Hilfe von Lebensmittelpaketen. Um dieselbe Zeit wurde durch andere amerikanische Organe die Spaltung des FDGB mit Hilfe der Verteilung von Carepaketen an sozialdemokratische Betriebsräte und Gewerkschaftsfunktionäre vorbereitet. Noel H. Field versuchte die gleiche Methode zur Zersetzung der Kader der SED anzuwenden. Er versuchte mehrmals Listen von Opfern des Faschismus zu erhalten und wandte sich deshalb an das Zentralsekretariat der SED. Da er hier jedoch abgewiesen wurde, knüpfte er durch fingierte Telefonanrufe eine Verbindung zum Berliner Hauptausschuß der Opfer des Faschismus an, wo es ihm tatsächlich gelang, nach mehreren Besprechungen eine Liste mit 25 Namen zu erhalten.

Seine persönlichen und schriftlichen Verbindungen in Berlin und anderen Orten Deutschlands liefen bis zum Frühjahr 1949. [...]

Die Untersuchung durch die ZPKK ergab also, daß die Beziehungen einer Reihe von Genossen zu Noel H. Field sich nicht nur auf Fragen der Wohltätigkeit beschränkten. Es wurde festgestellt, daß Bruno Goldhammer, Maria Weiterer und Willy Kreikemeyer ihm in umfangreicher Weise geholfen haben, zahlreiche Emigranten persönlich kennenzulernen. Maria Weiterer und Willy Kreikemeyer leisteten ihm große Hilfe bei der Beschaffung des Adressenmaterials der politischen Emigration. Es wurde weiter festgestellt, daß Lex Ende, Leo Bauer, Paul Bertz, Maria Weiterer, Willy Kreikemeyer, Paul Merker und Genosse Walter Beling Field entweder selbst Kenntnis von parteiinternen Angelegenheiten gaben oder dieses duldeten. [...] Bei der Untersuchung ergab sich, daß eine Reihe von ehemaligen Emigranten der Partei nicht behilflich waren, die Zusammenhänge einwandfrei zu klären. Das trifft besonders auf Bruno Goldhammer, Willy Kreikemeyer, Maria Weiterer und in gewissem Umfang auch auf den Genossen Walter Beling zu. Sie gaben nach dem Rajk-Prozeß der Partei keine Mitteilung über ihre Beziehungen zu Noel

H. Field, sondern mußten erst dazu aufgefordert werden. Sehr deutlich war zu erkennen, daß sie nur die Dinge zugaben, die ihnen bereits nachgewiesen werden konnten. Dabei beriefen sie sich stets auf ihr getrübtes Gedächtnis und machten über den Inhalt ihrer Besprechungen mit Field nur unvollkommene Angaben. Ihr Verschweigen vor der Partei war ein Beweis von Unaufrichtigkeit, mangelndem Vertrauen zur Partei und fehlender Parteiverbundenheit. Wie war es möglich, daß Menschen, die vorher auf leitenden Funktionen in der Partei standen, auf ein so klassenfremdes Element wie Noel H. Field hereinfallen konnten? Die Ursachen waren neben den schon angeführten Gründen die ihrer sozialen Herkunft entsprechende kleinbürgerliche Ideologie, von der sie sich niemals lösen konnten und die bei den meisten von ihnen schon vor 1933 zu politischen Schwankungen führte.«

## Draufschläge

Das Parteipapier über die Verbindung deutscher Emigranten zu Noel Field zwang Marthe Kreikemeyer zu dem Entschluß, umgehend ihre Funktion in der SED-Wohngruppe niederzulegen. Die Reaktion auf ihren Antrag ließ auf sich warten. Keiner wollte mit ihr darüber sprechen. Marthe saß grübelnd und untätig zu Hause. Wenn es klingelte, war sie darauf gefaßt, abgeholt zu werden. Obgleich nur mittelbar, hatte auch sie mit Field zusammengearbeitet. Außer den Nachbarn, die sich unterschiedlich zu ihr verhielten, interessierte sich niemand für sie.

Als der September zu Ende ging und ihre Hoffnung auf eine Antwort Piecks aus dem Parteihaus geschwunden war, fuhr sie zum Präsidentensitz Schloß Niederschönhausen. Ihre Erwartung, dort etwas zu erfahren, stieß ins Leere. Am 28. September schrieb sie, diesmal nicht an den SED-Vorsitzenden, sondern an das Oberhaupt der DDR per Einschreiben: »Sehr geehrter Herr Staatspräsident! In Ihrer Kanzlei, in der öffentlichen Sprechstunde, konnte ich leider keine Auskunft erhalten, so daß ich mich gezwungen sehe, mich noch einmal persönlich an Sie zu wenden, mit der Bitte gefl. veranlassen zu wollen, daß mir folgende Fragen beantwortet werden:

Was wird genau meinem Mann zur Last gelegt? Aus dem Kommuniqué im ND geht zwar hervor, daß er mit dem Agenten Field bekannt war, denselben auch noch in Deutschland nach 1945 getroffen hat, zuletzt wohl im Jahre 1947. Das stimmt. Aber dasselbe kann man mir auch zur Last legen; wir wußten beide nicht, daß F. ein Agent ist. Das ist eben unser persönliches Unglück, daß der Mann unsern Weg gekreuzt hat und wir – mit vielen andern – nicht erkannt haben, was dahinter steckt. Lt. Verfassung unserer DDR, § 136, ist der Grund der Verhaftung sofort sowohl dem Festgenommenen selbst als auch einer von ihm benannten Person mitzuteilen. Ich nehme nicht an, daß mein Mann weiß, daß ich über nichts unterrichtet bin, zumal er nun bereits in der fünften Woche inhaftiert ist.

Sollte die Inhaftierung noch längere Zeit dauern, so bitte ich um die Erlaubnis, meinem Mann wärmere Wäsche und Kleidung zukommen zu lassen.

Besteht die Möglichkeit für mich, noch einmal mit dem Beamten Rücksprache zu nehmen, der bei uns die Haussuchung durchgeführt hat? Ich möchte ihn bitten, zu veranlassen, daß mir unser Scheckbuch zurückerstattet wird, denn die Geldangelegenheit dürfte doch wohl in der Zwischenzeit geklärt worden sein.

Ich wäre Ihnen zu größtem Dank verpflichtet, sehr geehrter Herr Staatspräsident, wenn Sie veranlassen würden, daß mir obige Fragen beantwortet werden.«

Auch dieser zweite Brief an Pieck schien in den Wind geschrieben zu sein. Sie vermutete, daß er ihm nicht vorgelegt worden war. Am 20. Oktober schrieb sie erneut an den »Herrn Staatspräsidenten Wilhelm Pieck, Berlin-Pankow Schönhausen«: »In der Anlage erlaube ich mir, Ihnen Kopie eines Schreibens zu übermitteln, welches Ihnen am 28. v. M. zuging. Da mir bis jetzt meine Fragen unbeantwortet geblieben sind, wende ich mich noch einmal an Sie, Herr Staatspräsident, als oberste Instanz unserer

DDR und bitte Sie inständig, veranlassen zu wollen, daß die zuständigen Stellen mir eine Antwort zukommen lassen.

Es sind nun schon acht Wochen, daß ich nicht weiß, wo mein Mann sich befindet, und ich verstehe auch, daß, wenn die Untersuchung noch nicht abgeschlossen ist, er immer noch strengstens isoliert werden muß. Aber mein Mann ist krank. Im Sommer konnte eine Operation nicht durchgeführt werden, weil der Zustand seines Herzens dies nicht erlaubte. Durch die Aufregungen dieser vergangenen Wochen wird sich seine Krankheit wohl nicht gebessert haben, und deshalb bitte ich nochmals um die Erlaubnis, warme Wäsche und Kleidung für ihn abgeben zu können, um zu verhindern, daß noch andere Komplikationen eintreten.

Mit Genugtuung las ich in den letzten Tagen in der Tagespresse und auch in der Broschüre ›Das erste Jahr DDR‹ mehrere Artikel, die nur Positives und Erfreuliches über die Arbeit der Reichsbahn und die vorfristige Erfüllung des Zweijahresplanes berichten. Ich glaube, daß dies in erster Linie der fleißigen und unermüdlichen Arbeit von Willi Kreikemeyer zu verdanken ist. Ich muß immer wieder daran denken, wie er sich über jeden Erfolg gefreut hat und jeden Tag aufs neue gekämpft hat, damit es auf allen Gebieten vorwärts geht. Und deshalb kann er kein Feind sein.

Und nun möchte ich Ihnen noch etwas melden, das zwar schon durch unsere Wohngruppe an unseren Kreis vor Wochen gemeldet worden ist, aber vielleicht doch noch nicht bis zu Ihnen gedrungen ist. Eine Genossin unserer Wohngruppe war Ende August in Dänemark zu Besuch bei ihrer Tochter. Am Freitag, dem 25. August, wurde mein Mann festgenommen. Am Dienstag, dem 29. August, brachte der dänische Rundfunk die Meldung, daß in Berlin sechs Funktionäre aus der SED ausgeschlossen und verhaftet worden sind, darunter auch Willi Kreikemeyer. Am Freitag, dem 1. September, erst brachte unsere Presse die Meldung. Mir erscheint interessant und wichtig zu wissen, daß das Ausland über diese Angelegenheit informiert war, bevor hier in Deutschland das geringste bekannt war.

In der Hoffnung, daß Sie meiner oben angeführten Bitte entsprechen werden, verbleibe ich mit vorzüglicher Hochachtung Marthe Kreikemeyer.«

Sie umging den Postweg und brachte den Brief selbst zum Schloß Niederschönhausen. Ein Mitarbeiter der Präsidialkanzlei nahm ihn entgegen. Mit dem Eingangsstempel 24. Oktober 1950 und der Nummer 1917/50 wurde er registriert. Marthe hatte vergeblich gehofft, den Chef der Kanzlei, Dr. Leo Zuckermann, anzutreffen, mit dem Willi und sie von Mai bis Oktober 1941, bis zu Zuckermanns Abreise nach Mexiko, in Marseille zusammengearbeitet hatten. Der Beamte sagte ihr, selbstverständlich werde der Brief über den Tisch des Kanzleichefs gehen.

Am nächsten Tag las Marthe im »Neuen Deutschland« ganzseitig und groß aufgemacht: »Einige Materialien über Sabotage durch Bürokratismus, dargestellt an dem Fall Kreikemeyer.«[115] Autor war Fritz Lange, Leiter der Zentralen Kontrollkommission (ZKK) beim Innenministerium, einer Institution, die eng mit Erich Mielke verbunden war. Über jemand, der sich in den Fängen des MfS befand, hätte Lange nicht aus freien Stücken zur Feder gegriffen. Wieder war Kreikemeyer der besondere Sechste. Nur er, kein anderer der im Zusammenhang mit Noel Field verfolgten Bürger der DDR, wurde wegen seiner beruflichen Tätigkeit nach der Rückkehr aus dem Exil öffentlich attackiert. Langes Artikel war unfraglich in Absprache mit Mielke entstanden. Auf den toten Kreikemeyer wurde geschlagen, als ob er noch leben würde. Bis auf die wenigen, die es anders wußten, blieben alle, die Führung von SED und DDR eingeschlossen, in dem bedenkenlosen Glauben, die Untersuchung schreite zügig voran und »die verräterische Rolle der Kreikemeyer und Konsorten in der Zeit der Emigration«[116] habe sich bis in die Gegenwart fortgesetzt.

Lange ging über die Erklärung des ZK und der ZPKK hinaus. Er machte Kreikemeyer zu einem direkten Agenten des OSS, des Vorläufers der CIA: »Es ist ganz klar, daß diese Verbindungen des Kreikemeyer zu Field nicht nur freundschaftlich-persönlicher Natur gewesen sein können. Schließlich ist der von der ZPKK entlarvte Agent des OSS, Kreikemeyer, jahrelang Präsident der Reichsbahndirektion Berlin und Generaldirektor der Reichsbahn und damit in einer entscheidenden Schlüsselstellung von Staat und Wirtschaft gewesen. Es ist deshalb notwendig und an der Zeit, gründlichst zu untersuchen, auf welche Art Kreikemeyer versucht hat, die Aufträge auszuführen, die ihm von Field oder anderen Mittelsmännern des OSS aufgegeben wurden. Hinzu kommt, daß es gerade im Gebiet der Reichsbahn eine ganze Anzahl schädlicher Tendenzen gegeben hat, die im einzelnen gesehen nicht immer gleich den Verdacht aufkommen ließen, daß eine gelenkte organisierte Sabotage vorliegt. Erst der Bericht der ZPKK und der Beschluß des ZK der SED gab der Zentralen Kommission für Staatliche Kontrolle die Möglichkeit, aus der Summe scheinbarer Einzelheiten die Methode der Sabotage zu erkennen, der sich Kreikemeyer bediente, um seinen Auftraggeber und ›Wohltäter‹ Noel H. Field zufriedenstellen zu können.«

Alles, was nicht oder nicht sofort im Bereich der Reichsbahn funktionierte, war nach Langes Interpretation aus den USA ferngesteuert, z. B. der Waggonmangel für die Kohlentransporte oder die noch immer nicht einheitlichen Fahrpreistarife der früher in Privatbesitz befindlichen und nunmehr in die Reichsbahn eingegliederten Kleinbahnen. Lange leugnete die in der Mangelwirtschaft unvermeidbare Kompensation. Er nannte es Sabotage, daß Kreikemeyer nur dann zur Abgabe von schrottreifen Lokomotiven bereit war, wenn er dafür im Tausch etwas anderes bekam. Der Vorwurf: Kreikemeyer »sah seine Aufgabe u. a. darin, jede Einsichtnahme in die Schrottbestände der Reichsbahn zu verhindern und jede Schrottabgabe zu sabotieren. [...] Er ordnete an, daß nur so viel Schrott abzuliefern sei, wie die Industrie dafür Material an die Reichsbahn liefern würde.« Lange wußte, daß der Bahnchef dies ohne Rückendeckung der sowjetischen Transportoffiziere niemals hätte durchsetzen können. Aber sie blieben außerhalb jeder Verantwortung. Strafwürdig allein war Kreikemeyer.

»Die Sabotage Kreikemeyers bestand darin, daß er ständig so tat, als ob die Kesselwagenangelegenheit ein ›Problem‹, eine ›objektive‹ Schwierigkeit sei. Das genaue Gegenteil ist erwiesen.

Es wurde festgestellt, daß Kreikemeyer keinen Finger krumm gemacht hat, um wenigstens zu versuchen, ›das Problem‹ zu lösen. Kreikemeyer wußte genau, daß die konsequente Nichtbeachtung des ständigen Versagens der Transporte von Kraftstoffen und flüssigen Chemikalien faktisch eine spürbare Sabotage an unserer Wirtschaft bedeutet. [...] Am tollsten aber war die skrupellose Ausnutzung alter, überholter Paragraphen zur Drosselung der Kohlentransporte. Im Juli dieses Jahres hatte die Landeskommission für Staatliche Kontrolle Brandenburg von einem Kumpel des Braunkohlenwerkes ›Franz Mehring‹ die Nachricht erhalten, daß im Senftenberger Revier die Kohlenhalden immer höher wachsen, die Briketts zerfallen, und die Kumpels fragen, ob es überhaupt noch einen Sinn hat, Wettbewerbe durchzuführen, wenn man das Ergebnis ihrer Arbeit verkommen läßt. Angeblich sollte wieder einmal ›Waggonmangel‹ schuld sein. Die Landeskommission für Staatliche Kontrolle untersuchte gemeinsam mit den Volkskontrollausschüssen der Kumpels diesen Mißstand und stellte fest, daß es nicht an den Waggons, sondern u. a. an einer alten Bestimmung der Reichsbahn liegt. [...] Es bedurfte nur weniger Tage, um diese Kohlen in Bewegung zu setzen.«

Lange und seine Kommission hatten »nie verkannt, welche heroische Arbeit von der großen Masse der ehrlichen Eisenbahner im Kampf gegen tatsächliche objektive Schwierigkeiten in der Vergangenheit geleistet wurde und auch heute noch geleistet wird.« Auf den lebenden Toten wurde auch alles Negative aus der Spaltung Berlins für die Menschen der Stadt geworfen. »Kreikemeyer verstand es, die Schuld von sich demagogisch auf ›die Russen‹ abzuwälzen, ein verbrecherisches Verfahren, dessen er sich auch später des öfteren zu bedienen pflegte.« Die einfache Logik: Wer Agent der Amerikaner ist, muß ein Russenfeind sein.

»Die wenigen oben angeführten Beispiele aus der Schädlingsarbeit Kreikemeyers beweisen einwandfrei, daß es sich nicht um Zufälligkeiten bürokratischer Unzulänglichkeiten, Dummheit oder ›historisch‹ bedingte Überbleibsel aus dem ›besonderen‹ Charakter der Reichsbahn seligen Angedenkens handelt. Das, was Kreikemeyer bei der Reichsbahn getrieben oder was er bewußt unterlassen oder geduldet und gedeckt hat, war Sabotage übelster Art. Er hatte im Auftrage des OSS vorläufig die Funktion einer ›Gummiwand‹ auszuüben, an der alle Versuche, die Reichsbahn zu befähigen, ihre Aufgaben im Rahmen der Volkswirtschaftspläne zu erfüllen, abprallen sollten. Nicht jeder Saboteur von heute hat direkt nachweisbare Beziehungen zu Noel H. Field.«

Lange ging daran, die Gefühle für den in der Reichsbahndirektion nicht unbeliebten Chef zu demontieren. »›Ein guter Kerl, etwas weich!‹ Aber niemand macht sich die Mühe, dieser – mit Verlaub gesagt – ›Psychologie‹ etwas ernsthafter nachzugehen. So sprach man auch über Kreikemeyer. In Wirklichkeit war die scheinbare ›Weichheit‹ des Kreikemeyer eine ganze Kette hartnäckigster Bosheiten. Der zähe Widerstand, der von der ZKK Tag für Tag, Jahr für Jahr bei Kreikemeyer förmlich gebrochen werden mußte, zeugte von einer Härte sondergleichen und ist genau das Gegenteil von ›Mangel an Energie‹ oder ›Weichheit‹.«

Der Pädagoge Fritz Lange, ein ehemaliger Lehrer, der später zum Volksbildungsminister avancierte und einige Jahre neben Erich Mielke auf der Regierungsbank saß, zog die Lehre aus seiner Erzählung: »Mit ähnlichen Leuten wie Kreikemeyer und Konsorten ist der Fünfjahrplan nicht durchzuführen.«

Marthe Kreikemeyer wurde zur Verteidigerin ihres sprachlos gewordenen Mannes. Am 31. Oktober schrieb sie zwei Briefe, zuerst an den im Parteihaus für das Ressort Verkehrswesen zuständigen Karl Gaile, einen von Willis Bekannten aus Spanien und Paris. Auch Marthe kannte ihn gut. Seine Frau war Französin. Marthe hatte nach Willis Verhaftung mit ihm zu sprechen versucht und war von ihm abgewiesen worden. Langes Artikel drängte sie, Gaile zu schreiben, »obwohl ich weiß, daß, wenn Willi aus der Partei ausgeschlossen ist, er für Dich ›nicht mehr existiert‹. Diesen Ausspruch werde ich wohl nie vergessen. So grob und herzlos war man vorher nie mit mir umgegangen, seitdem aber um so mehr. Ich war in Frankreich immer gut zu den deutschen Emigranten, sogar wenn man dabei etwas riskierte. Eine solche Behandlung, wie ich sie hier mitmache, habe ich bestimmt nicht verdient. Aber nun zur Sache. [...] Was der Genosse Lange an Hand dieses Artikels aufzeigt, das kann man unmöglich einem einzelnen Menschen unterschieben wollen. [...] Du als wahrheitsliebender Mensch müßtest doch hingehen und verschiedenes richtig stellen. Denn Du wirst manches wissen, und der Genosse Lange scheint mir nicht richtig informiert zu sein. Ich auf jeden Fall werde den Mut haben, ihm das zu schreiben. Du weißt ja, in unserm Lande sagt man, was man denkt, auch wenn man eventuell dafür büßen muß. [...]

Gegen Willi ist irgendeine schreckliche Intrige im Gange. Hoffentlich gelingt es der Partei noch, sie aufzudecken. Ich habe immer noch die Hoffnung und das Vertrauen. Willi tut mir furchtbar leid. Ich kann mir denken, wie sehr er unter diesen Anschuldigungen leiden wird. Außerdem wird er unter der Kälte leiden, denn er hat absolut keine warmen Sachen dabei, nicht einmal eine Kopfbedeckung. Dies ist nun wieder ein Punkt, den ich nicht verstehe, warum man mir nicht gestattet, ein Paket zur Weiterleitung an ihn irgendwo abzugeben.«

Karl Gaile brachte Marthes Schreiben zu Herta Geffke. Sie schrieb darunter mit Hand: »Warum hat sie noch die Schreibmaschine? d. 3. 11. 50 Geffke« und darüber: »Staatssicherheit«.

An den Draufschläger Fritz Lange schickte Marthe Kreikemeyer »einige Bemerkungen«: »Im großen und ganzen dürften Sie ja über diesen Fall besser informiert sein als ich; denn ich kann behaupten, daß ich während diesen verflossenen zwei Monaten darüber nicht viel gehört habe. Aber trotzdem bin ich über einige Punkte besser orientiert als Sie und erlaube mir deshalb, mich direkt an Sie zu wenden.

Erstens enthält Ihr Artikel einen Widerspruch. Der Titel sagt: Sabotage durch Bürokratismus. Aus dem Artikel selbst geht hervor, daß Sabotage verübt worden ist im Auftrag von Field oder des OSS. Im ersten Falle könnte also auf fahrlässige Sabotage plädiert werden, im zweiten auf vorsätzliche und bewußte, das ist ein himmelgroßer Unterschied. Mein Mann kann aber keine Sabotage in irgendeinem Auftrag verübt haben, denn er ist kein Agent. Das Kommuniqué des ZK sagt nur ›Verdacht‹. Das war vor zwei Monaten. Wer nun heute behauptet, Kreikemeyer sei ein Agent, der muß wohl Beweise haben und meines Erachtens diese auch bekanntgeben. Aber dies ist ja ganz unmöglich, denn wo nichts ist, da kann auch nichts gefunden werden. [...]

Dann protestiere ich gegen Ihre Behauptung, daß mein Mann die Schuld von sich auf ›die Russen‹ abzuwälzen pflegte. Diesen Ausdruck ›die Russen‹ hat mein Mann nie gebraucht. Das werden alle seine engeren Mitarbeiter bezeugen können. Seine Hochachtung und Bewunderung für unsere sowjetischen Freunde war zu groß und echt, als daß er in dieser Weise von ihnen gesprochen hätte. [...]

Die Funktion bei der Bahn war bestimmt nicht leicht. Er hat sich die größte Mühe gegeben, eine gute Arbeit zu leisten. Er hat sich nicht einmal zu Hause Ruhe gegönnt und war ständig am Telefon hinterher, daß die Kohlentransporte beschleunigt werden, daß die Entladungen schneller vorgenommen werden usw. Darüber kann Ihnen vielleicht die Betriebsüberwachung in der Generaldirektion einiges erzählen, auch die in den einzelnen Direktionen, wie oft am Tage mein Mann da angerufen hat und geboxt und geschimpft hat. Ich weiß ja nur, was abends und nachts war, daß er da nicht einmal ruhig gegessen und geschlafen hat. Einem verantwortungslosen Menschen oder gar einem Agenten wäre das wahrscheinlich nicht eingefallen. Man darf auch nicht vergessen, in welchem Zustand die Reichsbahn 1946 war. [...] Daß es außerdem an allem gefehlt hat, weiß auch jeder, nur an höchster Stelle scheint man das vergessen zu haben, wie schwer es die Genossen in den ersten Jahren hatten. Heute geht es natürlich schon besser [...] und trotzdem gibt es hier in Köpenick seit vier Wochen keine Kohle, und die Kartoffelanfuhr ist katastrophal.

Ich bin selbst Genossin und habe trotz all dem Schweren, was ich in den letzten Wochen mitgemacht habe, das Vertrauen in meine Partei nicht verloren. Aber ich weiß bestimmt, daß mein Mann kein Schuft ist. Er wird bestimmt Fehler begangen haben in seiner Arbeit; denn sonst würde man ihn nicht festhalten. Dann soll man ihn für diese Fehler zur Verantwortung ziehen und bestrafen. Aber nur für seine eigenen Fehler. Wenn ich aber Ihren

Artikel richtig verstanden habe, so will man meinen Mann verantwortlich machen für alles mögliche, was bei der Reichsbahn in all den Jahren passiert ist. [...]

Eines ist mir noch rätselhaft in Ihrem Artikel. Wenn die ZKK schon jahrelang meinen Mann in Verdacht hatte, ein Saboteur zu sein – denn Sie schrieben doch, man hätte jahrelang gebraucht, seinen zähen Widerstand zu brechen –, warum ist er dann noch im Jahre 1949 zum Generaldirektor ernannt worden? Das ist eigentlich unverantwortlich! Ich bitte Sie, meine Ausführungen nicht mißzuverstehen. Ich möchte nur, wenn irgend möglich, meinem Manne helfen, indem ich einige Angaben berichtige, die Ihnen vielleicht – absichtlich oder nicht – falsch zugetragen worden sind. Ich kenne meinen Mann besser als Sie und weiß, daß er immer hundertprozentig zu seiner Partei gestanden hat und auch für sie in den Tod gegangen wäre, wenn man es verlangt hätte. [...]

Da ich durch Ihre Ausführungen annehmen muß, daß Sie den Fall Kreikemeyer untersuchen und leiten, bitte ich um die Erlaubnis, ein Paket mit warmen Sachen zwecks Weiterleitung an meinen Mann abgeben zu können. Ich habe dieses Ansinnen schon zweimal gestellt und überhaupt keine Antwort erhalten. Vielleicht war es nicht an der richtigen Stelle. Denn ich finde meine Bitte nicht unberechtigt und wage zu hoffen, daß man nun nach zwei Monaten mir endlich darauf antwortet.«

Fritz Lange gab den Brief umgehend weiter. Im MfS wurde er den Unterlagen Kreikemeyer beigefügt.

## Abnahme eines Paketchens

Marthe Kreikemeyer muß es wie ein Wunder erschienen sein, als ihr der Briefträger ein amtliches Schreiben aus Piecks Kanzlei brachte. Am 16. November 1950 hatte Leo Zuckermann seiner Sekretärin diktiert: »Frau Marthe Kreikemeyer, Berlin-Köpenick, Dornröschenstraße 27. Betr.: Ihre Schreiben vom 28. 9. und 20. 10. 1950. Sehr geehrte Frau Kreikemeyer! Auf Anfrage hat das Ministerium für Staatssicherheit mitgeteilt, daß es überflüssig ist, Ihrem Mann warme Wäsche und Kleidung zu schicken, da er mit diesen Sachen versorgt ist. Mit vorzüglicher Hochachtung! Der Chef der Präsidialkanzlei und Staatssekretär beim Präsidenten der DDR gez. Dr. Leo Zuckermann. Beglaubigt: Weiß, Chefsekretärin.«

Marthe hatte es schwarz auf weiß, Willi lebt und befindet sich nach wie vor im Gewahrsam des MfS. Sie hätte sich nicht vorstellen können, daß der gutwillige Zuckermann lediglich dazu mißbraucht wurde, ihr dieses Zeichen zu geben, tatsächlich aber ihr Mann aus dem allerletzten kühlen Grunde gar keine warme Wäsche und Kleidung benötigen konnte. Am liebsten hätte sie bei Zuckermann angerufen und sich, wie sie es empfand, für den Ausdruck persönlicher Solidarität bedankt. Niemand hatte bisher die Courage gehabt, ihr eine Nachricht zukommen zu lassen. Sie wußte nicht, daß Zuckermann einen günstigen Moment abgewartet hatte. Wilhelm Pieck, den er damit nicht belasten wollte, war für mehrere Urlaubswochen abgereist, und in dieser Zeit hatte der Kanzleichef das alleinige Recht der Briefbeantwortung.

Zuckermann war bisher aus der Angelegenheit Field herausgehalten worden. Walter Ulbricht, der Zuckermann in den Tagen der DDR-Gründung für das Amt beim Präsidenten vorgeschlagen hatte, wollte unbedingt vermeiden, daß es öffentlich so dargestellt werden könnte, als sei es Noel Field gelungen, einen seiner Agenten an der Seite des Staatsoberhauptes zu plazieren. Dennoch waren Zuckermanns Tage als Kanzleichef gezählt. Elf Tage nach dem Diktat der Zeilen an Marthe Kreikemeyer wurde Zuckermann von Ulbricht veranlaßt, seine Demission einzureichen, ein einmaliger Vorzug, der keinem anderen der Bekannten Fields in der DDR eingeräumt wurde. Leo Zuckermann blieb unter ständiger Beobachtung. Zwei Jahre später rettete er sich vor der Verhaftung in einer dramatischen Flucht nach Westberlin und von dort in sein einstiges Exilland Mexiko.

Der Brief aus der Präsidialkanzlei war in ihren Händen. Welch ein Zufall: noch an diesem oder am nächsten Tag bekam Marthe Besuch. Überliefert hat ihn ein Geheiminformant des MfS, der sich Fischer nannte und zu den engsten Vertrauten aus Marthes Nachbarschaft oder Bekanntenkreis gehörte: »Am 17. oder 18. November erschien in der Wohnung [...] derselbe Mann, der schon einmal bei der Frau Kreikemeyer war, der den Revolver abholte und im Besitz des Schreibtischschlüssels war. Er erzählte, daß K. nun bald freikommen würde – denn die anderen wären ja auch schon frei. Außerdem käme er privat. Es weiß niemand, und sie, Frau K., möge nicht darüber sprechen. Frau K., in Sorge um ihren Mann, dem sie gern warme Wäsche überbringen wollte, sprach auch hierüber mit dem Besucher. Derselbe bot sich an, ein Paket Wäsche mitzunehmen. Er würde es schon machen.« Ob die Details exakt wiedergegeben sind, bleibt offen. Der Besucher jedoch war eindeutig Alfred Scholz, der am 25. August die Haussuchung geleitet und dabei mit einem anderen russisch gesprochen hatte, so daß Marthe Kreikemeyer nicht wußte, wie sie ihn zuordnen sollte. Da er seinen Namen nicht nannte und sich nie auswies, blieb ihr unklar, welche Stellung er einnahm und wer ihn geschickt hatte.

Die Nachricht aus der Präsidialkanzlei und der sich geheimnisvoll gebende Besucher veranlaßten Marthe zu neuen Initiativen. Am 16. Dezember 1950 schrieb sie an MfS-Minister Wilhelm Zaisser: »Auf meine Anfrage beim Obersten Gericht der Deutschen Demokratischen Republik antwortet mir diese Instanz heute, daß ein Strafverfahren gegen meinen Mann, Willi Kreikemeyer, beim Obersten Gericht nicht anhängig ist. Demzufolge erlaube ich mir, mich jetzt an Sie zu wenden mit der Bitte, mir für Weihnachten oder Neujahr Besuchs- oder zumindest Schreiberlaubnis zu erteilen. Außerdem bitte ich um Mitteilung, wieweit die Untersuchung fortgeschritten ist und ob ich damit rechnen kann, daß mein Mann in nächster Zeit entlassen werden kann. Es sind nun immerhin schon nahezu vier Monate, daß mein Mann sich in Untersuchungshaft befindet.

Die Unklarheit der Situation bereitet mir persönlich insofern Schwierigkeiten, daß ich keine Arbeit finde. Ich hatte mich bei dem ›Komitee der Kämpfer für den Frieden‹ um Übersetzungsarbeiten beworben, aber bisher keine Antwort erhalten. Über diese Frage habe ich mich bereits vor einigen Wochen mit einem Vertreter Ihres Ministeriums unterhalten, welcher bei mir zu Hause vorgesprochen hatte, und dieser Herr hatte sich erboten zu versuchen, mir bei Arbeitsbeschaffung behilflich zu sein. Ich habe aber seither nichts mehr in dieser Frage gehört.«

Am 3. Januar 1951 schrieb Marthe dem Minister: »Ich erlaube mir, auf meinen Brief vom 16. Dezember 1950, welcher leider unbeantwortet geblieben ist, zurückzukommen. [...] Mein Mann hat nun am 11. Januar Geburtstag und bitte ich Sie hiermit nochmals inständig, mir doch für diesen Tag eine kurze Sprecherlaubnis zu bewilligen, oder erlauben Sie mir wenigstens, ein kleines Päckchen für ihn abzugeben. Außerdem liegt mir sehr am Herzen mein Einsatz in irgendeiner Arbeit. Wie ich bereits in meinem letzten Brief erwähnte, stoße ich auf Schwierigkeiten, die im Zusammenhang mit der ganzen ungeklärten Geschichte verständlich sind. Weiterhin möchte ich Ihnen noch eine Sache vortragen, die wahrscheinlich nur durch Ihre Vermittlung geklärt werden kann. Unser Geld befindet sich immer noch auf einem Konto bei der Darlehenskasse Reichsbahn. Jeden Monat muß ich bei der Generaldirektion Reichsbahn anfragen, ob und wieviel Geld ich mir abholen kann. Ich hatte gebeten, das Geld auf ein Sparkassenbuch überweisen zu können. Dies wurde abgelehnt. Das Geld wird aber von der Darlehenskasse der Reichsbahn nicht verzinst. Ich möchte nicht länger jeden Monat um etwas betteln, was meinem Mann und demzufolge auch mir gehört. Denn ich bin ja zeichnungsberechtigt, und außerdem hat während der Emigrationsjahre niemand gefragt, von wessen Geld wir leben, ob ich es verdient habe oder mein Mann. Ich möchte Sie deshalb bitten, zu veranlassen, daß ich mir – solange ich noch keine Arbeit gefunden habe – jeden Monat automatisch eine festgesetzte Summe abholen kann, ohne vorherige Rücksprache mit der Generaldirektion Reichsbahn. Darüber hinaus möchte ich, daß das Geld wie üblich verzinst wird.

Ich hoffe, daß Sie für meine Nöte Verständnis haben werden und danke Ihnen im voraus dafür.«

Dieser wie der erste und alle folgenden Briefe von Marthe an das MfS kamen zu Erich Mielke und wurden von ihm an Alfred Scholz, den Leiter der Untersuchungsabteilung, weitergegeben und zu den Akten Kreikemeyer genommen. Den dritten Brief an Minister Zaisser schrieb Marthe am 25. Januar 1951: »Es sind heute fünf Monate, daß mein Mann sich in Untersuchungshaft befindet. Ich habe das notwendige Verständnis dafür, daß eine solche Untersuchung Monate dauern kann, und habe mich auch diszipliniert verhalten; aber ich glaube, nach fünf Monaten doch wissen zu dürfen, wieweit die Untersuchung fortgeschritten ist und wann ich damit rechnen kann, daß mein Mann entlassen wird.

Ich bitte Sie deshalb, mir mitteilen zu wollen, wann und wo ich einen Angestellten Ihres Ministeriums, mit dem Fall Willi Kreikemeyer vertraut, persönlich sprechen kann. Ich wäre Ihnen auch sehr dankbar, den in Frage kommenden Herrn über die Kontoangelegenheit bei der Reichsbahn zu informieren, damit er mich beraten kann, was zu tun ist.

Und abschließend möchte ich Ihnen erneut die Bitte vortragen, wenn Sie mir keine Sprecherlaubnis erteilen können, mir zu erlauben, ein kleines Paketchen für meinen Mann abzugeben.«

Diese Briefstelle bekam von Mielke als Auftrag an den Leiter der Abteilung IX den Randvermerk »abnehmen«. Scholz holte einige Wochen später das Paketchen ab und erklärte sich bereit, auch ein paar Zeilen von Marthe an ihren Mann mitzunehmen. Es war der letzte Besuch des Chefvernehmers in der Wohnung Kreikemeyer. Worüber dabei gesprochen wurde, brachte Marthe zu Papier, in einem Brief an Armeegeneral Wassili Tschuikow, den Oberkommandierenden der sowjetischen Streitkräfte in Deutschland und Vorsitzenden der Sowjetischen Kontrollkommission in der DDR. Sie schrieb ihm über den Mann, »welcher die Haussuchung am 25. August 1950 bei uns durchgeführt hat, anschließend noch zwei- bis dreimal bei mir war, das letzte Mal Mitte März 1951. Ich nehme an, er gehört zu Ihrer Behörde oder ist zumindest der Verbindungsmann zu dem Ministerium für Staatssicherheit und Ihrer Behörde. Er sagte mir bei seinem letzten Hiersein, daß man gegen meinen Mann nichts Wesentliches gefunden hätte, man ihn aber aus bestimmten Gründen im

Augenblick nicht freilassen könnte, bevor nicht eine andere Sache, der man auf der Spur sei, reif geworden sei. Man hätte vor, ihn mit mir zusammen ins Ausland zu bringen, wo wir unter einem anderen Namen leben könnten. Obwohl ich damals diese Maßnahme, wenn nicht gutgeheißen, so doch als notwendig erkannt hatte, teilte ich doch dem Genossen meine Bedenken mit, nämlich, daß, wenn ich nun auch, wie mein Mann, spurlos verschwinden würde, bestimmt meine Eltern und Brüder in Frankreich in ihrer Sorge Nachforschungen nach unserem Verbleib anstrengen würden. Außerdem wirkt sich die Tatsache, daß plötzlich einer oder der andere nicht mehr da ist, auf politisch wenig geschulte Menschen nicht gut aus. Man müßte mehr Wert darauf legen, Menschen, die gegen irgendein Gesetz oder eine Verfügung verstoßen haben, öffentlich zu brandmarken und, wenn nötig, zu bestrafen. Das würde jeder verstehen, auch der einfachste Mensch. Aber wenn ein Mann, der so bekannt war wie Kreikemeyer, einfach verschwindet, ohne Prozeß, ohne Urteil, das löst Erstaunen, Kopfschütteln und Unzufriedenheit aus.« Marthe merkte an: »Ich habe über die Unterredung mit dem Genossen den deutschen Behörden gegenüber nie gesprochen, weil ich darum ersucht wurde.«[117]

Ende März 1951 brachte der Briefträger in die Dornröschenstraße 27 ein an Willi Kreikemeyer gerichtetes Einschreiben. Absender war der Magistrat von Groß-Berlin, Hauptamt »Opfer des Faschismus«. Dem Adressaten wurde der Status, Verfolgter des Naziregimes zu sein, aberkannt. Denn durch »Ermittlungen, die seitens der Partei, der er angehörte, vorgenommen wurden«, sei bewiesen, daß er »bereits während der Emigrationszeit zu neofaschistischen Elementen Verbindungen unterhielt«. Er habe »auch nach dem Zusammenbruch des Faschismus und trotzdem er wußte, daß er neofaschistische Elemente vor sich hat, diesen Hilfestellung bis in das Jahr 1948 geleistet.« In der ausführlichen Begründung hieß es: »Kreikemeyer, der wichtiges Adressenmaterial und andere Emigranten den Neofaschisten zuleitete, war bei der Klarstellung der Zusammenhänge nicht behilflich. Es bedurfte erst einer Aufforderung, die Verbindung zu den Neofaschisten

**AUSWEIS № 3079**

Name: *Kreikemeyer*
Фамилия: · name: · nom:

Vorname: *Willi*
Имя: · prenome: · prénom:

geboren: *11.1.94* in: *Magdeburg*
родился: · born: · né(e): в: · in: · à:

wohnhaft: *Berlin - Mitte*
проживает: · living: · demeurant:

Straße: ▮▮▮▮▮▮▮▮▮▮▮▮▮▮▮▮
улица: · street: · rue:

ist vom Magistrat der Stadt Berlin als Opfer des Faschismus anerkannt.
признается Магистратом города Берлина жертвой фашизма. / is recognised from the municipal board of the town Berlin as a victim of Fashism. / a été reconnu(e) victime du fachisme par le Magistrat de la ville de Berlin.

**MAGISTRAT DER STADT BERLIN**
HAUPTAUSSCHUSS
„OPFER DES FASCHISMUS"

BStU-Kopie

*OdF-Ausweis von Willi Kreikemeyer*

zu lösen. Von sich selbst aus zeigte er nicht die Initiative dazu, trotzdem er wußte, daß seine Partei hinter diese Beziehungen gekommen war. Da Kreikemeyer bewußt neofaschistischen Bestrebungen Vorschub leistete, hat er sich selbst aus den Reihen der Antifaschisten begeben und ist die sofortige Zurücknahme der Anerkennung nach § 5 Absatz b und d gerechtfertigt.«

Im Brief an Kreikemeyer wurde hinzugefügt: »Gegen diesen Bescheid können Sie binnen eines Monats nach Zustellung unter Beifügung des OdF-Ausweises schriftlich begründete Beschwerde einreichen. Andernfalls wollen Sie innerhalb dieser Zeit den Ausweis per Einschreiben an uns zurückschicken.«[118] Marthe begab sich unverzüglich zum Amtsgericht Köpenick. Dieses bestellte daraufhin als Abwesenheitspfleger einen Herrn Lauterbach aus Weißensee, der am 19. April beim Hauptamt »Opfer des Faschismus« eine Beschwerde einlegte: »Die Begründung bitte ich zu einem späteren Termin nachreichen zu können, das heißt, sobald ich Gelegenheit habe, Kreikemeyer zu sprechen. Mit Rücksicht darauf, daß bei Aberkennung als Verfolgter des Naziregimes meinem Pflegling ein vermögensrechtlicher Schaden entsteht, bin ich gemäß meinem Auftrage ›Wahrnehmung aller Vermögensangelegenheiten des Abwesenden‹ zu dieser Beschwerde verpflichtet, und bitte ich deshalb höflichst, die Angelegenheit bis zum Erhalt der Begründung durch mich bzw. durch Kreikemeyer selbst ruhen zu lassen.«[119] Dazu ist es begreiflicherweise nie gekommen. Vom Hauptamt OdF des Magistrats gab es die Anfrage bei der örtlichen OdF-Stelle in Köpenick, man möge feststellen, ob in der Dornröschenstraße 27 »noch Familienangehörige des K. wohnen«. Die telefonische Anwort besagte, »daß Frau K. noch dort wohnt und ihre Lebensmittelkarten bezieht. Sie soll sich häufig in Westberlin aufhalten.«[120] Tatsächlich besuchte sie hin und wieder Frau D., die am Wannsee ein Gartenlokal besaß. Marthe und sie hatten sich angefreundet, als die Kreikemeyers noch in Zehlendorf wohnten.

Die Ungeheuerlichkeit, Willi mit neofaschistischen Bestrebungen in Zusammenhang zu bringen, regte Marthe nicht allzu sehr auf. Sie wußte, daß auch andere mit der gleichen Begründung das Recht abgesprochen bekamen, sich Antifaschisten zu nennen. Sie ließ sich deshalb in keiner Weise davon abbringen, herausfinden zu wollen, was mit Willi los ist.

## Versteckspiel an unsichtbarer Front

Päckchen und Brief waren abgeholt. Wieder umgab Marthe totales Schweigen. Sie durchbrach es, als sie unablässig darauf drängte, im Ministerium für Staatssicherheit empfangen zu werden. Alfred Scholz hielt sich heraus, denn er hatte Marthe nie gesagt, daß er vom MfS sei, sondern ungenau durchblicken lassen, er könne von der Partei, vielleicht sogar von Ulbricht selbst geschickt worden sein.

Marthes Besuch am 17. Mai 1951 hat Otto Walter, Generalinspekteur des MfS, für die Nachwelt festgehalten: »Seit einigen Wochen rief wiederholt Frau Kreikemeyer an und bat mich zu sprechen. Da ich keinen konkreten Auftrag hatte, verhinderte ich vorerst eine Aussprache. Nachdem Frau Kreikemeyer dann noch mehrmals anrief, einmal hier erschien, aber durch Inspekteur Jamin mit der Erklärung abgewimmelt wurde, daß ich nicht im Hause sei, empfing ich sie heute. Sie wurde von Inspekteur Jamin zu mir ins Zimmer geführt. Nach der Ursache ihres Besuches befragt, erklärte sie mir, sie wolle nun endlich wissen, wann ihr Mann frei käme, denn ihr Mann habe nichts getan, was eine weitere Verhaftung rechtfertigt. Ich erklärte ihr darauf, daß ihre Auffassung völlig falsch sei, daß ich aber, da es sich um ein schwebendes Verfahren handelt, keine Auskünfte geben kann. Zu gegebener Zeit würden wir sie schon verständigen. Sie wiederholte dann nochmals, daß sie davon überzeugt sei, daß ihr Mann unschuldig ist. Vor zwei Monaten wäre wieder der Herr bei ihr gewesen und hätte ihr platonische Erklärungen abgegeben, die aber völlig bedeutungslos waren. Sie frug dann, ob ihr Mann sich noch in Berlin befände. Ich gab ihr zur Antwort: ›Warum soll er denn woanders sein.‹

Sie erklärte dann, daß sie jetzt völlig mittellos sei und wünsche, daß man die Sperre über das Konto ihres Mannes, für das sie Zeichnungsberechtigung habe, aufhebe. Sie bekomme keine geeignete Arbeit zugewiesen. Sie wollte im Friedenskomitee als Übersetzerin tätig sein, doch durfte sie diese Stellung nicht antreten. Ich erklärte ihr darauf, daß von uns keine Arbeitsbeschränkung über sie verhängt wurde. Sie erklärte darauf: ›Ja, das ist von der Partei geschehen.‹ Sie sagte dann, sie wolle sich an Walter Ulbricht wenden, damit sie dort ihr Recht fände. Ich erklärte ihr darauf, es sei nicht üblich, daß sich jemand in ein schwebendes Verfahren einmische. Sie äußerte dann den Wunsch, ihren Mann sprechen zu dürfen. Ich erklärte ihr darauf, daß ich ihr keine Genehmigung erteilen kann.

Sie äußerte, daß wir die Verfassung nicht einhalten, es müsse jeder innerhalb von 24 Stunden dem Untersuchungsrichter vorgestellt werden. Ich erklärte ihr, daß das geschehen sei. Sie antwortete: ›Da muß man mir doch die Möglichkeit geben, den Untersuchungsrichter zu sprechen.‹ Ich sagte ihr darauf, der Untersuchungsrichter brauche sie aber nicht zu empfangen, da auch er über ein schwebendes Verfahren keine Auskunft geben kann. Sie äußerte sich dann dahingehend, es müßten doch regelmäßige Haftprüfungstermine stattfinden. Ich erklärte ihr, daß das auch geschehe. Sie wollte dann wissen, wann die Voruntersuchung abgeschlossen sei. Ich erklärte ihr darauf: ›Ich kann den Mitarbeiter, der diese Angelegenheit bearbeitet, jetzt nicht erreichen und kann ihr deshalb darüber keine Auskunft geben.‹ Sie bat mich dann, ihre Wünsche doch dem Minister Zaisser vorzutragen. Ich erklärte ihr darauf, Minister Zaisser sei in den nächsten Tagen nicht anwesend. Ich werde das aber im gegebenen Augenblick tun. Ich gab ihr dann zu verstehen, daß weitere Diskussionen im Augenblick zwecklos sind und sie später von uns unterrichtet werden wird. Inspekteur Jamin führte sie dann wieder hinaus.«

Außer dem Eindruck, daß sich Willi nicht in der Hand der Russen, sondern nach wie vor in der Gewalt des MfS befindet, hatte Marthe nichts gewonnen. Den Gedanken, daß er nicht mehr lebte, hätte sie zu diesem Zeitpunkt nicht an sich herangelassen. Die nun fast ein Jahr dauernde Ungewißheit über das Schicksal ihres

Mannes rüttelte zunehmend an ihrer Gesundheit. Sie befürchtete, nicht mehr da zu sein, wenn er zurückkäme. Sie wurde von Hustenanfällen gepackt, die sie mit Schrecken an die Zeit erinnerten, als sie von einem Lungensanatorium zum anderen pendelte.

Am 2. Juni 1951 schrieb sie an Walter Ulbricht: »Nach langem Zögern und reiflicher Überlegung wende ich mich heute an Sie mit der Bitte, wenn möglich dafür Sorge tragen zu wollen, daß mir endlich offen und ehrlich mitgeteilt wird, wieweit die Untersuchung in der Angelegenheit meines Mannes, Willi Kreikemeyer, fortgeschritten ist und was nun werden soll, sowohl mit ihm als auch mit mir.

Der streng namenlose Genosse, welcher mich angeblich in Ihrem Auftrag besucht hatte, sprach von einer evtl. Dauer der Untersuchung von neun Monaten. Darauf hatte ich nun meine ganze Hoffnung gesetzt und hatte mich bisher auch soweit in der Gewalt, nach außen hin geduldig und resigniert, diese Zeit abzuwarten. Die neun Monate sind aber nun seit einer Woche überschritten und nichts geschieht. Meine Enttäuschung ist so groß, daß ich nervlich und seelisch am Ende meiner Kraft bin. Hinzu kommt, daß ich in den letzten Tagen noch körperlich erkrankte und das Bett hüten mußte, so daß ich ganz verzweifelt bin. Deshalb bitte ich sehr um Klarheit. Ich kann vieles verstehen, ich kann mich auch mit Tatsachen abfinden, aber ich kann nicht noch weitere Wochen und Monate in dieser bangen Ungewißheit leben, die mich in allem hemmt und schließlich krank macht. Ich bin mir in dieser ganzen Angelegenheit keiner Schuld bewußt und glaube deshalb, das Recht zu haben, endlich die volle Wahrheit zu erfahren.

Außerdem möchte ich Ihnen noch mitteilen, daß mir das Gehaltskonto meines Mannes immer noch gesperrt ist. Ich habe am 25. Januar ds. Js. das letzte Mal Geld bekommen, welches nun zu Ende geht. Wenn ich heute meine Miete bezahlt haben werde, stehe ich vor dem Nichts. Eine meinen Kenntnissen entsprechende Tätigkeit habe ich bisher, trotz aller Bemühungen, auch nicht gefunden. Es müßte also auch auf diesem Gebiet bald etwas geschehen.

Ich bitte, entschuldigen zu wollen, daß ich Sie mit meinen persönlichen Sorgen belästige, aber ich wußte mir keinen anderen Rat mehr und wäre Ihnen für eine baldige, konkrete Antwort sehr dankbar.« Ulbricht schrieb schräg über den Briefkopf mit Unterstreichung »Mielke« und gab damit das Schreiben kommentarlos weiter.

Marthe hatte es schon lange aufgegeben, darauf zu warten, ob mit der Post eine für sie günstige Nachricht käme. Aber sie war bis zum äußersten entschlossen, sich nicht fallenzulassen, auch wenn sie sich selbst wie eine Gefangene in ihrer Wohnung fühlte und die Katze das einzige Lebewesen war, mit dem sie sprechen konnte, wann immer sie wollte. Wieder setzte sie sich an die Schreibmaschine, die man ihr, wäre es nach Herta Geffke gegangen, schon längst weggenommen hätte. Und wieder schrieb sie an Minister Zaisser, nicht wissend, daß sich dieser mit Angelegenheiten, die in Mielkes Zuständigkeit fielen, überhaupt nicht befaßte und es seiner Sekretärin überlassen hatte, von sich aus zu entscheiden, was ihrem Chef vorgelegt und was gleich an den Staatssekretär weitergereicht werden sollte.

Am 29. Juni 1951 schrieb Marthe an den Minister: »Vor etwa sechs Wochen hatte ich eine kurze Unterhaltung mit Herrn Generalinspektor Walter von Ihrem Ministerium und bat ihn, mir doch behilflich sein zu wollen, endlich etwas Konkretes in der Angelegenheit meines Mannes zu erfahren. Er versprach mir, Ihnen bei Ihrer Rückkehr meine Bitte vorzutragen und auch zu versuchen, für mich eine Sprecherlaubnis mit meinem Mann zu ermöglichen. Trotz mehrmaligem telefonischen Anruf habe ich bis heute keinen Bescheid erhalten. Deshalb wende ich mich nun nochmals an Sie persönlich, nachdem meine drei vorhergehenden, an Sie gerichteten Briefe unbeantwortet geblieben sind.

Es sind nun zehn Monate her, daß mein Mann abwesend ist. Ich habe während der ganzen Zeit von ihm persönlich überhaupt keine Nachricht erhalten, über die Behörden sehr wenig und seit vier Monaten auch schon wieder überhaupt nichts erfahren. Trotz meinem größten Verständnis, das ich immer wieder versuche dieser Angelegenheit entgegenzubringen, finde ich diese Maßnahmen des absoluten Schweigens und mysteriösen Versteckspielens etwas sehr hart, sowohl meinem Mann als auch mir gegenüber. Eine Voruntersuchung von über zehn Monaten müßte immerhin schon einige Früchte gezeitigt haben. Hat sich der Verdacht, den man zu Beginn gegen meinen Mann hegte, bestätigt, so muß man ihm einen Prozeß machen; ist dies nicht der Fall, so muß man endlich auch zu einem Entschluß kommen. Zumindest müßte man mir wenigstens reinen Wein einschenken. Ich glaube als Bürger unseres demokratischen Staates das Recht zu haben, nach zehn Monaten disziplinierten Verhaltens die volle Wahrheit zu erfahren.

In dieser Zeit konnte ich ein einziges Mal ein Paketchen für meinen Mann abgeben. Ob er es allerdings erhalten hat, weiß ich auch noch nicht einmal. Gesindel, Diebe, Verbrecher und Mörder können auch während der Voruntersuchung von ihren Familien sowohl Pakete als auch Geld erhalten. Daß ich meinen Mann zu Beginn nicht sehen durfte und auch keine langen Briefe schreiben konnte, leuchtete mir vollständig ein. Aber nun müßte man mir endlich Sprech- und auch Posterlaubnis gestatten. Ich finde diese Bitte absolut nicht unbescheiden.

Außerdem bitte ich Sie, mir auch mitteilen zu wollen, was nun mit dem Gehaltskonto meines Mannes geschehen soll. Herr Lauterbach, der Abwesenheitspfleger meines Mannes, hat in dieser Kontoangelegenheit an das Polizeipräsidium und auch an Ihr Ministerium geschrieben. Seine Briefe blieben unbeantwortet. Wenn das Konto tatsächlich gesperrt ist, so müßte man ihm zumindest mitteilen, warum und durch wen. Wir haben schließlich eine Verfassung und Gesetze, die so, wie sie an die Bevölkerung herangetreten werden, ausgeführt werden müßten.

Ich habe immer ein großes Vertrauen in unsere Regierung und in meine Partei gehabt und habe es auch heute noch und den festen Glauben, daß dies alles zu einem guten Ende geführt wird. Aber ich poche noch einmal auf mein Recht, endlich die volle Wahrheit zu erfahren, denn ich bin mir in dieser Angelegenheit keiner Schuld bewußt.«

Auch dieser Brief blieb ohne Resonanz. War man im MfS des

Glaubens, Marthe Kreikemeyer würde, allmählich erschöpft und zermürbt, in Passivität verfallen? Vielleicht war es die Arroganz der Macht, die sie über längere Zeit nicht ernst nehmen ließ. Als sie dann zu einem eigenständigen Problem zu werden drohte, verharrte das MfS in fataler Konzeptionslosigkeit. Es schien, als würden diejenigen, an die sie sich gewandt hatte, vom Phänomen der Neugier beherrscht, als warteten sie darauf, was sie nun tun würde.

Marthe drehte sich anfangs im Kreise. Schrittweise erweiterte sie ihren Aktionsradius. Sie handelte mit Bedacht, doch immer bestimmter. »Ich weiß nicht«, fragte sie am 15. Juli in ihrem fünften Brief an Zaisser, »ist es in Ihrem Ministerium überhaupt Usus, Briefe, auch wenn sie dringend sind, nicht zu beantworten, oder geschieht dies nur im ›Falle Kreikemeyer‹? Auf jeden Fall protestiere ich auf das energischste dagegen und bitte Sie hiermit eindringlichst, mir endlich mitzuteilen, wo mein Mann sich befindet und mir eine Sprecherlaubnis zu erteilen. Außerdem wiederhole ich meine Bitte um Regelung unserer Kontoangelegenheit. Sollte ich auf diesen Brief wiederum keinerlei Nachricht erhalten, so werde ich mich genötigt sehen, über die Behörden eine Vermißtenanzeige aufzugeben, denn ich weiß doch überhaupt nicht, was in all den Monaten aus meinem Mann geworden ist. Ich habe noch nie von einer Behörde etwas Schriftliches erhalten, daß mein Mann sich überhaupt in Haft befindet. Der Herr, welcher verschiedentlich hier in meiner Wohnung vorgesprochen hat, hat es immer abgelehnt, sich auszuweisen. Folglich muß ich auf diesem Wege versuchen zu erfahren, was aus meinem Mann geworden ist.« Am Schluß teilte sie mit, eine Abschrift dieses Briefes an den DDR-Präsidenten zu schicken.

An Pieck schrieb sie ergänzend: »Wie ich schon verschiedentlich betont und auch durch meine Haltung bewiesen habe, waren mir die Maßnahmen, welche gegen meinen Mann ergriffen wurden, in den ersten Monaten sehr verständlich. Als Mitglied unserer Partei habe ich eingesehen, daß so vorgegangen werden mußte, wenn es auch für mich sehr schmerzlich war. Ich habe auch die Verdunkelung verstanden und gutgeheißen und immer sowohl Partei als auch Behörde verteidigt, wenn man von außen her über diese Dinge gesprochen hat, auch wenn ich dafür nur ein mitleidiges Lächeln erntete. Auch heute noch verteidige ich diese Maßnahmen nach außen hin, obwohl ich die politische Notwendigkeit nicht mehr einsehe. Immerhin ist jetzt schon fast ein Jahr vergangen und man müßte mir doch wenigstens die Früchte dieser elfmonatigen Untersuchung mitteilen, wenn aus irgendwelchen Gründen eine Veröffentlichung nicht stattfinden kann. Ich glaube als Genossin und Bürger unseres demokratischen Staates ein Recht darauf zu haben.

Ich bin heute immer noch davon überzeugt, daß mein Mann kein Klassenfeind und kein Saboteur ist; hat er aber unbewußt Fehler gemacht, so soll man eine gerichtliche Anklage gegen ihn erheben. Aber dann muß sie Hand und Fuß haben, nicht wie der Artikel des Genossen Fritz Lange, welchen zumindest jeder Eisenbahner anzweifelt. Mein Rechtsempfinden ist folgendes: Man muß gegen Feinde streng und unerbittlich vorgehen, sofern man Beweise hat, daß es Feinde sind. Aber dann muß man die Beweise bekanntgeben. Das würde uns viel Hetze und Anfeindungen ersparen. Hat man aber auf der anderen Seite festgestellt, daß die primären Verdächtigungen und Beschuldigungen auf einem Irrtum beruhen, so muß man auch dazu Stellung nehmen. Ich meine das im Allgemeinen, nicht speziell im Falle meines Mannes. Selbstkritik ist auch da nicht verboten. Ich verfüge nicht über ein großes theoretisches politisches Wissen, bin nur eine kleine, aber ehrliche Genossin, innerlich und äußerlich mit der Partei und den Massen verbunden, habe meine Partei immer als das Höchste betrachtet und durfte von ihr auch Gerechtigkeit erwarten.

Werter Herr Staatspräsident und Genosse Pieck, ich habe Ihnen sehr offen gesagt, was ich denke und empfinde, und hoffe, daß Sie dafür Verständnis haben werden. Ich erwarte für meinen Mann keine Extravaganz, nur Gerechtigkeit und völlige Klarheit mir gegenüber. Ich weiß doch überhaupt nicht, wie meine Zukunft gestalten. Ich finde keine Arbeit, meine Geldmittel gehen zu Ende, das Konto meines Mannes scheinbar gesperrt, warum und durch wen ist ein Mysterium. Man muß mir doch endlich sagen, was aus meinem Mann und was aus mir werden soll. Ich weiß ja nicht einmal, ob mein Mann überhaupt noch lebt. Ich habe hier keine Verwandten und keine Freunde. Meine Eltern und Geschwister, welche im Elsaß leben, wollen mir nicht glauben, daß ich immer noch nicht weiß, wo mein Mann sich befindet und glauben, daß ich ihnen etwas verheimliche. Ich bitte Sie dringend, dahingehend wirken zu wollen, daß mir baldmöglichst ein konkreter Bescheid zugeht. In dieser Erwartung zeichnet hochachtungsvoll Marthe Kreikemeyer«

In der Präsidialkanzlei bekam der Brief den handschriftlichen Vermerk »Erbittet Nachricht über Ehemann«. Pieck hatte ihn gelesen, aber die Anweisung, Marthe Kreikemeyer die von ihr gewünschte Auskunft zukommen zu lassen, lag nicht in seiner Macht. In den frühen fünfziger Jahren besaß das von sowjetischen Inspekteuren gelenkte MfS die unkontrollierte Verfügungsgewalt über die ihm zugelieferten Menschen. Erich Mielke und der ihm unterstehende Chef der Untersuchungsabteilung nutzten dies schamlos aus. In einem anderen Bereich wäre es völlig undenkbar gewesen, daß es Walter Ulbricht reaktionslos hingenommen hätte, wenn er – wie durch Marthe Kreikemeyer – erfahren mußte, es habe sich jemand angemaßt, in seinem Auftrag geschickt worden zu sein. Im unkontrollierten Versteckspiel an der unsichtbaren Front genügte der generelle Verweis auf sowjetische Sicherheitsinteressen und den globalen Kampf gegen den Klassenfeind, mit dem Fall Kreikemeyer nach Belieben und damit willkürlich umzugehen.

## Wo ist mein Mann?

Im August 1951 bekam die Noch-Genossin Marthe Kreikemeyer von der SED-Kreisleitung Berlin-Köpenick, offensichtlich aus Piecks Parteibüro angewiesen, die Empfehlung, sie möge sich wegen einer Arbeit in der Abteilung Planung im VEB Armaturenwerk Köpenick, Mahlsdorfer Straße 107, einfinden. Bei ihrer

Einstellung blieben Fragen nach ihrem Mann ausgeklammert. Kaum hatte sie ihre Tätigkeit aufgenommen, verlangte die Parteileitung des Betriebes, sie solle auf ihre französische Staatsangehörigkeit verzichten. Als sie dies wie ein Jahr zuvor gegenüber der ZPKK ablehnte, wurde sie mit der Begründung, als Doppelstaatlerin könne sie nicht Mitglied der SED bleiben, aus der Partei ausgeschlossen. Sie deutete diese Maßnahme als Prävention vor ihren möglichen Fragen in Versammlungen oder anderen Diskussionsrunden. Jetzt war sie stigmatisiert und jeder, der sich ihr zu nähern wagte, mußte sich gefallen lassen, deswegen zur Rechenschaft gezogen zu werden. »Ich hatte damals keine Ahnung von Planung«, hielt sie später fest, »tat aber gewissenhaft meine Arbeit, besuchte zwei Lehrgänge an der Volkshochschule und habe mich so qualifiziert, daß ich meine Arbeit selbständig und verantwortlich leisten konnte und zur vollsten Zufriedenheit meiner Vorgesetzten. Ich wurde auch als Bestarbeiter ausgezeichnet.«

Der Übergang von der häuslichen Isolierung in die berufliche Bildung und Betriebstätigkeit ließ Marthes Briefkampf vorübergehend abflauen. Unter Menschen zu sein, die ihre eigenen und ganz anders gelagerten Sorgen und Probleme hatten, relativierte Marthes Sicht und bestärkte sie zugleich, die Frage nach dem Verbleib ihres Mannes nunmehr energischer zu stellen. Die Rücksicht, die sie sich selbst gegenüber den Instanzen auferlegt hatte, gab es nicht mehr. Sie war ausgestoßen aus dem scheinbaren Kampfbund von Gleichgesinnten. Die ihr im Elternhaus mitgegebenen sozialistischen Ideale, die sie in ihrer Gemeinsamkeit mit Willi gefestigt zu haben glaubte, sah sie durch die eigenen Erfahrungen in Teilen pervertiert, aber nicht aufgehoben.

Am 16. November 1951 schrieb sie an den Chef des MfS: »Da meine Briefe systematisch unbeantwortet bleiben und es andererseits aber fünfzehn Monate her sind, daß mein Mann, Willi Kreikemeyer, sich angeblich in Untersuchungshaft befindet, möchte ich hiermit um eine persönliche Unterredung mit Ihnen bitten. Ich werde zu diesem Zwecke nächsten Donnerstag, den 22. ds. Monats, zwischen 11 und 12 Uhr in Ihrem Ministerium vorsprechen. Sollte es Ihnen nicht möglich sein, mich persönlich zu empfangen, so bitte ich Sie, einem Ihrer Mitarbeiter die Anweisung zu geben, mir folgende Fragen zu beantworten:

Wo befindet sich mein Mann?

Ist die Untersuchung gegen ihn abgeschlossen? Welches ist das Ergebnis?

Ist mit seiner baldigen Entlassung zu rechnen?

Soll die Sperrung unseres Kontos bei der Reichsbahn noch lange dauern?

Die Beantwortung dieser Fragen ist meiner Ansicht nach, nach fünfzehnmonatiger Wartezeit, keine Begünstigung, sondern die Pflicht jeder demokratischen Instanz. Ich bin nicht mehr gewillt, mich noch länger vertrösten zu lassen und in völliger Unkenntnis der Sachlage zu bleiben. Ich bitte Sie deshalb nochmals dringendst, die nötigen Anweisungen zu erteilen, damit ich am Donnerstag einen konkreten Bescheid erhalten kann.«

Was sie bei der Vorsprache im Ministerium auf ihre Frage, »warum die Untersuchung so lange dauert und so mysteriös gehalten werden muß«, zu hören bekam, berichtete sie am 26. Januar 1952 per Brief an Pieck: »Mitte November 1951 bin ich im Ministerium für Staatssicherheit von zwei Herren empfangen worden, welche mir auf Verlangen einige Fragen beantworten wollten. Ich stellte u. a. obige Frage, worauf mir einer der Herren in recht erhöhtem Tonfall antwortete, ich hätte überhaupt nicht das Recht, eine derartige Frage zu stellen. Eine Ehefrau wäre nicht verant-wortlich für die Verbrechen ihres Mannes, ergo braucht sie dieselben auch nicht zu kennen. Ein solcher Standpunkt ist mir neu. Ähnlich wurden mir meine übrigen Fragen beantwortet. Man versicherte mir, daß an dem Fall ›aktiv‹ gearbeitet würde. In einigen Wochen wäre es soweit, daß man mir Bescheid geben könnte, bis dahin müßte ich mich allerdings noch gedulden und warten. Dasselbe hat man mir aber schon im März 1951 gesagt. Damals kam ein Genosse zu diesem Zwecke in meine Wohnung, und ich habe es ihm sogar geglaubt. Ein zweites Mal hat man mir dann mitgeteilt, daß gegen Mitte Oktober die Entscheidung fallen werde, und nun sind wir Ende Januar 1952 und ich weiß ebensoviel wie vor siebzehn Monaten.

Ein solcher Zustand ist doch auf die Dauer unerträglich, zumal die Gegner auch ›aktiv‹ arbeiten und durch Radio und Presse die Menschen aufhetzen. Vor einigen Wochen sagte der Nordwestdeutsche Rundfunk an, Kr. sei zu 25 Jahren Zwangsarbeit verurteilt und nach Moskau abtransportiert, dann heißt es wieder, er sei im Zuchthaus in Brandenburg. Kürzlich brachten scheinbar mehrere Westberliner Zeitungen die Nachricht, Kr. sei in einem Gefängnis in Lichtenberg verstorben. Ich schenke diesen Nachrichten natürlich keinen Glauben und lasse mich dadurch auch nicht beirren. Aber wie viele fallen auf diese Hetze herein, nicht allein in Westdeutschland und Westberlin, sondern auch hier bei uns?

Kr. ist nicht der einzige Fall, der so mysteriös behandelt wird und die Familien nicht wissen, wo sich der Angeklagte befindet und warum. Ich sehe die politische Notwendigkeit mit dem besten Willen nicht ein und erlaube mir die Kritik, daß solches Vorgehen nicht dazu angetan ist, das Vertrauen in unsere Justiz zu stärken, zumal der Gegner keine Gelegenheit ungenützt läßt, jede Schwäche bei uns propagandistisch auszuwerten. Das Ministerium für Staatssicherheit liefert ihm leider allzu oft den Stoff dazu. Ich glaube, keine Behörde oder Instanz wird von den Massen mehr kritisiert als gerade das Ministerium für Staatssicherheit. Aber an höchster Stelle scheint man dies nicht zu wissen oder absichtlich zu ignorieren. Die Kritik, welche aus dem Volke kommt, sollte man aber meines Erachtens nicht einfach ignorieren, man müßte zumindest versuchen zu erklären, warum dies oder jenes so sein muß und nicht anders.

Meine Verwandten in Frankreich habe ich bisher immer mit Ausflüchten hingehalten, denn die wahre Sachlage will und kann ich ihnen nicht schreiben, weil sie das überhaupt nicht verstehen können. Man schrieb mir kürzlich wörtlich: ›Über Eure Justiz sind wir etwas erstaunt und sehr enttäuscht.‹ Ich kann mit dem besten Willen unsere Justiz nicht mehr verteidigen und mache es nun so, wie es dieselbe macht: ich antworte darauf überhaupt nicht mehr. Aber meine Enttäuschung ist zumindest ebenso groß wie die meiner Verwandten.

Ich weiß, daß die Kritik, welche ich in meinem Schreiben übe, etwas hart ist, aber nach allem, was ich in den vergangenen Monaten erlebt habe, kann ich keinen anderen Standpunkt haben. Ich würde mich selbst am meisten freuen, wenn endlich etwas Konkretes geschehen würde in dieser Angelegenheit und ich meine Meinung wieder ändern könnte. Ich bin auch heute noch der Überzeugung, daß mein Mann ein alter, ehrlicher Kämpfer war, dem aber vielleicht unbewußt irgendwelche Fehler unterlaufen sind. Aber warum stellt man dann keine Anklage auf, um der Öffentlichkeit zu zeigen, daß unsere Behörden keine Menschen grundlos einsperren oder verurteilen, ohne die Familie zu benachrichtigen?

Sehr geehrter Herr Präsident, ich hoffe, daß dieses Schreiben in Ihre Hände gelangt und bitte Sie sehr, veranlassen zu wollen, daß mir endlich Bescheid [gegeben] wird, wie es meine Manne geht und wie seine Sache zu Ende kommen soll.«[121]

Ob Pieck diesen Brief zu lesen bekam, ist nicht erkennbar. In seiner Kanzlei sorgte Marthe mit ihren Argumenten für allgemeinen Wirbel und bei manchem Mitarbeiter für stille Bewunderung. Sekretärin Käte Weiß informierte und konsultierte Leo Zuckermann, der schon geraume Zeit nicht mehr ihr Chef war. Walter Ulbricht hatte ihm, als er nicht mehr an Piecks Seite zu halten war, eine Professur für Völkerrecht und Außenpolitik an der Deutschen Verwaltungsakademie »Walter Ulbricht« verschafft. Die neuen Männer in der Präsidialkanzlei ließen über Sekretärin Weiß erkunden, was mit Marthes früheren Briefen an den Präsidenten geschah und wo sie geblieben seien. In der Ablage waren sie nicht zu finden.

Am 5. Februar 1952 schrieb die Kanzleisekretärin Käte Weiß unter Marthes Brief: »Lt. Auskunft von Prof. Zuckermann hat der Präsident die Eingabe der Frau Kreikemeyer vom Oktober 50 und eine zweite Eingabe in das ZK mitgenommen, um die Angelegenheit mit Zaisser zu besprechen.« Tatsächlich waren sie längst in Mielkes Hand, wie nahezu alle Schreiben, die Marthe Kreikemeyer in der Angelegenheit ihres Mannes verfaßte.

Irgendwie hatte Marthe herausgefunden, daß sich nicht der Minister Zaisser, sondern allein sein Staatssekretär mit Untersuchungsvorgängen befaßte. Am 23. Mai 1952 schrieb sie erstmals an Erich Mielke: »Nach langem Warten und vergeblichen Bemühungen erlaube ich mir, mich an Sie zu wenden in der Hoffnung, von Ihnen zu erfahren, wieweit die Untersuchung in der Angelegenheit meines Mannes, Willi Kreikemeyer, fortgeschritten ist. Am 25. dieses Monats werden es einundzwanzig Monate, daß mein Mann sich irgendwo in Untersuchungshaft befindet. Warum und weshalb ist mir bis heute noch nicht konkret mitgeteilt worden. Ich glaube aber als Ehefrau endlich das Recht zu haben, die Gründe dieser langen Untersuchung zu erfahren, auch wo mein Mann sich z. Zt. befindet und wie es ihm gesundheitlich geht. Ich habe mich mit derselben Bitte bereits an den Staatspräsidenten Wilhelm Pieck und mehrmals schon an Minister Zaisser gewandt, ohne eine Antwort zu erhalten. Ich werde wie Luft behandelt, und dagegen protestiere ich auf das energischste.

Ich war verschiedentlich in Ihrem Ministerium, das letzte Mal am 18. März auf Anraten von Generalinspektor Walter, welcher mir telefonisch versichert hatte, ich bekäme an diesem Tage eine erschöpfende Auskunft. Ich habe dort sieben Stunden gewartet, weil ich nicht wieder unverrichteter Dinge nach Hause gehen wollte. Man sagte mir, sie können mir an diesem Tage noch keine definitive Antwort geben, weil sie selbst noch keinen definitiven Bescheid hätten, aber es könnte sich nur noch um Tage handeln und dann bekäme ich Nachricht. Seither sind bereits wieder über neun Wochen verstrichen, und man muß mich doch wohl für sehr dumm halten, denn, wenn der stellvertretende Minister zwanzig Monate nach Inhaftierung eines Gefangenen noch keinen definitiven Bescheid hätte, was nun werden soll, dann müßte es um unsere Justiz sehr schlecht bestellt sein. Vielleicht hält man mich auch für einfältig, weil ich bisher so geduldig oder diszipliniert war und mich immer wieder vertrösten ließ.

Ich bin deshalb diszipliniert, weil ich nach wie vor der Überzeugung bin, daß mein Mann kein Verbrecher, kein Agent oder Staatsfeind ist. Er kann niemals, weder damals in Frankreich noch hier, irgendwelche Spionage getrieben oder gegen unseren Staat gearbeitet haben. Ich war auch voller Hoffnung, daß die zuständigen Behörden den Fall klären und Gerechtigkeit walten lassen würden. Nun fange ich aber an, an dem guten Willen oder an der Kapazität der diesen Fall bearbeitenden Instanzen zu zweifeln, denn, wenn man nach einundzwanzig Monaten noch nicht klipp und klar sagen kann, so und so liegen die Dinge, dann ist etwas faul. Wenn mein Mann unbewußt Fehler begangen hat, die dahin geführt haben, daß unsere Wirtschaft geschädigt wurde, dann muß man endlich dazu Stellung nehmen. Dazu ist eine demokratische Regierung verpflichtet. Nebenbei gesagt, wenn man alle an verantwortlicher Stelle stehenden Genossen, die unbewußt Fehler begangen haben, so hart strafen wollte, so müßte man wahrscheinlich Gefängnisse bauen statt Wohnungen. Denn jeder weiß, wie schwer eine jede Arbeit in den ersten Jahren nach dem Zusammenbruch war und nur, wer nichts getan hat, hat auch keine Fehler begangen.

Auf jeden Fall können für die Anschuldigungen, welche seiner Zeit im ›Neuen Deutschland‹ veröffentlicht worden sind, keine Beweise vorhanden sein, denn ich habe ja diese ganzen Jahre mit meinem Manne zusammengelebt und -gearbeitet und kenne ihn besser als die Zusammenträger dieser verschiedenen Anschuldigungen. Aber auch einer Intrige müßte man nach so langer Zeit auf die Spur gekommen sein, und auch da müßte ein gerechter Ausweg gefunden werden. Wenn mein Mann aus irgendeinem Grunde ohne Urteil festgehalten werden muß, dann muß man mir als Ehefrau Bescheid geben. Ich habe für vieles Verständnis, aber nicht für den jetzigen Zustand. Und eine Sache, die zuerst so groß aufgebauscht worden ist, kann man nicht einfach totschweigen. Die alten, disziplinierten Genossen schütteln den Kopf, die jungen und neuen Genossen, welche für die Partei noch nicht viel getan haben, sind es in den meisten Fällen von früher her noch gewohnt, nicht viel nachzudenken und nehmen die Angelegenheit als gegeben hin. Unseren Gegnern liefert man mit solchen ›Fällen‹ fortlaufend Stoff zu Anfeindungen und stichhaltiger Hetze.

Ich verlange auf jeden Fall jetzt ganz kategorisch einen ausführlichen Bescheid, ob die Untersuchung abgeschlossen ist. Sie kann schließlich keine weiteren Jahre dauern. Als Ehefrau und Bürger unseres demokratischen Staates habe ich aufgrund des § 136 unserer Verfassung das Recht, eine solche Forderung zu stellen.

Außerdem möchte ich hiermit beanstanden, daß ich von dem Verbleib der Sachen, die bei der damaligen Haussuchung (25. 8. 50) von dem Genossen mitgenommen worden sind, auch immer noch nichts gehört habe. Ich habe auch keine Beschlagnahmebescheinigung erhalten. Unter den Sachen befand sich ein Scheckbuch mit Blankoschecks. Das Gehaltskonto meines Mannes bei der Darlehenskasse der Reichsbahn ist ›gesperrt‹, aber nicht etwa durch die Polizeibehörde, sondern fernmündlich durch den jetzigen Generaldirektor Kramer, welcher dazu überhaupt keine Befugnis hat.«

Vor der zweiten Jahreswiederkehr von Kreikemeyers Verhaftungstag fiel Marthe ein, sich an den Chef der sowjetischen Besatzungsmacht in der DDR zu wenden. Sie hoffte nur vage, von ihm Hilfe zu bekommen. Wenn er nicht reagierte, dann wollte sie auch um diese Erfahrung reicher sein. Sie hätte gern herausgefunden, wer dieser deutsch und russisch sprechende Mann war, der die Haussuchung leitete, sie dann in Abständen bis März 1951 aufsuchte, viele Versprechungen machte und auch das Päckchen und einen Brief abholte, aber seitdem nicht mehr gekommen war.

»Ich habe mich bereits an den Staatspräsidenten Wilhelm Pieck, an den Generalsekretär Walter Ulbricht, mehrfach an den Minister Zaisser und an seinen Staatssekretär Mielke gewandt«, schrieb sie am 10. August 1952 an Armeegeneral Tschuikow, »und von keiner Stelle eine Antwort erhalten. Da ich aber, meines Erachtens, nach zwei Jahren das Recht habe, die volle Wahrheit in dieser Angelegenheit zu erfahren, erlaube ich mir, an Sie heranzutreten, obwohl mein Mann deutscher Staatsangehöriger ist, mit der Bitte, zu veranlassen, daß meine berechtigten Fragen endlich konkret beantwortet werden. Zu Ihrer Information lege ich Ihnen die Abschrift meines Schreibens an den Staatssekretär Mielke bei, welches, wie üblich, unbeantwortet geblieben ist.«

Marthe informierte den Adressaten, daß sie durch ihre Tätigkeit im Betrieb den Kontakt zu Menschen habe, denen gegenüber sie sich bisher die größte Mühe gab, »auf ihre Fragen eine halbwegs erklärende Antwort zu geben. Aber jetzt fällt es mir selber schwer, und ich fange an zu zweifeln. Ich bin zwar den Papieren nach aus der Sozialistischen Einheitspartei Deutschlands ausgeschlossen, fühle mich aber trotzdem immer noch als Sozialist und möchte den Glauben an unsere Sache nicht verlieren. Ich arbeite an unserem Aufbau hier mit, soweit meine Kräfte reichen, aber ich verlange auf der anderen Seite, daß ich als Mensch gewertet und geachtet werde. Ich stoße überall auf Mißtrauen, solange nicht die ganze Angelegenheit öffentlich geklärt ist.

Allein der Name erregt schon überall Aufsehen, und ich kann arbeitsmäßig nicht die Funktion ausüben, die mir meinen Kenntnissen nach zustehen würde, bloß weil ich die Frau von Willi Kreikemeyer bin. Das ist eine große Ungerechtigkeit sowohl meinem Mann als auch mir gegenüber. Denn man dürfte bei all dem nicht vergessen, daß mein Mann während 40 Jahren nur für die Partei da war, nur für sie gelebt und gearbeitet hat.« Sie kam wieder auf Alfred Scholz zurück, dessen Namen sie zu diesem Zeitpunkt noch nicht kannte, den sie aber später herausfand. »Am besten wäre, wenn ich mich noch einmal mit dem betreffenden Genossen unterhalten könnte«, schrieb sie an Tschuikow. »Er weiß am besten, was er mit mir besprochen hatte und könnte mir erklären, warum das alles so ganz anders gekommen ist.«

Den Ring des Schweigens vermochte Marthe nicht zu durchbrechen. Aber sie gab nicht auf und war davon überzeugt, daß ihre Schriftstücke nicht für den Papierkorb waren. Sie nutzte die Briefe als Waffe, als Appelle an das Gewissen derjenigen, die entweder gewissenlos, machtlos oder einfach feige handelten. Irgendwie und irgendwann mußte es eine Lösung geben. In Ewigkeit konnte es so nicht weitergehen. Die Briefe waren für sie eine Art Stimuli zum Weiterleben. Sie machten sie selbstbewußter in dem ungleichen Zweikampf. Am 12. Oktober 1952 .konfrontierte sie Mielke mit der Frage, wie es sich mit einen Anwalt für Willi verhalte, und beantragte, »mit seinem Verteidiger in Verbindung treten zu können. Lt. Neuestem Strafverfahrensrecht hat ja jeder Beschuldigte in jeder Lage das Recht, sich eines Verteidigers zu bedienen. Dieser Punkt ist ja auch in unserer Verfassung verankert, und ich kann nicht annehmen, daß mein Mann nach so langer Zeit ohne Verteidiger ist.«

Marthes Briefe wechselten mit ihren Vorsprachen in der Lichtenberger Normannenstraße. Sie gelangte nur bis hinter die Eingangstür des Ministeriums. Am 24. Oktober schrieb sie Mielke:

»Bei meinem letzten Besuch teilte mir der Empfangschef mit, daß ich vorläufig überhaupt nicht mehr dort vorsprechen soll. Die Sache wäre nicht reif. Der zuständige Sachbearbeiter ließ mir sagen, sobald die Angelegenheit akut wäre, bekäme ich automatisch Bescheid. Vor einigen Wochen sagte mir derselbe Empfangschef, es sei überhaupt keine Akte über den Fall im Ministerium vorhanden und die Sache würde demzufolge dort auch nicht bearbeitet. Auf meine Anfrage beim Obersten Gericht bekam ich den schriftlichen Bescheid, daß meine Eingabe an das Ministerium für Staatssicherheit weitergeleitet worden sei. Demnach wird der Fall also doch bei Ihnen bearbeitet. Das beweist ja auch der bei meinem letzten Besuch erhaltene Bescheid. Ich möchte nun gern von kompetenter Seite erfahren, wieviel weitere Jahre es noch dauern soll, bis ›die Sache reif ist‹. Aber wie dem auch sei, so beantrage ich heute noch einmal, mit dem Verteidiger meines Mannes in Verbindung treten zu können, denn: ›Jeder Beschuldigte hat in jeder Lage das Recht, sich eines Verteidigers zu bedienen.‹ Man kann nicht Gesetze machen und sie auf der anderen Seite und in gewissen Fällen mit Füßen treten. Ich werde mich auch in dieser Angelegenheit an den stellvertretenden Ministerpräsidenten Walter Ulbricht wenden, denn ich bin nicht mehr gewillt, mich noch länger und immer wieder hinhalten zu lassen. Meines Erachtens muß diese ganze Angelegenheit nun endlich mal geklärt werden, denn es ist ein Armutszeugnis für unsere Justiz, wenn sie nach über zwei Jahren noch nicht weiß, ob der mit so viel Aufwand Inhaftierte ein Spion ist oder nicht.

Meine Eltern, welche sich bekanntlich in Frankreich befinden, haben sich von dort aus – ohne mein Wissen und ohne mein Zutun – bemüht zu erfahren, wo mein Mann sich befindet. Sie teilten mir dies vor einigen Tagen mit und zugleich die erhaltene Antwort: ›Alle erreichbaren Stellen sagen: K. ist tot, obwohl jeder zugeben muß, daß nur der Abtransport in Richtung Osten verbürgt ist, die Nachricht vom Tode aber nicht autorisiert, wenn auch wahrscheinlich ist.‹ Dies ist also die Ansicht des Auslandes. Meine Eltern glauben es sogar, und ich kann ihnen keine Gegenbeweise liefern. Warum unternimmt man von uns aus nichts, um diese verschiedensten sich gegenseitig widersprechenden Nachrichten aus der Welt zu schaffen, indem man ganz einfach endlich die ermittelten Tatsachen veröffentlicht?« Dieser Brief hatte für Erich Mielke Unterhaltungswert. Er versah ihn mit dem Vermerk »zum Studium u. Stellungnahme« an Alfred Scholz. Dessen Meinung blieb undokumentiert.

## Attacken gegen das Schweigen

Der Name Field war lange Zeit nicht mehr zu lesen gewesen. Plötzlich war er wieder da, im November 1952 in Prozeßberichten aus Prag. Vierzehn Kommunisten, hohe und höchste Funktionäre, darunter auch der ehemalige Generalsekretär der tschechoslowakischen KP, standen vor dem Staatsgericht. Marthe Kreikemeyer las unter anderem, »daß der amerikanische Spion Noel Field in der Tschechoslowakei ein Spionagenetz ausgebaut hatte, das eine ausgedehnte Tätigkeit entfaltete«[122]. Noel Field selbst war, wie 1949 in Budapest, nicht im Gerichtssaal anwesend. Er schien ein immaterielles Wesen geworden zu sein. Es gab keinen Hinweis darauf, wo er sich befand. Mit seinem Namen verband sich nicht mehr der Sozialarbeiter, wie ihn Marthe kennengelernt hatte, sondern der raffinierteste und erfolgreichste Agentenführer der USA, dem es auf märchenhafte Weise gelungen war, ranghohe Kommunisten mittel- und osteuropäischer Länder in westliche Spießgesellen und Sowjetfeinde zu verwandeln. Sie las alles über den Slánsk˝-Prozeß und stellte erleichtert fest, daß Willi nicht genannt wurde, jedoch die »Trotzkisten« Paul Merker und Willi Münzenberg, ihr früherer Verlagschef in Paris, der aber längst tot war.

Das Jahr 1952 war zu Ende gegangen, die ersten beiden Monate des neuen Jahres waren vorüber. Im Fall Kreikemeyer hatte sich noch immer nichts bewegt. Marthe entschloß sich zu einem erneuten Brief an Walter Ulbricht: »Es sind nun schon zweieinhalb Jahre, daß mein Mann sich angeblich in Untersuchungshaft befindet, und von keiner Seite konnte ich bisher erfahren, wessen er genau angeklagt ist, wo er sich befindet und wie es ihm ergeht. Das ist sehr grausam und wird immer unverständlicher. [...] heute, nach so langer Zeit müßte man mir doch endlich sagen, was eigentlich vorliegt und was man zu tun gedenkt. Die ganze Angelegenheit nun auf sich beruhen oder einschlafen lassen, ist doch wohl in einem demokratischen Staat unmöglich. Dieses mysteriöse Stillschweigen wirkt direkt beängstigend und richtet mich seelisch zu Grunde. So kann es doch auf keinen Fall weitergehen, und ich wäre Ihnen sehr dankbar, wenn Sie veranlassen wollten, daß hier etwas geschieht.« Wieder beschrieb sie Ulbricht den Mann, der verschiedene Male bei ihr in der Wohnung war, angeblich in seinem Auftrag, und Andeutungen machte, wie es weitergehen würde, »über welche ich absolut schweigen sollte, was ich auch tat. Es ist aber davon nichts realisiert worden. Ich wäre Ihnen sehr verbunden, wenn Sie es möglich machen würden, daß ich mit diesem Genossen oder mit einem anderen, welcher über diese ganze Angelegenheit Bescheid weiß, nochmals eine Rücksprache haben könnte. Oder teilen Sie mir auf irgendeine Weise mit, was werden soll. Aber auf jeden Fall protestiere ich auf das energischste gegen diesen Zustand des Totschweigens. Ich muß nun endlich Schreiberlaubnis und Besuchserlaubnis erhalten oder zumindest mit dem Verteidiger meines Mannes in Verbindung treten können, so er einen hat. Mein Mann ist ein alter Kommunist. [...] Heute kann jeder X-Beliebige kommen und seinen Namen beschmutzen und besudeln, ohne daß ich dagegen angehen kann, auch wenn derjenige selbst für die Partei keine Opfer gebracht hat und auch nicht weiß, was früher die Genossen durchgemacht und geleistet haben. [...]

Eine Klärung muß auf alle Fälle jetzt herbeigeführt werden, denn was sind das für Zustände, wenn ich nach zweieinhalb Jahren auf Befragen nach dem Verbleib meines Mannes nur antworten kann: ich weiß es nicht! In meinem Betrieb wird mir von Angehörigen der BPO[123] vorgeworfen, in diesem Zusammenhang negativ diskutiert zu haben. Das sagt man mir aber nicht offen und ehrlich, indem man versucht, mir zu helfen, sondern ich muß es hintenrum und andeutungsweise erfahren und kann mich demnach auch nicht verteidigen oder verantworten.

Ich bin im August 1951 auf Empfehlung der SED-Kreisleitung Köpenick in diesen Betrieb und in die Abtlg. Planung gekommen. [...] Ich hatte damals keine Ahnung von Planung, tat aber gewissenhaft meine Arbeit, besuchte zwei Lehrgänge an der Volkshochschule und habe mich so qualifiziert, daß ich meine Arbeit selbständig und verantwortlich leisten konnte und zur vollsten Zufriedenheit meiner Vorgesetzten. Ich wurde auch als Bestarbeiter ausgezeichnet. Vor drei Wochen hat man mich nun aus der Abtlg. Planung herausgenommen und als Sachbearbeiter in der Abtlg. Arbeit eingesetzt, wieder ein Gebiet, welches mir absolut neu ist und wo ich von vorne anfangen muß. Als Grund wurde mir angegeben, ich wäre zu qualifiziert und gehaltlich nicht mehr tragbar für die Abtlg. Planung (400,- DM). Ich bin aber kein Kind und weiß, daß die Abtlg. Planung eine Verschlußabteilung ist. Bestimmt war sie es aber auch schon 1951. Trotzdem habe ich diszipliniert den Arbeitsplatzwechsel vorgenommen und werde auch die neue Funktion gewissenhaft ausüben. Aber die Art, wie man vorgeht, ist beleidigend, denn wenn man auch da offen und ehrlich mit mir gesprochen hätte, hätte ich vielleicht ein gewisses Verständnis dafür aufbringen können, obwohl ich mir absolut nichts vorzuwerfen habe und solches Mißtrauen weh tut.

Ich bin zwar den Papieren nach aus der SED ausgeschlossen (im Aug. 1951, weil ich Doppelstaatler bin und es abgelehnt habe, auf meine französische Staatszugehörigkeit zu verzichten, solange meine Eltern leben), ich bin aber trotzdem Sozialist und möchte noch an das Gute unserer Sache weiter glauben können, auch wenn verschiedene kleine Geister mit den Füßen kaputt trampeln, was andere mühsam errichten. Ich arbeite an unserem Aufbau mit, soweit körperlich meine Kräfte reichen, aber ich glaube auch das Recht beanspruchen zu können, Mensch zu sein und als solcher gewertet und nicht wie ein Geächteter behandelt zu werden. Das habe ich nicht verdient und mein Mann schon gar nicht. Ich stoße überall auf Mißtrauen, solange diese ganze Sache nicht geklärt ist.« Sie verlangte endlich einen Bescheid, zumal sie die Absicht hatte, die Wohnung in der Dornröschenstraße gegen eine kleinere zu tauschen. »Ich müßte aber vorher wissen, ob ich damit rechnen kann, daß mein Mann in absehbarer Zukunft zurückkehrt oder ob ich auch in der Zukunft auf mich allein angewiesen sein werde.«

Diesen Brief an Ulbricht hatte Marthe am 2. März 1953 geschrieben, als Stalin, was die Welt noch nicht wußte, im Sterben lag. Das Frühjahr wurde in der DDR zum Vorabend einer sozialen, ökonomischen und politischen Krise, die das Ende dieses zweiten deutschen Teilstaates einzuläuten drohte. Die SED-Führung ignorierte, was sich anbahnte, die Sicherheitsorgane, mit anderem beschäftigt, gaben keine Alarmsignale. Eine Tagung des ZK der SED im Mai ließ das Rumoren im Lande außer Betracht und beschäftigte sich mit der ein Jahrzehnt zurückliegenden Westemigration. Hermann Matern war wieder einmal in seinem Element. Er zog für die SED die »Lehren aus dem Prozeß gegen das Verschwörerzentrum Slánský« und behauptete z. B., »die Ende, Merker, Kreikemeyer und andere« hätten in Frankreich »die Arbeit unter den deutschen Soldaten« sabotiert.[124] Wenn einem Emigranten dies hätte vorgehalten werden müssen, dann vor allem und zuerst Erich Mielke. Doch das Zentralkomitee faßte einen Beschluß, der einen falschen Sieg feierte. Die »Aufdeckung der wahren Rolle« des amerikanischen Hauptspions Noel H. Field führte »zur Entlarvung einer Reihe von Kapitulanten und Verrätern, wie Merker, Ende, Kreikemeyer, Bauer, Goldhammer und Maria Weiterer.«[125]

Marthe entschloß sich, die neuerlichen Verleumdungen nicht stillschweigend hinzunehmen. Als die dramatischen Tage um den

17. Juni vorüber waren und Walter Ulbricht wieder fest im Sessel saß, schrieb sie ihm am 4. Juli einen Brief, der im Vergleich mit den anderen von ihr bisher verfaßten Schreiben eine neue Qualität signalisierte: »Die Veröffentlichung im ND vom 19. Mai 1953 über ›Die Durchführung des Beschlusses des ZK der SED – Lehren aus dem Prozeß gegen das Verschwörerzentrum Slánsk"‹ gibt mir Veranlassung, mich nochmals an Sie zu wenden – auch auf die Gefahr hin, daß dieses Schreiben ebenfalls unbeantwortet bleiben wird – um zu einigen angeschnittenen Punkten Stellung zu nehmen.

Ich bin in der Angelegenheit meines Mannes, Willi Kreikemeyer, nie vernommen worden. Wenn man von der Unterredung mit dem Genossen, welcher die Haussuchung durchführte, absieht, hatte ich überhaupt noch nie Gelegenheit, mich irgendwie zu der ganzen Sache zu äußern. Ich weiß auch immer noch nicht (nach nahezu drei Jahren), wessen mein Mann genau beschuldigt wird. Aber ich hätte zu der neuesten Anschuldigung, die damaligen Genossen in Südfrankreich hätten Soldatenarbeit sabotiert, einiges zu sagen.

Mein Mann hat in Marseille, sowohl wie später in Paris, die Arbeiten ausgeführt, die ihm vom jeweiligen politischen Verantwortlichen der deutschen Emigrationsleitung aufgetragen worden waren: die Verbindung mit Field aufzunehmen, die Genossen in- und außerhalb der Lager zu versorgen, gehörte dazu. Daß er dabei nicht erkannt hat, daß F. bestimmte Zwecke verfolgte, kann ihm zum Vorwurf gemacht werden. Aber er hat meines Wissens keine Soldatenarbeit sabotiert. Er hat auch auf diesem Gebiet mit den anderen Genossen gemeinsam, gemäß den damaligen Möglichkeiten für unsere Sache gegen den Hitlerfaschismus gekämpft, bestimmt auch nach den gegebenen Richtlinien.

Allerdings war es leichter, in der Sowjetunion solche Richtlinien auszuarbeiten, als sie in Deutschland und den besetzten Ländern durchzuführen. Es ist also durchaus möglich, daß die Zersetzungs- und Aufklärungsarbeit, anders aufgezogen oder durchgeführt, unter den deutschen Soldaten mehr Erfolg gehabt hätte. Es ist durchaus möglich, daß die deutschen Genossen hier Fehler begangen haben, aber bestimmt nicht bewußt und mit Absicht. Außerdem wird wohl kein vernünftiger Mensch behaupten oder glauben machen wollen, daß die Handvoll deutscher Genossen in Südfrankreich etwas an der internationalen Lage hätten ändern können, auch wenn ihre Arbeit besser gewesen wäre. Heute ist es leichter, die ganze Angelegenheit zu übersehen und Fehler und Mängel, die damals gemacht wurden, festzustellen.

Aber es sind zur damaligen Zeit bestimmt auch anderswo und auf anderem Gebiet Fehler begangen worden, nicht nur in Südfrankreich. Man könnte z. B. auch die Frage stellen: Wie ist es möglich gewesen, daß 1941 die Hitlertruppen, fast ohne auf Widerstand zu stoßen, die sowjetische Grenze überschreiten und so weit ins Innere des Landes eindringen konnten? Warum wurde später wochenlang so bitter um Stalingrad gekämpft? Warum verteidigten die deutschen Landser dort Haus um Haus, Stein um Stein? Warum haben es die deutschen Antifaschisten, welche sich in der SU befanden und bestimmt besser geschult waren und mehr Unterstützung von überall hatten als ihre Genossen im Westen, nicht verstanden, durch aufklärende Flugblätter, Lautsprecher usw. die Verteidiger von Stalingrad wesentlich früher zur Aufgabe zu bringen? Wieviel Menschenleben und Gut wäre da der Sowjetunion erhalten geblieben? Wahrscheinlich hat es Dinge gegeben, die solche Maßnahmen unmöglich machten. Aber auch im Westen war die illegale Arbeit keine Kleinigkeit, und nur denen, die nichts getan haben, sind keine Fehler unterlaufen.

Ich muß mich immer wieder darüber wundern, daß man nur den Genossen, die illegal mit Field zu tun hatten, den Vorwurf macht, sie hätten erkennen müssen, was gespielt wurde, wo sie doch damals mitten im Hexenkessel saßen und nicht die Möglichkeit einer Überprüfung hatten. Seit 1945 aber ist Frankreich frei von den Hitlertruppen. F. hatte seit dieser Zeit sein offizielles Büro in Paris, Toulouse und Marseille, fuhr von Frankreich verschiedentlich nach Deutschland und den Volksdemokratien und niemand ist auf den Gedanken gekommen, nun nachzuforschen und zu untersuchen, wer der Mann nun eigentlich ist und was er für Zwecke verfolgt. Erst nach den Aussagen Rajks hat man angefangen, ›wachsam‹ zu sein. Es haben demnach nicht nur die Emigranten in Südfrankreich auf diesem Gebiet Fehler und Unterlassungssünden begangen, sondern die verschiedensten Parteileitungen in allen Ländern.

Mein Mann hatte 1946, als er nach Deutschland zurückkehrte, einen ausführlichen Bericht über seine illegale Tätigkeit in Frankreich verfaßt und beim ZK abgegeben. Seine Zusammenarbeit mit F. mußte also bekannt sein. Im übrigen sind die Anschuldigungen, welche man gegen Franz Dahlem in dieser ganzen Angelegenheit erhebt, weitaus schwerwiegender, als das, was man meinem Mann vorgeworfen hat, zumindest, was offiziell bekannt ist. Wie dem auch sei, so finde ich es unerhört und protestiere an dieser Stelle – zwar nicht zum erstenmal – aber auf das energischste dagegen, daß mein Mann sich nun bereits drei Jahre in Untersuchungshaft befindet, ohne daß die Öffentlichkeit weiß, warum und weshalb, ohne daß seine Frau weiß, wo er sich befindet und ohne daß irgend jemand mit ihm oder zumindest mit seinem Verteidiger in Verbindung treten kann. Meines Erachtens müßte diese ganze Angelegenheit endlich mal abgeschlossen und öffentlich bekanntgemacht werden.

Zum Schluß möchte ich noch eine Frage stellen, die heutige politische Situation betreffend. Unsere Regierung hat öffentlich zugegeben, daß ihr in den vergangenen Monaten verschiedene wesentliche Fehler unterlaufen sind, die nicht ohne schwerwiegende Auswirkungen, sowohl auf politischem wie auf wirtschaftlichem Gebiet geblieben sind. Es sind in diesem Zusammenhang verschiedene Verordnungen und Gesetze rückgängig gemacht und ein neuer Kurs angekündigt worden. Dies ist allgemein zu begrüßen, obwohl nicht alles wiedergutzumachen geht. Sind nun aber die Schuldigen ermittelt und zur Rechenschaft gezogen worden? Oder wird dies auch erst in zwölf Jahren geschehen?

Es könnten da Vergleiche gezogen werden. Den westlichen Emigranten wirft man vor, daß sie in gewisser Beziehung politisch blind waren, obwohl bekannt ist, unter welchen schwierigen Umständen damals die Arbeit durchgeführt werden mußte. Heute, wo wir Volkspolizei und den großen Apparat des Ministeriums für Staatssicherheit für unsere Sache einsetzen können, war es möglich, daß ein Hamann[126] und Dertinger[127] jahrelang in den höchsten Stellen sitzen und Schaden anrichten konnten, ohne daß rechtzeitig dagegen eingeschritten wurde. Da kann doch was nicht stimmen. In unserem Justizapparat kommen laufend unnötige Härten und Ungerechtigkeiten vor. Das ganze Volk ist darüber empört; aber abgestellt wird es nicht, auch scheinbar jetzt nicht im neuen Kurs.

Ganz zuletzt noch eine Sache, welche Ihnen nicht unbekannt sein dürfte. Das Referat VdN[128] ließ mir mündlich mitteilen, ich sei als Opfer des Faschismus aberkannt, ohne Begründung. Mein Protestschreiben an die Beschwerdekommission wurde einfach abgelegt und man gab mir zu verstehen, daß weitere Eingaben meinerseits überflüssig wären, da sie nicht bearbeitet werden könnten. Was sind das für Zustände?

Ich war nicht anerkanntes Opfer des Faschismus, weil ich die Frau meines Mannes war, sondern weil ich selbst illegal gearbeitet habe und mein Leben aufs Spiel setzte. Das ist dem Referat VdN auch bekannt, und wenn man mich trotzdem aberkennen muß, so verlange ich dies schriftlich und mit Begründung und außerdem das Recht wie jeder andere, die Sache vor eine ordentliche Beschwerdekommission zu bringen. Das Referat VdN ist eine Behörde und kann nicht einfach vom ZK der SED Befehle empfangen und ausführen. Auch dagegen protestiere ich auf das energischste.

Ich werde mir erlauben, in den nächsten Tagen wieder beim Ministerium für Staatssicherheit vorzusprechen und bitte Sie zu veranlassen, daß mir der dortige Empfangschef diesmal eine konkrete Antwort in Bezug auf meinen Mann geben kann.«

Marthe Kreikemeyer hatte jede Art von Demut hinter sich gelassen. Sie begann die Macht von Partei und Staat herauszufordern. Noch immer nahm sie an, gegen eine Wand geschrieben zu haben, von der kein Echo kam. Doch das ihr gegenüber praktizierte Versteckspiel hatte seinen Höhepunkt überschritten. So wie es war, sollte es nicht bleiben. Ulbricht beauftragte seinen Abteilungsleiter Hans Vieillard, Marthes Brief mit einem Auftrag an

Staatssekretär Ernst Wollweber zu geben. Im Zusammenhang mit den Ereignissen um den 17. Juni war Minister Zaisser abgelöst und das MfS vorübergehend in ein Staatssekretariat für Staatssicherheit (SfS) im Innenministerium zurückgestuft worden, geleitet von Wollweber und dem nun stellvertretenden Staatssekretär Mielke.

Der entscheidende Satz lautete: »Das Schreiben der Frau Kreikemeyer gibt Anlaß zu untersuchen, wieweit sie diese Argumente in der Öffentlichkeit benutzt.« Als Mielke Brief und Anschreiben vor sich hatte, war er erstmals sichtlich aufgescheucht. Auf das Blatt Vieillards schrieb er: »L. IX zur Stellungnahme in Rücksprache und Genossen Jamin« und auf die erste Seite von Marthes Brief: »Gen. Jamin zur Auswertung u. Vorschlag, was geschehen soll«. Bisher hatten Mielke und L. IX, der Leiter der Abteilung IX, Scholz, alle Vorgänge im Fall Kreikemeyer nur bei sich behalten. Jetzt wurde es notwendig, Marthe stärker zu überwachen. Deshalb wurde Erich Jamin einbezogen. Er veranlaßte, daß sie im Betrieb und, nach ihrem Umzug in die Spindlersfelder Straße 41f, im Wohngebiet mit geheimen Informanten umgeben und ihre Post kontrolliert wurde.

Im August 1953, drei Jahre seit Beginn von Kreikemeyers angeblicher Untersuchungshaft, bekundete Marthe in einem Schreiben an Wollweber ihr Unverständnis, »daß man mir, wenn ich zum Empfangschef in die Normannenstraße komme, immer wieder die lakonische Antwort gibt: ›Er lebt, und es geht ihm gut; mehr können wir Ihnen nicht sagen. Sobald die Angelegenheit soweit ist, erhalten Sie Nachricht.‹ Dies ist heute, nach drei Jahren keine Antwort mehr, sondern ein Abwimmeln und ist mit ›demokratischer Justiz‹ nicht zu vereinbaren, jedenfalls nicht mit dem Begriff, den ich als Französin bisher von dieser Instanz hatte. Ich bin auch nicht mehr gewillt, mich noch länger abwimmeln zu lassen, sondern verlange eine klare Antwort auf meine Fragen. Wenn eine ernsthafte Beschuldigung gegen meinen Mann vorliegt, so wird man wohl in diesen drei Jahren die Beweise zusammengetragen haben. Dann muß man ihn zur Rechenschaft ziehen, aber ich verlange Beweise. Ein Geständnis wäre für mich kein Beweis seiner Schuld.« Mit diesem Satz verurteilte sie die sowjetische Rechtslehre, die mit den 1951 auch in der DDR veröffentlichten Gerichtsreden von Andrej Wyschinski[129] zum Vorbild gemacht werden sollte. Wyschinski hatte für die Verurteilung in politischen Prozessen die simple Formel gefunden, daß allein das Geständnis des Angeklagten als Schuldbeweis genüge, mehr noch, es sei der Beweis überhaupt. Nach diesem Grundsatz wurde vor dem Krieg in den Moskauer Schauprozessen und in jüngster Zeit in den Prozessen von Budapest, Sofia und Prag verfahren.

Marthe kündigte an: »Ich werde mir erlauben, am 25. 8. wieder in der Normannenstraße vorzusprechen und bitte Sie, dort zu veranlassen, daß man mir einen konkreten Bescheid zukommen läßt.«

»Meine Absicht war«, schrieb sie am 19. Oktober an Elly Winter, Piecks Tochter und Privatsekretärin, »mich wieder einmal direkt an den Präsidenten zu wenden, aber dann kam seine Krankheit und trotzdem er jetzt genesen ist, hatte ich am 7. Oktober den Eindruck, daß sein Wohlbefinden immer noch nicht so ist, wie es zu wünschen wäre und möchte ihn aus diesem Grunde nicht noch mit meiner traurigen Angelegenheit belasten. Deshalb ersann ich den Ausweg, mich an Sie zu wenden als Frau, denn ich weiß, daß auch Sie Schweres erlebt haben – obwohl man da keine Vergleiche ziehen kann –, haben Sie vielleicht doch mehr Verständnis für mein Leid als die Genossen, welche mit Staatsgeschäften und -sorgen sehr belastet sind.« Elly Winter und Theo, ihr Mann, waren Emigranten in der Sowjetunion gewesen. Theo Winter sprang im Herbst 1943 aus einem sowjetischen Flugzeug über Polen ab und schlug sich bis Berlin durch. Er sollte mit einem Funkgerät über die Lage in Deutschland berichten. Er war jedoch bald in die Hände der Gestapo gefallen. Sie setzte sich in den Besitz seines Codes und funkte mit Moskau, als wäre es Winter selbst. Erst 1945 erfuhren Elly und ihr Vater von diesem schweren Mißgeschick. Wann und wie Theo Winter zu Tode kam, blieb ungeklärt.

»Ich weiß nicht«, schrieb Marthe an Elly Winter, »lebt mein

Mann noch, wenn ja, wo er sich befindet und wie es ihm ergeht. Ich bin hier in Berlin ganz allein. Meine Familie lebt in Frankreich. Meine früheren Freunde und Genossen haben mir alle den Rücken gekehrt. [...] Man hat mir auf 22 Briefe, welche ich während diesen drei Jahren in der Angelegenheit meines Mannes geschrieben habe, nicht einmal geantwortet. Das ist ganz kurz der Sachverhalt. [...] Ich sitze nun hier und quäle mich tagtäglich mit Zweifeln und persönlichen Kränkungen und verlange doch nur eins: daß man mir sagt, ob mein Mann noch lebt und konkret mitteilt, was er verbrochen haben soll und dafür die Beweise liefert. Das ist ein Zustand, welcher schon Steine erweichen könnte. Aber die Herzen unserer Genossen sind scheinbar noch härter als Stein. Ich überlasse es Ihnen, ob Sie es für angebracht und möglich halten, mit dem Präsidenten darüber zu sprechen, daß er seine Autorität geltend machen kann, um zu erreichen, daß mir endlich ein konkreter Bescheid zugeht.«

Ihren nachweisbar letzten Brief im Jahr 1953 schrieb Marthe wieder an Wollweber: »Dieses absolute Totschweigen dieser ganzen Angelegenheit ist ein Skandal und muß endlich geändert werden. Warum sagt man nicht endlich ganz öffentlich, was los ist? Warum erfahre ich nicht, wo mein Mann sich befindet? Warum bekomme ich keine Sprecherlaubnis wie andere auch? Ich beantrage hiermit, von Ihnen oder einem Ihrer Vertreter empfangen zu werden, auf jeden Fall von jemandem, der befugt ist, mehr zu sagen als ›die Sache ist nicht abgeschlossen‹. Meines Erachtens muß endlich eine Aussprache und eine Klärung stattfinden. Außerdem beantrage ich, ein Weihnachtspäckchen für meinen Mann abgeben zu können und bitte um Bescheid, wann und wo dies geschehen kann.«

## Erlogenes Urteil

Im Februar 1954 kam Marthe auf die Idee eines internationalen Schrittes. Erstmals wieder seit fünf Jahren sprachen die Außenminister Großbritanniens, Frankreichs, der USA und der UdSSR miteinander. Ihr Hauptthema war Deutschland. Marthe informierte Wollweber über ihre Absicht: »Vor ca. sechs Wochen sprach ich wieder mal beim Staatssekretariat f. Staatssicherheit vor, wurde wie gewöhnlich vom Empfangschef empfangen und erhielt als Antwort auf meine Frage nach meinem Mann: ›Bald ist es soweit, daß man Ihnen einen konkreten Bescheid geben kann.‹ Bald – ist ein Begriff, den man natürlich dehnen kann, und die Antwort ist ebenso nichtssagend.« Da sie von deutscher Seite keine Auskunft erhalte, wolle sie die Gelegenheit der Viererkonferenz in Berlin wahrnehmen, an dieses Gremium zu appellieren und an den Sitz des sowjetischen Botschafters, Unter den Linden, zu Händen von Außenminister Molotow, schreiben. »Ich bin nicht größenwahnsinnig, daß ich mich mit einer privaten Angelegenheit an die Konferenz wende, aber meiner Ansicht nach hat die ganze Angelegenheit auch internationalen Charakter: 1. war mein Mann aktiv am Spanienkampf beteiligt, 2. aktiv am Widerstandskampf in Frankreich und drittens habe ich neben meiner deutschen Staatszugehörigkeit auch noch die französische.« In dem an Molotow adressierten Brief, der vom SfS abgefangen wurde, schilderte sie, was seit dem 25. August 1950 passierte und was sie bisher gegen »diese ungerechte Härte des absoluten Totschweigens« unternahm. »Wenn ein Mann, der so bekannt war wie Kreikemeyer, einfach verschwindet, ohne Prozeß, ohne Urteil, dann löst das Erstaunen, Kopfschütteln und Unzufriedenheit aus. Das dürfen Sie mir glauben. Ich bin auch ohne Parteibuch Sozialist geblieben und arbeite an unserem Aufbau hier in der DDR mit und freue mich über jeden Schritt, den wir vorwärtskommen. Auf der anderen Seite ist das, was ich am eigenen Leibe erleben muß, ein Skandal.

Mein Ursprungsland ist Frankreich [...] und bin deshalb nicht geneigt, etwas einfach als gegeben hinzunehmen, was ich als Intrige und größte Ungerechtigkeit empfinde. Ich werde keine Ruhe geben, bis die Sache geklärt ist und für evtl. Anschuldigungen, welche gegen meinen Mann noch erhoben werden könnten, klare und unwiderlegbare Beweise erbracht werden. Sie dürfen mir glauben, daß jeder Franzose so handeln würde und sich eine Behandlung, wie sie mir hier zuteil wird, nicht gefallen lassen würde. Ich wäre Ihnen sehr dankbar, wenn sie bei den deutschen Behörden intervenieren könnten.«

Marthe Kreikemeyer hätte, angesichts der offenen Berliner Sektorengrenzen, den Weg zu allen vier Außenministern finden können, und wenn es ein offener Brief an sie über die Medien gewesen wäre. Marthe hätte dies sicherlich getan, wenn sie nicht des Glaubens gewesen wäre, damit dem vielleicht doch noch lebenden Willi zu schaden. An die Weltöffentlichkeit zu treten, hätte ihre Flucht in den Westen vorausgesetzt. Aber gerade das wollte sie vermeiden, um ihren Kampf mit den Institutionen fortzusetzen und nicht zu kapitulieren.

Einen Schlag, eine denkbare Quittung dafür, daß sie keine Ruhe gab, erhielt Marthe aus dem Mund von Walter Ulbricht. In dem von ihm auf dem IV. SED-Parteitag Ende März 1954 vorgetragenen Bericht »Die gegenwärtige Lage und der Kampf um das neue Deutschland« wurde als Erfolg vermeldet: »Die Partei entfernte solche Mitglieder, die während der Hitlerzeit Verrat übten, in der Kriegsgefangenschaft Agentenschulen der Imperialisten besuchten oder nach 1945, zur Zeit der Besetzung, mit Agenten des USA-Geheimdienstes Verbindung aufgenommen hatten, wie Merker, Kreikemeyer und andere.«[130] Außer dem seit Ende November 1952 in der Haftanstalt Berlin-Hohenschönhausen einsitzenden ehemaligen Politbüromitglied war nur Kreikemeyer genannt worden. Sein Name wäre nicht ausgewählt worden, wenn der Eindruck hätte erweckt werden sollen, er sei nicht in DDR-Gewahrsam, sondern in sowjetischer Verfügungsgewalt in der DDR oder in der Sowjetunion.

Mitte August 1954 war Marthe wieder einmal nach telefonischer Verabredung im Haus der Staatssicherheit vorstellig geworden. Man hatte ihr eine »erschöpfende Auskunft« zugesagt. In Marthes Wiedergabe lautete sie: »Das Verfahren ist nun abgeschlossen, das Urteil ausgesprochen, aber nicht bekannt. Sprech- und Schreiberlaubnis hat er nicht. Das ist alles, was wir Ihnen sagen können, und es ist nicht abzusehen, wann Ihnen mehr mitgeteilt werden kann.« Auf ihre Frage, von welcher Instanz Willi verurteilt worden sei, wenn nicht einmal die Staatssicherheit die Höhe des Urteils kennt, wurde ihr geantwortet: »Wahrscheinlich von den sowjetischen Militärbehörden.« Auf ihren Einwand: »Aber die DDR ist doch als souveräner Staat anerkannt«, wurde ihr erklärt: »Wahrscheinlich wurde das Urteil bereits vorher ausgesprochen.« Marthe Kreikemeyer war konsterniert. An der Antwort stimmte etwas nicht. Entweder hatte man ihr einige Wochen zuvor die Unwahrheit gesagt, als es hieß, die Untersuchung sei noch nicht abgeschlossen, oder jetzt, daß eine Verurteilung vor einer ungenannten langen Zeit stattgefunden habe. Seit dem Parteitagsbericht war es für sie unmöglich geworden, wieder an Ulbricht zu schreiben. Sie wandte sich an Ministerpräsident Otto Grotewohl, den sie bisher ausgelassen hatte, weil sie meinte, er habe weniger Einfluß als Walter Ulbricht.

»Ich bin erstaunt und erschüttert darüber«, schrieb sie an Grotewohl, »daß die Ihnen unterstellten Ministerien solche verworrenen Antworten geben dürfen und bitte Sie dringendst, hier Klarheit zu schaffen. Auf jeden Fall berufe ich mich auf die Verfassung der DDR, welche mir das Recht gibt zu erfahren, wessen mein Mann angeklagt ist, warum er in Haft gehalten wird und nach erfolgter Verurteilung die Höhe des Urteils kennenzulernen. Es ist ein Skandal, daß nach vier Jahren die Ehefrau noch um die primitivste Auskunft betteln muß. Die Vermutungen und Anschuldigungen, die 1950 in der Presse veröffentlicht wurden, reichten m. E. kaum zu einem Parteiausschluß, aber auf gar keinen Fall zu einer langjährigen Inhaftierung.«

Sie verwies auf Franz Dahlem und Walter Bartel, denen man generell und speziell in ihren Beziehungen zu Noel Field weitaus Schlimmeres vorgeworfen hatte und die dennoch weder inhaftiert noch aus der SED ausgeschlossen wurden.

»Wenn ich bisher noch einiges Verständnis dafür aufbringen konnte, daß diese Angelegenheit von Anfang an so mysteriös aufgezogen wurde, so nur, weil man mir immer wieder sagte, die Untersuchung sei nicht abgeschlossen und infolgedessen eine Geheimhaltung wegen Verdunklungsgefahr evtl. erforderlich war; aber nach Abschluß eines Verfahrens und Verurteilung kann das

Urteil nicht geheimgehalten werden – so es gerecht ist. Wir kennen es aus den kapitalistischen Ländern, daß Menschen, die nicht genehm sind, verschwinden; in unserem Arbeiter- und Bauernstaat dagegen erwarten wir von unserer Gerichtsbarkeit Urteile, die gerecht sind und die Öffentlichkeit nicht zu scheuen haben.

Ich wende mich mit gleicher Post an den Hohen Kommissar der UdSSR in Deutschland, um zu erfahren, ob die mir erteilte Auskunft stimmt und die Verurteilung durch die Sowjetischen Militärbehörden tatsächlich stattgefunden hat. Ich bitte Sie, mir glauben zu wollen, daß ich als aufrichtiger, überzeugter Mensch in die größten Gewissenskonflikte gerate. Ich habe versucht, während dieser vier Jahre das nötige Verständnis aufzubringen, und es ist mir nicht immer leicht geworden. Aber ich habe mich zu der Erkenntnis durchgerungen, daß in einem angehenden sozialistischen Staat das Allgemeinwohl vor dem Persönlichen kommen muß und zuletzt doch das Recht siegen wird.« Marthe erklärte, daß sie sich verpflichtet fühlte, »Aufklärungsarbeit unter der Bevölkerung zu leisten, auch für die kommenden Wahlen. Aber nun nach diesem erschütternden Bescheid, der jeder Vernunft Hohn spricht, fühle ich mich der Aufgabe nicht gewachsen, zweifelnde Menschen davon zu überzeugen, daß wir unbedingt auf dem richtigen Wege sind, weil mir selbst so vieles unklar erscheint. Ich bin z. B. seit drei Jahren in einem kleinen volkseigenen Betrieb in der Abt. Arbeit als Sachbearbeiterin tätig, mit einem kleinen Gehalt. Meinen Kenntnissen nach könnte ich eine andere Arbeit verrichten und auch eine andere Bezahlung beanspruchen. Dies ist aber absolut unmöglich, solange diese ganze Angelegenheit um meinen Mann ungeklärt ist. Obwohl wir keine Sippenhaftung haben, stoße ich überall auf Mißtrauen und werde bei bloßer Namensnennung abgelehnt [...] das alles macht mir sehr zu schaffen und erschüttert irgendwie meine bisherige Zuversicht und Überzeugung und bringt mich in große, innere Konflikte.

Ich bitte Sie, mich nicht mißzuverstehen, sondern mir zu helfen, Klarheit zu schaffen. Ich werde mir erlauben, in zwei Wochen in Ihrem Ministerium anzurufen, um mir einen Termin sagen zu lassen, wann ich mir eine klare und ausführliche Auskunft abholen kann.«

Erstmals äußerte sich Marthe zu dem Gedanken, die DDR zu verlassen. »Zu Ihrer Kenntnisnahme noch«, schrieb sie an Staatssekretär Ernst Wollweber, »daß ich vorläufig nicht nach Frankreich zurückkehre. Zuerst muß ich wissen, was aus meinem Mann geworden ist.« Aber gerade das sollte ihr vorenthalten bleiben. Darauf bestand Mielke mit aller Entschlossenheit und vermochte es durchzusetzen. Sein Vertrauter in dieser Frage war und blieb Alfred Scholz, dem er schließlich auftrug, sich etwas zu Kreikemeyer einfallen zu lassen, was auch vor Walter Ulbricht, Hermann Matern und dem gesamten Politbüro bestehen konnte, wenn von dort früher oder später eine plausible Erklärung verlangt werden sollte. Mielke ließ sich durch die nervenden Drängeleien der Frau Kreikemeyer nicht das Gesetz des Handelns entreißen. Falls er erwogen haben sollte, sie hinter Schloß und Riegel zu bringen, ließ er dennoch aus pragmatischen Gründen davon ab. Ihre Untersuchung hätte sich wiederum mit Willi Kreikemeyer beschäftigen müssen. Aber genau das galt es zu vermeiden.

## Drei Taschentücher

Die Fronten waren erstarrt. Der Anstoß zu einer Bewegung im Fall Kreikemeyer — das erkannten Marthe wie Mielke – konnte nur durch politische Wendungen kommen, die auf die Staatsmacht der DDR drückten. Erste Anzeichen hatte es bereits 1953 gegeben. Am Anfang standen in Moskau Stalins Tod und die Beseitigung Lawrenti Berijas, des Hauptverantwortlichen für die im sowjetischen Machtbereich organisierten Schauprozesse von Kommunisten gegen Kommunisten. Die Lügenkonstruktion vom amerikanischen Superagenten Noel Haviland Field brach 1954 zusammen, nachdem sich der Chefvernehmer der polnischen Sicherheitsorgane, Oberst Jozef Swiatlo, nach einem Besuch bei Mielke in Berlin in den Westen abgesetzt hatte und Ende September in New York von der CIA der Weltöffentlichkeit mit der

Erklärung präsentiert wurde, Noel und Herta Field befinden sich in einem Budapester Gefängnis, Noels Bruder Hermann in einem Verlies bei Warschau. Der fünf Jahre geleugnete Menschenraub von 1949 war damit aufgeflogen, die Field-Schlacht im Kalten Krieg für ihre Inszenierer verloren. Stalins Nachfolger im Kreml hatten kein Interesse an dieser politischen Erbmasse. Ungarn, die Tschechoslowakei, Polen und die DDR mußten selbst sehen, wie sie – ohne die Sowjetunion zu belasten – mit den Folgen dieses Desasters fertig wurden.

In der DDR verspürten die Verantwortlichen in der SED-Führung, Ulbricht und Matern, keinen öffentlichen Handlungsbedarf. Sie bildeten sich ein, ohne Schuld zu sein, da es bei ihnen keinen Schauprozeß mit erpreßten Selbstbezichtigungen gegeben hatte. Und die Betroffenen? Paul Bertz und Lex Ende waren gestorben. Leo Bauer befand sich in einem sibirischen Lager. Er fiel damit sowieso in sowjetische Zuständigkeit. Bruno Goldhammer, im April 1954 vom Obersten Gericht in einem Geheimprozeß zu zehn Jahren Zuchthaus verurteilt, hatte zu bleiben, wo er war. Der Fall des noch nicht verurteilten Paul Merker wurde umfunktioniert. Der auf seinen Beziehungen zu Noel Field beruhende Entwurf einer Anklageschrift wurde ad acta gelegt und ein neuer, ohne Bezug zu Field, in Auftrag gegeben. Ende März 1955 erhielt Merker in einem Geheimprozeß acht Jahre Zuchthaus.

Was aber geschah mit Willi Kreikemeyer? Er blieb ein Sonderfall. Folglich waren besondere Entscheidungen vorzubereiten. Sie zu formulieren, zu begründen und entsprechendes Beweismaterial zu fertigen, übertrug Generalleutnant Erich Mielke seinem Intimus Alfred Scholz, dem am 1. Januar 1953 zum Oberst ernannten Leiter der Hauptabteilung IX. Er kannte die Brisanz der Materie aus der gemeinsamen Erfahrung mit seinem Chef.

Der von Scholz mit Hand geschriebene Plan mit Vorgehensvarianten trägt das Datum 23. Oktober 1954. Der Maschinentext wurde am 25. Oktober geschrieben. Das war der Tag, an dem eine polnische Sonderkommission grobe Verletzungen der Rechtsstaatlichkeit eingestand und Noel Fields Bruder auf freien Fuß setzte. Die zu Marthe Kreikemeyer mündlich geäußerte Vermutung von einer Verurteilung ihres Mannes durch sowjetische Militärbehörden erwähnte Scholz nicht. Sie war nicht von ihm ausgedacht worden und wäre, einige Monate früher, zu Berijas Lebzeiten, seitens der »Freunde« nicht ohne Konsequenzen für den Urheber geblieben.

Scholz, dem Mielke wiederholt politische Verantwortung, Energie und Tatkraft bescheinigte, entwickelte ein völlig neues Konzept. Seine tragende Säule war die Suizid-Variante. Der Selbstmord müßte jedoch bereits vor mehr als vier Jahren geschehen sein. Darüber nachträglich rückdatierte Protokolle anzufertigen schien schwierig. Aber dieses Verfahren war einfacher als die Erfindung eines Selbstmordes in der unmittelbaren Gegenwart. Scholz schloß auch die Möglichkeit nicht aus, daß Kreikemeyer wenige Tage nach seiner Festnahme an einer schon mitgebrachten Erkältung oder ähnlichem eines normalen Todes hätte gestorben sein können. Dann müßten – und der zu betreibende Aufwand wäre geringer – nur im Nachhinein die Todesurkunden beigebracht werden.

Willi Kreikemeyers angeblicher Selbstmord wurde am 25. Oktober 1954 auf den 31. August 1950 festgelegt, auf eine Zeit, als der Reichsbahnchef erst sechs Tage in Haft war. Oberst Scholz schrieb eine politische Begründung für Kreikemeyers Selbstmord und durchdachte die Details, wie es hätte gewesen sein können. Der weit zurückgesetzte Termin erleichterte den Aufbau der Legende. Auf diese Weise konnte die aktuelle Wende in der Affäre Field ignoriert und die Agentenstory in ihrer ursprünglichen Konstruktion beibehalten werden, gemäß dem späteren Argument Walter Ulbrichts gegenüber dem im Januar 1956 auf freien Fuß gesetzten Paul Merker: »Du kannst uns keinen Vorwurf machen. Woher sollten wir wissen, wer Noel Field war. Wir hatten keine Möglichkeit, die uns gemachten Angaben zu überprüfen.«[131]

Das Scholzsche Konzept zu Kreikemeyers Tod lautete: »Betr.: Selbstmord des ehemaligen Generaldirektors der Deutschen Reichsbahn Kreikemeyer, Willi. Auf Beschluß des Politbüros wurde der ehem. Generaldirektor der Deutschen Reichsbahn Kreikemeyer, Willi, am 24. August 1950 von den Organen des

Staatssekretariats für Staatssicherheit festgenommen.[132] Im Ergebnis einer Untersuchung seiner Parteitätigkeit in französischer Emigration hatte die Zentrale Parteikontrollkommission festgestellt, daß Kreikemeyer zu dem Agenten des amerikanischen Spionagedienstes Noel H. Field verbrecherische, parteifeindliche Verbindungen unterhielt. Durch die Untersuchung war erwiesen, daß es vor allem Kreikemeyer war, der als verantwortlicher Funktionär der Partei in Frankreich das Eindringen des Office of Strategic Service (OSS) in die Parteiorganisation in Frankreich ermöglichte und von Field hohe Geldsummen erhielt.

In den ersten Tagen der Untersuchungshaft zeigte sich Kreikemeyer gefaßt, aber auch entschlossen, nicht auszusagen. Das brachte er auch direkt gegenüber den Vernehmenden zum Ausdruck. Darauf hingewiesen, daß er nunmehr alles zu tun habe, um der Partei volle Klarheit zu geben über den wahren Charakter seiner Verbindungen und die anderer Genossen zur Organisation Fields und zum OSS und daß er damit der Partei eine große Hilfe erweisen kann, antwortete er: ›Es ist für mich sowieso aus.‹

Am 31. August 1950 um 11.45 Uhr verübte Kreikemeyer Selbstmord. Er erhängte sich an drei zusammengeknüpften Taschentüchern, die er an den Scharnieren seiner Zellentür angebracht hatte. Sofort unternommene Wiederbelebungsversuche blieben erfolglos.

Kreikemeyer, der bei seiner Einlieferung in die Haftanstalt eine starke Erkältung aufwies, hatte vor dem Selbstmord von dem diensthabenden Wachtmeister der Haftanstalt um die Aushändigung weiterer zwei ihm vorher abgenommener Taschentücher – unter Hinweis auf seine Erkältung – gebeten. Dieser Bitte war der Wachtmeister nachgekommen. Das Vorhaben Kreikemeyers wurde ferner dadurch begünstigt, daß zur damaligen Zeit die Haftanstalt erst aufgebaut wurde, die Haftzellen provisorisch errichtet waren und deshalb Möglichkeiten zu dieser Tat boten.[133]

Es bestand der berechtigte Verdacht, daß Kreikemeyer die zentrale Figur des OSS in den Reihen der deutschen kommunistischen Emigration in Frankreich war. Aus diesem Grunde konnte beim damaligen Stand der Untersuchung des Fieldkomplexes, der von großer politischer Bedeutung für die Partei und die Fortführung der Untersuchungen gegen die ebenfalls in Haft sich befindenden Komplicen Bauer und Goldhammer oder die sich noch in Freiheit befindlichen weiteren Teilnehmer an diesen Verbrechen war, der Selbstmord Kreikemeyers nicht bekanntgegeben werden.

Bedingt durch die Schwierigkeiten bei der Untersuchung gegen die anderen Beschuldigten verzögerte sich die Bekanntgabe des Selbstmordes an die Ehefrau des Kreikemeyer, die, vom ersten Tage der Verhaftung ihres Mannes an, dutzende Male bei verschiedenen Regierungsstellen und so auch beim Staatssekretariat für Staatssicherheit vorstellig wurde und wiederholt in provokatorischer Weise unter Beschuldigungen der Partei, Regierung und St.f.St. die Freilassung ihres Mannes sowie Mitteilung über seinen Aufenthaltsort forderte.

Auf Grund vorhandener Bedenken, daß der Feind den bekannt werdenden ›Fall Kreikemeyer‹ bei besonderen politischen Anlässen ausschlachten würde, hat sich die Entscheidung dieser Frage auf Bekanntgabe immer weiter hinausgeschoben. Eine Entscheidung wird zur Zeit jedoch dringend erforderlich.

Folgende Möglichkeiten, eine Bereinigung dieser Angelegenheit zu erreichen, werden vorgeschlagen:

1. Die Ehefrau des Kreikemeyer nach den Wahlen in Westberlin am 5. Dezember 1954 vom Selbstmord ihres Mannes zu unterrichten und ihr die im Nachhinein beizubringenden Todesurkunden auszuhändigen.

2. Den Selbstmord Kreikemeyers weiterhin vor der Öffentlichkeit geheimzuhalten und in späteren Jahren mitzuteilen, daß er im Strafvollzug verstorben ist. Die Ehefrau des Kreikemeyer, die feindlich zur DDR eingestellt ist und sich ohnehin mit dem Gedanken trägt, nach Frankreich zurückzukehren, da sie die französische Staatsangehörigkeit besitzt, über den Fieldkomplex und ihre eigene Tätigkeit für Field zu vernehmen und anschließend nach Frankreich auszuweisen. Mit der Ausweisung der Kreikemeyer würde die Möglichkeit, den unter Punkt 2 aufgeführten Weg zu gehen, erleichtert.«

Das Drehbuch für die Suizid-Legende war geschrieben. Ihre

Inszenierung begann mit der Auswahl der Mimen, mit der Festlegung derjenigen, die den Selbstmord unter Eid bezeugten, wobei nicht entscheidend war, ob sie jemals einen Häftling unter dem Namen Kreikemeyer gekannt hatten. Wichtig war nur, daß sie in der Frühphase der Existenz des MfS die Örtlichkeiten des Gefängnisses in der Albrechtstraße kannten und dort zu dieser Zeit als Wärter oder Vernehmer eingesetzt waren. Die Rolle von Mitwirkenden fiel auf fünf Mitarbeiter des MfS, die damals zur Tatzeit, wie anfangs üblich, Dienstgrade der Volkspolizei hatten: Zwei Oberkommissare (VP. Ob. Kom.), ein Kommissar (VP. Kom.), ein Oberrat und ein Meister.

Die Auserwählten waren inzwischen schon lange nicht mehr in dem alten Gefängnis unweit der Berliner Westsektoren tätig, sondern hatten Funktionen in der vom Stadtzentrum entfernt gelegenen U-Haftanstalt des MfS in Hohenschönhausen. 1950 war diese große Gefängnisanlage und Vernehmungsstätte noch ausschließlich vom MGB genutzt worden, wie damals und bis 1953 das sowjetische Ministerium für Staatssicherheit hieß. Der für den Fall Kreikemeyer wichtigste Wachhabende in der Albrechtstraße, Hans Bialas, war nach der Übergabe der Haftanstalt Hohenschönhausen an Staatssekretär Mielke und Chefvernehmer Alfred Scholz mit der Leitung der gesamten Anlage beauftragt worden. Anders gesagt, der Zellenschließer Bialas avancierte im Oktober 1951 zum Direktor des größten MfS-Gefängnisses. Er blieb es bis Januar 1957 und wurde dann stellvertretender Leiter der Abteilung XIV im MfS und am 7. Oktober 1959 durch Minister Mielke zum Oberstleutnant befördert.

Der Oberkommissar Bialas von 1950 bekam 1954, als er im Range eines Majors die Anstalt Hohenschönhausen leitete, in der von Oberst Scholz niedergeschriebenen Suizidlegende die Hauptrolle zugewiesen. Er war in den von Scholz angefertigten Protokollen derjenige, der Kreikemeyer zuletzt lebend gesehen hatte und der zehn Minuten später als erster und ganz allein den toten Häftling vor sich hatte.

Es wäre falsch, annehmen zu wollen, Bialas hätte 1954 den ersten Zeugenplatz in der Suizidlegende bekommen, weil er von den fünf Mitwirkenden des historischen Stücks von 1950 inzwischen den höchsten Posten einnahm. Es war eher umgekehrt. Er war Direktor geworden, weil er, was immer an diesem 31. August 1950 geschah, sich in den Augen von Mielke und Scholz am besten bewährt hatte. Dadurch hatte er sich zum Dritten im Bunde in der Angelegenheit Kreikemeyer qualifiziert. Alle anderen, deren biographische Angaben nicht verdienen, in die Wiedergabe der Geschichte aufgenommen zu werden, waren mehr oder weniger Statisten.

Blicke auf den Lebensweg von Bialas, belegt mit Angaben von ihm und seinen Vorgesetzten,[134] geben Hinweise darauf, warum er Mielke und Scholz nützlich erschien. Generell war er im Vergleich zu den beiden in weitaus stärkerem Maße ein Mann fürs Grobe und, gemessen an ihnen, in jeder Hinsicht ungebildet, ohne Berufsausbildung und schwach im Denken. Bialas gab an, in seiner oberschlesischen Heimat die deutsche Volksschule besucht zu haben, wurde aber noch 1947, er war damals 36 Jahre alt, von einem seiner Vorgesetzten dafür gelobt, daß er sich bemüht, »sein Deutsch in Wort und Schrift zu verbessern«. In seinem Elternhaus wurde ein deutsch-polnischer Dialekt gesprochen, das sogenannte Wasserpolnisch. Es hatte für ihn 1945 den Vorteil, mit Angehörigen der Roten Armee bestens zu radebrechen und veranlaßte ihn, gelegentlich zu vermerken, er sei für die sowjetische Seite als Dolmetscher tätig gewesen.

Seinen frühen Unterhalt verdiente Bialas als Drainagearbeiter. Er behauptete, ab seinem fünfzehnten Lebensjahr dem Kommunistischen Jugendverband und dann bis 1933 der Partei angehört zu haben. Beweise dafür brauchte er 1945 in der KPD-Zentrale in der Berliner Wallstraße nicht vorzulegen, denn er wurde zu ihr mit einem amtlichen Papier der Roten Armee geschickt, aus dem hervorging, daß er »durch eine Aufklärungsarbeit in der Russ. Polit. Abteilung mit Erfolg gearbeitet habe«. Sein Wunsch, bei der deutschen Kriminalpolizei eingestellt zu werden, wurde umgehend erfüllt. Über sein Leben zwischen 1933 und 1945 existieren nur seine eigenen Angaben. Sie besagen: Von März 1933 bis Juni 1934 befand er sich, ohne jemals von einem Gericht verurteilt zu werden, im Zuchthaus Ratibor. Von 1935 bis 1937 sei er selbständiger Drainagearbeiter in Ratibor gewesen. Danach war er wieder ein Jahr eingesperrt. »Um nicht erneut verhaftet zu werden«, ging er nach Berlin. Ab August 1938 arbeitete Bialas als Beifahrer (Bierfahrer) im Berliner Bürgerbräu.

1943 wurde er zum Landesschützenbataillon als Wachposten eingezogen. Am 1. Februar 1945 nahmen ihn Rotarmisten gefangen. »In der Gefangenschaft hatte ich den Auftrag, Offiziere der deutschen Wehrmacht aus der Mannschaft herauszufinden, weil sich diese als Mannschaft tarnten. Mit diesem Frontstab war ich bis Belzig und wurde dieser dort aufgelöst. Im November 1945 wurde ich aus Frankfurt/Oder entlassen und begab mich zum ZK in die Wallstraße, wo mir empfohlen wurde, zur Polizei zu gehen. Ich wurde am 10. Dezember 1945 zur Kripo eingestellt.« 1947 war Hans Bialas Kriminalassistent am Schlesischen Bahnhof, dem späteren Ostbahnhof, damals auch Ankunfts- und Abfahrtsort der sowjetischen Militärzüge zwischen Berlin und Moskau. »Durch seine Sprachkenntnis ist er für den Revierbetrieb ein besonders wertvoller Mitarbeiter«, bescheinigte ihm sein deutscher Vorgesetzter.

Wann sich Erich Mielke und Hans Bialas erstmals begegneten, ist nicht belegt. Ein mit dem 17. Januar 1950 datierter Lebenslauf von Bialas trägt den handschriftlichen Vermerk »bestätigt Mielke«. Am 1. März 1950 erfolgte dann die »Eidesstattliche Verpflichtung« von Bialas für das MfS durch Mielke persönlich. »Ich gelobe«, ließ der Staatssekretär den Polizeikommissar unterschreiben, »über meine Tätigkeit zu schweigen, anderen Personen oder Behörden oder sonstigen Stellen weder mündlich noch schriftlich in irgendeiner Form oder Art davon Kenntnis zu geben.« Darunter setzte auch Erich Mielke seinen Namen und fügte mit Hand hinzu: »Unterschrift des Verpflichtenden«. Der für jeden MfS-Mitarbeiter übliche Eid ist im Fall Bialas nur deshalb hervorhebenswert, weil er ihm von Mielke selbst abgenommen wurde und weil er 1954 nicht genügte, einen vier Jahre zurückliegenden Selbstmord eines Häftlings zu bezeugen und von nun an darüber zu schweigen.

Die bis 1954 in seiner Personalakte abgelegten Beurteilungen geben von Bialas ein obskures Bild, das in analogen Fällen keinen dienstlichen Aufstieg zuließ oder zum Ausstoß aus dem Sicherheitsministerium führte. »Bisher hat er immer noch eine kleine Nebeneinnahme durch den Kontakt zu Freunden unserer Besatzungsarmee gehabt«, hieß es 1951. Es wurde festgehalten, »daß er gern mal trinkt. Besondere Leidenschaften bestehen nicht. [...] B. macht den Eindruck eines Menschen, der noch von inneren Kämpfen durchdrungen ist. Der Mangel an politischem Wissen bedingt die noch vorhandenen Unklarheiten.« Er »hat eine etwas schwerfällige Aufnahmefähigkeit, verliert sich viel in nebensächliche Dinge und erkennt nicht immer das Sachliche.« An anderen Stellen heißt es, er habe das Objekt in Hohenschönhausen »zu einer beachtlichen Haftanstalt entwickelt«. Es finden sich Sätze wie diese: »In letzter Zeit hat er es verstanden, Sonderaufträge richtig durchzuführen«, und »Für die Durchführung besonderer Aufgaben zeigte er sich stets umsichtig und verläßlich.« Hinweise darauf, womit er Nebeneinnahmen bei den »Freunden« erzielte und welcher Art die Sonderaufträge und besonderen Aufgaben im MfS waren, finden sich nicht. Für einen Offizier im Innendienst war die Bandbreite der Möglichkeiten äußerst schmal. Machten ihn die besonderen Aufgaben zum geduldeten Trinker? Ein fröhlicher Zecher wie sein Staatssekretär war er nicht. Wiederholt wurde Bialas von den Genossen seiner Parteigruppe wegen Alkoholkonsums während des Dienstes kritisiert. An einzelnen Tagen mußte er wegen Trunkenheit nach Hause geschickt werden. Disziplinarmaßnahmen gegen ihn blieben jedoch aus.

Jahre später gab es Vorkommnisse, die Minister Mielke zwangen, Bialas aus dem aktiven Dienst zurückzuziehen. 1961, während eines Urlaubs beim KGB in der Sowjetunion, randalierte Bialas derart, daß wegen seines Verhaltens eine Veranstaltung und danach sein Aufenthalt abgebrochen werden mußten. 1962 ließ er seine Privatwohnung von Strafgefangenen renovieren. »Im Anschluß an die Malerarbeiten wurde zur Säuberung der Wohnung und Fenster noch ein Arbeitskommando mit weiblichen Häftlingen hingeschickt.« Der Kaderchef des MfS schlug vor, den 51jährigen

Bialas zu pensionieren. Im Rentenantrag mit dem handschriftlichen Vermerk »einverstanden Mielke 1. X. 62« hieß es: »Gen. B. hat nicht die geistigen Voraussetzungen und ist nicht entwicklungsfähig.« Er wurde ehrenamtlicher Sicherheitsbeauftragter im Sportforum Dynamo. Doch er war in höchstem Maße alkoholkrank und bald total am Ende. Im Oktober 1964 ist er dann gestorben.

Fast auf den Tag genau zehn Jahre zuvor hatten Hans Bialas und vier andere vom früheren Gefängnis in der Albrechtstraße mit dem 31. August 1950 datierte Verpflichtungen unterschrieben. Diese unterschieden sich nur in den Angaben zur Person und lauteten: »Ich, der [...], verpflichte mich, über den Selbstmord des Häftlings Nr. 2 jedermann gegenüber strengstens zu schweigen.« Oberst Scholz fügte seinem Papier vom 25. Oktober 1954 außer diesen Verpflichtungen folgende Texte an, die als Vernehmungsprotokolle mit dem Datum 31. August 1950 ausgefertigt wurden:

1. »Bialas, Hans, geb. 20. 6. 1911 in Tworkau/O.-Schlesien, Beruf: VP. Ob. Kom, wohnhaft Berlin-Weißensee, Prenzlauer Promenade 23.

Frage: Zu welchem Vorfall kam es heute in der Haftanstalt in der Albrechtstraße?

Antwort: Der VP. Oberrat D[...], VP. Meister A[...] und ich waren beauftragt, die in der Haftanstalt Albrechtstraße stationierten Häftlinge des MfS zu bewachen. Unsere Schicht erstreckte sich über die Zeit vom 31. 8. 1950 8 Uhr bis 31. 8. 1950 20 Uhr. Während D[...] und ich die Häftlinge in der ersten Etage überwachten, befand sich Meister A[...] zu dem gleichen Zweck in der dritten Etage. Gegen 11 Uhr 45 Minuten verlangte der Häftling Nr. 2, dessen Name ist mir nicht bekannt, Papier zum Austreten. Ich gab ihm welches. Zur gleichen Zeit ging Oberrat D[...] in das Hofgebäude, um das Ministerium anzurufen, um an seine Ablösung zu erinnern. Ich hörte, daß sich der Häftling an der Zellenlatrine zu schaffen machte. Circa acht Minuten später kontrollierte ich durch den Spion die Zelle und konnte den Häftling nicht erblicken. Sofort öffnete ich die Tür und stellte fest, daß dieser sich mit Hilfe von drei zusammengeknoteten Taschentüchern an der Türangel der Zelle erhängt hatte. Zu diesem Zwecke war der Holzrahmen der Latrine von ihm in die rechte vordere Ecke der Zelle gerückt worden. Inzwischen war wieder Oberrat D[...] erschienen, in dessen Begleitung sich der VP. Kom. W[...], der D[...] abzulösen hatte, befand. Gemeinsam durchgeführte Wiederbelebungsversuche blieben erfolglos. Ich konnte lediglich den eingetretenen Tod feststellen.

Frage: Woher stammen die drei Taschentücher, die der Häftling in der Zelle hatte?

Antwort: Ein Taschentuch wurde ihm bei der Leibesvisitation belassen. Wie er in den Besitz der beiden anderen Taschentücher gelangte, weiß ich nicht genau. Ich nehme an, daß die Kollegen von der anderen Schicht, VP. Meister K[...] und VP. Meister S[...], sie dem Häftling gegeben haben, als saubere Wäsche ausgegeben wurde. Frage: Haben Sie ständig die Zellen in kurzen Abständen kontrolliert? Antwort: Ja. Wir kontrollieren die Zellen regelmäßig in Abständen von zehn Minuten.

Ich versichere, daß ich die vollste Wahrheit gesagt habe. geschlossen: [...] [135] v. g. u. Hans Bialas«

2. »D[...], geb. [....], Beruf: VP. Oberrat, wohnhaft z. Zt. Berlin-Pankow [...].

Frage: Was wissen Sie über den Selbstmord des Häftlings Nr. 2 heute am 31. August 1950 in der Haftanstalt Albrechtstraße?

Antwort: Zu der Zeit des Vorfalles war ich beauftragt, die Überwachung der Häftlinge in der Albrechtstraße durchzuführen. Dazu wurde ich am 30. 8. 1950 und zwar zur Verstärkung der ständigen Wache eingeteilt. Gegen 11 Uhr 45 Minuten begab ich mich in das Hofgebäude, um meinen Abteilungsleiter wegen meiner Ablösung anzurufen. Im Hof der Haftanstalt begegnete ich dem VP. Kom. W[...], der mich abzulösen hatte. Gemeinsam begaben wir uns zur Station zurück. Hier konnten wir feststellen, daß der Ob. Kom. Bialas in der Zelle Nr. 2 war, wo sich der Häftling Nr. 2 an der Tür mittels dreier zusammengeknoteter Taschentücher erhängt hatte. Die sofort angestellten Wiederbelebungsversuche blieben erfolglos.

Frage: In welchen Abständen wurden von Ihnen, bei Ausübung Ihrer Aufgabe, die einzelnen Zellen kontrolliert?

Antwort: In regelmäßigen Abständen von zehn Minuten.

Ich versichere, daß ich die volle Wahrheit gesagt habe [...] v. g. u. D[...].

Die Richtigkeit der obenstehenden Aussagen werden von mir bestätigt. W[...], VP. Kommissar«

3. »VP. Ob. Kom. Sch[...], geb. [...], wohnhaft: Berlin [...].

Frage: Was ist Ihnen bekannt über den Selbstmord des Häftlings Nr. 2? Ist Ihnen bekannt, wer der Häftling Nr. 2 ist?

Antwort: Ja, der Häftling Nr. 2 ist Herr Kreikemeyer. Ich befand mich in der Haftanstalt in der Albrechtstraße, um einen anderen Häftling zu vernehmen. Als ich für einen Augenblick das Vernehmungszimmer verließ, die genaue Uhrzeit ist mir nicht bekannt, sah ich den VP. Ob. Kom. Bialas, Hans in der geöffneten Zelle Nr. 2, als dieser Wiederbelebungsversuche an dem o. g. Häftling vornahm. In derselben Zelle befand sich ebenfalls der VP. Kom. W[...] Ich betrat die Zelle und besah mir das Vorgefallene.

Frage: Was konnten Sie feststellen?

Antwort: Auf dem Heizungskörper lagen zusammengeknüpfte Taschentücher, und der Holzständer der Zellenlatrine stand, entfernt von seinem ständigen Platz, in der rechten vorderen Ecke der Zelle.

Frage: Wie und was haben Sie über die Zusammenhänge des Vorgefallenen erfahren?

Antwort: Vorerst war ich in mein Vernehmungszimmer zurückgegangen. Nach ca. einer Stunde legte ich in der Vernehmung eine Pause ein und erkundigte mich bei Bialas und bei Oberrat D[...] nach dem Vorgefallenen. Darauf wurde mir von Bialas folgendes erzählt: Kurz vor dem Vorfall hatte der Häftling Nr. 2 Papier zum Austreten verlangt. Gleich darauf hörte man, daß der Häftling sich an der Latrine zu schaffen machte. Ca. 8 Minuten später kontrollierte Bialas durch den Spion der Zelle und konnte den Häftling nicht sehen. Sofort wurde die Zellentür geöffnet, und Bialas stellte fest, daß der Häftling sich an vier zusammengeknoteten Taschentüchern an der Türangel erhängt hatte. Zu diesem Zweck hatte der Häftling den Holzrahmen der Latrine in die rechte Ecke der Zelle gerückt, war darauf gestiegen und hatte sich nach Befestigung der Schlinge an der Türangel fallen gelassen. Die Wiederbelebungsversuche blieben erfolglos.

Ich versichere, daß ich die vollständige Wahrheit gesagt habe [...] v. g. u. Sch[...]«

Die Protokolle reflektieren, angenommen, es wäre so gewesen, einen Dilettantismus par excellence. Kein Arzt stellte einen Totenschein aus. Was geschah mit der Leiche? Wurde sie verscharrt oder verbrannt? Wann und wo, unter welchem Namen? Kreikemeyer galt im Sommer 1950, wie Scholz in der Präambel des Spätberichtes schrieb, als »zentrale Figur des OSS in der deutschen kommunistischen Emigration«. Sein Fall war »von großer politischer Bedeutung«. Kreikemeyer sollte auf sowjetisches Verlangen in einem Schauprozeß vorgeführt werden. Ihn dafür am Leben zu erhalten, mußte erste MfS-Pflicht sein. Er war unter Tausenden von politischen Häftlingen der wichtigste Mann, der zu diesem Zeitpunkt in einem DDR-Gefängnis einsaß. Statt Kreikemeyer zu hegen und zu pflegen, wie es von der Vorbereitung der Angeklagten für den Prager Slánsk´-Prozeß vom November 1952 bekannt ist, wurde mit ihm leichtfertig umgegangen. Die Protokolle über das Geschehene, wenn es denn so gewesen wäre, hätten Mielke zumindest zu Disziplinarverfahren gegen das Wachpersonal veranlassen müssen. Und Mielke selbst hätte sich gegenüber seinem Minister, vor allem gegenüber Matern und Ulbricht zu verantworten gehabt, wenn sie damals erfahren hätten, daß Kreikemeyer, wie auch immer, zu Tode gekommen war.

Doch Kreikemeyers Selbstmord war eine Legende und die Aufzeichnungen darüber waren zunächst nur für den Hausgebrauch gedacht. Sie hätten, wäre von höherer Warte nach ihnen verlangt worden, neu gefaßt werden müssen. Bemerkenswert bleibt die frühe Realitätsignoranz in der MfS-Führung, die gewollte Unfähigkeit, sich auf neue Situationen in der politischen Wetterlage einzustellen. Letztlich handelte sie nicht anders als Ulbricht,

Matern und andere in der SED-Spitze. Anstatt nach dem Auffliegen der Agentenstory Field und dem nicht mehr existierenden Moskauer Druck in dieser Angelegenheit einen neuen Weg zu gehen, wurde auch im Fall Kreikemeyer am bisherigen Verfahrenskonzept festgehalten. Gemäß dem Scholzschen Vorschlag blieb Frau Marthe weiterhin im unklaren und sollte durch Psychoterror endgültig abgeschüttelt werden. Als Anlaß zu diesem Vorgehen diente ihre nächste Eingabe.

## Die Austreibung

Am 26. Oktober 1954 schrieb Marthe Kreikemeyer an die Beschwerdestelle beim Ministerpräsidenten im Berliner Haus der Ministerien: »Da ich auf meine Briefe an die verschiedensten Behörden keine Antwort erhielt, wandte ich mich am 30. August 1954 an den Herrn Ministerpräsidenten Grotewohl und bat um eine Unterredung mit einem der Herrn seines Kabinetts. Auch dieser Brief blieb bis jetzt unbeantwortet. Aus diesem Grunde wende ich mich heute beschwerdeführend an Ihre Adresse und bitte um Angabe eines Termins, wann ich von Ihnen empfangen werden kann.«

Mielke ließ den Brief, der ihm wie nahezu alle anderen aus Marthes Feder prompt beschafft wurde, seinem engsten Vertrauten geben. Die Sekretärin notierte auf einen Begleitzettel: »Gen. Oberst Scholz. Generalleutnant bittet Sie mit diesem Schreiben zur Rücksprache zu kommen. Eilt.« Was die beiden festlegten, nahm seinen Anfang mit einem Schreiben aus Grotewohls Büro.

»Frau Marthe Kreikemeyer, Berlin-Köpenick,
Spindlersfelder Str. 41f                3. Dezember 1954

Sehr geehrte Frau Kreikemeyer! Herr Ministerpräsident Grotewohl hat Ihren Brief vom 26. Oktober 1954 erhalten. Die zuständige Stelle ist beauftragt, Ihnen die erbetene Unterredung zu gewähren. Sie wird in der ersten Hälfte des Monats Dezember stattfinden. Sie erhalten über Ort und Zeit unmittelbar Nachricht.

Hochachtungsvoll Tzschorn    Persönlicher Referent des Ministerpräsidenten«

Diese Nachricht stimmte Marthe hoffnungsvoll. Sie paßte zu dem, was sie seit vierzehn Tagen wußte: Noel Haviland Field, der Kreikemeyer zu seinem Mittäter gemacht haben sollte, war kein feindlicher Superagent. Die Gründe für Willis Verhaftung vor vier Jahren waren gegenstandslos. Am 19. November 1954 hatte Marthe im »Neuen Deutschland« gelesen: »Die zuständigen Staatsorgane der Ungarischen Volksrepublik haben sich mit der Angelegenheit der verhafteten amerikanischen Staatsbürger Noel H. Field und Herta K. Field befaßt, berichtet die ungarische Nachrichtenagentur MTI. Die früher erhobene Anklage konnte nicht aufrechterhalten werden. Infolgedessen haben die zuständigen Staatsorgane auf Grund fehlenden Beweismaterials eine Einstellung des Verfahrens verfügt und Noel H. Field und Herta Field auf freien Fuß gesetzt.« Marthe suchte ihre Freude über diese von außen gekommene Wende mit den wenigen Bekannten, die sie noch hatte, zu teilen. Dem Ehepaar St., ihren Mitbewohnern in der Spindlersfelder Straße 41f, sagte sie, wenn die Fields nach fünf Jahren Untersuchungshaft freikamen, dann müsse auch ihr Mann zurückkehren. Es sei denn, doch das schien ihr jetzt eher unwahrscheinlich, er lebe nicht mehr.

Die ihr von Grotewohls Referenten angekündigte »zuständige Stelle« entpuppte sich als Umschreibung des Staatssekretariats für Staatssicherheit. Marthe war zunächst überrascht, als sie für den 17. Dezember in die Magdalenenstraße gebeten wurde. Aber wegen der inzwischen eingetretenen Wende im Fall Noel Field fand sie es nicht abwegig, statt des von ihr gewünschten Gesprächs im Büro des Ministerpräsidenten von denen empfangen zu werden, die alles gegen Willi auf seine Verbindung zu Field aufgebaut hatten. Als sie am Freitagabend nach getaner Arbeit im Köpenicker Armaturenwerk zur Magdalenenstraße fuhr, war sie in gespannter Erwartung. Was sie nicht ahnen konnte: Der Mielke/Scholz-Plan zu ihrer Austreibung aus der DDR rollte an.

Marthe glaubte anfangs, der sie in seinem Bürozimmer erwartende Herr B. sei begriffsstutzig, als sie ihm sagte, daß mit der Klärung des Falles Field nunmehr eine völlig veränderte Situation entstanden sei. Er unterbrach sie. Es gehe hier nicht um Field und ihren Mann, dafür seien andere Kollegen zuständig, sondern ausschließlich um sie selbst, um ihre Tätigkeit in Frankreich und ihre geheimen Verbindungen bis zum heutigen Tage. Es bestehe der dringende Verdacht, daß eine noch unbekannte Zahl der aus dem Exil heimgekehrten Deutschen für den französischen Geheimdienst, für das sogenannte 2. Büro, verpflichtet worden sei und daß sie als Französin, möglicherweise unbewußt, dabei mitgeholfen habe.

Dies herauszufinden sei Sinn und Zweck der Vorladung. Jedes Detail müsse rekonstruiert werden. Als sich Marthe gegen dieses Vorhaben aufzubäumen wagte, erklärte ihr Herr B., sie könne doch nicht bestreiten, daß sie als Sekretärin der von ihrem Mann in Paris geleiteten Asylantenvereinigung UDIA, der Union des Immigrés Allemands Antinazis, vor allem mit französischen Behörden zu tun hatte. Man wolle von ihr wissen, wie vielen Deutschen sie während der Emigration in Frankreich zu Einreisepässen nach Deutschland verholfen habe und wer diese Personen gewesen seien. Zunächst jedoch sei sie selbst mit ihrem Lebenslauf Gegenstand der Vernehmung.

Nach fünf Stunden war ein Protokoll gefertigt: »Vorgeladen und mit dem Gegenstand der Vernehmung vertraut gemacht, erscheint Kreikemeyer, geb. Fels, Martha, Marguerite, geboren« usw. usw. Festgehalten wurde, daß ihr Vater 82, die Mutter 79 Jahre alt ist. Auch ihr Lungenleiden blieb nicht unerwähnt und daß sie »in einer Klinik als Sekretärin des Juden Dr. Mayer bis Ende 1932 beschäftigt war«. Sie wurde gefragt: »Mit welchen Personen standen Sie während Ihrer Tätigkeit bei Editions du Carrefour in arbeitsmäßiger sowie auch privater Verbindung? Welche Verbindungen hatten Sie während Ihres Aufenthaltes in Marseille? Welchen Charakter hatten Ihre Verbindungen zu den von Ihnen genannten Personen?« Auf diese Frage antwortete Marthe u. a., aus der Verbindung zu den Fields, anfangs arbeitsmäßig, sei eine »kameradschaftliche geworden«. Gefragt nach den Organisationen, Dienststellen und Behörden, mit denen sie in Paris zu tun hatte, antwortete Marthe, sie sei vor allem im Fremdenbüro der Pariser Polizeipräfektur gewesen und habe dort »für Emigranten, die nur im Besitz von illegalen (falschen) Papieren waren, richtige legale Papiere beantragt und besorgt.«

Sie sollte schildern, auf welche Weise sie 1946 von Frankreich nach Deutschland übersiedelte. Frage: »Mit welchen weiteren Personen, außer den Ihnen bereits aus Paris bekannten, haben Sie nach Ihrem Verzug nach Berlin Verbindung unterhalten?« Antwort: »Verbindungen freundschaftlichen Charakters haben ich und mein Mann zu Alexander Abusch, Ernst Krüger (1947 aus Amerika zurückgekommen), Karl Gaile, Leo Zuckermann, Lex Ende, Walter Beling, Heinrich Rau, Sepp Schwab, Ernst Frankfurter und Kurt Stern unterhalten. Ferner habe ich mit der Herta Jurr (Tempi) bis 1949 brieflich in Verbindung gestanden. Die Jurr hat mich und meinen Ehemann viermal besucht, genau wie Noel Field. Außer den bereits genannten habe ich auch mit der Maria Weiterer bis 1950 freundschaftliche Verbindungen unterhalten.«

Das Verhör endete am späten Abend mit der Festlegung des Vernehmers, daß sie sich am kommenden Dienstag erneut bei ihm einzufinden habe. Einige Abschnitte ihres Lebens müßten präziser durchgegangen werden. Am 21. Dezember lautete die erste Frage: »Auf welche Weise erhielten Sie Verbindung mit den französischen Sicherheitsbehörden?« Marthe erklärte: »Ich hatte seit etwa Ende 1944 durch meine Tätigkeit im deutschen Emigrantenkomitee in Paris Verbindung zur Präfektur und zwar zum Fremdenbüro. Meines Wissens war dies keine Stelle der französischen Sicherheitsbehörden.« Das Ende des zweiten Verhörs ist nicht überliefert. Das handschriftliche Protokoll des Vernehmers bricht mitten im Text ab. Keine Seite wurde von Marthe abgezeichnet. Sie durfte das Gebäude der Staatssicherheit mit der Auflage verlassen, am nächsten Abend wieder zu erscheinen.

Am Mittwoch, dem 22. Dezember, wartete Vernehmer B. vergeblich. Marthe Kreikemeyer hatte ihn versetzt. War sie der von Oberst Scholz seinem Chef Mielke vorgeschlagenen Ausweisung aus der DDR zuvorgekommen? Die Antwort kam durch die Postüberwachung auf Mielkes Tisch. Heiligabend 1954 schrieb Marthe an Frau St., ihre vertraute Nachbarin in Köpenick: »Sie werden sich bestimmt wundern, daß ich schon ein paar Tage nicht zu Hause war, und ich möchte Ihnen hierdurch erklären, weshalb. Sie wissen ja, daß ich die letzten Tage viel Kummer hatte im Zusammenhang mit einer neuen Untersuchung, die Angelegenheit meines Mannes betreffend. Dazu kam meine große Erkältung, so daß ich Mittwoch körperlich und seelisch ziemlich fertig war. Ich fuhr zu meiner Freundin nach Wannsee, um mit ihr zu beraten, ob es doch besser wäre, nach Hause zu meinen Eltern zurückzukehren, und erlitt hier einen völligen Zusammenbruch. Ich liege nun hier krank und habe mich entschlossen, nicht mehr in meine Wohnung zurückzugehen, auch nicht nach meiner Genesung, sondern nach Frankreich zurückzukehren. Dieser Entschluß fällt mir nicht leicht, denn ich bin immer noch der Meinung, daß man jetzt, nach der Klärung mit Field, auch meinen Mann früher oder später freilassen wird. Aber ich bin auf der anderen Seite auch nicht gewillt, auf Betreiben irgendeiner Gegenströmung mir Sachen anhängen zu lassen, die ich nie und nimmer getan habe. Und diese seelischen Qualen kann ich nicht länger ertragen, ohne ernstlichen Schaden an meiner Gesundheit zu nehmen. Ich muß endlich zur Ruhe kommen, und das wird am besten bei meinen Eltern sein.

Ich würde Sie bitten, mich polizeilich abzumelden. Meinen Personalausweis stelle ich ebenfalls zur Verfügung, möchte ihn aber von hier aus nicht per Post schicken. Ich würde nur gern meine Möbel drüben verkaufen oder mit Genehmigung hierher holen. Könnten Sie sich erkundigen, ob dies möglich ist und was ich von hier aus unternehmen kann. Verkaufen wäre mir am liebsten, denn ich bin ohne Geld. Ich besitze nur 250 DM, den Rest meines letzten Gehaltes. Davon steht eigentlich noch ein Teil meinem Betrieb zu, da ich nur bis 22. gearbeitet habe. Wenn man es Ihnen gestattet, nehmen Sie doch bitte meine persönlichen Sachen aus meiner Wohnung an sich, auch das Bild meines Mannes in der Küche. Bei Gelegenheit werde ich es abholen lassen. Dann habe ich noch einen großen Wunsch: Würden Sie sich meines Katers annehmen? Es fällt mir sehr schwer, ihn zurückzulassen, aber mitnehmen werde ich ihn wohl nicht können. Sobald ich zu Hause bin und wieder in Arbeit stehe, werde ich Ihnen dafür eine Vergütung schicken in Form von Kaffee. Ich möchte nochmals betonen, daß ich nicht ›nach dem Westen getürmt‹ bin. Ich kehre zu meinen Eltern zurück, sobald es mein Gesundheitszustand erlaubt. Allerdings muß ich zu diesem Zweck mit dem französischen Konsulat in Verbindung treten, da ich ja keine deutschen Papiere mehr besitze. Ich weiß nicht, ob wir uns nochmals wiedersehen werden. Auf jeden Fall danke ich Ihnen für alles Liebe und Gute. [...]«

Am zweiten Weihnachtsfeiertag schrieb Marthe in der Wohnung ihrer Westberliner Freundin an das ZK der SED: »Ich komme heute in großer, innerer Not zu Ihnen mit der Bitte um Verständnis und Hilfe. Ich habe vor einigen Wochen schon an Ihre Adresse geschrieben, um zu erfahren, was nun mit meinem Mann, Willi Kreikemeyer, werden soll, nachdem erwiesen ist, daß Field kein Agent war. Ich habe auch an den Ministerpräsidenten Grotewohl geschrieben und um eine Unterredung gebeten. Diese wurde mir auch durch sein Sekretariat zugesagt. Statt dessen wurde ich vor das Staatssekretariat für Staatssicherheit geladen. Dort wurde mir von zwei Angestellten dieses Ministeriums eröffnet, daß man sich nun mal mit mir befassen wird und einige Fragen stellen wird über meine illegale Tätigkeit in Frankreich und meine Verbindungen bis zum heutigen Tage. Ich erklärte mich gerne dazu bereit, gab aber meiner Verwunderung darüber Ausdruck, daß dies nicht vor vier Jahren geschehen ist.

Die Fragestellung ging darauf hinaus, daß man mich in Verdacht hat, mit dem 2. Bureau in Verbindung gestanden zu haben oder evtl. noch stehe. Alle meine Antworten wurden angezweifelt und als unglaubwürdig hingestellt. Ich kann mich leider nicht mehr an alles erinnern, was vor zehn bis fünfzehn Jahren geschehen ist und warum dies oder jenes getan wurde oder nicht getan wurde und auch nicht genau, von wem angeordnet. Vor vier Jahren wäre das Verhör wahrscheinlich positiver ausgefallen, aber in diesen letzten vier Jahren mußten meine Nerven allerhand Belastungen standhalten, und ich bin nicht mehr in der Lage, der

Reihe nach alles zu rekonstruieren, wie es damals war. Den Vorwurf, daß ich um ein solches Verhör gebeten habe, weise ich zurück. Dem Genossen gegenüber, welcher bei uns die Haussuchung durchführte und später noch einige Male bei mir war, habe ich verschiedentlich den Wunsch geäußert, in dieser Angelegenheit verhört zu werden. Auch in einem späteren Schreiben an Walter Ulbricht habe ich meiner Verwunderung Ausdruck gegeben, daß ich nie verhört worden bin. Einmal war ich auch beim ZK, wurde aber nicht vorgelassen mit der Begründung, daß die Genossen Wichtigeres zu tun hätten als meine Angelegenheit. Man sagte mir auf dem MfS, der Genosse, der die Haussuchung gemacht, wäre nicht der richtige Mann gewesen, um ein Verhör zu beantragen. Weiß ich denn, ob der jetzige Verhörer der richtige Mann ist. Seine Art erscheint mir auf jeden Fall nicht die richtige.

Ich kann nur eines immer wieder betonen: Ich habe nie mit dem französischen Geheimdienst oder mit dem 2. Bureau in Verbindung gestanden. Das kann ich beeiden. Am Dienstag, dem 22., hat das Verhör stattgefunden. Ich hatte nachdem zu Hause einen Nervenzusammenbruch. Bis zum Morgen hatte ich mich dann soweit wieder in der Gewalt, daß ich zur Arbeit ging und auch vorhatte, abends wieder in die Magdalenenstraße zu gehen, damit die Sache vor Weihnachten zum Abschluß hätte kommen können. Aber plötzlich, im Laufe des Vormittags, bekam ich furchtbare Angstzustände. Ich sollte zum Arzt, da ich schwer erkältet war und noch bin. Statt dessen fuhr ich nach Hause, nach einem Papier zu suchen, was mein Peiniger abends haben wollte und welches ich hier beilege (es handelt sich um eine Einreise nach Deutschland im Jahre 1946), raffte einige Wäsche und persönliche Sachen zusammen und fuhr hierher nach Wannsee zu meiner Freundin, wo ich, seelisch und körperlich fertig, ankam. Ich habe mich in den vier Tagen nur etwas erholt und versuche, klare Gedanken zu fassen, um aus diesem Chaos wieder rauszukommen.

Ich kann unter diesen Umständen nicht mehr in der DDR leben, so leid mir dies tut, denn ich glaube immer noch an die Zukunft des Sozialismus. Außerdem muß ja mein Mann auch wieder über kurz oder lang freikommen. Aber ich könnte derartige weitere Verhöre nervlich einfach nicht mehr aushalten. Ich möchte zu meinen Eltern nach Frankreich zurückkehren, natürlich ohne Aufsehen zu erregen, um dem Gegner keine Gelegenheit zu geben, irgendwelche Lügen zu verbreiten. Ich habe mich hier noch nicht gemeldet, auch noch nicht beim französischen Konsulat, um mich von dort aus rückführen zu lassen. Auf der anderen Seite bin ich aber völlig ohne Geld (ich besitze noch DM 250, den Rest meiner Gehaltszahlung am 13. Dezember). Verpflegung kann ich bei meiner Freundin haben, aber wo das Reisegeld herholen? Ich würde natürlich in meine Wohnung zurückkehren und von dort aus auf legalem Wege fahren mit Ausreisevisum und allen nötigen Papieren. Dann könnte ich meine Möbel verkaufen und mir so das Reisegeld schaffen. Dazu müßte ich aber von Ihnen oder von der Regierung eine schriftliche Zusicherung haben, daß mir nichts geschieht; denn ich habe keine Lust, dasselbe Schicksal zu erleiden wie mein Mann oder Field und evtl. in fünf Jahren wieder auf freien Fuß gesetzt zu werden mit der Begründung, die Anklage konnte nicht aufrechterhalten bleiben. Ich hätte dafür Verständnis zu haben. Ich wäre Ihnen sehr dankbar, Ihre Antwort an die Kreisleitung Zehlendorf zu richten, wo ich mir diese abholen werde. Mit bestem Dank im voraus Marthe Kreikemeyer«

An diesem zweiten Weihnachtsfeiertag 1954 verbreitete United Press die Nachricht aus Budapest: Ehepaar Field erhielt politisches Asyl in Ungarn. In Ostberlin meldete ADN einen Tag später: »Wie die ungarische Nachrichtenagentur MIT berichtet, hat das amerikanische Ehepaar Noel und Herta Field die Regierung der Ungarischen Volksrepublik um politisches Asyl gebeten. Die ungarische Regierung hat diesem Ersuchen stattgegeben.«[136] Für Marthe war das ein neuer Beweis dafür, daß Field niemals ein Spion der USA gewesen war.

Am 28. Dezember schrieb sie an Otto Grotewohl, Leipziger Straße 6-8: »Sehr geehrter Herr Ministerpräsident! Vor einigen Wochen bat ich Sie um eine Unterredung, um endlich einige

Auskünfte in Bezug auf meinen Mann zu erlangen. Diese Unterredung wurde mir durch Ihr Sekretariat, Herrn Tzschorn, schriftlich zugesagt. Statt dessen wurde ich vom Staatssekretariat für Staatssicherheit zum Verhör vorgeladen. Auf meine Frage nach meinem Mann antwortete mir der Kollege, er wüßte nichts über meinen Mann. Diese Untersuchung führe ein anderer Kollege. Er habe mich lediglich hergebeten, um nur einige Fragen zu stellen über meine Tätigkeit in der französischen Widerstandsbewegung und meine Verbindungen bis zum heutigen Tage.

Ich erklärte mich gerne dazu bereit, wunderte mich nur, daß dieses Verhör nicht vor vier Jahren stattgefunden hat. Darauf wurde mir geantwortet, ich hätte ja nie den Weg gefunden zur Partei, um ein solches Verhör zu beantragen. Der Genosse, der bei uns die Haussuchung durchführte, sei eben nicht die richtige Stelle gewesen. Weiß man überhaupt jemals, wer und wo die richtige Stelle ist, nach allem, was in den letzten Jahren passiert ist.

Im Verlaufe dieses Verhörs entnahm ich der Fragestellung, daß ich verdächtigt werde, in Frankreich in Verbindung mit dem 2. Bureau gestanden zu haben und evtl. noch stehe. Meine Aussagen wurden alle angezweifelt, auch solche, die heute noch nachprüfbar sind. Ich kann mich nicht mehr erinnern, was damals war, denn mein Nervensystem hat sehr gelitten in den verflossenen vier Jahren. Aber ich kann versichern, daß ich niemals mit einem Geheimdienst in Verbindung stand und auch heute nicht stehe.

Ich habe nach dem letzten Verhör am 22. 12. die Nerven verloren, denn ich war auch körperlich krank, eine schwere Erkältung mit Fieber und Halsentzündung. Ich bin nach Wannsee gefahren zu meiner Freundin und hier völlig gebrochen angekommen. Jetzt, wo es mir etwas besser geht, und ich wieder klare Gedanken fassen kann, war meine erste Regung, wieder zurück in meine Wohnung und an meinen Arbeitsplatz. Aber den Gedanken, daß dann dieses peinigende Verhör weitergehen würde, kann ich schon nicht ertragen und dem Verhör selbst bin ich nervlich nicht gewachsen. Es hat auch keinen Zweck, denn, wenn von vornherein alles angezweifelt wird, was sollen dann weitere Verhöre.

Ich habe mich durchgerungen, der Entschluß fiel mir nicht leicht, hier zu bleiben, mit Regierung und ZK über die Kreisleitung Verbindung aufzunehmen und abzuwarten. Ich möchte nach Frankreich zu meinen Eltern zurück, bin auch nicht abgeneigt, die Ausreise von drüben über das Ministerium des Innern zu betreiben. Aber dazu möchte ich von Ihnen oder Präsident Pieck eine schriftliche Zusicherung, daß mir nichts geschieht und das MfS mich in Ruhe läßt. Ich habe keine Lust, das gleiche Schicksal wie mein Mann zu erleiden. Ein ähnliches Schreiben ging an das ZK der SED, und ich bitte Sie, mir baldmöglichst antworten zu wollen, denn ich bin ohne Mittel und müßte mich ja eigentlich hier auch anmelden oder zum französischen Konsulat gehen. Beides habe ich bisher nicht getan. Mit vorzüglicher Hochachtung M. Kreikemeyer«

Die Briefe an das ZK und an Grotewohl schickte Marthe nicht mit der Post. Die beiden Adressen, so befürchtete sie, könnten auch das Interesse Westberliner Stellen finden. In den Ostsektor zu gehen und sie dort einzuwerfen, getraute sie sich nicht. Sie wollte sichergehen, daß ihre Schreiben die Empfänger erreichen. Sie brachte sie zur SED-Kreisleitung Zehlendorf, dorthin, wo sie 1946 in die Partei aufgenommen worden war. Was dann geschah, belegt ein Schreiben des 2. Kreissekretärs an Grotewohl vom 30. Dezember, das mit Marthes Post per SED-Kurier nach Ostberlin gebracht wurde: »Betrifft Frau Kreikemeyer. Werter Genosse Ministerpräsident! Gestern abend erschien Frau Kreikemeyer mit zwei Briefen in der Hand und bat uns, diese Briefe weiterzuleiten. Der eine Brief liegt als Anlage bei. Der andere Brief ist an das ZK gerichtet und wird dorthin weitergeleitet. In der kurzen Begründung zur Übermittlung der Briefe sagte sie folgendes: Sie habe versucht, nachdem Field in der Volksrepublik Ungarn Asyl erhalten habe, zu erfahren, ob ihr Mann nun auch frei kommt.« Daraufhin wäre sie von der Staatssicherheit wiederholt vernommen worden. Das sei für sie unerträglich gewesen, so daß »sie am 22. 12. 1954 unüberlegt den Schritt nach Westberlin getan habe. Augenblicklich ist sie bei einer Freundin in Wannsee untergebracht. Bei Westberliner oder französischen

Behörden (sie hat die französische Staatsangehörigkeit) hat sie sich noch nicht gemeldet, um dem Westen keinen Anlaß für eine Propagandawelle zu geben. Sie hoffe, daß sie auf Grund des beiliegenden Briefes einen günstigen Bescheid erhält. Der Inhalt des Briefes ist uns nicht bekannt. Frau K. gab als Absender unsere Kreisleitung an. Wir sahen erst dieses, als sie bereits wieder weg war. Am 6. Januar will sie nachfragen, ob bereits eine Antwort eingegangen ist. Wir bitten um Mitteilung, wie wir uns in diesem speziellen Fall verhalten sollen.«

Den Brief an das ZK der SED fand Hermann Matern auf einem Berg diverser Neujahrsgrüße. Er ließ die Extrapost umgehend zu Erich Mielke nach Lichtenberg bringen: »Wir bitten, die Angelegenheit von dort aus zu bearbeiten und zu erledigen.« Mielke triumphierte. Er hatte bald auch den anderen der beiden Briefe von Marthe und den von der SED in Zehlendorf in der Hand. Sein Plan war aufgegangen. Die Frau des Kreikemeyer war, für ihn sogar besser, der erwogenen Ausweisung zuvorgekommen. Mielke ließ umgehend die Papiere Oberst Scholz in dessen Dienststelle in Hohenschönhausen zustellen und schrieb auf eines der Blätter mit violettem Stift: »L. IX Eilt! Zur sofortigen Stellungnahme u. Rücksprache am 5. 1. 55

Mielke 4. 1. 55«

Am 7. Januar wurde Marthes Köpenicker Wohnung durchsucht und alles vorhandene Schriftgut beschlagnahmt.

Ende des Monats war Marthes letzter Hoffnungsfunke auf eine Antwort aus dem Ostteil der Stadt erloschen. Am 12. Februar schrieb sie aus Wannsee an die Betriebsgewerkschaftsleitung des VEB Armaturenwerk Köpenick: »Ich möchte, bevor ich Deutschland verlasse, noch einmal einen Gruß an meine Kollegen des Betriebes senden mit der Versicherung, daß ich sie alle in guter Erinnerung behalten werde. Ich bitte die BGL, den Kollegen dies mitzuteilen [...] Ich hatte ja auch an Ministerpräsident Grotewohl und an das ZK der SED von hier aus geschrieben und erklärt, wie alles gekommen ist und zu gleicher Zeit gebeten, daß ich zurückkommen kann. Aber leider erhielt ich keine Antwort, so daß mir leider nichts anderes übrigbleibt, als nun von hier aus nach Hause zu fahren. Aber ich bin sicher, daß ich eines Tages wiederkommen werde, denn ich bin immer noch der Überzeugung, daß früher oder später mein Mann freikommen muß. Dann komme ich auch wieder. Ich möchte nun noch die Abt. Arbeit darauf aufmerksam machen, daß in absehbarer Zeit meine Wohnung freigegeben werden muß. Da der Betrieb ja wahrscheinlich immer noch die beiden Altbauwohnungen für 1954 gut hat, müßte Koll. K[...] dem Wohnungsamt gegenüber einmal energisch werden, damit der Betrieb diese Wohnung bekommt. Sie ist für einen alleinstehenden Menschen ideal. Ich habe dabei an Frau W[...] gedacht, welche ja in unserer Liste als Wohnungssuchende geführt wird und auch, nach Absprache mit dem Werkleiter, 1955 eine Wohnung bekommen sollte [...]

Nun komme ich zur Verteilung meines Nachlasses im Betrieb. Streng genommen schulde ich dem Betrieb noch Geld, da ich ja nur bis 22. Dezember 1954 gearbeitet habe. Sollten meine Sachen veräußert werden, so kann der Betrieb ja seine Forderungen anmelden und dafür Bücher erwerben. Auf der anderen Seite stände mir aber eine Prämie zu für die Saughacken. Ich habe meine hingegeben und noch nicht einmal zwei dafür zurückbekommen, geschweige denn eine Prämie, die hat wieder mal ein anderer zu Unrecht geschluckt – es wird nicht das letzte mal sein. Meine kleine Kaffeemühle schenke ich Frau W[...], Mutter von Frau M[...], dafür, daß ich ihr mal beim Kränzchen kaputtgemacht habe. Meine kleine Kaffeekanne wird sich wohl der Werkleiter schon angeeignet haben, sonst hätte ich sie ihm auch geschenkt. Die etwas größere Kanne und Tassen kann das Kollektiv behalten [...] Herzliche Grüße an alle Kollegen [...]« Unter den Brief schrieb sie ihre künftige Anschrift: »Monsieur et Madame Charles Fels, 46 Faubourg de la Paix Graffenstaden (Bas-Rhin) France«

Ihren letzten Brief aus Berlin schrieb sie am 22. Februar dem Kaderleiter des Armaturenwerkes: »Ich nehme stark an, daß Sie, Kollege H[...], mit diesem Brief zum MfS gehen und möchte Sie deshalb bitten, dort bekanntzugeben, daß es mir unverständlich ist, wie man solche Untersuchungen und Verhöre einem so primitiven Menschen wie dem Genossen B[...] anvertrauen kann. Nur der Sturheit dieses Menschen ist es zuzuschreiben, daß es soweit gekommen ist, denn wenn man spürt, daß von vornherein nur Mißtrauen vorherrscht und alles, was man sagt, angezweifelt wird, sogar Dinge, welche heute noch nachgeprüft werden könnten, so muß man den Mut und die Nerven verlieren. Menschen, die keine Ahnung haben von den damaligen Verhältnissen in Frankreich und auch die französische Mentalität nicht kennen, können nicht andere Menschen, welche den größten Teil ihres Lebens in Frankreich zugebracht haben, so stur verhören und aufrichtige Menschen, welche die besten Jahre ihres Lebens für diese Sache geopfert haben, abstoßen und zur Verzweiflung bringen. Man hätte auf eine andere Art alles aus mir rausholen können, denn ich gab mir die größte Mühe. Obwohl ich abends todmüde nach Hause kam, holte ich noch den Pariser Plan hervor und studierte ihn mit der Hoffnung, daß beim Lesen der U-Bahnstationen vielleicht auch wieder die Erinnerung an die Namen der Comités wach werden, mit denen wir damals in Verbindung gestanden haben. Wenn man mir damals gestattet hätte, die ganze Angelegenheit auf nach Weihnachten zu verschieben, hätte ich Zeit gehabt, mich auszuruhen und alles in Ruhe zu überdenken. Dieses Ersuchen meinerseits wurde strikt abgelehnt. Wahrscheinlich war alles Absicht und wollte man mich los sein. Dann wird ja das Resultat, welches Genosse B[...] erzielt hat, zufriedenstellend sein. Ich werde aber auch von Frankreich aus nicht aufhören, die Nachforschungen nach meinem Mann weiter zu betreiben, und ich bin der Überzeugung, daß wir uns eines Tages wiedersehen. Herzliche Grüße an die Werkleitung und an die Kollegen. Anbei mein Werkausweis.«

## Böcke als Gärtner

Marthe Kreikemeyer war 47 Jahre alt, als sie in ihren Geburtsort Graffenstaden bei Strasbourg zurückkehrte. Sie wußte nicht, ob sie Witwe war oder Willi von ihr getrennt lebte. Eine Rheinreederei stellte sie als Sekretärin ein. Am 16. August schrieb sie erstmals offiziell in die DDR. Der Brief an Otto Grotewohl war neun Tage unterwegs und traf am 25. August in dessen Büro ein.

»Sehr geehrter Herr Ministerpräsident, da ich, wie Ihnen ja bekannt ist, kurz vor Weihnachten 1954 den demokratischen Sektor Berlins verlassen mußte, befinde ich mich wieder bei meinen Eltern und verdiene mir hier mein Brot. Ich habe trotzdem nicht die Hoffnung aufgegeben, eines Tages zu erfahren, wo mein Mann, Willi Kreikemeyer, sich befindet und wie es ihm ergeht. Ich möchte Sie durch dieses Schreiben daran erinnern, daß es am 25. August 1955 fünf Jahre werden, daß mein Mann zum ZK der SED geladen wurde, der Einladung Folge leistete und seitdem ›verschwunden‹ ist. Ich glaube, einmal irgendwo gehört zu haben, daß in der DDR eine Voruntersuchung nicht länger als fünf Jahre dauern darf, was ja immerhin schon reichlich bemessen ist. Aus diesem Grunde erlaube ich mir, nochmals mit der Bitte an Sie heranzutreten, zu veranlassen, daß endlich einmal Klarheit in dieser Angelegenheit geschaffen wird. Nachdem Noel Field freigelassen worden war, wurde im Politbüro der SED der Antrag gestellt – und auch angenommen –, daß diese Sache wieder aufgenommen werden muß. Welches Resultat hat diese Wiederaufnahme gezeitigt? Darf man das erfahren als Ehefrau? Ich denke doch nicht, daß Ihre Dienststellen, indem Sie mir meinen Brief beantworten, von einem Genossen ›B[...]‹ verdächtigt werden, mit dem kapitalistischen Ausland Verbindungen zu unterhalten. Ich habe in diesen verflossenen fünf Jahren bereits x-mal an die verschiedensten Stellen die Frage gerichtet, wo mein Mann sich befindet, und nie eine Antwort erhalten. Aber vielleicht jetzt, da sich im internationalen Maßstab so manches geändert hat, könnte es ja möglich sein, daß auch unangenehme Briefe beantwortet werden müssen. Ich habe mich von hier aus – in meiner Eigenschaft als Französin – natürlich auch nach der Sowjetunion gewandt und um Klärung der Angelegenheit gebeten.

Außerdem und am Rande möchte ich noch bemerken, daß ich auch nicht daran denke, gänzlich auf den Inhalt meiner Wohnung und unser Konto zu verzichten. Sollte irgendeine Einigung nach der Außenministerkonferenz im Oktober oder zu einem späteren Zeitpunkt ermöglicht werden, so werde ich sofort meine Forderungen stellen. Ich habe zwar hier Arbeit gefunden, aber leicht ist es nicht, wenn man in meinem Alter alles wieder von vorne anfangen muß und jeden Löffel neu kaufen. Das kann ich den Genossen dort niemals vergessen. Das wäre bestimmt nicht notwendig gewesen. Die Hauptsache ist und bleibt aber, zu erfahren, wo ist mein Mann. Hat er eine Strafe, wenn ja, warum und weshalb. Nach fünf Jahren dürfte diese Frage nicht unberechtigt sein. Ich hoffe sehr auf eine baldige Antwort und danke Ihnen im voraus.«

Grotewohl sondierte bei Mielke, ob er auf den Brief reagieren solle. Mielke verneinte, es sei denn, daß das Politbüro anders entscheide. Grotewohl verzichtete darauf, das höchste Parteigremium mit dieser Frage zu belasten. Am 15. September versah Mielke Marthes Schreiben mit seinem schon routinierten Handvermerk »L. IX zum Vorgang Willi Kreikemeyer« und gab es an Oberst Scholz. Obwohl der Chef der Untersuchungsabteilung nur mit lebenden Häftlingen zu tun hatte, befand sich die Akte Kreikemeyer in seinem Panzerschrank. Der tote Kreikemeyer war zu einem Band der Unzertrennlichkeit zwischen Mielke und Scholz geworden. Sie hüteten das Geheimnis des Toten wie ihr eigenes Leben, wobei Mielke die Aufgabe zukam, möglichst keine Fragen nach Kreikemeyer in der Parteiführung aufkommen zu lassen. Von Pieck waren sie aus Gesundheits- und Altersgründen nicht zu erwarten. Matern, der ihm sehr verpflichtet war, würde gewiß keine stellen. Bei Ulbricht war sich Mielke nicht sicher. Von Grotewohl drohte keine ernsthafte Gefahr, solange Matern und Ulbricht der Staatssicherheit voll vertrauten.

Mielke baute im Notfall auf die bei Scholz liegenden Protokolle speziell verpflichteter Selbstmordzeugen. Bisher vermochte er mit Erfolg, deren Verwendung zu verhindern. Fragen nach Kreikemeyer waren von ihm niedergehalten worden. Doch sie konnten jetzt mehr als früher wieder gestellt werden. Die Welt, in der Mielke lebte, war nicht mehr die zu Stalins Lebzeiten. Außenpolitische Wandlungen zeichneten sich ab. Die Sowjetunion veränderte ihre Deutschlandpolitik. Die Westmächte hatten die Souveränität der Bundesrepublik proklamiert und sie in die NATO aufgenommen. Im September fuhr Bundeskanzler Konrad Adenauer nach Moskau. Während des Besuches vereinbarten die Regierungen beider Länder die Aufnahme diplomatischer Beziehungen, und die Sowjetunion verpflichtete sich zur Rückführung verurteilter Deutscher. Eine Woche nach der Abreise Adenauers schloß die Sowjetunion mit der DDR einen Vertrag über die volle Souveränität des von ihr abhängigen deutschen Staates, einschließlich »der Nichteinmischung in die inneren Angelegenheiten«.[137]

Wenige Tage später erfüllte die UdSSR das Adenauer gegebene Versprechen, die in sowjetischem Gewahrsam befindlichen deutschen Kriegsverurteilten zu repatriieren. In ihrem Erlaß hieß es: »Das Präsidium des Obersten Sowjets der UdSSR hat das Ersuchen des Präsidenten und der Regierung der Deutschen Demokratischen Republik vom 27. Juli dieses Jahres sowie das Ersuchen der Regierung der Deutschen Bundesrepublik geprüft, die deutschen Staatsbürger, die wegen ihrer während des Krieges gegen die Völker der Sowjetunion begangenen Verbrechen Strafen verbüßen, vorzeitig freizulassen und zu repatriieren. Nach Abschluß der Repatriierung der deutschen Kriegsgefangenen nach Deutschland verblieben nach dem Stande vom 1. September dieses Jahres auf dem Territorium der Sowjetunion 9626 ehemalige deutsche Kriegsgefangene und deutsche Bürger, die von sowjetischen Gerichten wegen ihrer Verbrechen verurteilt worden waren.«[138]

Der Begriff »Kriegsverurteilte« schloß diejenigen ein, die nach 1945 in sowjetische Gefängnisse und Lager gekommen und keine Wehrmachtsangehörigen gewesen waren. Für Mielke bedeutete der Souveränitätsvertrag UdSSR-DDR, daß dem MfS mehr Selbständigkeit gegenüber dem KGB zugestanden wurde. Der eigene Handlungsspielraum vergrößerte sich, andererseits konnte er sich nicht mehr wie vorher hinter den »Freunden« verstecken. Die sowjetischen Instrukteure waren bereits abgezogen und durch Berater ersetzt worden.

Im Oktober 1955 kehrten in Transporten von Kriegsgefangenen auch Kurt Müller und Leo Bauer zurück, Personen, die 1950 und später durch Mielkes Hand gegangen waren. In der DDR wie in der BRD flammte das Verlangen nach Auskünften über diejenigen auf, die nicht wiederkamen und als vermißt und verschollen galten. Offen blieb, welche Auskünfte Moskau geben würde. Es gab Personen, die in sowjetischer Hand vermutet wurden, es tatsächlich aber nicht waren. Zu ihnen gehörte Willi Kreikemeyer.

Ein halbes Jahr später hätte es wegen Kreikemeyer zu einer für Mielke kritischen Situation kommen können. Doch Ulbricht und Matern stellten sich schützend vor ihn, weil sie vor allem auf sich selbst bedacht waren. Die SED-Führung sah sich plötzlich zu Konsequenzen gezwungen, die sich aus ihrem Verhalten in Stalins Endzeit ergaben. Auf dem XX. Parteitag der KPdSU im Februar 1956 waren in einer Geheimrede Chruschtschows erstmals Verbrechen in der Stalinära eingestanden und der Mythos um die Person Stalins ins Wanken gebracht worden. Was vermieden werden sollte, trat ein. Die Rede wurde im Westen bekannt. Radiosender in der Bundesrepublik und in Westberlin verbreiteten den Text, Zeitungen druckten ihn ab. Für die Bürger der DDR war die Rede bald kein Geheimnis mehr.

Die SED-Führung kam in Bedrängnis. Ulbricht telegrafierte nach Moskau, es sei notwendig, daß er öffentlich »zu Fragen, die in der Partei eine große Rolle spielen und die vor allen Dingen J. W. Stalin betreffen, Stellung nehme«.[139] Er tat dies selbstsicher auf einer Berliner SED-Konferenz: »Der Stoß, den wir vom XX. Parteitag bekommen haben, ist für uns sehr gesund. Auch wenn eine Reihe Genossen sagt, es sei schmerzlich, so wird sich das doch bei uns ausgezeichnet auswirken. [...] Die Genossen werden auch die Frage stellen: In der Sowjetunion hat die Staatssicherheit mehrfach die Gesetze verletzt – welche Garantien wurden in der DDR geschaffen, damit so etwas nicht passieren kann? Wir haben vor längerer Zeit, als solche Ansätze bei uns vorhanden waren, als Kollektiv des Politbüros das gemeinsam korrigiert. [...] Die Staatssicherheit hat besondere und sehr verantwortungsvolle Aufgaben.[140]

Böcke wurden zu Gärtnern. Ulbricht bildete eine von ihm geleitete »Kommission des ZK der SED zur Überprüfung von Angelegenheiten von Parteimitgliedern« mit Hermann Matern, dem Stellvertreter des Generalstaatsanwalts Bruno Haid und anderen. Erich Mielke und Herta Geffke waren immer dabei und hatten zwischen den Sitzungen die Hauptarbeit. Die Kommission befaßte sich mit politischen Gefangenen in DDR-Haftanstalten, mit deren Freilassung, Begnadigung oder Strafverkürzung. Später berichtete Ulbricht in einer Veranstaltung in der Berliner Humboldt-Universität: »So werden [...] rund 20 000 Personen [...] freigelassen.«[141] Darunter waren 3 308 Verurteilte sowjetischer Militärtribunale.

In Leipzig sagte Ulbricht: »Die demokratische Gesetzlichkeit muß gesichert werden. [...] Deshalb muß man Fehler, Ungerechtigkeiten, Verstöße gegen die Gesetzlichkeit beseitigen, auch wenn das manchmal schmerzlich ist. Den Genossen hat es weh getan, als wir unmißverständlich erklärten: Stalin zählt nicht zu den Klassikern! Sie haben gesagt: Was ist denn los, was fällt euch denn plötzlich ein? [...] Wir waren also in einer unangenehmen Lage. [...] Solche unangenehmen Dinge gab es auch in anderen Ländern. [...] Aber damit, daß man offen und kritisch die Fragen behandelte, wurde die Voraussetzung dafür geschaffen, daß es niemals wieder irgend jemand wagen kann, solche Geschichten zu machen. Das ist besser als stillschweigend auf dem Wege einzelner administrativer Maßnahmen diese Dinge zu bereinigen. [...] Wir werden einige Leute, die wir zu Recht verurteilt haben, aus der Haft entlassen. Wir werden ihnen aber gleichzeitig sagen, daß sie sich anständig benehmen sollen, da wir doch aufpassen werden und sowieso alles merken.«[142]

Walter Ulbricht wußte von dem Fall Kreikemeyer. Otto Grotewohl kannte ihn auch. Aber sie verdrängten ihn. Auf der III. SED-Parteikonferenz forderte Grotewohl, es müsse »auf die geringste Unordnung, auf die geringste Abweichung von der gewissenhaften Befolgung unserer Gesetze genau geachtet werden. Das zeigt, welche große Verantwortung die Organe unserer Volkspolizei und Staatssicherheit [...] tragen [...], daß es niemandem gestattet ist, Willkürakte zu verüben. In unserer täglichen Praxis gibt es manche Beispiele der Verletzung der Gesetzlichkeit. So wurde vor einiger Zeit der technische Direktor eines Berliner Betriebes ungerechtfertigt festgenommen, drei Wochen in Haft gehalten und während dieser Zeit nur einmal verhört. Erst nach einer gründlichen Untersuchung der Angelegenheit wurde der technische Direktor in deren Ergebnis rehabilitiert, und die für seine ungerechtfertigte Inhaftnahme Verantwortlichen wurden streng zur Verantwortung gezogen.«[143]

Am 25. April 1956 lag der von Ulbricht geleiteten Kommission zur »Überprüfung von Angelegenheiten von Parteimitgliedern« der Brief von Marthe Kreikemeyer vom August des vergangenen Jahres an Ministerpräsident Grotewohl vor, in dem sie wieder einmal Aufklärung über das Schicksal ihres Mannes verlangt hatte. Ulbricht hätte den Brief nicht als Beratungsgegenstand zugelassen, wäre Willi Kreikemeyer der sowjetischen Justiz in der DDR zur Aburteilung übergeben oder in die Sowjetunion verbracht worden. Kreikemeyer war ein deutscher Fall geblieben. Im Protokoll der Kommissionssitzung wurde nicht vermerkt, wer dazu etwas sagte. Wieder gab es keinen Hinweis zu seinem Tod. Das Gremium traf eine mit keinem anderen Fall vergleichbare oder sich wiederholende Entscheidung. Im Protokoll wurde unter Punkt 7 festgehalten, sich weiter in Schweigen zu hüllen: »Die Kommission beschloß, den Brief von Frau Kreikemeyer zur Kenntnis zu nehmen und den staatlichen Organen zu empfehlen, der Frau Kreikemeyer keine Antwort zukommen zu lassen, da sie selbst Ausländerin ist und im Ausland lebt.«[144] Diese absurd begründete Festlegung sollte, wäre es nach der Kommission und Mielke gegangen, der höchste und endgültige Entscheidungsspruch sein.

Zwei Tage später beantwortete Grotewohl im Auditorium maximum der Berliner Humboldt-Universität Fragen von Studenten. »Viele fanden keinen Einlaß mehr und haben die Aussprache von den Korridoren aus verfolgt«, vermerkte der Berichterstatter.[145] Grotewohl sagte u. a.: »Es sind Fehler gemacht worden. [...] Wir sind dabei, sie zu korrigieren. Dabei werden wir prüfen, ob Übergriffe staatlicher Organe vorgekommen sind. Zeigen sich welche, dann werden die Betreffenden zur Verantwortung gezogen. [...] Manche Genossen verweisen auf Polen und sagen, in Polen, in der CSR, in Bulgarien sind Minister abgelöst worden. Und da das nun einmal im Gange ist, müßten doch nun auch bei uns die Dinge so fortgeführt werden. (Heiterkeit) So ist das aber doch nicht. Was diese Länder zum Teil jetzt korrigieren, das haben wir schon 1953 getan. (Beifall)«[146]

Im »ND« ließ das Politbüro verbreiten, daß man in der DDR »möglichen Überspitzungen, die zu einer ungerechtfertigten Verurteilung von ehrlichen Menschen führten, sobald diese Sachen sichtbar wurden, keinen freien Lauf ließ. [...] Wir haben keinen solchen Prozeß wie z. B. den Rajk- oder Kostoff-Prozeß bei uns gehabt und demzufolge auch nicht so tiefgreifende Korrekturen durchzuführen. [...] Das Politbüro wird allen Parteimitgliedern, die sich in ihren Rechten verletzt fühlen, die Gelegenheit geben, ihre Angelegenheit erneut vorzutragen. [...] Man muß ihre Angelegenheiten kameradschaftlich klären und ihnen helfen, den Weg zu Partei und zur Arbeiterklasse zurückzufinden und, wenn sie schuldlos sind, ihnen ihre Rechte wiedergeben.«[147] Ulbricht wies darauf hin, »daß es in der DDR keine Organe der Staatssicherheit gab, die das Recht gehabt hätten, Urteile zu fällen. Alle Fälle wurden von den Gerichten verhandelt.«[148]

## Ultimatum an Grotewohl

In diesem Frühjahr 1956, als nach den ersten Eingeständnissen der Verbrechen in der Stalinzeit durch die sowjetische Führung eine Hoffnungswelle für politische Reformen durch die Länder des Ostblocks ging, als das ideologische Eis zu schmelzen begann, schrieb Marthe Kreikemeyer in Illkirch-Graffenstaden, 17 rue des Bonnes-Gens, am 7. Mai an Noel Field in Budapest XII, Meredek utca 38:

»Lieber Noel, da ich durch Zufall Deine Adresse erfahren habe, wende ich mich heute an Dich, um evtl. über Dich zu erfahren, was aus Willi geworden ist. Ich habe mich jahrelang vergeblich bemüht – in der DDR – etwas von der dortigen Regierung oder ZK zu erfahren. Es wurde mir immer wieder nur geantwortet, die Untersuchung ist noch nicht abgeschlossen.« Marthe beschrieb, was sie alles unternommen hatte und wie alles vergeblich geblieben war. »Deshalb wende ich mich nun in meiner Sorge an Dich und habe die kleine Hoffnung, daß Du vielleicht von dort aus erfahren könntest, ob Willi noch lebt und warum nicht auch er zumindest entlassen, wenn nicht rehabilitiert wird. Damals bei seinem Ausschluß aus der Partei stand in der Zeitung nur: wegen Verbindung mit dem amerikanischen Agenten Noel Field wegen Spionageverdacht usw. Das müßte aber doch nun auch hinfällig geworden sein.

Lieber Noel, ich bitte Dich, mich nicht mißverstehen zu wollen. Ich bin trotz allem Unrecht, was uns geschehen ist, kein Gegner des Sozialismus geworden, sondern glaube immer noch an den Sieg der Arbeiterklasse in der ganzen Welt. Ich stehe der Sache nicht gegnerisch, sondern vorläufig abwartend gegenüber. Aber ich bin der Ansicht, daß auch die Genossen in Deutschland ihre begangenen Fehler einsehen und so weit wie möglich wieder gutmachen müssen, so wie es in der Sowjetunion und den anderen Volksdemokratien bereits geschehen ist. Ich wäre Dir sehr dankbar, wenn Du in dieser Angelegenheit etwas tun könntest oder zumindest mir mitteilen, wohin ich mich mit Erfolg wenden kann.

Wie geht es Dir und Herta gesundheitlich? Ich hoffe doch gut. Es ist schade, daß man sich nicht mal so richtig aussprechen kann.«[149]

Field antwortete am 14. Mai: »Unsere sehr liebe Marthe: Wir sind tief bewegt über Deinen soeben angekommenen Brief. Als wir ihn öffneten, freuten wir uns riesig, ein Lebenszeichen von Dir zu erhalten. Dann kam die Bestürzung über die Nachricht von Willis weiterem Fehlen. Wir hatten weder über ihn noch über andere deutsche Bekannte irgend etwas Konkretes vernommen, nahmen aber an, daß keine Nachricht nicht unbedingt schlechte Nachricht sein müsse, und wir sind auch jetzt noch voller Hoffnung. Das Warten ist furchtbar, wir wissen es, und wenn Mitleid helfen könnte, so würden unsere Gedanken und unsere Liebe Dir jetzt Trost spenden können. Aber damit ist es nicht getan. Ich werde tun, was ich kann, Marthe. Ich weiß nicht, ob ich etwas erreichen oder auch nur erfahren kann, aber ich werde es versuchen. Du weißt, wie lieb wir Euch beide hatten, und ich glaube, ich brauche Dir nicht erst zu sagen, daß sich daran auch in den dunkelsten Zeiten nichts geändert hat. Dürfen wir hoffen, daß auch Ihr im Innersten die Freundschaft und das Vertrauen zu uns nie ganz verlort?

Der Glaube an eine bessere Zukunft ist auch uns immer geblieben, und wir freuen uns, das gleiche von Dir zu vernehmen. Das, was in diesen Tagen geschah und geschieht, hat unser Vertrauen gerechtfertigt, und wir sind überzeugt, daß die Gerechtigkeit auch dort, wo es noch nicht geschehen ist, sich durchsetzen wird, soweit es menschenmöglich ist. Wir sind dem Schicksal dankbar, es erleben zu dürfen. Aber glücklich können wir erst wieder sein, wenn wir wissen, daß das Verfehlte überall bereinigt ist. Dir und Willi wünschen wir insbesondere das wunderbare Wiedersehen, wie Herta und ich es erleben durften und von dem wir, so lange wir leben, zehren werden. Vielleicht kommt dann auch der Tag, von dem Du sprichst, an dem wir uns alle in die Arme nehmen dürfen und alter Zeiten gedenken.

Ich weiß nicht, wieviel Du über unser jetziges Leben weißt. Wir haben ein entzückendes Haus auf einer Anhöhe am Stadtrande, mit Garten und herrlichster Aussicht. An Arbeit fehlt es auch nicht. Herta waltet im Haus, und ich lektoriere englische Übersetzungen aus dem Ungarischen – zum eigentlichen Übersetzen reicht es noch nicht, obwohl wir beide fleißig ungarisch lernen. Gesundheitlich sind wir nicht auf der Höhe, und werden es wohl auch kaum ganz wieder sein; bei beiden haben sich vorzeitige Altersgebrechen eingestellt. Hertas altes Rückenleiden hat sich verschärft, und ich habe Wirbelverkalkungen, die oft von heftigen Schmerzen begleitet sind und nur durch viel Liegen und gelegentliche Badekuren gemindert werden können. Übermorgen fahren wir beide für einen Monat in einen Badeort, wo ich schon letzten Herbst verweilte. Wir machen uns große Hoffnung auf Besserung. Ansonsten aber ist das Leben hier schön, und wir genießen Stadt und Land mit neuerweckter Inbrunst. Alle Spuren des Vergangenen lassen sich nicht auf einmal löschen, wenn überhaupt; dennoch – vor einem Jahr noch hätten wir uns kaum träumen lassen, daß wir wieder so tief würden Wurzel fassen können, wie es nun der Fall ist. Unsern Entschluß, hier zu bleiben und ein neues Dasein aufzubauen, haben wir nie bereuen müssen. Ach, wie schön wäre es, wenn Ihr uns hier mal besuchen könntet! Kinder, wär das ein Fest!

Nun muß ich aber Abschied nehmen, vorläufig. Bitte, bitte, laß recht bald wieder von Dir hören. Vor allem, gib uns sofort Nachricht, wenn möglich telegrafisch, sobald Du von Willi hörst, und erst recht, wenn Ihr wieder vereint seid. Es umarmen Dich herzlichst Dein Noel und Deine Herta.«

An diesem 14. Mai 1956 schrieb Field einen zweiten Brief, aufschlußreicher als der an Marthe, gerichtet an Erzsi (Elisabeth) Valyi in Budapest. Ihr Mann Gabor Valyi arbeitete wie Noel Field im Corvina-Verlag. Darüber, wer diese Frau war und in welcher Beziehung sie zu Field stand, informierte mich Werner Schweizer, der sie gut kannte: »Erzsi war als junge Frau (und Schauspielerin) oft in den USA gewesen; sie sprach perfekt englisch. Erszi war nach Fields Freilassung wohl die ›direkte‹ Verbindung zur Partei, aber auch persönlich scheint zwischen Fields und Valyi eine enge Freundschaft bestanden zu haben. Noel hatte aus Vorsicht (und Angst) bereits zwei Briefe an ehemalige Freunde in der DDR (Maria Weiterer und Rompe) zuerst Erzsi Valyi vorgelegt, als erste Kontaktaufnahme in der Weihnachtszeit, am 23. Dezember 1955.«[150] Es ist kaum anzunehmen, daß Fields Briefe an Maria Weiterer und Professor Robert Rompe die Adressaten erreichten. Jedenfalls bekam Field »in den nächsten sechs Monaten keine Antwort«. Er war, wie Werner Schweizer aus dem Nachlaß von Noel Field in Budapest entnehmen konnte, »in dieser Frage vom Verhalten der DDR sehr enttäuscht«.[151]

Field schrieb an Frau Valyi: »Liebe Erzsi: Soeben erhielt ich folgenden Brief von Marthe Kreikemeyer, Willi Kreikemeyers Frau, vom 7. Mai aus Illkirch im Elsaß, Frankreich. [...]

Liebe Erzsi, ich weiß, daß Du verstehst, wie sehr Herta und mich dieser Brief bewegt hat und daß wir nicht einfach nach Héviz fahren können, ohne getan zu haben, was wir können. Im Hinblick darauf, daß ich nie eine Antwort auf meine Briefe an Rompe und Mia bekommen habe, sehe ich mich außerstande, etwas in direkter Korrespondenz zu versuchen, und ich bitte Dich deshalb, diese unsere dringende und sehr ernst gemeinte Bitte an die Genossen weiterzuleiten und dafür zu sorgen, daß offizielle Partei- oder Regierungsschritte in der Sache Willi Kreikemeyer unternommen werden, und wenn möglich, auch wegen der anderen deutschen Genossen, über die wir keine Informationen haben.

Wenn gesagt wird, das sei eine rein deutsche Angelegenheit und geht Ungarn nichts an, würde ich auf Marthes Angabe verweisen: ›wegen Verbindung mit dem amerikanischen Agenten Noel Field [...]‹ etc. Die Angelegenheit Kreikemeyer ist eine direkte Folge meines Falles und wird dadurch automatisch zur Sache Ungarns. Es ist jetzt länger als eineinhalb Jahre her, daß öffentlich erklärt wurde, die Sache gegen mich ist ungerechtfertigt gewesen.

Ich kann nicht einfach weiterleben, während zahlreiche Genossen verschwunden bleiben, weil ich angeblich ihr Chefspion war, und über sie nichts zu erfahren ist, nicht einmal, wie es Marthes Fall zeigt, über ihre Familie. Ich füge hinzu, daß mir Theo Pinkus vom Büchersuchdienst in Zürich erzählte, den ich, wie Du weißt, durch Zufall in Budapest traf, er sei kürzlich in Berlin gewesen und habe dort alles versucht, etwas über das Schicksal verschwundener Genossen in Erfahrung zu bringen, auch über Bruno Goldhammer, unseren gemeinsamen Freund aus Züricher Tagen. Aber es war für ihn unmöglich, etwas herauszufinden. Alle diese Leute wurden verhaftet, nur weil sie mit mir Kontakt hatten. Du mußt verstehen, daß Herta und ich diese Situation nicht länger ertragen können. Wir haben unsere Ruhe für mehr als ein Jahr gehabt. Weiter so zu tun, wäre nicht nur ein Verbrechen an unseren engsten Freunden und Bekannten, sondern auch eine Verletzung unserer Pflichten als Kommunisten.

Mir wird immer stärker bewußt, aus dem was ich erfahren

mußte, daß die deutschen Genossen nur deswegen inhaftiert wurden, weil sie angeblich in direkter geheimer Verschwörung mit mir persönlich verbunden waren.

So wurde behauptet, Kreikemeyer sei der Kopf der von mir in Berlin aufgebauten Spionageorganisation gewesen. Bei Treffs in seiner Wohnung hätte ich in seiner Anwesenheit verschiedenen anderen ›Spionen‹, bekannten Kommunisten, Aufträge erteilt.

Es tut mir leid, dies alles wieder zur Sprache zu bringen, aber ich sehe keinen anderen Ausweg. Herta und ich können uns nicht als rehabilitiert betrachten, solange einige unserer engsten Freunde noch immer wegen uns unter Verdacht stehen. Herzlichst Dein Noel H. Field«

Marthe Kreikemeyer hatte Fields Brief »mit großer Freude gelesen« und erwiderte am 28. Juni: »Es ist sehr lieb von Euch, daß Ihr von Euch aus nachforschen wollt. Ihr schriebt mir damals, daß Ihr in Erholungfahrt für vier Wochen. Deshalb habe ich solange gewartet mit meiner Antwort.« Marthe informierte über das, was sie wußte:

»Ja, leider, habe ich trotz aller Bemühungen immer noch nicht erfahren können, ob Willi noch lebt. Erika[152] und Leo B.[153] sind zurück, Sperling und Bruno Goldhammer sind in Ostdeutschland entlassen worden. Lex Ende ist schon vor Jahren gestorben. Maria Weiterer soll gar nicht verhaftet gewesen sein. Fehlen also nur noch Paul Merker und Willi. Gerüchtehalber soll Merker auch frei sein, aber ich habe keine authentische Bestätigung. Ich weiß also nicht mehr, was ich tun soll. Man könnte manchmal an allem verzweifeln, denn auch wenn Willi tot ist, müßte man mir doch endlich Bescheid geben.«

Einen erneuten Versuch, dies zu erreichen, wagte Marthe am 12. Juli 1956. Nach fast einjähriger Unterbrechung schrieb sie an Grotewohl, DDR, Berlin, Haus der Ministerien, per Einschreiben: »Sehr geehrter Herr Ministerpräsident! Da ich auf meine bisherigen Anfragen nach dem Verbleib meines Mannes, Willi Kreikemeyer, von Ihnen keine Antwort erhielt, erlaube ich mir, mich heute noch einmal in dieser Angelegenheit an Sie zu wenden und an Sie in Ihrer Eigenschaft als Chef der Regierung der DDR die Forderung zu stellen, mir mitzuteilen, wo mein Mann sich befindet und endlich seine Freilassung zu veranlassen. Es sind nun bald sechs Jahre her, am 25. August 1950, daß mein Mann vor das ZK der SED oder vielmehr die ZPKK geladen wurde und seitdem verschwunden ist. In dem Kommuniqué, das am 1. September 1950 im ›Neuen Deutschland‹ veröffentlicht wurde, hieß es, daß verschiedene Genossen, u. a. auch mein Mann, mit dem im Rajk-Prozeß als Spion und amerikanischer Agent entlarvten Noel Field Verbindung gehabt hatten und deshalb im Verdacht ständen, Agententätigkeit ausgeübt zu haben. Dieser Verdacht wurde nie und von keiner offiziellen Stelle bestätigt.

Aber mein Mann und die anderen Genossen blieben verschwunden. Ich habe in all den Jahren trotz intensiver Bemühungen nicht das geringste Lebenszeichen von meinem Mann erhalten. Im Herbst 1954 wurde Noel Field in Ungarn entlassen. Daraufhin wandte ich mich mit der Bitte an Sie, doch veranlassen zu wollen, daß der Fall meines Mannes ebenfalls überprüft wird. Ich weiß auch, daß im Politbüro der SED ein solcher Beschluß gefaßt worden war. Aber die Überprüfung bestand darin, daß man anfing, mir Schwierigkeiten zu bereiten und durch sinnlose Verhöre und absurde Fragereien mich aus dem Lande trieb.

Dann kam der 20. Parteitag der KPdSU und dessen schwerwiegende Resolutionen und Beschlüsse. Mit Erleichterung und großer Hoffnung verfolgte ich alles damit Zusammenhängende in der Presse. Rajk, Kostoff und viele andere wurden rehabilitiert. Die Parteien in vielen anderen sozialistischen Staaten folgten dem Beispiel der Sowjetunion und machten begangene Fehler einigermaßen wieder gut. Leo Bauer und Erika Glaser kamen aus der Sowjetunion zurück. Sperling[154] und Bruno Goldhammer wurden aus Brandenburg entlassen, stillschweigend, aber immerhin entlassen.

Wo bleibt mein Mann? Die ganzen Anschuldigungen von damals sind doch nun zusammengebrochen. Rajk und die Fields waren keine Spione. Titoist gewesen zu sein, ist auch kein Verbrechen mehr. Und nun?

Sucht man noch nach sechs Jahren nach neuen Verbrechen, die eventuell mein Mann begangen haben könnte? Hat man in Ihrer Partei und Regierung noch nicht begriffen, daß auch die DDR mit ihren Berijas aufräumen muß und die alten ehrlichen Kommunisten, deren Unschuld – auch ohne das Zutun der deutschen Genossen, aber trotzdem – längst erwiesen ist, endlich freizulassen und zu rehabilitieren. Wahrscheinlich hat man gerade davor Angst?

Ich habe lange an die Ehrlichkeit und Aufrichtigkeit der Genossen geglaubt, die meinen Mann eingesperrt haben und entschuldigte ihr Tun damit, daß sie davon überzeugt gewesen sind, daß mein Mann tatsächlich Agententätigkeit ausgeübt hatte. Ich wußte, daß dieser Irrtum eines Tages aufgeklärt werden müßte; aber nun, da die Unschuld dieser Genossen erwiesen ist, muß ich einsehen, daß es böser Wille war und daß man mit voller Absicht diese alten, ehrlichen Kommunisten aus dem Weg geräumt hat. Es ist also kein Justizirrtum, sondern ein Verbrechen geschehen.

Ich war bisher immer darauf bedacht, der Sache des Sozialismus nicht zu schaden, indem ich solche Machenschaften an die Öffentlichkeit bringe. Aber nun, nach sechs Jahren Warten, bin ich nicht mehr gewillt, irgendwelche Rücksichten zu nehmen, denn das, was sich die DDR gerade auf dem Gebiet der Justiz leistet, kann der Sache des Sozialismus nicht dienen, sondern nur schaden. Ich bitte Sie deshalb nochmals dringendst, diesen meinen Brief diesmal zu beantworten. Sollte dies bis Montag, den 30. Juli, nicht geschehen sein, werde ich veranlassen, daß meine Forderung auf Freilassung meines Mannes veröffentlicht wird.

In Erwartung Ihres Antwortschreibens zeichne ich hochachtungsvoll Marthe Kreikemeyer

Durchschrift dieses Briefes geht an die Delegation der SED zum Parteikongreß der KPF.«

Grotewohl sah sich wegen des Ultimatums als falscher Adressat. Etwas, mit dem er nichts zu tun hatte, sollte ihm über die westlichen Medien persönlich angelastet, er wegen Mißachtung elementarer Menschenrechte angeprangert werden. Um dies zu vermeiden, versah er den Brief mit dem handschriftlichen Vermerk: »M. f. Staatssicherheit. Man muß eine Antwort geben. 20. 7. Gr.«

Diese Randnotiz dokumentiert Grotewohls eingeschränkte Befugnis. Als Ministerpräsident stand ihm das Recht zu, jedes Ministerium rapportieren zu lassen. Er hätte formal das MfS anweisen können, ihm den Entwurf einer Antwort vorzulegen. Tatsächlich konnte er bellen, aber nicht beißen. »Man muß eine Antwort geben« war ein Jaulen gegen den Wind. In dieser Tauwetterzeit des Jahres 1956, als in der DDR rund 20 000 politische Justizfälle zur Überprüfung anstanden, blieb der Fall Kreikemeyer »unlösbar«, weil er in der Entwirrung zu einem Fall Mielke geworden wäre. Marthe Kreikemeyer sprach für alle, die das Problem erkannten: »Hat man in Ihrer Partei und Regierung noch nicht begriffen, daß auch die DDR mit ihren Berijas aufräumen muß.« Sie schrieb es genau in dem Monat, als Ulbricht vor dem Zentralkomitee die Bilanz seiner Kommission zog:

»Was die Kaderfragen betrifft, so haben wir entsprechend der Direktive der 3. Parteikonferenz zunächst geprüft, welche Fehler und Mängel bei der Untersuchung von Angelegenheiten von Parteimitgliedern bestehen und welche Beschlüsse oder Urteile von Gerichtsinstanzen vom Standpunkt unserer heutigen Beurteilung korrigiert werden müssen. Die vom Zentralkomitee eingesetzte Kommission ging in ihrer Tätigkeit aus von den veränderten Bedingungen des gesellschaftlichen und politischen Lebens und beschäftigte sich

mit der Überprüfung einer Reihe früherer Entscheidungen,

mit der Aufhebung einer Reihe Maßnahmen,

mit der Korrektur von Überspitzungen, die in der Arbeit der Partei- und Staatsorgane entstanden waren und von denen Mitglieder der SED und andere Bürger der DDR betroffen wurden. [...]

Die in all diesen Fragen von der Kommission ausgearbeiteten Vorschläge sind vom Politbüro, das ständig informiert wurde, gebilligt worden.

Die Kommission überprüfte eine Reihe von Beschlüssen des Zentralkomitees und seines Politbüros unter Berücksichtigung der neuen Bedingungen und schlug vor, den Beschluß vom 24. August 1950: ›Erklärung des ZK und der ZPKK zu den Verbindungen ehemaliger deutscher politischer Emigranten zu dem Leiter des Unitarian Service Committee Noel H. Field‹ aufzuheben. [...]

Auf Vorschlag der ZPKK wurde vom Sekretariat beschlossen, die kadermäßigen Beschränkungen für Genossen, die in westlicher Emigration waren, aufzuheben. [...]

Was die strenge Rüge betrifft, die vom Zentralkomitee dem Genossen Franz Dahlem erteilt wurde, so ist diese bereits früher in eine Rüge umgewandelt worden. Die Kommission schlägt vor, daß die Rüge aufgehoben wird. Nach der Erklärung des Zentralkomitees der Kommunistischen Partei der Tschechoslowakei zu einigen Fragen des Slánsk″-Prozesses sind die Voraussetzungen weggefallen, von denen aus die Untersuchung gegen Genossen Dahlem geführt wurde. Es wird vorgeschlagen, Genossen Franz Dahlem zu rehabilitieren. [...]

Die Kommission beschäftigte sich auch mit der Frage der Freilassung und der rechtlichen Rehabilitierung von ehemaligen Mitgliedern und Funktionären der SED, die in der DDR verhaftet und verurteilt waren. Nach Prüfung der Unterlagen wurde beschlossen, 86 ehemalige Funktionäre der SED, die von unseren staatlichen Organen verhaftet und abgeurteilt waren, freizulassen. Sie wurden durch den Präsidenten begnadigt, und ihre Strafe wird aus dem Strafregister gestrichen. [...]

Bei allen ihren Maßnahmen ließ sich die Kommission davon leiten, das Ansehen der sozialistischen Gesetzlichkeit zu erhöhen und zu festigen. Diesem Zweck dienten auch die in der Kommission angeregten Tagungen des Justizministeriums mit den Richtern und Staatsanwälten und des Ministeriums für Staatssicherheit mit seinen verantwortlichen Mitarbeitern, die auf Beschluß des Politbüros im Mai durchgeführt wurden. Die Regierung der Deutschen Demokratischen Republik hat eine fortschrittlichere Form des Strafgesetzbuches eingeleitet. Sie hat weitgehende Verbesserungen in der Arbeit der Vollzugsorgane des Staates veranlaßt, die eine strenge Einhaltung der demokratischen Gesetzlichkeit gewährleisten.«[155]

Der folgenschwere Beschluß über Noel Field und die einst als notwendig erklärten Repressionen gegen ehemalige Emigranten in Frankreich, in der Schweiz und letztlich in allen westlichen Ländern waren als unzutreffend erklärt worden. Die Bürger der DDR und die Weltöffentlichkeit erfuhren es am 1. August aus dem »Neuen Deutschland«. Mielke hatte es geschafft, Kreikemeyer blieb unerwähnt.

Am 2. August 1956, um 18 Uhr, brachte der Sender Freies Berlin Auszüge aus Marthes Brief und stellte folgende Sätze voran: »Am Dienstag früh veröffentlichte das ›Neue Deutschland‹ den Beschluß des Zentralkomitees der SED über die Rehabilitierung ehemals führender Parteifunktionäre. Es wurden einige Namen der Betreffenden genannt. Aber es wurden auch einige Namen verschwiegen. Unter den verschwiegenen Namen beziehungsweise Personen befindet sich auch der ehemalige Präsident der sowjetzonalen Eisenbahn, Willi Kreikemeyer. Wir wollen nicht auf die umstrittene Persönlichkeit dieses Mannes eingehen. Es handelt sich aber im Fall Kreikemeyer offensichtlich um ein Justizverbrechen des SED-Staates. Und um dieses Justizverbrechen geht es.

Kreikemeyer ist seit dem 25. August 1950, ohne eine Spur zu hinterlassen, verschollen. Seit fast sechs Jahren bemüht sich die verzweifelte Frau Kreikemeyer, irgend etwas über das Schicksal ihres Ehemannes zu erfahren. Sie hat jetzt, und zwar am 12. Juli, einen Brief an Otto Grotewohl gerichtet, den sie, da sie wiederum keine Antwort bekommen hat, uns zur Verfügung gestellt hat.«

Der Westberliner »Kurier« meldete: »Offener Brief an Grotewohl. Warum schweigt das Zentralkomitee der SED über den Fall Kreikemeyer? [...] Zu der Gruppe der SED-Funktionäre, die gleichzeitig mit Kreikemeyer gemaßregelt wurden, gehörte auch Paul Merker, der durch den jüngsten ZK-Beschluß insofern wieder rehabilitiert wurde, als ihm lediglich politische Abweichung vorgeworfen wird, die keine strafrechtliche Verfolgung rechtfertige. Auch der ehemalige Chefredakteur des ostzonalen Deutschlandsenders, Leo Bauer, gehörte dazu, der inzwischen aus einem sowjetischen Straflager entlassen worden und mit Zustimmung der Sowjets nach Westdeutschland übergesiedelt ist.«

Die Monate vergingen. Um Marthe Kreikemeyer blieb es still. Auch von den Fields in Budapest hörte sie nichts mehr. Am 2. Oktober schrieb sie ihnen noch einmal: »Es hat sich ja in der Zwischenzeit so manches ereignet. Der Beschluß des ZK der SED von Ende Juli/August hat ja praktisch den Beschluß von August 1950 aufgehoben. Willis Kameraden, welche mit in die Sache hineingezogen waren, sind auch alle wieder aufgekreuzt, zwar nicht rehabilitiert, aber immerhin lebend da, bis auf Lex Ende, der ja im Januar 1951 gestorben ist. Aber nun, was ist mit Willi? Habt auch Ihr nichts erfahren können? Ich könnte manchmal die glatten Wände hochgehen, wenn ich über das alles nachdenke. Walter Ulbricht sagte u. a., daß diese Angelegenheiten rehabilitiert werden, aber von Menschen sprach er nicht. Wie kann man Angelegenheiten rehabilitieren?

Auf jeden Fall müßte ich endlich wissen, was aus meinem Mann geworden ist und was man ihm außer dieser ins Wasser gefallenen Agententätigkeit noch vorwirft. Ich hatte in der letzten Zeit wieder allerhand gestartet, aber ohne jeglichen Erfolg. Nun bin ich wieder an einem toten Punkt angelangt. Manchmal setzt es bei mir einfach aus. Dann kann ich nicht mehr und muß wieder eine Zeitlang warten, bis ich aufs Neue beginne.

Und wie geht es Euch beiden gesundheitlich? Ich hoffe, daß es immer weiter aufwärts geht und all das Schwere so langsam ausgelöscht wird. Man muß ja das alles vergessen können und darüber hinwegkommen, und ich denke mir, daß es zu zweien nicht so schwer ist, als wenn man ganz allein damit fertig werden muß. Ich könnte manchmal verrückt werden, wenn ich so denke, daß Willi vielleicht die ganzen sechs Jahre in Einzelhaft ist.

Ich weiß ja nicht, ob es Euch angenehm ist, wenn ich schreibe. Wenn ich auf diesen Brief wieder keine Antwort erhalte, so nehme ich das Gegenteil an und werde natürlich mich nicht mehr melden. Es würde mir sehr leid tun, aber ich würde natürlich Verständnis dafür haben.

Ich wünsche Euch alles Gute, seid recht herzlich gegrüßt von Eurer Marthe.«

Noel Field antwortete nicht mehr. Im Oktober 1956 versanken in Ungarn alle Hoffnungen auf einen demokratischen Sozialismus im Kugelhagel sowjetischer Truppen.

## Französische Interpellation

Anfang Februar 1957 las Marthe Kreikemeyer in einer französischen KP-Zeitung, Franz Dahlem sei soeben wieder in das Zentralkomitee der SED aufgenommen worden. 1953 war er wegen seiner Tätigkeit im Pariser KPD-Sekretariat in der Zeit des Kriegsbeginns und wegen seiner Kontakte zu Noel Field aus dem Politbüro und dem ZK der SED ausgeschlossen worden. Dahlem war Willis Parteichef im französischen Exil gewesen. Marthe kannte seine Frau aus Toulouse und Marseille, ihn ab 1946 in Berlin. Marthe nahm Dahlems Rehabilitierung zum Anlaß, sich am 5. Februar 1957 an ihn zu wenden: »Ich erlaube mir nun, mich an Dich zu wenden, um an Dein menschliches Empfinden zu appellieren und Dir ins Gedächtnis zu rufen, daß ich noch immer nicht weiß, wo Willi ist und was man mit ihm getan hat. Und dies nach sechseinhalb Jahren. Ich möchte endlich wissen, wo Willi sich befindet, ja, ob er überhaupt noch lebt. Diese Ungewißheit ist aber viel schrecklicher zu ertragen, als eine Gewißheit, mit der man sich eben abfinden muß. Ich wäre Dir sehr dankbar, wenn Du mir helfen könntest. Wenn Du mir nicht direkt antworten willst, so schreibe an die Strasbourger KP; es wird mir dann schon irgendwie zugestellt. Mein Bruder ist noch Mitglied.«[156]

Franz Dahlem war tief betroffen. Er hatte keine Ahnung, daß Marthe jahrelang ohne jede Auskunft geblieben war. Obwohl er seinen früheren Platz im Politbüro nicht zurückerhalten hatte und folglich am Rande der SED-Führung blieb, fühlte er sich moralisch mitverantwortlich und nahm sich das Recht, ihr zu antworten. Vorher wollte er Ulbrichts Meinung erfahren, ihn auch nicht übergehen, und gab diesem eine Abschrift ihres Briefes. Ulbricht reagierte nicht. Am 30. März 1957 erinnerte ihn Dahlem: »Bei Marthe handelt es sich um das Mitglied einer alten sozialistischen Familie; ohne ihres Mannes und ihrer eigenen Rehabilitierung kann sie nicht in die KPF aufgenommen werden. Ich habe mich darauf verlassen, daß man die Angelegenheit über das ZK der KPF regelt. Aber die Angelegenheit der Rehabilitierung von Willi Kreikemeyer ist unsere Angelegenheit. Und es geht nicht an, daß ich die Genossin Kreikemeyer aufkläre.«[157] Dahlem wartete nicht mehr auf Ulbrichts Resonanz. Am gleichen Tag schrieb er Marthe: »Für uns alle ist es zweifellos, daß Willi gestorben ist.« Er nannte ihn ein Opfer des Kalten Krieges. »Deinen Brief vom 5. Februar haben wir mit tiefer Erschütterung und inniger Anteilnahme an Deinem Leid gelesen. Ich konnte ihn selbst nicht beantworten, sondern habe ihn sofort an die in Frage kommende Stelle weitergegeben, mit der dringenden Bitte, Dir sofort über Paris offiziell Aufklärung über das Schicksal von Willi zu geben. [...] Ich habe jetzt weiter gemahnt – nachdem das begangene Unrecht offenbar ist und festgestellt wurde –, daß man die Rehabilitierung Willis, und auch die Deinige Dir mitteilt. Es ist eine Frage der Zeit, wann die Rehabilitierung all der Genossen, die im Beschluß von 1950 und 1953 angeklagt wurden, öffentlich verkündet wird. Alle sind wieder in die Partei aufgenommen unter Anrechnung der vergangenen Jahre. Ich nehme nun an, daß Du nunmehr selbst die notwendigen Schritte unternehmen wirst, um Deine Angelegenheit zu regeln.«[158] Mit diesem Satz und dem Hinweis auf Paris gab ihr Dahlem zu verstehen: Wenn Du etwas erreichen willst, dann mußt Du die französische KP-Führung dazu bringen, sich in Deiner Sache an die SED-Spitze zu wenden. Als Privatperson wirst Du kaum Erfolg haben.

Dahlem vermochte nicht, weil ihm dazu jegliche Kenntnis fehlte, Marthe den wahren Schuldigen an Willis Tod zu benennen. Es war von ihm auch nicht zu erwarten, daß er Willi als Opfer des Stalinismus bezeichnete. Dieser Begriff war in der SED tabu und galt als Wortschöpfung übler Antikommunisten. In umschriebener Form und mit etwas Zweckoptimismus gab er Marthe dennoch zu verstehen, daß es der Gegner in den eigenen Reihen war, durch den Willi zu Tode gebracht wurde. »Diese schwere Zeit, in der es dem Gegner gelungen ist, in unsere Reihen Verwirrung und Unheil zu tragen, ist nunmehr vorbei. Das Leben muß weitergehen; der Kampf ist nicht zu Ende, sondern geht unter neuen Formen verschärft weiter. Viele Genossen sind im offenen Kampf gegen den Faschismus gefallen, viele in den Konzentrationslagern; Willi starb als Opfer des Kalten Krieges. Wir gedenken ihrer als treuer Genossen und Kampfgefährten, mit dem unerschütterlichen Willen, unseren Kampf bis zum Sieg weiterzuführen. Käthe und ich grüßen Dich herzlichst.«[159]

Marthe antwortete am 12. April Franz und Käthe Dahlem: »Liebe Freunde, vielen Dank für Euren Brief vom 30. März, dessen Inhalt mich sehr erschüttert hat, wie Ihr Euch wohl denken könnt. Ich hatte bis jetzt noch immer gehofft, Willi sei am Leben; aber dieses ›für uns alle ist es zweifellos‹ ist für mich noch kein Beweis, und solange ich darüber keine amtliche Mitteilung habe über wann und wo, werde ich weiterhin noch etwas hoffen.

Endlich ist die Rehabilitierung ausgesprochen,[160] dies habe ich mit großer Genugtuung zur Kenntnis genommen. Hoffentlich lebt Willi noch, daß er dies erfahren darf. Wenn ich mir vorstelle, daß er irgendwo an diesen an den Genossen begangenen Verbrechen seelisch zu Grunde gegangen ist, könnte ich verrückt werden.

Deshalb kann ich auch den von Euch vorgebrachten Vergleich nicht verstehen: ›Viele Genossen sind im Kampf gegen den Faschismus gefallen, Willi starb als Opfer des kalten Krieges.‹ Das ist vielleicht ein himmelhoher Unterschied. [...] Ich bin nach Erhalt Eures Schreibens sofort zum hiesigen Parteisekretariat (Strasbourg) gegangen, habe die dortigen Genossen vom Inhalt dieses Briefes unterrichtet und gebeten, mir über Paris folgende Fragen beantworten zu lassen: 1. Wann wurde die Rehabilitierung ausgesprochen und durch wen? 2. Ist mein Mann tatsächlich gestorben? Ich verlange darüber eine amtliche Mitteilung. Im gegebenen Falle wann? wo? unter welchen Umständen? Wer wird für das diesen Genossen zugefügte Unrecht und die innerhalb der Partei entstandene Verwirrung haftbar gemacht?

Ich habe dann vorgeschlagen, mich noch selbst schriftlich an das Pariser ZK zu wenden, was aber von den Genossen in Strasbourg nicht gewünscht wird. Nun fahre ich aber acht Tage vor Pfingsten selbst nach Paris zur Konfirmation meines Patenjungen. Vielleicht könnt Ihr mir bis dahin antworten und einen guten Rat geben.

Nochmals herzlichen Dank für Eure Zeilen und herzliche Grüße an Euch beide.«[161]

Als Marthes Antwort in Berlin eintraf, war Dahlem im Krankenhaus. Er bat seine Frau, mit ein paar Begleitzeilen von ihr, Ulbricht von Marthes Antwort Kenntnis zu geben. Käthe Dahlem schrieb ihm am 26. April, es sei verständlich daß sich Marthe »gerade an uns wendet, da sie aus Frankreich weiß, wie ich jahrelang litt, nichts von Franz zu wissen, und sie darum bei uns Verständnis für ihre Lage erwartet. Es schmerzt mich als Frau und als Genossin besonders, daß in unserer Partei die verantwortlichen Stellen noch nichts unternommen haben, um der Genossin Kreikemeyer Nachricht vom Schicksal ihres Mannes zu geben. Ich weiß, mit Gefühlen kann man keine Politik machen, aber wir müssen doch alle lebendige Menschen bleiben und wie diese fühlen und dann auch unsere menschliche Pflicht tun. Obwohl ich Dich lange kenne und schätze, ist es mir sehr schwer gefallen, Dir dies zu schreiben. Aber Du kannst schnellstens veranlassen, daß diese Sache nun endlich geregelt wird.«[162]

Wie Walter Ulbricht auf die Intervention der Dahlems reagierte, ist nicht bekannt. Denkbar wäre seine Empörung darüber, daß dieser Dahlem, den er wieder ins Zentralkomitee hatte aufnehmen lassen, sich in Angelegenheiten einmischte, die ihn, der jetzt im Staatssekretariat für das Hochschulwesen arbeitete, gar nichts angingen. Am schlimmsten war jedoch, daß Dahlem der Frau Kreikemeyer ins Ohr gesetzt hatte, sich an die französische KP zu wenden.

Tatsächlich kam von dort eine nicht zu ignorierende Aufforderung an die SED-Führung, den Fall Kreikemeyer aufzuklären.

Am 23. Mai 1957 war Jacques Duclos, der zweite Mann in der KPF, mit einer Delegation zu mehrtägigen Beratungen mit Ulbricht nach Berlin gekommen. Ziel des Treffens sollte eine engere Zusammenarbeit der KPF und SED sein, vor allem in der Propaganda »gegen den westdeutschen Imperialismus«, für die »Erhaltung des Friedens und die Sache des Sozialismus«. Die Gäste versprachen, »noch entschiedener für die Anerkennung der DDR durch die französische Regierung und für die Herstellung normaler Beziehungen zwischen der DDR und Frankreich einzutreten«.[163] Ein weiteres Thema waren Probleme der internationalen Arbeiterbewegung. Duclos wie Ulbricht waren noch immer von dem bewegt, wie sich in der KPdSU die Wertung Stalins veränderte. Erst am 19. Mai hatte Chruschtschow vor Schriftstellern und Künstlern gesagt: »Wir waren aufrichtig in unserer Achtung vor J. W. Stalin, als wir an seinem Grab weinten. [...] Unsere Partei, wir alle, verurteilen Stalin entschieden für die groben Fehler und Entstellungen, die der Sache der Partei, der Sache des Volkes schweren Schaden zugefügt haben. Wir haben viele ehrliche und ergebene Menschen verloren, die verleumdet wurden und unschuldig leiden mußten. Viele von ihnen haben wir bereits rehabilitiert.«[164]

Bereits bei seiner Ankunft in Berlin hatte Duclos der Leiterin der Abteilung Außenpolitik und Internationale Verbindung im Haus der SED, Grete Keilson, mehrere Briefe ausgehändigt, die sie noch an diesem 23. Mai mit einer übersetzten Inhaltsangabe an Hermann Matern weiterleitete: »Eins ist der Brief des Genossen Guy Ducoloné (Verantwortlicher für Kaderfragen im ZK der KP Frankreich) an die Mitglieder der Delegation, in welchem er den Brief des Sekretärs der Föderation Niederrhein (Straßburg) übermittelt, dem wiederum ein Brief des Genossen Franz Dahlem vom 30. 3. 1957 an Marthe Kreikemeyer beigefügt ist. Genosse Ducoloné meint, daß es gut sein würde, wenn die Delegation einige Informationen darüber erhalten könnte. Wie er weiter in dem Brief mitteilt, handelt es sich um eine Familie von Kommunisten und daß man etwas unternehmen sollte, um sie als Parteimitglieder zu aktivieren.

In dem Brief der KP Straßburg wird mitgeteilt, daß die Familie von Marthe Kreikemeyer sehr einflußreich ist in der Gemeinde Graffenstaden, die mehr als 10 000 Einwohner zählt. Marthe Kreikemeyer ist seit zwei Jahren zu ihrer Familie in Graffenstaden zurückgekehrt. Sie hat der Parteileitung die Kopie eines Briefes von Franz Dahlem übergeben und hat darum gebeten, ihr zu helfen, auf drei Fragen eine Antwort zu bekommen. (Die drei Fragen sind auf der Kopie des Briefes von Franz Dahlem formuliert.)

In dem Brief der Parteileitung von Straßburg heißt es weiter: ›Die Haltung dieser Frau seit ihrer Ankunft in Frankreich ist korrekt, und obwohl sie durch die französische Polizei vernommen wurde, hat sie jede Erklärung verweigert. Vor unserem XIV. Parteitag hat sie uns bereits einen Brief übergeben, den wir der deutschen Delegation übergeben sollten. Aber wir haben es verweigert, indem wir sie wissen ließen, daß wir uns als Föderation nicht mit solchen Angelegenheiten zu beschäftigen haben und sie sich direkt an das ZK wenden soll. [...] Wir haben sie gefragt, ob sie damit rechnet, nach Deutschland zurückzukehren und ob sie ihre politische Tätigkeit wieder aufnehmen will. Sie hat auf beide Fragen negativ geantwortet.‹«[165]

Matern bereitete Ulbricht darauf vor, daß er wegen Kreikemeyer von Duclos gefragt werden würde. Danach gab es ein Gespräch zwischen Ulbricht und Mielke, das nicht dokumentiert, aber dessen Inhalt durch zwei Papiere zu belegen ist, die Mielke danach Ulbricht zustellte. Erstens muß Ulbricht den darauf unvorbereiteten Mielke gefragt haben, was er dem französischen Gast über Kreikemeyers Schicksal sagen solle. Mielke antwortete mit einer riskanten Notlüge. Er schob den Fall Kreikemeyer den sowjetischen »Freunden« zu und war sich dabei sicher, daß Ulbricht nicht nachfragen würde. Zweitens, die Behauptung der Franzosen, Marthe Kreikemeyer habe sich korrekt verhalten, sei falsch. Sie sei eine Feindin und habe 1956 die westlichen Medien zu ihrem Sprachrohr gemacht.

Für beide Antworten schickte Mielke an Ulbricht die Belege. Am 28. Mai, es war der letzte Berliner Aufenthaltstag der französischen KP-Delegation, schrieb Mielke unter der Tagebuchnummer »Vertrauliche Mitteilungen« 126/57: »Lieber Walter! Beiliegend ein Ausschnitt aus dem ›Kurier‹ Nr. 180 vom 3. 8. 1956. Diese Veröffentlichung erfolgte angeblich auf einen ›offenen Brief‹ stützend, den Frau Kreikemeyer über den Sender ›Freies Berlin‹ senden ließ. Es wird versucht festzustellen, ob dieser ›offene Brief‹ tatsächlich an den Sender Freies Berlin gegeben wurde und was der Sender gesandt hat.«[166] Mielke, wie er sich im Absender schlicht nannte, hatte den Text längst in seiner Hand. Die Sendung war von seinen Leuten in der Informationsabteilung des Rundfunkkomitees mitgeschnitten worden. Am nächsten Tag ließ Mielke dem »lieben Walter« eine Abschrift zukommen.

Schwerer tat sich Mielke mit der schriftlichen Fixierung dessen, was er Ulbricht über Kreikemeyers Tod gesagt hatte. Dies belegen die zwei Fassungen seiner Mitteilung. Die eine behielt Mielke für sich. Sie blieb im MfS-Archiv erhalten. Die an Ulbricht geschickte befindet sich im SED-Archiv. Beide, geschrieben mit der Maschine in Mielkes Sekretariat wie die beiden Anschreiben an Ulbricht vom 28. und 29. Mai 1957, sind – die Mitteilung war als Anlage gedacht – ohne Datum und ohne Unterschrift. Die beiden Fassungen unterscheiden sich nur in einer, wenn auch sehr wesentlichen Nuance. Die erste Fassung lautet: »Information. Nach Auskunft der zuständigen Organe der Union der Sozialistischen Sowjetrepubliken ist der am 25. August 1950 verhaftete deutsche Staatsbürger Kreikemeyer, Willi, geboren am 11. 1. 1894 in Magdeburg, während seines Aufenthaltes im Gefängnis erkrankt und am 27. Januar 1955 verstorben.« Mielke strich dann, um sich bei seiner Lüge nicht konkret festzulegen, mit Bleistift das Datum »am 27. Januar 1955«. Danach wurde die Information noch einmal geschrieben und einem der Schreiben an Ulbricht beigefügt.[167] Offen bleibt, ob Walter Ulbricht seinem Gesprächspartner Jacques Duclos konkrete Antworten zu Kreikemeyer gegeben hat. Wahrscheinlich ist, daß er ihm zusagte, das französische Zentralkomitee und auch Marthe Kreikemeyer würden schriftlichen Bescheid bekommen. Am Tage von Duclos' Abreise ließ Ulbricht am 28. Mai 1957, nach Absprache mit Mielke, das Politbüro des SED beschließen, daß Matern dem ZK der KPF und der Generalstaatsanwalt der Frau Kreikemeyer antworten. Welche Fakten nach Frankreich gegeben werden, war sorgfältig zu überlegen. Mielke sollte sie Matern und dem Generalstaatsanwalt liefern.

Erich Mielke genoß in diesem Frühjahr 1957 Walter Ulbrichts größtes Vertrauen. Er hatte ihm die »konterrevolutionäre Gruppe« Wolfgang Harich geliefert und war seit dem 26. März beauftragt, eine Analyse der gesamten »ideologischen Diversion« kritischer Intellektueller anfertigen zu lassen.[168] Unter diesem Mantel der Unentbehrlichkeit vermochte Mielke auch ganz im eigenen Interesse zu handeln und die absolute Ehrlichkeit gegenüber den »Freunden« nicht so genau zu nehmen. Trotzdem war das fingierte Papier über die sowjetische Auskunft zu Kreikemeyers Tod die Karte eines Vabanquespiels. Er hatte mit ihr nur geblufft und sich und Ulbricht in diesem Augenblick einen Dienst erwiesen. Sie noch einmal zu verwenden schien völlig ausgeschlossen. Für die nach Frankreich zu schickenden Schriftstücke mußten andere Angaben zu Kreikemeyers Tod gefunden werden. Die von Alfred Scholz im Oktober 1954 niedergeschriebenen Varianten waren auf ihre zweckmäßige Verwendbarkeit zu prüfen. Die Story vom Selbstmord mit den drei Taschentüchern war zu unglaubwürdig, um sie den Franzosen zu erzählen. Ihr entnommen wurde lediglich das in ihr genannte Todesdatum.

## Der Schamlosigkeit letzter Akt

Generalstaatsanwalt Melsheimer delegierte seinen Auftrag an Staatsanwalt Löser. Dieser ließ am 9. Juli 1957 von einem Richter am Berliner Stadtbezirksgericht Prenzlauer Berg eine Todeserklärung für Willi Kreikemeyer, »zuletzt wohnhaft gewesen in Berlin, Spindlersfelder Straße 41f« ausfertigen und stellte sie Marthe Kreikemeyer in Illkirch-Graffenstaden, 17 rue de Bonnes Gens, Bas-Rhin, France, zu: »Nach Prüfung der glaubhaft gemachten Angaben des Antrages (Feststellung der Todeszeit) der Obersten Staatsanwaltschaft der DDR vom 24. Juni 1957 ist Willi Kreikemeyer am 31. August 1950 in Berlin verstorben. Eine Eintragung in das Sterbebuch ist seinerzeit verabsäumt worden.«

Am 17. Juli 1957 schrieb Hermann Matern auf der Grundlage eines Briefentwurfs von ZPKK-Mitglied Max Sens an das Zentralkomitee der französischen KP, wobei versehentlich (oder absichtlich) die Marthe verschwiegene Suizid-Variante als Todesursache genannt wurde:

»Werte Genossen! Wir sind beauftragt, Euch folgendes mitzuteilen: Der Genosse Willi Kreikemeyer wurde durch Beschluß des Plenums des Zentralkomitees der Sozialistischen Einheitspartei Deutschlands vom 24. August 1950 aus der SED ausgeschlossen. In den Schlußfolgerungen der ›Erklärung des Zentralkomitees und der Zentralen Parteikontrollkommission zu den Verbindungen ehemaliger deutscher politischer Emigranten zu dem Leiter des Unitarian Service Committee Noel H. Field‹ heißt es, daß er zu denjenigen gehört, die am engsten mit Noel H. Field verbunden waren und dem Klassenfeind in umfangreicher Weise Hilfe geleistet haben. Da Genosse Kreikemeyer bis zum Jahre 1947 sowohl im demokratischen Sektor von Groß-Berlin als auch in den Berliner Westsektoren mehrfach mit Noel H. Field zusammengetroffen war, ohne der Partei davon Kenntnis zu geben, geriet er in den Verdacht von Handlungen, die gegen die staatliche Ordnung der damaligen sowjetischen Besatzungszone Deutschlands gerichtet waren. Er wurde deshalb in Haft genommen. Hier hat er nach kurzer Zeit Selbstmord begangen, so daß die gerichtliche Untersuchung ohne Ergebnis blieb. Das 28. Plenum des ZK der SED vom 27. bis 29. Juli 1956 beschloß zu der oben erwähnten Erklärung des ZK und der ZPKK zu den Verbindungen ehemaliger deutscher politischer Emigranten zu dem Leiter des Unitarian Service Committee Noel H. Field: ›Der Inhalt dieser Erklärung, soweit er sich aus den Prozessen gegen Rajk in der Volksrepublik Ungarn und gegen Kostoff in der Volksrepublik Bulgarien ergibt, wird aufgehoben.‹ Die Beschuldigungen der engen Verbindung mit Noel H. Field und der umfangreichen Hilfe für den Klassenfeind, die gegen Genossen Kreikemeyer erhoben wurden, bauen sich auf der Charakterisierung des Noel H. Field als einem amerikanischen Spion in den Prozessen gegen Rajk und Kostoff auf. Mit der Aufhebung dieses Teils der Erklärung und ihrer Schlußfolgerung ist Genosse Kreikemeyer daher hinsichtlich seines Ausschlusses rehabilitiert worden, so daß seine Parteimitgliedschaft bis zu seinem Tode ununterbrochen zählt. In der oben erwähnten Erklärung vom 24. August 1950 wird außerdem festgestellt, daß Genosse Kreikemeyer gegen den Beschluß des Zentralkomitees der Kommunistischen Partei Frankreichs vom Frühjahr 1942 über den Einsatz deutscher Emigranten im antifaschistischen Widerstandskampf in Frankreich verstoßen hat. Er lehnte nicht nur selbst den Beschluß ab, sondern hielt andere deutsche Genossen von dessen Verwirklichung ab, indem er sie nicht über seinen Inhalt informierte. Soweit deutsche Genossen den Beschluß auf anderem Wege erfahren hatten und bereit waren, sich in den besetzten Teil Frankreichs zu begeben, riet er ihnen statt dessen, in die französischen Konzentrationslager zurückzugehen. Dieser Vorwurf des kapitulantenhaften Verhaltens des Genossen Kreikemeyer bleibt in vollem Umfang bestehen und wird durch die Aufhebung des Ausschlusses aus der Partei nicht berührt.«[169]

Das ZK der KPF behielt das Papier wegen seiner inhaltlichen Schamlosigkeit für sich und unterließ es folglich auch, Marthe über den angeblichen Selbstmord zu informieren. Kreikemeyer wurde von Matern – in der Absicht, die französischen Genossen sollten sich von ihm distanzieren – beschuldigt, er sei in Frankreich zu feige gewesen, sich am antifaschistischen Widerstandskampf zu beteiligen. Damit wurde Kreikemeyers und Fields Solidaritätsarbeit, von der auch der Mann, der sich damals Leistner nannte, profitierte, erneut diffamiert und dem ehemaligen Reichsbahnchef eine Schuld angelastet, von der früher im Zusammenhang mit ihm nie die Rede gewesen war.

Marthe bestätigte Staatsanwalt Löser den Brief vom 9. Juli 1957, »von dessen Inhalt ich mit Erstaunen und Empörung Kenntnis genommen habe. [...] 1. Der als Todestag angegebene Zeitpunkt kann nicht stimmen. Mein Mann ist am 25. August 1950 vom ZK der SED vorgeladen worden. Er begab sich als gesunder Mensch zu dieser Besprechung, und es scheint mir unmöglich, daß er sechs Tage danach verstorben sein soll, zumindest nicht eines natürlichen Todes. Außerdem ist im März 1951 der Genosse, welcher die Untersuchung leitete (Scholz, der frühere Adjutant von E. Mielke) bei mir in meiner Köpenicker Wohnung gewesen und hat ein Päckchen und einen Brief für meinen Mann gefordert und auch mitgenommen. Das wäre doch der Gipfel des Zynismus, wenn mein Mann dann schon tot gewesen wäre. Abgesehen von den x-malen, wo man mir im MfS versichert hat: ›Ihr Mann lebt, und es geht ihm gut, mehr können wir Ihnen vorläufig nicht sagen.‹ Diese Aussagen habe ich sowieso immer nur als Abwimmelungsmanöver betrachtet, aber den Genossen Scholz hatte ich eigentlich ernst genommen. Dazu kommt, daß man einem anderen Genossen, welcher in derselben Angelegenheit verhört wurde, Ende 1951 noch einen von meinem Mann unterschriebenen Revers gezeigt hat. 2. Die Adresse Spindlersfelder Straße stimmt nicht. Mein Mann hat nie in Spindlersfeld gelebt oder gewohnt. Ich bin 1953 dorthin gezogen, als ich meine große Wohnung gegen eine kleinere getauscht habe. 3. [...] Und dann: in Berlin verstorben, wenn ja, wo liegt er begraben? Das müßte doch in dem Falle unbedingt bekannt sein! [...]

Auf jeden Fall ist die Todeserklärung für mich kein Beweis für das tatsächliche Ableben meines Mannes, und ich wiederhole, daß ich sie beanstande und nicht wünsche, daß dieser Beschluß rechtskräftig wird. Kopie des Schreibens übermittle ich an das Politbüro der SED.«[170]

Am 31. Juli 1957 schrieb Marthe Kreikemeyer an Hermann Matern, Haus der Einheit, Berlin, Wilhelm-Pieck-Straße: »Durch ihr Untersuchungsverfahren in den Jahren 1949/50 und durch ihren Beschluß, den sie am 24. August 1950 dem ZK der SED vorgelegt, hat die ZPKK die ausschließliche Verantwortung für die Verhaftung der durch diesen Beschluß betroffenen Genossen u. a. meines Mannes: Willi Kreikemeyer. Da Sie nach wie vor der Vorsitzende dieser Kommission sind, wende ich mich heute an Sie, gleichzeitig in Ihrer Eigenschaft als Mitglied des Politbüros, und ersuche Sie um die endgültige Klärung der Angelegenheit meines Mannes. Nach jahrelangen ergebnislosen Bemühungen wurde ich im März ds. Js. davon verständigt, daß mein Mann rehabilitiert, aber tot sei. Das ZK der KPF hat mir in Paris diese Angaben ebenfalls bestätigt und zwar im Juni dieses Jahres.

Unaufgefordert übersandte mir nun die Generalstaatsanwaltschaft der DDR – welche plötzlich in dieser Angelegenheit zuständig und auf dem Laufenden zu sein scheint, nachdem mir dort im Jahre 1954 das Gegenteil gesagt wurde – eine Todeserklärung, wovon Kopie anbei. Lt. Beilage 2 habe ich gegen diese Todeserklärung sofort Beschwerde eingereicht und bitte die zuständigen Genossen im ZK, zu veranlassen, daß dieser Beschluß nicht rechtskräftig wird. Ich empfinde dieses Papier als eine Provokation, und es wäre bestimmt der Wahrheit ins Gesicht geschlagen, sollte dieser Beschluß gültig werden. Es ist kaum zu glauben, daß die höchsten Stellen ein solch von Fehlern strotzendes Dokument herausgeben dürfen. Auf der einen Seite: Rehabilitierung, auf der anderen: Todeserklärung aufgrund eines Nazi-Verschollenengesetzes. Wie kann überhaupt ein Verschollenengesetz zu Grunde gelegt werden, wenn man genau wissen will, daß Willi in Berlin verstorben ist? Und wo ist er beerdigt? Der angegebene Zeitpunkt aber kann auf gar keinen Fall stimmen. Hält die Generalstaatsanwaltschaft die Nichtjuristen für Idioten? Schließlich gibt es eine Reihe von Freunden, die in derselben Angelegenheit und mit meinem Mann verhaftet, aber inzwischen wieder entlassen wurden und die dazu auch was sagen könnten. Auf jeden Fall weiß ich mit Bestimmtheit, daß Willi 1951 noch im Gefängnis des Staatssicherheitsdienstes in Hohenschönhausen gewesen ist.

Sofern die Generalstaatsanwaltschaft in dieser Angelegenheit tatsächlich zuständig sein sollte, verlange ich von ihr – wenn es den Tatsachen entspricht, daß mein Mann tot ist –, daß mir mitgeteilt wird: – wann er wahrheitsgemäß verstorben ist, – wo,

– die Ursache, – wo er beerdigt ist und die Aushändigung eines Totenscheines, dazu gehört ja bekanntlich auch ein ärztliches Attest. Angesichts der ungeheuren Verbrechen, die in den letzten Jahren begangen wurden und die in vielen anderen Ländern des sozialistischen Lagers selbstkritisch zugegeben wurden, wobei sich die Sowjetunion besonders auszeichnete, kann ich wohl erwarten, daß zumindest diese primitivste Menschenpflicht gegenüber meinem Mann und mir erfüllt wird. Auch möchte ich bitten, dafür zu sorgen, daß mir die persönlichen Gegenstände, die Willi bei seiner Verhaftung bei sich trug, wie Uhr, Stylo, Portefeuille, Portemonnaie usw., zugestellt werden.

Außerdem wüßte ich gern, wann man gedenkt, die Rehabilitierung offiziell bekannt zu geben. Ich verlange, daß meines Mannes Name wieder ehrlich gemacht wird. Das ist man ihm unbedingt schuldig und dies nicht nur vor einem kleinsten Gremium, sondern öffentlich. Die Verleumdungen wurden damals in alle Welt posaunt, so müßte es demnach selbstverständlich sein, daß auch die Rehabilitierung bekannt gegeben wird. Ich schließe und verbleibe in Erwartung Ihres ausführlichen Antwortschreibens.«[171]

Marthes Meinung, Willi habe 1951 noch gelebt, beruhten auf Informationen von Leo Bauer. Am 10. August 1957 berichtete »Die Welt« unter der Überschrift »Wie starb Willi Kreikemeyer? Fragen eines früheren Ostberliner Intendanten an Ulbricht« von einer Presseerklärung Leo Bauers in Frankfurt am Main. Bauer habe »noch im Dezember 1951 im Gefängnis Schumannstraße in Berlin Klopfzeichen mit Kreikemeyer gehabt. In dieser Zeit wurde ihm außerdem vom sowjetischen Untersuchungsoffizier ein durch Kreikemeyer unterzeichnetes Protokoll vorgelegt, das aus den Monaten April/Mai 1951 stammte«. Bauer versuchte mit diesen durch nichts belegbaren Angaben Marthe Kreikemeyer zu helfen, nachdem er erfahren hatte, sie habe die Mitteilung erhalten, ihr Mann sei am 31. August 1950 in Berlin gestorben.

Auf ihre Fragen an Staatsanwalt Löser und an Matern bekam Marthe Kreikemeyer nie eine Antwort. Bis zu ihrem Tode – sie starb am 25. September 1986 in Strasbourg-Oberhausbergen –

blieb sie im ungewissen darüber, was tatsächlich geschehen war. Auch zehn Jahre später sind die Umstände des Todes von Willi Kreikemeyer noch immer unaufgeklärt.

Ende Juli 1957 hatte Marthe an Erwin M., ihren früheren Parteisekretär in Berlin-Köpenick, geschrieben: »Ich bin ja nicht die erste, die den Mann verliert, nur bei mir war es stückweise, und ich glaube, das ist viel schlimmer. Ich werde Berlin nie vergessen, trotzdem ich dort so viel Böses erleben mußte. Ich habe doch auch gute und prächtige Menschen kennengelernt. Das vergißt man nicht.«

Im November 1957 wurde Erich Mielke, nachdem er zwei Chefs politisch überlebt hatte, zum Minister für Staatssicherheit berufen. Er blieb es über drei Jahrzehnte bis zum Zusammenbruch der DDR und war damit der dienstälteste Minister ihrer Gesamtgeschichte. Sein Weg zur Macht war mit vielen Taten bedeckt, eine davon, nicht die unbedeutendste, bleibt für immer mit dem Namen Willi Kreikemeyer verbunden. Mielkes Zurückhaltung in der Preisgabe biographischer Details aus seiner Vorministerzeit entsprang keineswegs falscher Bescheidenheit. Er brauchte sie für seinen Aufstieg. Ob der Keim seines politischen Endes darin involviert war, ist eine Frage der Interpretation.

## Zu dieser Ausgabe

Als Materialbasis diente mir vor allem der früher im Archiv des Ministeriums für Staatssicherheit der DDR aufbewahrte Aktenbestand Willi Kreikemeyer mit der Signatur AU 658/90, verwaltet vom Bundesbeauftragten für die Unterlagen des Staatssicherheitsdienstes der ehemaligen Deutschen Demokratischen Republik (BStU) in Berlin. In diesem für meine Darstellung wesentlichsten Fonds sind alle Fakten, Daten, Zitate, Protokolle, Briefe und andere Dokumente, einschließlich der Schweigeverpflichtungen von MfS-Angehörigen über Kreikemeyers angeblichen Selbstmord, enthalten, für die ich nicht ausdrücklich einen anderen Beleg nenne. Auch alle festgehaltenen Äußerungen von und über Marthe Kreikemeyer sind, sofern von mir keine andere Quelle angegeben wurde, in diesem Aktenbestand AU 658/90 enthalten. Für Marthe Kreikemeyer war vom MfS kein gesonderter Untersuchungsvorgang angelegt worden, so daß nach ihrem Verlassen der DDR alle von ihr stammenden und über sie angefertigten Papiere der Akte ihres Mannes zugeordnet wurden.

Zweite Hauptquelle des von mir verwendeten Materials war das ehemalige Parteiarchiv der SED, heute Sammlung Archiv der Parteien und Massenorganisationen der DDR im Bundesarchiv (SAPMO-BA), Berlin. Aus diesem Bestand nutzte ich verschiedene Signaturen. Sie sind folglich gesondert belegt.

Bei der Wiedergabe von Archivdokumenten oder daraus zitierten Passagen habe ich Orthographie und Interpunktion den Regeln des Duden angeglichen. Drei Punkte in eckigen Klammern markieren von mir vorgenommene Kürzungen; Worte in diesen Klammern sind Ergänzungen.

Das gute Arbeitsband zwischen dem Verlag und mir hielt und pflegte Almut Giesecke, meine Lektorin. Für Hinweise zur Thematik, zur Erschließung der Quellen, für persönliche Erinnerungen und für anders geartete Hilfen, zum Beispiel bei der Textverarbeitung, danke ich John-Paul Bader, Rolf Bauer, Holger Becker, Gilberto Bosques in memoriam, Hermann Burkhardt, Leonore Ehling, Hermann Field in Shirley/Massachusetts, Wolfgang Hartmann, Andreas Herbst, Adriana Lombardo und ihren Mitarbeitern der Universidad Obrera de México, Margrit Naujoks, Heinz Priess, Karin Schorsch, Sylvia Stechel und Peter Welker.

Vom ersten Gedanken bis zum letzten Punkt des nun vorliegenden Buches war mir Gerdistein die mitdenkende und mitgestaltende, die unentbehrliche Partnerin.

*Berlin/Zepernick, Mai 1998* W. K.

# Anmerkungen

1 Protokoll der Verhandlungen des III. Parteitages der SED, 20. bis 24. Juli 1950 in der Werner-Seelenbinder-Halle zu Berlin, Bd. 2, Berlin 1951, S. 192. Die Angabe »Ab 1931 war er in Belgien« ist ein Druckfehler.
2 Neues Deutschland (ND), 28. Dezember 1967.
3 ND, 28. Dezember 1977.
4 ND, 28. Dezember 1987.
5 Babette Gross: Willi Münzenberg. Eine politische Biographie, Stuttgart 1967, S. 163.
6 Lieselotte Maas: Handbuch der deutschen Exilpresse 1933–1945. Hrsg. von Eberhard Lämmert, Bd. 4: Die Zeitungen des deutschen Exils in Europa von 1933 bis 1939 in Einzeldarstellungen, München 1990, S. 95 und 98.
7 Babette Gross: Willi Münzenberg, a. a. O., S. 254.
8 Vgl. Harald Wessel: Münzenbergs Ende. Ein deutscher Kommunist im Widerstand gegen Hitler und Stalin. Die Jahre 1933 bis 1940, Berlin 1991.
9 Vgl. Résistance. Erinnerungen deutscher Antifaschisten. Zusammengestellt und bearbeitet von Dora Schaul, Berlin 1973.
10 ND, 28. Dezember 1967.
11 ND, 28. Dezember 1977.
12 Die Völker an der Seite der spanischen Republik, Moskau 1975, S. 89.
13 Franz Dahlem: Am Vorabend des zweiten Weltkrieges, Bd. 1, Berlin 1977, S. 56.
14 Vgl. Brigada Internacional, Bd. 2, Berlin 1974, S. 257–261.
15 Zit. in: Heribert Schwan: Erich Mielke. Der Mann, der die Stasi war, München 1997, S. 67/68. - Vgl. auch: Hein Priess: Spaniens Himmel und keine Sterne, Bonn 1996.
16 Wilfriede Otto: Zur Biographie von Erich Mielke. Legende und Wirklichkeit, hefte zur ddr-geschichte, 24, Berlin 1994, S. 8.
17 Harald Wessel: Münzenbergs Ende, a. a. O., S. 111.
18 Vgl. Erich Weinert: Camaradas. Ein Spanienbuch, Berlin 1960, S. 299–302; Theodor Balk: Das verlorene Manuskript, Mexiko 1943, S. 161–163; Ludwig Renn: Im Spanischen Krieg, Berlin und Weimar 1968, S. 410f.
19 Edith Zenker: Nachbemerkungen. In: Erich Weinert. Gedichte 1933–1941, Berlin und Weimar 1975, S. 543.
20 Heribert Schwan: Mielke, a. a. O., S. 70.
21 Vgl. Deutschland im zweiten Weltkrieg, von einem Autorenkollektiv unter Leitung von Wolfgang Schumann und Gerhart Hass, Bd. 1, Berlin 1974, S. 289–292.
22 Heribert Schwan: Mielke, a. a. O., S. 71.
23 Otto Niebergall: Der antifaschistische deutsche Widerstandskampf in Frankreich – seine Leitung und Entwicklung. In: Résistance. Erinnerungen deutscher Antifaschisten, a. a. O., S. 25.

24 Ebenda, S. 26.
25 Vgl. Barbara Vormeier: Die Lage der deutschen Flüchtlinge in Frankreich. September 1939 - Juli 1942. In: Jaques Grandjonc/Theresia Grundtner (Hg.): Zone der Ungewißheit. Exil und Internierung in Südfrankreich 1933–1944, Hamburg 1993, S. 210–234.
26 Otto Niebergall: Der antifaschistische deutsche Widerstandskampf in Frankreich, a. a. O., S. 26f.
27 Ebenda, S. 27f.
28 Ebenda, S. 28. – Die Nennung Kreikemeyers in Niebergalls veröffentlichtem Bericht von 1973 ist wahrscheinlich der einzige Beleg dafür, daß er nach seiner Verdammung in der Literatur der DDR erwähnt wurde.
29 Ebenda, S. 29.
30 Walter Ulbricht: Hilferding über den Sinn des Krieges. In: Die Welt, Stockholm, 9. Februar 1940.
31 Stiftung Archiv der Parteien und Massenorganisationen der DDR im Bundesarchiv, Berlin (SAPMO-BA), IV 2/4/111.
32 Hermann Burkhardt, Brief an mich vom 6. Februar 1995. Burkhardt wurde 1949 von der französischen Besatzungsmacht aus Saarbrücken ausgewiesen. In der Frühzeit der DDR war er Chefredakteur des Deutschlandsenders und stellvertretender Chefredakteur der »Berliner Zeitung«, später viele Jahre Korrespondent in Kuba. 1990 verlegte er seinen Wohnsitz von Berlin wieder nach Saarbrücken.
33 Varian Fry: Auslieferung auf Verlangen. Die Rettung deutscher Emigranten in Marseille 1940/41, München 1986, S. 10.
34 Ebenda, S. 11.
35 Ebenda, S. 37.
36 Vgl. Wolfgang Kießling: Partner im »Narrenparadies«. Der Freundeskreis um Noel Field und Paul Merker, Berlin 1994, S. 218–226 (»... der so viel für uns getan hat«. Gilberto Bosques, Mexikos Generalkonsul in Marseille).
37 Anna Seghers: Transit, Berlin 1954, S. 163.
38 Barbara Vormeier: Die Lage der deutschen Flüchtlinge in Frankreich, a. a. O., S. 228.
39 Hermann Burkhardt, Brief an mich vom 6. Februar 1995.
40 Wilfriede Otto: Zur Biographie von Erich Mielke, a. a. O., S. 33.
41 Barbara Vormeier: Die Lage der deutschen Flüchtlinge in Frankreich, a. a. O., S. 228.
42 Max Schroeder: Der grüne Mantel. In: Maximilian Scheer (Hg.): Freunde über Rudolf Leonhard, Berlin 1958, S. 52.
43 Vgl. Briefe vom 11. Oktober 1945 und 29. März 1946. In: Archiv der Akademie der Künste, Berlin, Nachlaß Rudolf Leonhard, Signatur 820.
44 Vgl. Erich Maria Remarque: Die Nacht von Lissabon. Roman, Berlin und Weimar 1976.

45 Der Artikel ist vollständig abgedruckt in: Varian Fry: Auslieferung auf Verlangen, S. 317–320.
46 SAPMO-BA, NL 72/47.
47 Brief Erich Mielkes an Anton Ackermann, 16. Juni 1945. Faksimilewiedergabe. In: Wilfriede Otto: Zur Biographie von Erich Mielke, a. a. O., S. 35.
48 SAPMO-BA, NL 174/1.
49 Diese und weitere Informationen verdanke ich Frau Leonore D., geborene Ehling, Berlin.
50 Willi Kreikemeyer: Unsere Reichsbahn baut auf. In: ND, 8. April 1949.
51 ND, 16. Juni 1950.
52 László Rajk und Komplicen vor dem Volksgericht, Berlin 1949, S. 350.
53 Heinz Priess, Berlin, im Gespräch mit mir am 16. Februar 1993.
54 Richtig: Fritz Fugmann.
55 SAPMO-BA, 2/4/109.
56 Phillip Knightley: Die Spionage im 20. Jahrhundert. Erfolge und Niederlagen der großen Geheimdienste, Frankfurt/Main und Berlin 1992, S. 191.
57 Vgl. Sándor Radó: Dora meldet…, Berlin (Ost) 1974.
58 Ausführungsbestimmungen zum Beschluß des Parteivorstandes über die Schaffung der Partei-Kontrollkommission. In: Dokumente der SED, Bd. II, Berlin 1950, S. 91.
59 Ebenda, S. 92.
60 Deutsche Verwaltung des Innern, Vorläufer des Innenministeriums der DDR.
61 Dieses wie alle nicht mit einer anderen Quelle belegten Dokumente entnahm ich dem Aktenbestand BStU, AU 658/90. Zur näheren Erklärung siehe »Zu dieser Ausgabe« am Schluß des Buches.
62 SAPMO-BA, J IV 2/3/63.
63 Hermann Matern: Methoden feindlicher Agententätigkeit. In: Leipziger Volkszeitung, 15. November 1949; ND, 18. November 1949.
64 SAPMO-BA, J IV/2/3/89.
65 Ebenda, IV 2/112595. – Zit. in: Andreas Herbst: Der mysteriöse Tod eines Emigranten, ND, 28. Juni 1995. – Ders.: …, daß Sie schon während Ihrer Emigration Verbindungen zu Neofaschisten hatten. In: 1945: Jetzt wohin? Exil und Rückkehr, Berlin 1995, S. 281.
66 SAPMO-BA, J IV/2/3/91.
67 Ebenda, J IV 2/3/84.
68 Ebenda, J IV 2/2/71.
69 SAPMO-BA, J IV 2/3/98.
70 Ebenda, IV 2/2/81.
71 ND, 18. Juni 1968.
72 Ebenda, 17. Juni 1963.
73 Ebenda, 17. Juni 1958.
74 Ebenda, 17. Juni 1953.
75 Ebenda, 25. Januar 1971.

76 Ebenda, 27. Januar 1971.
77 Erich W. Gniffke: Jahre mit Ulbricht, Köln 1966, S.79.
78 SAPMO-BA, IV 2/11/1877.
79 Ebenda, IV 2/11/1877.
80 Ebenda.
81 Volksstimme, Chemnitz, 22. April 1950.
82 Ebenda, 21. September 1950.
83 SAPMO-BA, NL 174/4.
84 Vgl. »Fleischvergiftung«. Der Fall Rudolf Feistmann. In: Wolfgang Kießling: Partner im »Narrenparadies«, S. 263–275.
85 SAPMO-BA, J IV 2/3/106.
86 Beling kam wiederholt von Toulouse nach Marseille.
87 Der französische Franc war durch Inflation stark abgewertet. Dennoch war der Betrag relativ hoch. Er entsprach einem Wert von etwa 50 000 Schweizer Franken.
88 Hermann Burkhardt.
89 SAPMO-BA, IV 2/11/2595.
90 Ebenda.
91 Ebenda.
92 Marthe Kreikemeyer, Brief an Angehörige, 13. September 1950 (Abschrift im Besitz des Verfassers).
93 Ebenda.
94 Protokoll der Verhandlungen des III. Parteitages der SED, 20.–24. Juli 1950, Bd. I, Berlin 1951, S. 82.
95 Ebenda.
96 Ebenda.
97 Ebenda.
98 SAPMO-BA, IV 2/2/105.
99 In: Hermann Matern: Über die Durchführung des Beschlusses des ZK der SED »Lehren aus dem Prozeß gegen das Verschwörerzentrum Slansky«, Berlin 1953, S. 88.
100 ND, 1. September 1950.
101 SAPMO-BA, IV 2/2/105.
102 Leo Bauer: »Die Partei hat immer recht.« In: Beilage zur Wochenzeitung »Das Parlament«, B 17/56, 4. Juli 1956.
103 Prozeß gegen die Leitung des staatsfeindlichen Verschwörerzentrums mit Rudolf Slánsk˘ an der Spitze, Prag 1953, S. 164.
104 BStU AS 251/56.
105 Personalakte Willi Kreikemeyer, Personalaktenstelle der Deutschen Bahn AG, Berlin. Zit. in: Andreas Herbst: ..., daß Sie schon während Ihrer Emigration Verbindungen zu Neofaschisten hatten, a. a. O., S. 281.
106 Zit. in: Georg H. Hodos: Schauprozesse. Stalinistische Säuberungen in Osteuropa 1948–54, Berlin 1990, S. 52.

107 Kurt Müller: Brief an Grotewohl, 31. Mai 1956. In: Beilage zur Wochenzeitung Das Parlament, B 11/90, 9. März 1990.
108 Ebenda.
109 Leo Bauer, a. a. O.
110 Lebensgefährtin von Walter Beling.
111 Deckname von Irene Wosikowski.
112 Kreikemeyer schrieb fälschlicherweise immer Weißensee. Dies wurde von mir im Zitat korrigiert.
113 Bertolt Brecht: Hundert Gedichte, Berlin 1951, S. 243.
114 ND, 19. November 1954.
115 Ebenda, 25. Oktober 1950, S. 4.
116 Ebenda, wie alle folgenden Zitate aus Langes Beitrag.
117 Der Brief an Tschuikow ist vom 10. August 1952.
118 SAPMO-BA, IV 2/11/2595.
119 Ebenda.
120 Ebenda.
121 Ebenda, NL 36/663a. Für den Hinweis auf diese Quelle danke ich Dr. Ulla Plener.
122 Prozeß gegen die Leitung des staatsfeindlichen Verschwörerzentrums mit Rudolf Slánsk˘ an der Spitze, a.a. O., S. 530.
123 Betriebsparteiorganisation.
124 Hermann Matern: Über die Durchführung des Beschlusses des ZK der SED »Lehren aus dem Prozeß gegen das Verschwörerzentrum Slánsk˘«, a. a. O., S. 18.
125 Ebenda, S. 41.
126 Dr. Karl Hamann, Minister für Handel und Versorgung der DDR, Vorsitzender der Liberaldemokratischen Partei (LDPD), wurde am 10. Dezember 1952 verhaftet. Vgl. Uwe Koch: »Ein Schädling wurde ausgemerzt«. In: Der Morgen, Berlin, 27. Januar 1990.
127 Georg Dertinger, Minister für Auswärtige Angelegenheiten der DDR, stellvertretender Vorsitzender der CDU, wurde am 16. Januar 1953 verhaftet. Vgl. Andreas Herbst: Ein Spion auf dem Sessel des Außenministers? In: ND, 24. Januar 1998.
128 Verfolgte des Naziregimes.
129 Vgl. A. I. Wyschinski: Gerichtsreden, Berlin 1951.
130 ND, 3. April 1954. – Protokoll der Verhandlungen des IV. Parteitages der SED, Berlin 1954, S. 173/174.
131 Dies berichtete mir Paul Merker über ein von ihm verlangtes Gespräch mit Walter Ulbricht im Sommer 1956, an dem auch Hermann Matern und Erich Mielke teilnahmen.
132 Es war der 25. August. Einen Tag zuvor war der Haftbefehl ausgestellt worden.
133 Die aus Gestapo-Zeiten stammende Haftanstalt Schumann-/Ecke Albrecht-

straße war bis Anfang 1950 von den sowjetischen Sicherheitsorganen genutzt worden und folglich kein Gebäude mit provisorischen Zellen, als es dem MfS zur Verfügung gestellt wurde.
134 Alle Angaben zur Biographie von Bialas, einschließlich der Zitate, entnahm ich einer Akte im ehemaligen MfS unter der Signatur BStU, KS 69/65.
135 Eine namentliche Unterschrift fehlt.
136 ND, 27. Dezember 1954.
137 Dokumente zur Deutschlandpolitik der Sowjetunion, Bd. II, Berlin 1963, S. 209.
138 ND, 29. September 1955.
139 SED und Stalinismus. Dokumente aus dem Jahre 1956, Berlin 1990, S. 91.
140 ND, 20. März 1956.
141 Walter Ulbricht: Zur wissenschaftlichen Diskussion an den Universitäten. In: ND, 21. Juni 1956. – Vgl. diese Rede vom 13. Juni 1956 in: Walter Ulbricht: Zur Geschichte der deutschen Arbeiterbewegung. Aus Reden und Aufsätzen, Bd. VI: 1956-1957, Berlin 1962. In dieser Wiedergabe ist die zu Seite 67 gehörende Zahlenangabe nicht mehr enthalten.
142 Walter Ulbricht: Zur Geschichte der deutschen Arbeiterbewegung, Bd. VI, a. a. O., S. 26f.
143 ND, 29. März 1956.
144 Zur Entlassung werden vorgeschlagen ..., Berlin 1991, S. 20.
145 ND, 1. Mai 1956.
146 Ebenda.
147 ND, 29. April 1956.
148 Walter Ulbricht: Über die Arbeit der SED nach dem XX. Parteitag der KPdSU und der III. Parteikonferenz der SED. In: Walter Ulbricht: Zur Geschichte der deutschen Arbeiterbewegung, Bd. VI, a. a. O., S.113.
149 Den Briefwechsel Marthe Kreikemeyer – Noel Field aus dem Jahr 1956 hat mir Werner Schweizer, Zürich, der Schöpfer des Films »Noel Field – der erfundene Spion«, freundlicherweise aus seinem Archivbestand überlassen. Das Recht zur Veröffentlichung gab mir Hermann Field, USA, der Bruder und Erbe des Nachlasses von Noel Field.
150 Brief Werner Schweizers an mich, 8. März 1998.
151 Ebenda.
152 Erika Glaser, verheiratete Wallach, nahm als junge Krankenschwester bis Anfang 1939 mit ihren Eltern am Spanienkrieg teil. Sie lebte bis 1945 in der Schweiz. Mit Zustimmung der Schweizer KPD-Leitung trat sie in den Dienst des von Allen Dulles in Bern geleiteten Geheimdienstes Office of Strategic Services, um gemeinsam mit den Amerikanern gegen Hitlerdeutschland zu arbeiten. Nach Deutschland zurückgekehrt, blieb sie zunächst Mitarbeiterin des OSS in Frankfurt am Main, bis ihre Tätigkeit als Funktionärin der KPD in Hessen damit nicht mehr vereinbar war. Im August 1950 wurde sie, jung verheiratet und Mutter eines Kleinstkindes, nach Ostberlin gelockt und dort

verhaftet. Zuerst in den Händen des MfS, wurde sie in einem Geheimprozeß vor dem Sowjetischen Militärgericht in Berlin-Lichtenberg zum Tode verurteilt, später zu langer Haftstrafe begnadigt und in ein Lager jenseits des Polarkreises gebracht. Über ihr Leben und Schicksal vgl. Erica Wallach: Licht um Mitternacht, München 1969.

153 Leo Bauer.

154 Vgl. Karl Heinz Jahnke: »... ich bin nie ein Parteifeind gewesen«. Der tragische Weg der Kommunisten Fritz und Lydia Sperling, Bonn 1993.

155 ND, 1. August 1956. – Walter Ulbricht: Referat auf der 28. Tagung des ZK der SED. 27.–29. Juli 1956. In: Zur Entlassung werden vorgeschlagen..., Berlin 1991, S. 107–111.

156 SAPMO-BA, J IV 2/205/5.

157 Ebenda.

158 Ebenda.

159 Ebenda.

160 Gemeint ist die auf der 28. ZK-Tagung im Juli 1956 erfolgte Aufhebung des Beschlusses vom 24. August 1950.

161 SAPMO-BA, J IV 2/202/5.

162 Ebenda.

163 Geschichte der deutschen Arbeiterbewegung. Chronik. Teil III: Von 1945 bis 1963, Berlin 1967, S. 546.

164 ND, 7. September 1957. - N. S. Chruschtschow: Reden zur Kulturpolitik. 1956–1963, Berlin 1964, S. 29.

165 SAPMO-BA, J IV 2//202/5.

166 Ebenda.

167 Ebenda.

168 Vgl. Ilko-Sascha Kowalczuk: Frost nach dem kurzen Tauwetter: Opposition, Repressalien und Verfolgungen 1956/57 in der DDR. Eine Dokumentation des MfS. In: Jahrbuch für Historische Kommunismusforschung 1997, Berlin 1997, S. 167–215.

169 SAPMO-BA, IV 2/11/2595.

170 Ebenda.

171 Ebenda.

# Personenregister

Abusch, Alexander 37, 40–42, 52, 57, 75, 245

Ackermann, Anton 25, 30f., 85f., 112, 290

Adenauer, Konrad 257

Adolph, Alfred 65, 68

Alemán, Miguel 53

Altenkirch, Ernst 118, 120

Arnold, Lene (siehe Radó, Lene)

Ascher, Siegmund (das ist Merker, Paul) 67

Axen, Hermann 110


Bach, Paul (das ist Mielke, Erich) 62, 85

Balk, Theodor 27, 52, 69, 289

Barsky, Edward K. 56f.

Bartel, Walter 227

Bauer, Änne 65, 68

Bauer, Leo 8, 79f., 105, 141–143, 145, 154f., 174, 177f., 217, 230, 233, 258, 266f., 271, 285, 291f., 293

Baumann, Edith 110

Bayer, R. 78

Beer, Zygfryd 66

Beling, Walter 37, 42, 51, 79f., 82, 88f., 113, 122, 130f., 133, 136, 141, 145, 163, 165f., 170, 178, 245, 291f.

Benjamin, Dora (das ist Schaul, Dora) 65, 68

Benjamin, Hilde 88

Berger, Willi 65, 67

Berija, Lawrenti 229, 231, 268f.

Bertz, Paul 25, 28, 30f., 37, 79–81, 88–100, 103–105, 119f., 127, 129–131, 133, 135f., 160f., 165, 167, 169, 172, 177f., 230

Bialas, Hans 234–240, 292

Billinger, Karl 16

Bittermann, Therese 100

Blendland, (Frau) van 38

Borowski, Herta (das ist Jurr-Tempi, Herta) 135

Bosques, Gilberto 49–53, 55–57, 66, 69, 78, 290

Bosques, Laura 52

Bottigelli, Emile 44

Brecht, Bertolt 172, 292

Broch, Hermann 48

Bürger, Willi 65, 67

Burkhardt, Hermann (Karl oder Studentenkarl) 44f., 49, 52, 57, 67, 70, 80, 88, 128, 290f.


Casas Alemán, Fernando 65, 67

Chagall, Marc 48

Christoffel, (Frau) 103, 161

Chruschtschow, Nikita S. 258, 277, 293

Claude (siehe Beling, Walter)

Claus, Herbert (das ist Thiele, Georg) 65, 67

Cortes, Manuel R. 53


Dahlem, Franz 21, 24f., 30, 37, 51, 78f., 90, 128f., 165, 220, 227, 270, 273–278, 289

Dahlem, Käthe 37, 105, 123, 275f.

Dertinger, Georg 221, 292

Dimitroff, Georgi 29

Duclos, Jaques 277–280

Ducoloné, Guy 277

Dulles, Allen 97, 139, 293


Edel, Emanuel 65, 67f.

Ehling, Leonore 91, 148, 290

Einstein, Albert 48

Eisler, Gerhart 25, 37, 69

Eisler, Hilde 69

Ende, Adolf (siehe Ende, Lex)

Ende, Lex 40–44, 45f., 49, 51f., 62, 68–70, 72, 74f., 77–79, 88, 99, 101, 103, 113, 127f., 136, 141, 144f., 154, 158, 161, 172, 174, 177f., 217, 230, 245, 266, 272
Ernst, Max 48
Esmiol (Madame) 67

Fabre, Renée (siehe Benjamin, Dora)
Feistmann, Rudolf 56, 120, 291
Fels, Charles 18, 112, 253
Fels, Marthe 18–20, 22–24, 26
Fels, Salome 18, 112
Ferucci, Jérome 70
Feuchtwanger, Lion 48
Field, Hermann 98, 230, 293
Field, Herta 47, 73, 81, 88, 98, 103–105, 128, 134, 144, 159f., 164, 175, 230, 243, 249, 262–266, 272
Field, Noel Haviland 47, 49, 68, 73–83, 88–90, 97–101, 103–107, 112, 115, 118–120, 122–145, 148, 151f., 152, 154f., 158–167, 169, 171–173, 175–180, 182f., 186, 189, 214, 217–220, 227, 229–233, 243–246, 249, 251, 255, 261f., 264–267, 270–273, 281f., 293
Fischer (Deckname eines IM) 190
Fischer, Anna von (siehe Schlotterbeck, Anna) 105f.
Fischer, Hans von 73, 77, 103, 105f., 121, 161
Flamerd, Alwin (siehe Niebergall, Otto)
Frank, Karl 104
Frank, Leonhard 48
Fränken, Fritz 70
Frankfurter, Ernst 245
Frei, Bruno 69
Fry, Varian 48f., 57, 290
Fugmann, Fritz 101, 113, 290
Fuhrmann, Bruno 141
Füllenbach, Josef 19

Gaile, Karl 113, 123, 185f., 245
Garbarini, Kurt 39
Gärtner, Irene (siehe Schmidt, Elli)
Gaulle, Charles de 162, 170
Gautier, Philippe (das ist Ende, Lex) 44
Geffke, Herta 107, 114, 116–121, 123, 126–128, 130–136, 139f., 142–145, 168, 174, 186, 200, 259
Geisen, Hermann 26, 31, 33, 39
Glaser, Erika 101, 105, 165, 266f., 293
Gniffke, Erich W. 115, 291
Goebbels, Josef 24
Goldhammer, Bruno 8, 141, 143, 154, 178, 217, 230, 233, 265–267
Grandjonc, Jaques 289
Granzow, Fritz 19
Gross, Babette 14, 19, 24, 289
Grotewohl, Otto 11, 110, 114, 116, 154, 227, 242, 247, 249, 251f., 255f., 259., 266, 268f., 271, 292
Grundtner, Theresia 289
Gumbel, Emil Julius 48

Hager, Kurt 132
Hass, Gerhart 289
Haid, Bruno 22, 99, 101f., 106, 177, 259
Hamann, Karl 221, 292
Heartfield, John 14
Hebel, Richard (das ist Mielke, Erich) 58–62, 64–66, 146, 151
Heiden, Konrad 48
Heilborn, Ismar 123
Herbst, Andreas 290–292
Hilferding, Rudolf 289
Hitler, Adolf 16, 23, 33f., 81f.
Hochkeppler, Klemens 65
Hodos, Georg H. 291
Hoffmann, Willi 130, 135
Hofmaier, Karl 73f.
Honecker, Erich 10, 21

Ilitch, Ludomir 52

Jahnke, Karl Heinz 293
Jamin, Erich 197f., 222
Janka, Charlotte 75
Janka, Walter 27, 57, 59f., 70, 75
Jeanette (das ist Dahlem, Käthe)
Joos, Anton 28f., 30f., 66, 68, 99, 106, 111, 113, 119, 121, 123, 126f., 136, 177
Joy, Charles R. 47, 78, 104, 128, 145
Jurr, Herta (siehe Jurr-Tempi, Herta)
Jurr-Tempi, Herta 19, 74, 83, 100f., 103, 128f., 131, 135f., 163f., 166, 245

Kaasch, Wienand 117
Kahle, Hans 20
Kaiser, Josefa 66
Kaiser, Ludwig 66f.
Katz, Otto (siehe Simone, André)
Keilson, Grete 25f., 28, 277
Keller, Inge 106
Kennedy, John F. 89
Kießling, Wolfgang 290f.
Kippenberger, Hans 31
Kisch, Egon Erwin 120
Kisch, Gisl 120
Knightly, Philip 290
Koch, Uwe 292
Korthaus, Eduard 33
Kostoff, Traitscho 153f., 267, 281f.
Kowalczuk, Ilko-Sascha 294
Kramer, Erwin 110, 148, 175, 211
Kreikemeyer, Karl 12f.
Kreikemeyer, Luise 12
Kreikemeyer, Marthe 7, 11, 31–33, 35f., 38f., 42–44, 52, 72, 74, 76, 80–83, 85, 87f., 98, 101, 111–113, 120f., 129f., 13–138, 142, 144, 146–151, 163, 165f., 174f., 179, 182, 185, 188–193, 196–200, 202, 204f., 208, 211–215, 217, 221–224, 226–230, 233, 242–245, 247, 249, 251f., 254, 256, 260–266, 268f., 271–283, 285f., 291, 293
Kreikemeyer, Willi 7–14, 16, 18–20, 22–26, 29, 31–39, 42–45, 47, 49, 51–53, 56–58, 62, 64, 66–72, 74–95, 97–100, 103, 107f., 110, 112f., 121f., 123, 127f., 130–135, 137–142, 144–158, 163, 168, 171–178, 181–186, 188–190, 193–199, 205, 207, 209, 211f., 215, 217f., 222, 225f., 229–235, 240–243, 247, 254–256, 258–262, 263–266, 269, 271–276, 278–286, 289f., 291f.
Kreiser, Karl (siehe Burkhardt, Hermann)
Kriegel, Marynia 44f., 80
Kriegel, Maurice (siehe Burkhardt, Hermann)
Krüger, Ernst 245
Kühne, Otto 86, 165
Kuhnert, Karl (das ist Hähnel, Walter) 123

Lämmert, Eberhard 289
Lambert, Leo (siehe Zuckermann, Leo)
Lange, Fritz 182 - 186, 188, 203, 292
Langhoff, Wolfgang 88, 141
Lauterbach 196, 201
Lehmann, Helmut 88
Leibbrand, Änne (siehe Schlotterbeck, Anna)
Leisner, Fritz (das ist Mielke, Erich) 11, 22, 62
Leistner, Fritz (das ist Mielke, Erich) 11f., 20f., 25, 27, 62, 77, 120, 146, 151, 168, 173, 282
Lenin, Wladimir Iljitsch 23, 30, 116f.
Lenz, Fritz 123
Leonhard, Rudolf 68, 71f., 290
Leonhard, Susanne 71

Leonhard, Wolfgang 71
Levi, Pierre 16
List, Franz 65
Lombardo Toledano, Vicente 53f., 56, 58, 64–66
Lombardo, Adriana 58
Lore (Buchhalterin) 18f.
Löser, Helmut 280, 282, 285
Lubisch, Jutta 66, 68, 121, 123
Lubisch, Miguel 66
Luft, Helmut 33

Maas, Lieselotte 16
Maddalena, Hilda 72f., 75
Maddalena, Max 73
Mahnke, August 163
Malowitzki 155
Mann, Heinrich 24, 48, 71
Mann, Thomas 48
Marchwitza, Hans 69
Margulies, Ida 65, 68
Margulies, Juan 65
Margulies, Moritz 65, 67f.
Matern, Hermann 8, 99, 106f., 114–116, 118f., 126, 139, 141, 144, 175f., 217, 229f., 241f., 252, 256, 258f., 277f., 280–283, 285, 290–292
Mayer, Dr. 19, 244
McCarthy, Joseph 89
Melsheimer, Ernst 280
Menzel, Margarete (das ist Merker, Margarete)
Merker, Margarete 57, 69f., 72, 74f., 80
Merker, Paul 8, 24f., 30, 37, 52, 64, 67, 69–72, 74f., 78f., 88, 90, 105, 141, 143, 154, 160f., 167, 169, 172, 174, 177f., 215, 217, 226, 230f., 266, 271, 290
Metzler, Georg 33
Meyerhof, Otto 48
Mielke, Erich 7–12, 21f., 25, 27–29, 31–33, 37, 59, 62, 66f., 77, 82, 85f., 94f., 99, 102, 106, 116, 118, 120, 123, 126, 146, 151–158, 168, 172–177, 182, 185, 192, 200, 204, 208f., 211–214, 217, 222, 229–231, 234–238, 241–243, 245, 252, 256–260, 269, 271, 278–280, 283, 286, 290, 292
Mink, Lucien 19
Molotow, Wjatscheslaw. M. 41, 225
Müller, Kurt 8, 153–155, 174, 258, 292
Münzenberg, Willi 14, 16, 18–20, 23f., 172, 215, 289

Nicole, Léon 74, 80
Niebergall, Barbara 35
Niebergall, Otto 26, 31–33, 35 - 37, 40–42, 51, 62, 82, 88, 100f., 113, 127, 129, 172, 289
Niran, Willi (das ist Kreikemeyer, Willi) 13
Nonveller, Guido 65
Norden, Albert 69
Norden, Herta 69
Nuding, Paula 101

Obermann, Karl 69
Obermeier, Paul 33
Oelßner, Fred 110
Otero y Gama, Carmen 64
Otto, Wilfriede 22, 27, 289f.

Perrin, Paul 46
Pétain, Philippe Henri 37, 50, 79
Pieck, Wilhelm 25, 28f., 90, 110, 112–114, 116, 129, 138, 143, 148, 150f., 154, 168f., 179f., 189, 202–204, 206, 208f., 211, 223, 251, 256
Pinkus, Theo 265

Plener, Ulla 292
Polgar, Alfred 48
Priess, Heinz 21, 68, 99, 101, 290
Prost, Yvette 71f.

Radek, Karl 23
Rädel, Siegfried 51, 72, 78–80, 123
Radó, Lene 101
Radó, Sándor 101, 290
Rajk, László 100, 132, 154, 219, 267, 281f., 290
Rákosi, Matyas 99, 101
Rau, Heinrich 78f., 245
Regler, Gustav 16
Rehse, Hermann 31
Reinerová, Lenka 75
Reinhardt, Ernst (das ist Abusch, Alexander)
Remarque, Erich Maria 290
Renn, Ludwig 27, 289
Richter, Paul (das ist König, Erhard) 122
Rompe, Robert 264f.
Roosevelt, Eleanor 48
Roosevelt, Franklin Delano 48
Ruschin, Günter 75

Saefkow, Thea (das ist Beling, Thea) 158, 161, 163
Schaul, Dora 289
Scheer, Maximilian 290
Schirmer-Pröscher, Wilhelmine 115
Schlesinger, Arthur 89
Schlotterbeck, Anna 105f.
Schlotterbeck, Friedrich 106
Schmidt, Elli 30
Scholz, Alfred 154, 156–158, 175f., 190, 192, 197, 212, 214, 222, 229–231, 234f., 238, 241–243, 245, 252, 256, 280, 283
Schrecker, Hans 8

Schroeder, Max 71, 290
Schulz, Hans 19
Schumann, Wolfgang 289
Schwab, Sepp 245
Schwan, Heribert 27, 289
Schweizer, Werner 264, 293
Schwotzer, Kurt 127
Seghers, Anna 19, 49, 52, 111f., 290
Sens, Max 281
Sepke, Otto 107
Silberschmidt, Dr. 87
Simone, André 19, 56
Sindermann, Horst 110
Slánsk", Rudolf 217f., 291f.
Sobottka, Gustav 117
Sperling, Fritz 8, 266f., 293
Sperling, Lydia 293
Spira, Steffie 75
Spitzer, Alfred 105
Stahlmann, Richard 30
Stalin, Jossif Wissarionowitsch 7f., 23, 30f., 34, 40f., 48, 95f., 99, 101f., 106, 114, 117, 138, 153, 156, 169, 172, 217, 229, 258f., 277
Stampfer, Friedrich 48
Stern, Kurt 245
Stern, Magda 19
Stibi, Georg 29 - 31, 57, 69f., 75
Stibi, Henny 28 - 30, 57, 69, 74f., 103, 121, 159, 177
Stoye, Max 26, 31, 33, 39
Strasde, Marina 65
Swiatlo, Jozef 229
Swierczewski, Karol (General Walter) 21
Switalla, Anton 122
Szönyi, Tibor 97f., 101, 158

Tempi, Herta (das ist Jurr-Tempi, Herta) 129, 131, 136, 166
Teubner, Hans 141
Thälmann, Ernst 10, 40
Tisserand, Marcelle 44

Tito, Josip Broz 68, 95, 153
Todt, Fritz 9
Togliatti, Palmiro 29
Trautzsch, Walter 38
Trotzki, Leo 23
Tschermin, Leo 66
Tschuikow, Wassili 192, 211f., 292
Tulpanow, Sergej 90
Tzschorn 243, 250


Uhse, Bodo 19, 56
Ulbricht, Walter 8, 10, 24, 28, 41, 71, 99, 106, 110–116, 118, 137, 140, 142, 168, 189, 197–200, 204, 208, 211, 213, 215, 217f., 221, 226f., 229–231, 241, 248, 256, 258–261, 269, 272–274, 276–280, 285, 289, 292f.
Ullmann, Gustav (das ist Tenner, Günter) 65, 67


Valyi, Erzsi 264f.
Valyi, Gabor 264
Vieillard, Hans 221f.
Vormeier, Barbara 289f.


Wagner, Joseph (Sepp) 53, 56, 123
Wahls, Otto 70, 75
Wallach, Erica (siehe Glaser, Erika)
Walter, Alfred 65
Walter, Otto 197, 200, 209
Weinert, Erich 27, 289
Weiß, Käte 189, 208
Weiterer, Maria (Mia) 72f., 80f., 83, 88, 100f., 105, 120, 123, 128f., 141, 144, 154, 161, 163, 165, 177f., 217, 245, 264–266
Werfel, Franz 48
Werner, Emil 65
Wessel, Harald 289

Weyers, Hans 65
Winkelmann, Hans-Hugo 65, 67
Winter, Elly 223
Winter, Theo 223
Wittholz, Herbert 118, 139f., 144
Wittmann, Hugo (das ist Buschmann, Ernst) 65, 67f.
Wojewudskij (General) 12, 92, 95, 110, 136f.
Wollweber, Ernst 222, 224f., 229
Wosikowski, Irene 66, 68, 99, 122, 163, 292
Wyschinski, Andrej 223, 292


Zaisser, Wilhelm 102, 118, 156, 190, 192, 198, 200, 202, 208f., 211, 222
Zenker, Edith 289
Zimmer, René 74, 162
Zöllner, Ernst 65, 67
Zörgiebel, Sonja 19
Zuckermann, Leo 44–46, 49–52, 56f., 62–65, 75, 88, 182, 188f., 208, 245
Zuckermann, Lydia 46
Zuckermann, Rudolf 27, 75

# Bildnachweis

Deutsche Bahn AG. Personalarchiv  15

Universidad Obrera de México, México D.F.  54, 60, 61, 63,

Der Bundesbeauftragte für die Unterlagen des Staatssicherheitsdienstes der ehemaligen Deutschen Demokratischen Republik  17, 84, 93, 108, 109, 124, 125, 147, 194, 195

Archiv Gilberto Bosques, México D.F.  55